松尾光

古代の社会と人物

笠間書院

はしがき

「『法隆寺《ほうりゅうじ》の柱に用いられているエンタシスは、ギリシャのパルテノン神殿の柱の造り方を模《も》したものです。柱の真《ま》ん中を少し膨《ふく》らませると、まっすぐに見えるという技法です。ほんとうにまっすぐにしてしまうと、目の錯覚《さっかく》で真ん中が細く見えて安定感が損《そこ》なわれるからです』という説明を聞いたことがありますか。でも、それは嘘《うそ》です」というと、多くの方が驚く。「『東大寺正倉院《とうだいじしょうそういん》の宝物が長く保たれてきたのは、校倉造り《あぜくらづく》に秘密があります。倉庫の壁になっている横木が湿気の多い夏になると水分を吸収して膨らみ、隙間が閉ざされます。冬になると水分が出てしまって木が縮み、壁材の隙間が開いて換気されます。だからいつも適当な湿度が保たれてきたんです』という説明は、誤りです」というと、これにも「そんなぁ」という反応がある。

後者の校倉造りの方は、ほんとうは宝物が繰り返し繰り返し箱のなかに納められていたからである。外側は杉の櫃《ひつ》が覆《おお》い、なかは外箱があり、内箱があり、さらに袋に入れられたりして、幾重《いくえ》にも外気《がいき》から遮断されている。そのなかで箱のなかにあった宝物をじかに取り巻く空気の微気象《びきしょう》は安定し、お蔭《かげ》で一三〇〇年も変わらない状態が保たれたのである。倉庫のなかの気象条件は四季それぞれに大きく変転するが、箱のなかの宝物は変わらない条件下にあった。このことを校倉の効用としたのはまったくの誤解である（藤森照信氏『天下無双の建築学入門』、ちくま新書、二〇〇一年）。調べたわけではないが、おそらくは理由を聞かれた専門家がその場にいた人たちを納得させるために、とっさに思いついて「校倉造りのおかげだ」と説明したのだろう。もちろん本人はデータをとったこともなく、根拠などあったはずもない。その場を凌《しの》ぐ説明として、「なぜ『特別』に保存がいいの」と聞かれたから「『特別』な倉庫だったから」と発想したのであり、とりあえず合理的な感じのある辻褄合《つじつまあ》わせができたと思えたのだろう。そのていどの都合《つごう》で作られた、中身のない話である。他人様《ひとさま》の判断を誤らせる解釈ではあるが、悪意も深い意味もなかったと思う。

しかし前者の話には、ある意図があった。

おそらくエンタシスの起源は、パキスタンのガンダーラ地方である。ガンダーラから、一方では西にいってパルテノンの神殿建築に影響し、他方では中国・朝鮮半島を経て日本の法隆寺などにその技法が採り入れられた。あるいは、東アジアで独自に発生した技法とみる説もある。どのみちパルテノン神殿の技法がシルクロード経由で日本に影響したのではない。

では、私たちはなぜギリシャ文化の影響と思わせられているのか。それは明治国家の政策が、ヨーロッパに追いつき追い越せだったから。いまでこそヨーロッパに後《おく》れをとっているが、かつてはギリシャ文化の影響をうけていた。その影響は、古代の日本建築のなかにも見られる。古くからヨーロッパ文化に繋がっていたのであるから、日本も頑張ればその輝きを取り戻せる。そういう経済事情・政治効果を考えて、国民のやる気を引き出すために、この伊東忠太《いとうちゅうた》氏の根拠のない学説が利用された。ガンダーラ文化の影響や東アジア発生の技法としたのでは、国民の心を鼓舞《こぶ》できない。そこで、ギリシャと日本に見られるという事実をじかに結びつけたこの安易《あんい》な解釈を、不動の定説のように国家が持《も》て囃《はや》し、国民を信じさせたのである。

これにくわえて「江戸幕府は鎖国《さこく》政策をとってきた」という謬説《びゅうせつ》を宣伝したのには、あきらかな悪意が働いていた。

江戸幕府は「鎖国体制」をとったことなどない。スペイン・ポルトガルの二カ国だけはキリスト教が国政の障碍《しょうがい》となるので来航禁止としたが、中国（明・清）・李氏《りし》朝鮮・琉球・オランダと通商している。イギリスは日本への貿易品の調達ができず、みずから放棄して退去したものだ。つまり国策に合わない二カ国を除けば、当時可能だったすべての国と貿易している。東アジア世界に対しては、完全に開放している。長く変更しないできたために幕末には「祖法《そほう》」といってアメリカとの通商に積極的でなかったが、ともあれ江戸初期から鎖国体制を政策的に採用したことも、寛永十六年（一六三九）に鎖国を完成させた事実もない。平戸島や長崎の出島《でじま》に寄港地を限定して貿易を統制したのは事実だが、そうしたことは中国でもしている。もとより、中国沿岸部のどこででもどの国とでも貿易ができたわけではない。古代日本の平城京内でも、東西の市での商《あきな》いは、市司《いちのつかさ》に統禦《とうぎょ》・統制されていた。そもそも前近代の東アジア貿易は朝貢《ちょうこう》の見返りに恩恵として許されたものであり、国家による統制は当然。自由貿易など認められていない。それがこの世界のふつうの貿易の形である。

これを鎖国体制と名付け、鎖国を江戸幕府の重要施策とみなしたのは、明治国家である。明治国家は、自分たちが江戸幕府を倒したから鎖国体制が破られ、国際社会に開放されて自由に通交できる国になった、と宣伝した。もう二度と、旧套墨守《きゅうとうぼくしゅ》で保守的、孤立主義で国際感覚のない江戸幕府の支配下などに戻りたくない。あらたにできた明治国家の方がまだましだ。そう思わせるために、かつて江戸幕府は悪名高い鎖国体制を敷いてきた、と教えたのである。これには、明らかに悪意があった。私たちは、こうした誰かが造った意図しないあるいは意図的な歴史像を信じ込まされてきた。自分たちが史料を読んでよく考えて、納得してそういう結論になったのではない。他人様が意図的に造り、思い込ませようとして造られた歴史像を、その意図にも気づかずにいまだに懐《いだ》いている。

それを打ち破って、自分たちが納得できる歴史像を造っていかなければならない。

とはいうものの、そう簡単でない。なにしろ自分のいま知っていることが、思い込みなのか、ただしいことか。それが分からないからだ。思い込みにすぎないと知れば、どうして思い込んだかを突き止め、あたらしい歴史像で置き換えていける。それには、結局、どれがただしいのかを見きわめることである。

この書は、おりおりに頼まれたり執筆の機会があったものを纏《まと》めたもので、すべてがこの意図で書かれたものではない。それでも、これは思い込みではないかと自覚できたいくつかについては、その思い込みを外《はず》す試みをしてみた。

蘇我《そが》氏は、氏族社会を基盤として権勢を誇り、その特権の上にあぐらをかいていた。だから律令制的中央集権国家を目指す中大兄《なかのおおえ》皇子は、保守反動の親玉である蝦夷《えみし》・入鹿《いるか》をまず倒さなければならなかった。そういうイメージがある。しかし、じつは蘇我氏こそが大和《やまと》政権の中央集権化策を先頭に立って推進していた開明的な氏族であった。そのことを「蘇我はどういう氏族だったか」で明らかにした。舒明《じょめい》天皇の没後に古人大兄《ふるひとのおおえ》皇子が即位しなかったのは、古人大兄皇子が若すぎたからだ。そういう理解が、よく論議もされていないまま流布《るふ》している。その誤りを「古人大兄皇子の年齢」で検証した。鑑真《がんじん》の渡日《とにち》の苦労話は著名だが、日本に来てからは歓待《かんたい》されたかのように思い込んでいる。そこからの苦闘の日々もその理由も知らされていない。最澄《さいちょう》は、鑑真の苦労をすべて無にした。それはどうしてなのか。「普照《ふしょう》」でその争いの理由を描いてみた。また承和《じょうわ》の変は藤原良房《よしふさ》が台頭するきっかけとなったが、そもそも橘嘉智子《かちこ》（檀林《だんりん》皇后）は、なぜ良房に政変の調査・処理を委《ゆだ》ねたのか。「檀林皇后・橘嘉智子の決断」では、そのほんとうの黒幕を浮かび上がらせてみた。そのほか各篇を読み、思っていたことと違うと感じ、先見的な呪縛《じゅばく》から自由になっていただけたらと思う。

なお、筆者の原稿には史料が書き下《くだ》しなど古い文体で記されている部分がある。そこが読み取りづらいために、難しい本だとの印象を与えていると聞かされている。そう思われる場合には、史料の部分を省略し、読み飛ばしてまったく構わない。それで読み進んでも十分に分かるように書いてある。

筆者が史料をそのまま掲載するのは、現代語訳すると原史料にどういう字句で記されていたか読者が確かめたくともできないと思うからである。また史料名をことさらに掲げるのは、この話がどこにあるのかを読者自身が確認しようと探すさいの手がかりを残しておきたいからである。他意《たい》はない。

古代の社会と人物——目次

III 研究活動の軌跡と追憶

I

神話伝説などから読み解く古代の社会

1　天岩戸神話に反映する魂振りと魂鎮めの祭儀

一　『古事記』の伝える天岩戸神話

宮崎県北部の高千穂町《たかちほ》には、不思議な異様な雰囲気が満ちている。高天原《たかまがはら》・天真名井《あめのまない》・天安河原《あめのやすのかわら》・天岩戸《あまのいわと》神社・天香山《あまのかぐやま》、そして祖母山《そぼさん》・槵触《くしふる》神社・高千穂神社など、神秘的な地名がここかしこに散らばっている。

手狭《てぜま》な山間の地だが、ここを訪ねた人たちはとうとつにタイム・スリップして、神話世界の舞台に降《お》り立ったかのような錯覚に襲われる。鬱蒼《うっそう》とした杜《もり》に包まれた神社の聖なる境内では、おおらかに性を謳歌《おうか》してはばからない高千穂夜神楽《よかぐら》が、夜を徹して催されている。ここは、いったい何を語り伝えてきた町なのだろうか。

『古事記』（新編日本古典文学全集本）には、こうある。

そもそものきっかけは、伊邪那岐《いざなぎ》が根《ね》の国に退去（死没）したことにある。伊邪那岐は退去の前に、三人の子神たちにそれぞれの管轄地域を割りふった。天照大御神《あまてらすおおみかみ》には天上（高天原）を、月読《つくよみ》命には夜の世界を、そして末弟の須佐之男《すさのお》には海上を治めるように指示した。ところが須佐之男は承引せず、泣きわめいて、「母のいる黄泉国《よみのくに》に行きたい」と主張して譲らなかった。その主張が通って、須佐之男は伊邪那岐の承認をうけて黄泉国に赴くことになった。須佐之男は、その前の暇乞《いとまご》いのために、天照大御神のいる高天原をわざわざ訪ねたのである。

ところがここで、天照大御神は須佐之男のあまりに粗暴な来訪の仕方に疑念を懐《いだ》き、もしや高天原を力尽くで奪い取るつもりではないかと勘《かん》ぐった。須佐之男はもとより謀反の心などないと釈明したが、聞き入れてもらえなかった。そしてその本心を証明するため、誓約《うけい》によってその真偽を見きわめることになった。

誓約では、天照大御神は須佐之男の所持していた剣を嚙み砕いた。天真名井の水とともに吹き棄てられた霧のなかから、三柱の女神が得られた。ついで須佐之男は、天照大御神の髪に巻かれていた勾《まが》玉《たま》などの連珠を嚙み砕き、天真名井の水とともに吹き棄てた。すると、こちらからは五柱の男神が得られた。この勝敗の判断基準が問題となるが、じかに産んだ神を親とはみなさず、そのもとになったものの持ち主を親と認定した。誓約の前にそう見なすこととし、さらに女子が勝利の証《あかし》と取り決めてあったのだろう。したがって須佐之男は自分の所有したものから生まれた神を自分の子としたので、女神を得たことになる。そこで「わたしの心が清らかだったので女神を得た。自分の勝ちだ」といい、勝ち誇ってことさらに暴れた。

その暴れ方は尋常でなく、天津罪《あまつつみ》にあたる畔放《あはなち》・溝埋《みぞうめ》、すなわち田圃のなかに水を溜めておくための畔を壊し、潅漑用水を送る溝を埋めるなど農作業を妨害し、さらに神とともに新穀を食べる所として清浄にすべき神聖な御殿に屎《くそ》を散らかし（屎戸《くそへ》）、天照大御神からの命令で神が召す衣服を作っている機織場の屋根から皮が剥《む》かれた不浄で忌むべき斑駒《ぶちこま》を投げ込んだ（逆剝《さかはぎ》）。この挙に驚いた機織《はたおり》女《め》が負傷し、その傷がもとで死んでしまった。天照大御神は弟神の暴挙を恐れ、また深く慨嘆して、ついに天岩戸のなかに隠れてしまった。

天照大御神は太陽神であるから、(1)太陽を失った高天原と下界《げかい》はともに真っ暗闇となった。あらゆるわざわいが起こりはじめ、神々は騒ぎ出した。困った神々は天安河原に集《つど》い、天照大御神を岩戸からどうやって出そうかとその算段《さんだん》を話し合った。

そして思金神《おもいかね》の企画により、まず長鳴鳥《ながなきどり》を集めて鳴かせ、鍛冶《かぬち》の天津麻羅《あまつまら》と鏡作《かがみづくり》の伊斯許理度売《いしこりどめ》に指示して天の金山の鉄をもとに大きな鏡を作らせた。また玉祖命《たまのおや》には勾玉つきの連珠を、天児屋命《あめのこやね》と布刀玉命《ふとだま》には天香具山の波々迦《ははか》の木で男鹿の肩骨を焼かせて占いをさせた。ついで香具山の賢木《さかき》を根こそぎ抜いて、上の枝に勾玉などの連珠を、中ほどの枝には鏡を、下枝には楮《こうぞ》や晒《さら》した麻の樹皮を、それぞれ吊り下げさせた。

布刀玉命にこの賢木を持たせ、児屋命が荘重な祝詞《のりと》を唱え、手力男神《たぢからお》が岩戸のかげに待機する。そして岩戸の前で天宇受売命《あめのうずめ》が日影蔓《ひかげのかづら》を襷《たすき》がけに、真拆《まさき》の蔓を髪飾りとし、小竹《ささ》の葉を束《たば》ねて手に持った扮装で、伏せた桶の上に立った。そして神懸かりしながら桶を踏み鳴らし、胸乳《むなち》を見せ、裳《も》を押し下げて女陰を露わにしつつ踊った。周囲で見守っていた神々はこのしぐさに笑い、一斉にどよめいた。

岩戸のなかの天照大御神は、戸の外でいったい何が起きているのだろうかと訝《いぶか》しく思い、戸を少しあけて問い質《ただ》した。すると「あなた様にまさった神がいるので、楽しく遊んでいるのだ」という答えが返ってきて、目の前に差し出された鏡を見せられた。鏡に映った自分の姿を、その楽しませている別の神と誤解し、天照大御神がよく見ようと身を乗り出したところを、手力男神が力任《まか》せに引き出した。すかさず布刀玉命は、岩戸の前に注連縄《しめなわ》を渡して戻れないようにしてしまった。こうして天照大御神が岩戸を出たため、世の中にはふたたび明るさが戻った。この原因を作った須佐之男は、もちろん天上界から追放された。

これが天岩戸神話であり、冒頭の高千穂町に点在する地名はこれらの話の舞台設定にちなんだものであった。

二 『日本書紀』の天の石窟戸神話との相異

『日本書紀』（日本古典文学大系本）にもほぼ同じような筋書きの話が見られるが、こまかいところでは異なっている。『日本書紀』には、本文のほかに「一書」という異説も多数載せてあるので、それもふくめて見ていこう。

第一は、支配地が異なる。

一書第六によると、伊弉諾尊《いざなぎ》から委託された三神それぞれの支配地は、月読尊《つくよみ》が「滄海原《あおうなばら》の潮《しお》の八百重《やおえ》を治《しら》すべし」、素戔嗚尊《すさのお》は「天下を治すべし」とある。しかし本文および一書第一によれば、素戔嗚尊ははじめから根の国を支配するよう命ぜられている。一書第六との相異点は一見大きそうだが、天照大（御）神の支配地はどれも「高天原・天地・天上」とされていて、記事の間に揺れがない。天照大神と月読尊すなわち太陽と月が天上界を統治するのは当然のこととも思えるが、素戔嗚尊が統治する場所はかならずしも定まっていなかったようだ。とはいえこれは小異とすべきことで、どのみち素戔嗚尊らの役回りに変わりはない。

第二に、誓約のさいの勝者を決める基準が異なっている。

本文では、素戔嗚尊は「如《も》し吾が所生《う》めらむ、是《これ》女ならば、濁《きたな》き心有りと以為《おもお》せ。若《も》し是《これ》男ならば、清き心有りと以為せ」といい、このあとで天照大神は素戔嗚尊の帯びていた十握剣《とつかのつるぎ》から三柱の女神を産む。素戔嗚尊は天照大神のつけていた八坂瓊《やさかに》の五百箇《いおつ》の御統《みすまる》から、五柱の男神を得る。『古事記』素戔嗚尊の帯びていた剣から女神が生まれているが、それを産《う》み出したのは天照大神である。『古事記』ではもともとの持ち主を親と認定していたが、『日本書紀』では直接産んだ者を親と見なしている。親の認定基準は異なってしまったが、勝者の判断材料が女神の親から男神の親であることに変更されているので、素戔嗚尊が勝者とされたことに変わりはない。

この筋書きは異説の一書三の文とほぼ同じである。おそらくもともとは『古事記』が古伝であり、女子を得れば、それを勝利の証とするのが、当時のふつうの感覚だったのだろう。

『日本書紀』ではこうした古くからの伝統も意識し、「其の物実《ものざね》を原《たず》ぬれば、八坂瓊の五百箇の御統は、是吾が物なり。故、彼の五の男神は、悉《ふつく》に是吾が児なり」として古伝との整合性を持たせようともしている。しかしそうしてしまうと、自分が産んだ子も、素戔嗚尊が産んだ子も、すべて自分の子ということになってしまい、論理的に破綻する。もともと男児を勝利の証と見なしたのは、中国社会でも通用させたいからである。男子を重んずる儒教的な感覚・慣習を受容し、男尊女卑の観点から文をむりに作りかえたのである。

第三に、素戔嗚尊が暴れる場面の描かれ方がやや異なる。

『日本書紀』本文は「春は重播種子《しきまき》し、且《また》畔毀《あはなち》す。秋は天斑駒《あまのぶちごま》を放ちて、田の中に伏す」、一書第二に「渠塡《みぞう》め」「冒《ひきわた》すに絡縄《あぜなわ》を以てす」、一書第三に「廃渠槽《ひはがち》」「挿籤《くしざし》」「馬伏《うまふせ》」が見えるが、頻蒔・駒放ち（駒伏）・挿籤などは『古事記』に見えない。

また忌服屋《いみはたや》（機織場）に逆剝した馬が投げ込まれたとき、死んだのは『古事記』では機織女とされるが、『日本書紀』本文は「是の時に、天照大神、驚動《おどろ》きたまひて、梭《かび》を以て身を傷《いた》ましむ」とあって、天照大神本人が負傷している。ただし天照大神はこの傷で死ぬことがなく、「発慍《いか》りまして、乃《すなわ》ち天石窟《あまのいわや》に入りまして、磐戸《いわと》を閉《さ》して幽《こも》り居《まし》ぬ」となる。

前者の罪状の内容はいずれも農業生産の妨害で、上記のごとく溝塡めや畔毀は貯水・潅漑施設の破壊である。頻蒔は種を蒔いたあとにかさねて種を蒔くことだが、こうすると養分不足でどれも生長しなくなる。廃渠槽は、通水用の木樋《もくひ》を壊して、水をむだに外部に漏出させることである。駒放ち（駒伏）は田圃《たんぼ》に馬をかってに放牧することで、挿籤はむやみに田圃の占有権を主張することである。これらは農業共同体内の規制に抵触する行為ではあろうが、国家権力を脅かそうとする政治的犯行ではない。つまり村長《むらおさ》・古老などが作りあげてきた慣行的な秩序のなかで培《つちか》われ育てられてきた話であるから、起源としてはかなり古《ふる》そうだ。

犯罪内容は『日本書紀』のなかですら相異しているが、それは瑣末《さまつ》なことであろう。ようするに、占有地・所有地への不満を露わにした諍《いさか》いには、追放など断乎たる処罰がなされる。そういう筋書きであって、どの記述もその趣旨に変わりがない。

後者、すなわち天照大神が負傷したのか、屋内の別の女性が負傷・死亡したのか。これは天照大神の尊厳にかかわる重大な問題だが、おそらくは天照大神（稚日女尊《わかひるめ》と同一か）の負傷がほんらいの物語で、太陽神は一度死没するが、石窟のなかに籠もることでいちだんと強くなって再生するという話であろう。

しかし『古事記』では、そこに作為が施される。天照大御神は高天原神話の主宰神であり、この神が死没してしまったとすることに抵抗感がある。そこで古伝の筋書きをあえて改竄《かいざん》し、脇役の神女《しんめ》が死没した衝撃で石窟に籠もることに変えたのである。『古事記』の方が二次的な改変を受けた、よりあとの姿と見られる。

いよいよ天石窟戸の話で、これが第四の相異点となる。

『日本書紀』本文では、祭祀用具の制作者の神名を欠いている。また、磐戸をすこし開いたときに鏡を見せて誤解を誘うという場面が見られない。天鈿女命《あまのうずめ》が「裳の緒を陰に忍し垂りき」という描写もなく、とうぜんにもそれを見た神々の哄笑《こうしょう》もない。さらに天照大神が手力雄神に引き出されたところで、ふたたび磐戸内に戻れないよう注連縄が張られるが、注連縄を張ったのは、『古事記』では太玉命のみの仕事だが、『日本書紀』では天児屋命（中臣の氏神）・太玉命（忌部の氏神）の共同作業となっている。

また一書第一には石凝姥《いしこりどめ》（伊斯許理度売）が登場するが、制作品は鏡でなく日矛《ひぼこ》となっている。ついでに紀伊の日前神《ひのくま》が鹿の皮で天羽鞴《あまのはぶき》を作って、鍛冶作業を助けたとする。一書第二では、作られた品は鏡となっているが、作者は鏡作部の遠祖・天糠戸者《あまのあらとのかみ》である。以下、連珠の作者は玉作部《たますりべ》の遠祖・豊玉《とよたま》で、香具山の賢木を抜いたのが山雷者《やまつち》（山祇）、五百箇《いおつ》の野薦《のすず》の八十玉籤《やそたまくし》を採ったのが野槌《のづ》者《ち》とされる。そしてここでは、鏡を石窟戸に差し入れたとき、鏡に小さな傷がついたという記述がある。描写が、『古事記』に比べてやけに細《こま》かい。

一書第三では、玉作は豊玉でも『古事記』の玉祖命でもなく、天明玉《あまのあかるたま》の役割となっている。この一書では忌部氏の主張が大きく取り上げられているようで、粟（阿波）国忌部の祖・天日鷲《あまのひわし》が下枝に木綿《ゆう》を取りかけたとか、石窟前の祈りは忌部首の遠祖・太玉命一人の行ないとされている。そして、この太玉命の祈りが天照大神に「未だ若此言《かくいうこと》の麗美《うるわ》しきは有らず」と称賛され、磐戸が開けられることとなる。開扉はおもに忌部氏の功績とされ、ここには天鈿女など影すら見せていない。

ここでの記述内容の違いには、中臣氏と忌部氏との熾烈《しれつ》な対立が反映しているようだ。

もとより古くは忌部氏が主力であって、忌部を中心として宮廷祭祀が取り仕切られていたのであろう。しかし七世紀後半になって、政界に藤原氏が台頭した。その藤原氏の出身母体であり、藤原氏のいちばん親《ちか》しい同族である中臣《なかとみ》氏は、藤原氏の政界での卓越した権力的地位を後ろ盾として祭祀の世界でも祭官としての地位を高めていく。忌部氏は独占的な地位はおろか、祭官としての職務すら失いかねない状態となりはじめていた。

一書第三には忌部氏の持っていた所伝が採られているが、その冒頭には「諸《もろもろ》の神、中臣連の遠祖興台産霊《こごとむすひ》が児・天児屋命を遺して祈《の》ましむ」とあり、天児屋命つまり中臣氏の命令を受けて石窟前の儀式全体がはじめられたかのように記されている。さらに本文でも、天児屋命・太玉命（忌部氏の祖）の順でかかわったと改変されており、『古事記』になると太玉命は賢木を持つだけにされてしまっている。

おそらく当初は、一書第二のように鏡作部の遠祖・玉作部の遠祖・山雷者・野槌者など姓名不詳の者たちが行なったとされていたのであろう。『古事記』『日本書紀』の記事が定まるまでには、『帝紀《ていき》』『旧辞《きゅうじ》』の編纂にさいし、また記事の追加時などに、そのときどきの宮廷祭祀担当氏族の役割や力関係の実態がこもごも反映させられた。

時代が下るにつれて、関わった氏族が入れ替えられたり、またかつては名がなかった神たちが誰々と確定されていくのである。そのなかで「鏡作なら石凝姥」とか「玉作なら玉祖命」とか具体的になり、さらに宮廷の鎮魂儀礼に猿女《さるめ》氏が重要な役割を果たすようになってくると、その祖・天鈿女はこの場面に欠かせぬ役割を果たす神とみなされ、その地位の起源にふさわしいそれらしい活躍の場面が捏《こ》ね上げられてくる。

紀国造の奉祭していた日前神《ひのくまのかみ》が鞴《ふいご》を作ったとは、一書第一にしか見られない。こうした記事は、あとから入ってきたものだ。『日本書紀』持統天皇五年（六九一）八月辛亥条には「十八の氏に詔して、其の祖等の墓記を上進《たてまつ》らしむ」とあって、紀氏もこれに応《こた》えて上進したうちの一氏である。おそらくこのときに、追加資料として潜《ひそ》ませておいた日前神についての作り話が、『日本書紀』編纂官によって一説として採られたのである。日本神話は、もともと民間に流布していた伝承をそのまま採って編集されたものでない。きわめて現世的で政治的なものとして語られたものであり、おりおりの政治情勢などを反映しながら日々それに合わせて動かされていたのである。

三　天岩戸前の場面の意味

『古事記』と『日本書紀』との間には、たしかに相異点も多い。だが、須佐之男が勝ち誇ったあまりに暴れ出し、そのために主神が石窟に籠もり、困った神々が腐心《ふしん》して誘い出すという筋書きは同じである。このうちの天岩戸の場面は、いったい何を物語っているのだろうか。

太陽の死と再生という話は、アジア大陸南部のアッサム（インド北東部）から北アメリカ大陸西岸のカリフォルニアまで、環太平洋地域に広く分布している。日蝕《にっしょく》という自然現象をかれらなりに合理的に理解しようとした結果であるから、どこの話でもどこかしら発想が似ている。

とくにベンガル湾のカール・ニコバル島（インドの連邦直轄領）民の日蝕神話と日本の天岩戸神話の構想は、酷似しているという。太陽と月は兄弟（または姉妹）であるが、さらに下の弟（または妹）の性格が悪く、彼らのために日蝕・月蝕が起こる、とされている。これがタイ・カンボジアなどをへて、日本に影響したのであろうか(2)。

そうはいわれているが、天岩戸神話には、もうすこし別の日本的な要素も入っているようだ。

宮廷の祭祀には、中臣氏・忌部氏のほかに、猿女氏が登場するものがある。それが鎮魂祭《たましずめのまつり》であり、十一月末に行われている。十二月の冬至《とうじ》に向けて、日照は日々弱ってくる。天皇は太陽神の末裔であると称していたから、太陽の力の衰弱は天皇の威力の衰えに繋がる。その衰弱、衰弱のきわみとしての死というのは、魂がその身から遊離してしまうことと考えられていた。その遊離した魂を祈禱によってもとの身に戻し、つまりは蘇生させようというのである。

高千穂峰の候補地の一つである霧島山（松田信彦氏撮影）

そのはじまりは『日本書紀』天武天皇十四年（六八五）十一月丙寅条に、

是の日に、天皇の為に招魂《みたまふり》しき。

とみえる。これが『延喜式』（新訂増補国史大系本）巻二・神祇二／四時祭下・鎮魂祭条に、

右、中寅日《なかのとらのひ》の晡《さる》の時、……縫殿寮、猨女《さるめ》をして参入せしむ。……神部《かんとものお》、堂上に於て拍手を催す。御巫《みかんなぎ》及び猨女等、例に依りて舞ふ。

（四十三頁～四十四頁）

とあるように、のち猿女氏が関わった鎮魂祭として定着する。

神体（天皇）の魂が弱って、その身体から離れてしまおうとしている。そのときに、まず魂を振って震動させる。これが魂振《たまふ》りである。そして活力を取り戻しつつある魂を、もう一度身体のなかに定着させる。つまり魂鎮《たましず》め（鎮魂）である。この祭儀のさまを神話世界に反映させたのが、天岩戸神話ではないか。とくに天宇受売命が桶を使って大音響をたてているのは、魂振り・魂鎮めを本旨とする鎮魂儀礼の場にふさわしい行為である(3)。日蝕神話と鎮魂祭を合体させたもの。この解釈が、現在のほぼ定説的な理解となっている。

また天岩戸神話では、天宇受売命が女陰《にょいん》を露《あら》わにして踊ったとあるが、これは女性の持っている神秘的な魔力によって豊作を祈願するものとか(4)、向けられている女陰には呪術的な威力が認められていた、とかの理解がある。さらに、それを見た神々が笑ったとあるのは、笑いには魂を活性化させる呪力があったとみなされていたともいう(5)。

これらの判断・理解は、おおむね首肯できるものである。

だがそれでも、筆者からすれば、天照大御神が須佐之男の下心《したごころ》を勘ぐり、そのために惨敗すると

いう場面をどうして描く必要があるのか。はなはだ理解に苦しむ。

近年の諸学説は『日本書紀』などの編集姿勢の政治性ばかりを深読みし(6)、神話として語られるときに必要となる文学性や文学的意味の追究が軽んじられている。

その点、川副武胤氏は、須佐之男を地上に降ろすという筋書きのために必要となった物語にすぎないとし、個々の祭祀的な素材は文学的肉付けに借りられただけとし(7)、話の作り方として理解しようとされている。また西郷氏は、天照大御神が須佐之男の暴虐をおさめて、はじめて高天原の至上神として誕生するというのが話の主旨だったと見なされている。

ともに天岩戸神話の全体構想の解明に迫る意欲的な提言とは思うが、いずれも物足りない。

というのは、もともと天照大御神が混乱・無秩序の遠因を提供しているからだ。両氏の説ならば、天照大御神は無謬《むびゅう》の神であった方がよいのではないか。須佐之男が悪心を見破られ、誓約に負けたことに憤《いきどお》った、としたのではなぜいけなかったのか。一方的に起こされた悪意による反逆を収拾して、天照大御神の至上神としての地位が固まる。または須佐之男が排除される。それならば分かる。しかし須佐之男の暴虐事件のこの書き方では、天照大御神にも責任の一端がある。天照大御神の邪推と誓約での惨敗は、高天原の主宰神としての適格性を疑わせるものとならないのか。

こうしたことからも、天照大御神が誤解し邪推していることの意味をふくめた神話構造の解明の論議の一層の深化が待たれる。

【注】

（1）天照大（御）神の原像が太陽であることは、疑いない。『日本書紀』本文に「此の子、光華明彩しくして、六合の内に照り徹る」とあり、一書第一にも、天照大神と月読尊は「並に是、質性明麗し。故、天地に照し臨ましむ」とある。天から光をもって照らすといえば、一つは月で、いま一つは太陽である。また天上界を主宰する神として、天上の中心にあって目立つものを探せば、太陽しかあるまい。しかし、天岩戸のうちに天照大神が隠れる直前、素戔嗚尊は「天照大神の、方に神衣を織りつつ、斎服殿に居します」を見て、逆剝ぎした天斑駒を投げ込んだとある。つまり天照大神はそもそも神に仕える者であって、神本体でなかった。『日本書紀』によれば、天照大神は別名を大日貴という。「ひるめ」とは日の女・日の妻の意味であって、太陽の光に感じて孕む聖なる巫女（聖母）というような存在であったらしい（西郷信綱氏『古事記全注釈』）。聖母かどうかはともあれ、巫女的な存在が原型であって、そこから発展して太陽そのものの霊を宿したものとされ、ついで太陽の化身へと推転していったのであろう。

（2）日本古典文学大系本『日本書紀』上巻の「天岩屋神話」補注。五六〇頁〜五六一頁。

（3）西郷信綱氏著『古事記注釈』第一巻（平凡社刊、一九七五年）、当該項。

（4）角林文雄氏著『「日本書紀」神代巻全注釈』（塙書房刊、一九九九年）、当該項「【考察】アマノウズメのエロティックな神楽踊りについて」二五七頁〜二五九頁。

（5）麻生磯次氏著『笑いの文学』（講談社刊〈現代新書一九八〉、一九六九年）、二十頁。

（6）かつて上山春平氏は、天照大神の原像を持統天皇と力説された（『神々の体系』『続神々の体系』、中央公論社刊〈中公新書三七二・三九四〉、一九七二年・一九七四年）。持統天皇は、夫・天武天皇の後継者として子・草壁皇子を天皇につけようとしたが、草壁皇子が病没してしまったため、今度は孫の珂瑠皇子（文武天皇）の即位を画策した。天武天皇の子たちも即位を希望していたので、持統天皇みずからが即位することでその動きを封じた。異腹の皇子たちの天皇擁立・即位への道を、強圧的に阻止したのである。持統天皇が企てた祖母から孫へという皇位継承の筋書きは、つとに神代巻に見える。子・天忍穂耳命を飛ばして、祖母の天照大神から孫・瓊瓊杵尊へと地上支配権が継がれている。この構想に酷似している。つまりこうした異常な皇位継承に先例を作っておこうとして、持統天皇は神代巻の筋書きを改竄・捏造したもの、と上山氏は推測したのである。しかし、似ているのはそこの部分だけであって、高天原神話に登場する人たちの役回りはとくに似ていない。上山氏の指摘は、深読みにすぎる。詳しくは、拙稿「天照大神のモデルは持統女帝か」(『天平の木簡と文化』所収。笠間書院刊、一九九四年)を参照されたい。

(7) 川副武胤氏「天岩戸神話の構造」(『日本古代王朝の思想と文化』所収。吉川弘文館刊、一九八〇年。のち西日本法規出版発行、一九九三年)は、「大国主神の父祖神として設定された素戔嗚尊(それはまた天照大神の弟である)を地上に降す必要といふ、至上のプロット設定のために所要のストーリーであつて、その舞台装置・道具立・役者(従属神)はすべてその肉付けのためのものに過ぎぬ」(一六四頁)とされる。

(「月刊歴史と旅」二十八巻八号、二〇〇一年八月)

2　根の国訪問

一　根の国はどこにあり、どういう意味のあるところか

『古事記』（新編日本古典文学全集本）によれば、兄弟神たちの虐待をうけた大国主神《おおくにぬし》（大穴牟遅命《おおなむち》）は、「須佐之男命《すさのお》のいらっしゃる根《ね》の堅州国《かたすくに》に行きなさい」という大屋毘古神《おおやひこ》の言葉にしたがって、根の国に赴く。

この根の国はどこにあって、何をする場所だったのか。

この話の最後尾では、大国主神が須佐之男の娘・須勢理毘売《すせりひめ》を連れて根の国を脱け出す場面が描かれる。そこに、黄泉比良坂《よもつひらさか》が出てくる。須佐之男命は大国主神・須勢理毘売を追い駆けたが、彼らの方が一歩早かった。須佐之男は黄泉比良坂の坂下に着いたところで諦《あきら》め、遠くに見えていた大国主神に「お前の持ち出した生大刀《いくたち》や生弓矢によって兄弟神たちを坂の裾に追い伏せ、川の瀬に追い払って、自力で大国主神となれ。そして私の娘を正妻とし、宇迦《うか》の山の麓の盤石の上に大空高く千木《ちぎ》を上げた豪壮な宮殿を建てて住みな」と呼びかけて祝福した、とある。

ということは、根の国の出入り口は黄泉比良坂であった、と判《わか》る。

しかし死者が赴くという黄泉国《よみのくに》との境界の坂も、黄泉比良坂ではなかったか。

伊邪那美《いざなみ》は火之迦具土神《ほのかぐつち》つまり火の神を産んだために女陰《にょいん》を火傷《やけど》し、そのために病んで死んだ。伊邪那美は出雲国と伯耆国との堺にある比婆《ひば》之山に葬られたというが、それは遺体を受け入れる入り口にすぎなかったようだ。遺骸は黄泉国にいつの間にか運ばれていた。伊邪那岐《いざなき》は伊邪那美に会い、連れて帰りたいと思って、彼女のいる黄泉国を訪れた。伊邪那美は黄泉国の食物を摂《と》ってしまっていて、つまりその地の住人となってしまっていたので、帰るには黄泉神の諒解が必要であるという。そこでその相談にいくことにして、その間に、伊邪那岐に伊邪那美の遺骸を見ないよう約束させた。しかし伊邪那岐は約束を守れず、蛆《うじ》が集《たか》り八種の雷神が蹲《うづくま》る伊邪那美の遺骸の凄惨で穢《けが》れた姿を見てしまった。伊邪那岐は見たものの恐ろしさのあまりに逃げ出した。辱《はずかし》められたと思った伊邪那美は、黄泉の醜女《しこめ》を率いて追いかけた。伊邪那岐は黄泉国との境にあたる黄泉比良坂にようよう辿《たど》り着き、千人力でしか動かない岩でとりあえずその口を封じた、という。

つまり、黄泉国から地上に出るときも、根の国から出るときも、ともにこの坂を通る。根の国も地中深くにある国だと当時の人たちに考えられ、両者に共通し共用されている坂とみなされていた。たとえていえば、中国の長江《ちょうこう》と揚子江《ようすこう》の関係である。長江は揚子江をふくんだ全体の名で、揚子江は長江東端の河口部でもある。揚子江は、揚子江でもあり、長江でもある。

比良坂というのは、急峻《きゅうしゅん》な登り坂のことである。地上に出るには黄泉国・根の国とも共通して比良坂を通るというのならば、その国のありどころの違いはつまるところ地中における深度《しんど》の差になろう。とはいえ黄泉比良坂という名になっているのだから、黄泉国のごく近くにある坂という認識なのだろう。

黄泉国と根の国の場所の性格がどうちがうかは、その名称からあるていど推測できる。伊邪那美は、火之迦具土神を産んだときの火傷がもとで死んだ。そして黄泉国に赴いたのだから、黄泉国は死者の赴く場所である。黄泉はヨミで、そこから帰れればヨミガエル（蘇生）わけである。

これに対する根の国は、根つまり根源・ルーツの国である。名前から推測すれば物事の根源となる活力を漲《みなぎ》らせている世界で、空中・地上・地中のあらゆる生命を作り出す所と考えられる。大国主神が野原のまんなかで焼け死にそうになったとき、鼠が「内はほらほら、外はすぶすぶ」（『古事記』）といって、穴のなかに隠れるよう示唆した。なぜこの場面にこんな動物が出てくるのかといえば、鼠などの地中の動物は根の国から生じ、根の国と自在に往《ゆ》き来していると思われているからである。春になれば草木が地表一面に生えはじめる。それでだれの目にも明瞭に分かるように、地中には生命の根源が宿っている。それは地中の根の国の活力・作用にほかならない。そのありかはおそらくは黄泉国よりもさらに深く遠い場所で、高天原・地上・地中と垂直的に捉えられていた古代的世界観のなかでは、もっとも基底的な位置つまり最大深度の地下にあると想定されていただろう。鳥でいえば、そのうが黄泉国で、腺胃・砂嚢《さのう》が根の国。喉元《のどもと》が黄泉比良坂に当たるとたとえられようか。

二　須佐之男はどうして根の国にいるのか

『日本書紀』（日本古典文学大系本）では、素戔嗚尊は「母のいる根の国に行く」といい、八俣《やまた》の大蛇《おろち》を退治したあと須賀《すが》で奇稲田姫《くしいなだひめ》と結婚して、そののち根の国に行った、とある。『古事記』では、「母の根の堅州国に行く」としているが、出雲国の須賀（島根県大東町）に宮を造って鎮《しず》まったあと、とうとつに根の国にいることになっている。本居宣長《もとおりのりなが》もおかしいと思ったようで、この間の記事になんらかの脱漏《だつろう》があると推測している（『古事記伝』）。

しかしそんなことより、もともと母・伊邪那美は、父・伊邪那岐も黄泉国で会ったというし、そこの食事を摂ったから黄泉神の許しがなければ出られないといっているのだから、黄泉国にまだいる。根の国にいるはずがない。母・伊邪那美が黄泉国にいるのなら、須佐之男も母のいる黄泉国に一緒にいるはずではないか。

これは、母のいる場所を根の国とするか黄泉国とするかに異論があったせいかもしれない。だがおそらくは、母は死没したので黄泉に止まるが、須佐之男は死没していないので、根の国に赴くのが妥当とされたのであろう。出入り口が共通となっていることから推《お》して、黄泉は根の国の一部と見られていたと解釈できるし、須佐之男が黄泉で母に会うのは根の国に赴くまでの通過点でのできごとと見なせばよい。黄泉国は根の国まで行く途中で立ち寄れるような位置にあり、大きく括《くく》れば深遠・広大な根の国の一部と観念されていたのであろう。

もっとも、母・伊邪那美が黄泉国から根の国に移ってしまっていたとも考えられるかもしれない。黄泉国にしばらくいると、根の国に移っていくという輪廻《りんね》する考えがあった、と。しかし、伊邪那美は須佐之男の母として上位者である。彼女がもしも根の国に入るとなると、根の国の主宰神（支配者）は最上位者である伊邪那美がふさわしくなる。伊邪那美は、やはり黄泉国に留まっているとみておくのがよいと思う。

なお、須佐之男が「母のいる根の国」というときの母は、伊邪那美でない。須佐之男は伊邪那岐の身を滌《すす》いで生じた神だから、父も母もいない。母のいる根の国というのは不審《ふしん》だ、という理解もある。(1) しかし前節の事情で黄泉国から帰還した伊邪那岐が、自分の鼻を滌いで生じさせたのだから、須佐之男は伊邪那岐の身体の一部を承《う》けた子とみなしうる。また下文には「右の件《くだり》の、八十禍津日神《やそまがつひのかみ》より以下、建速須佐之男より以前《さき》の十柱の神は、御身を滌ぎしに因《よ》りて生めるぞ」とある。ここで滌ぐにいたる原因は伊邪那美を訪ねたことにあり、禊《みそ》ぎする穢れのもとも伊邪那美にあるのだから、母は伊邪那美とみなしてよい。父の鼻(洟《はなみず》)と母の穢れによって成った神となるが、原材料が何であっても、神話なのだから、それはそれでよかろう。もし母がいない神だと読みとるべきだというのならば、読み手からするとこの話が成り立っていないことになる。やはり母は伊邪那美とみなされている、とするのが穏当と思う。

三　大国主命は、須勢理毘売と結婚できるのか

大国主神（大穴牟遅神）の兄弟神たちは、高志《こし》国の八上比売《やがみひめ》との婚姻を目指して、出雲から因幡《いなば》を経由して向かった。しかし結果として兄弟神たちは目的を遂げられず、八上比売から婚姻相手として逆指名された大国主神は兄弟神から逆恨《さかうら》みされて殺されかける。

そこで一時的に避難するために、根の国に逃げ込んだ。そしてそこに出てきた須佐之男命の娘・須勢理毘売に目配《めくば》せをし、すぐさま結婚することとなった。まさに電撃的な恋だが、読みようによって

はここに来た事情を忘れた緊張感のない話でもある。のちに山幸彦《やまさちひこ》が海神の宮を訪れたときも、娘が導いて父にあわせる筋書きになっている。こういう招き方が、異域《いいき》の人を受け入れるのに自然な展開と見なされていたのだろう。

それはそれとして、須勢理毘売と大国主神の二人は少しもお似合いでない。というのも、まったく懸け離れた世代に属しており、結婚が成り立つはずもない。

『古事記』の記す系譜はこうだ。

須佐之男が櫛名田比売《くしなだひめ》と婚姻して産《う》んだ神が、八島士奴美《やしまじぬみ》神（子）。八島士奴美神は、大山津見《おおやまつみ》神の娘・木花知流《このはなちる》比売と結婚して布波能母遅久奴須奴《ふはのもぢくぬすぬ》神（孫）を産んだ。布波能母遅久奴須奴神は、淤迦美《おかみ》神の娘・日河《ひかわ》比売と結婚して深淵之水夜礼花《ふかふちのみずやれはな》神（曾孫）を産んだ。深淵之水夜礼花神は、天之都度閇知泥《あめのつどへちね》神と結婚して淤美豆奴《おみづぬ》神（玄孫）を産んだ。淤美豆奴神は、布怒豆怒《ふのづの》神の娘・布帝耳《ふてみみ》神と結婚して天之冬衣《ふゆぎぬ》神（五代目）を産んだ。この天之冬衣神が刺国大神《さしくにのおおかみ》の娘・刺国若比売《わかひめ》と結婚して生まれたのが、大国主神（六代目）である。ということは、須佐之男の娘と、須佐之男の六世代も後裔にあたる男とが結婚したことになる。もの凄《すご》い姉《あね》さん女房の「年の差婚」である。

もちろん、こんなことは現実的でない。これは神話形成の都合で起こされていることである。もともと日本の神話は、さもありそうなことをまことしやかに描く民話とは性格が違う。

神話世界で起きたとされていることを根拠に、現在の自分の立場や一族の政治的な位置づけが決まってしまう。だからその筋書きがいかに不自然になろうと、辻褄《つじつま》があわなかろうと、そんなことはお構いなしでいい。豪族たちの祖先を、建国の主とされている大国主神と関係させておく必要があると思えば、強引に系譜に割り込ませる。架空の祖先神をいくつも作り上げ、親・子・兄弟ということにし、何とかしてほかの系譜に結びつけてしまう。それでも入る余地がないとなれば、この神は××神の別名・△△神の異名《いみょう》ということにする。大国主神が大穴牟遅命・葦原色許男《あしはらしこお》・八千矛《やちほこ》神・宇都志国《うつしくに》玉《たま》神・大物主《おおものぬし》神などというくつもの別名を持つのは、豪族の祖先神との合体がたびたび図られた結果なのである。

四　領巾にはどんな威力が認められているのか

須勢理毘売は大国主神と結婚し、夫を父・須佐之男に紹介した。するとと須佐之男は、「これは葦原色許男命だ」と見抜いた、という。色とか男とかが入っているから色男だと褒《ほ》めた、というわけではない。色許《しこ》とは醜《しこ》の意味。醜さが度を超せば、それはほかのものを押しのける威力を持つ。つまり葦原中国を支配する力を秘めた、強い男だと認めたのである。

この婿殿《むこどの》を、まずは蛇のいる部屋に通した。放っておけば、もちろん大国主神は蛇に容赦なく襲われるはずだ。蛇に嚙みつかれたり絞め殺されてはたいへんだから、須勢理毘売は大国主神に蛇の領巾《ひれ》を渡して、「蛇が食いつこうとしたら、領巾を三度ふりなさい」と教えた。これで蛇を鎮められたが、その次の日も呉公《むかで》（百足）と蜂の部屋に通された。ここでも須勢理毘売は、呉公と蜂の領巾を渡した。おかげで大国主神はその領巾を振って鎮まらせ、熟睡できた、という。

ここに出てくる領巾とは、肩から両腕にかける横長の薄様《うすよう》の布切《ぬのき》れである。女性の使うショールみたいなものである。ショールには首筋の防寒という目的・用途があるから、夏には使われない。その点、領巾は季節に拘《かか》わらず用いるから、そのあたりがちょっと違う。上流の女性が着飾った姿を象徴する、衣裳道具の一つと理解しておけばよかろう。

もとより衣裳がほんとうに物理的な力を発揮するはずもないが、どうやら揺らすのがポイントのようだ。揺らされることで空気に波動が生じ、波動の力でそのさきの魂などを操《あやつ》れる。古代の人々は、そう考えた。

『古事記』応神天皇段によれば、応神朝に新羅《しらぎ》の王子・天之日矛《あめのひぼこ》は自分のもとから逃げた妻を追って、日本にやってきた。そして但馬《たじま》に落ち着いて、別の女性と家族をなした。ところで天之日矛には新羅からもたらした宝があり、それが二貫《ふたつら》の珠と四種の領巾だった。その領巾には、浪振《なみふ》る領巾・浪切る領巾・風振る領巾・風切る領巾があって、浪や風を起こす領巾とそのなかでも突っ切る力を持った領巾があった、という。領巾にはものを活性化させる力があるから、ぎゃくに鎮める力もあるとみなされたのだ。

いまでも空港や港湾などでは、別れるときにハンカチを振る姿が見られる。本人は目立っていどにしていることと理解しているかもしれないが、じつは古くからの慣習・儀礼である。そのもとは、布を振られると、その波動で魂が揺さぶられ、相手の魂が振っている人のもとに戻りたくなる。魂を招き寄せる作用を期待して振っている。「無事に行ってきて」ではなく、「今すぐ戻ってきて」ということで、布を振っているのである。野球やサッカーの観戦者たちは、旗を振って応援する。旗を振ることで、その波動の力が選手の心を揺さぶって鼓舞する。そう思いながらやっているのなら、いまでも古代的なこの観念は生き続けているわけである。

五　根の国訪問によって、大国主命はどんなものを得たのか

大国主神は蛇の部屋と呉公・蜂の部屋への宿《やど》りを体験させたが、さらに須佐之男は大国主神を大野原に連れて行って、そのなかに射込んだ鏑矢《かぶらや》を取ってこいと命じる。そして野に入らせたところで、その周囲に火を点《つ》けた。ひどい舅である。

今度は、丸焼きの危機に瀕《ひん》した。

この危機を救ってくれたのは根の国の住人である野鼠《のねずみ》で、「内はほらほら、外はすぶすぶ」と大国主神に教えた。火が通りすぎるまで、その穴に隠れていた。そして火をやり過ごしたところに、鼠が鏑矢を銜《くわ》えてきてくれた。

これで試練も終わりかと思ったが、須佐之男はさらに頭の虱《しらみ》を取れと命じた。ところがその頭は呉公だらけであり、危なっかしくて虱を取るどころでない。そこで須勢理毘売は一計を案じ、椋《むく》の木の実と赤土を大国主神に与えて、それを口にふくませてから吐き出させた。須佐之男からすると、大国主神が呉公を食い破っているのかと誤解してしまう。須佐之男は大国主神の勇猛さに感心しながら、そのまま寝入ってしまった。須佐之男の監視の目が緩《ゆる》んだこの隙に、大国主神と須勢理毘売は手を携《たずさ》えて根の国から脱出したのである。

この須佐之男が大国主神に課した無理難題は、娘可愛《かわい》さのあまりの意地悪などではない。

これは成人としての通過儀礼のさまを、神話的に描き出したものである。成人として社会の正式な構成員となるには、なんらかのけじめが必要である。そのための試練が、あるときは度胸試《どきょうだめ》し、あ

るときは身体の過激な鍛錬となる。通過儀礼の場所が根の国とされたのなら、地上界から見れば一時的にどこかに隠れて見えなくなってしまったわけで、どこかに籠もったようにみなされた。この籠もることで本人の力が蓄えられ、前より数段階強くなって再生する。この話では、大国主神は兄神たちの度重《たびかさ》なる攻撃から避難するために籠もった。それによって、葦原中国《あしはらなかつくに》を制圧する強大な力が得られたというわけである。

【注】

（1） 新編日本古典文学全集本『古事記』、上巻・伊邪那岐と伊邪那美の（七）三貴子の分治、五十四頁・頭注四。

（「月刊歴史読本」五十五巻四号、二〇一〇年四月）

3　神武天皇について

一　神武天皇は何をしたか

神武《じんむ》天皇という呼称は、『古事記《こじき》』『日本書紀』の本文《ほんもん》に見られない。それはとうぜんで、奈良初期の『古事記』『日本書紀』が作られたとき、そのような名前はまだできていなかったからだ。こういう漢字二文字の名前は、漢風諡号《しごう》といわれる没後におくられた中国皇帝風の諡号で、奈良末期から平安初期のある時期に纏《まと》めて作られたものである。それまでにも死没した大王に対する敬意を込め、和風の諡号を奉《たてまつ》ったことはある。その諡号では、神日本磐余彦《かんやまといわれひこ》といわれていた。神日本は諡号らしい美称だが、下の磐余彦の方は飛鳥地方の地名である磐余にいる男というほどの意味である。

存命中の王子名は彦火火出見尊《ひこほほでみのみこと》といったというが、これにもだいぶ飾った言葉が入っており、別称の磐余彦の方がほんらい伝承されてきた大王名であったろう。父は彦波瀲武鸕鷀草葺不合尊《ひこなぎさたけうがやふきあえず》で、その第四子（第二子・第三子とする伝承もある）にあたる。母は、玉依姫《たまよりひめ》という名だった。

さて『日本書紀』（日本古典文学大系本）神武天皇即位前紀によると、磐余彦が四十五歳の冬、彼は

日向《ひゅうが》に住んでいた。そこで塩土老翁《しおつつのおじ》から、

　東に美《よ》き地《くに》有り。青山四周《よもにめぐ》れり。其の中に亦《また》、天磐船《あまのいわふね》に乗りて飛び降《くだ》る者有り。

と教わった。そこで自分で考えるに、

　彼の地は、必ず以て大業を恢弘《ひらきの》べて、天下に光宅《みちお》るに足りぬべし。蓋《けだ》し六合《くに》の中心か。厥《そ》の飛び降るといふ者は、是饒速日命《にぎはやひのみこと》と謂《い》ふか。何ぞ就《ゆ》きて都つくらざらむ。

と悟《さと》って、兄たちに大和を目指すよう説得した。

　他系統の神の子孫が、先んじて大和に天降《あも》りした。その報せがきっかけとなったのか、十月になって、長兄・五瀬命《いつせ》に率《ひき》いられて東征に向かうこととなった。九州と四国の間の速吸之《はやすい》門《と》（豊予海峡）を通り過ぎるさいには、倭直《やまとのあたい》氏の祖・椎津根彦《しいつねひこ》（珍彦《うずひこ》）という先導者をえた。つまり味方を得た。そして豊後国の菟狭《うさ》（宇佐）・筑紫《つくし》国の岡水門《みなと》から瀬戸内海の北岸を進み、安芸国の埃宮《えのみや》・吉備国の高嶋宮に滞在しながらその地域周辺を制圧していった。四年後には難波（大阪湾）に辿《たど》り着き、草香《くさか》邑《むら》（大阪府東大阪市日下町）の白肩《しらかた》之津に上陸できた。目の前に見える生駒山から大和に直行して進入しようとしたが、さきほどの饒速日命を奉じる勢力の長・長髄彦《ながすねひこ》が孔舎衙坂《くさえのさか》で邀《むか》え撃ってきた。これとの会戦中に兄・五瀬命は流れ矢にあたり、その傷がもとでやがて死没してしまった。ここまでが東征の物語である。

　ついで大和平定の物語に移る。

　彦火火出見尊は、兄のあとをつぎ、征討軍を率いることとなった。

　なぜ敗れたかを反省し、「日の神の子孫であるから、日の神の稜威《いつ》を背に負い、影を踏みながら敵に対すべきだった」と指示する。ただちに全軍を盾津《たてつ》（蓼津《たでつ》）まで退《しりぞ》かせ、ふたたび海上に戻った。そして紀伊半島南端を大きく迂回《うかい》して、熊野の荒坂津（丹敷浦《にしきのうら》）に再上陸する。そこにももちろん在地勢力がいたが、そのうちの有力者である女賊・丹敷戸畔《にしきとべ》を倒した。しかしそこの在地神の毒気にあたって病み臥し、昏倒してしまった。それでも、かつて武甕槌神《たけみかづち》の所持していた韴霊 剱《ふつのみたまのつるぎ》を熊野の高倉下《たかくらじ》が献上し、その剣の霊力によって蘇生できた。また天上界の天照大神から遣わされた八咫烏《やたがらす》に導かれ、大和の地に足を踏み入れることになった。

とはいえ、道の行く手には菟田 魁 師《うだのひとごのかみ》（首長）の兄猾《えうかし》、国見丘（経ケ塚山か）の八十梟師《やそたける》と磐余の兄磯城《えしき》、磯城邑（桜井市付近）の八十梟師、高尾張邑の赤銅《あかがね》の八十梟師、長髄彦などの在地勢力が盤《ばん》踞《きょ》しており、それぞれ彦火火出見尊には敵対する姿勢を取っていた。そこでこれらの戦闘にさきだち、天の香具山の土で平瓮《ひらか》・手抉《たくじり》・厳瓮《いつへ》を作り、それを使ってさまざまな祭祀を行なった。大和国を代表する在地神の霊力をあらかじめ味方につける、という策略である。その効果があって国見丘の八十梟師と磐余の兄磯城などをなんなく打ち破り、いよいよ長髄彦とふたたび対峙することとなった。

激戦となったが、そのさなか金色の霊鵄《れいし》が稲妻のように光り輝いて、長髄彦軍の兵卒は目がくらんだという。奉仕を受けていた饒速日命も力尽くで頑《かたく》なに阻もうとする長髄彦を見限り、かれを殺して帰順した。さらに周辺の層富《そお》（生駒市北部から奈良市月ヶ瀬あたり）の新城戸畔《にいきとべ》、和珥《わに》（天理市和爾町）の居勢祝《こせのはふり》、臍見《ほそみ》（御所市名柄あたりか）の猪祝《いのはふり》、高尾張邑（葛城山東北麓）の土蜘蛛《つちぐも》などとそれぞれ呼ばれていた在地土豪を、はしから討伐して大和中原《ちゅうげん》を制圧した。

こうして日向の出発から六年（『古事記』では十六年）かけて、やっと大和全域の制圧に成功した。

そして紀元前六六〇年正月、彦火火出見尊は畝傍《うねび》橿原宮を王都と定め、即位して大和政権の初代大王(天皇)となった。

以後、神武天皇元年に媛蹈鞴《ひめたたら》五十《い》鈴媛《すずひめ》命を正妃と定め、翌年東征・大和平定戦の論功行賞をし、三年には皇祖霊を鳥見《とみ》山の斎場に奉安した。そして神武天皇七十六年、一二七歳(『古事記』は一三七歳とする)で死没した。亡骸《なきがら》は畝傍山の東北陵に葬られた、という。

以上が、『古事記』『日本書紀』などに描かれた神武天皇の事績のあらましである。

二　神武東征はあったか

大和政権が全国を平定するに当たっては、度重《たびかさ》ねての外交交渉が行われ、大小多くの戦闘が繰り広げられたはずである。それがただ一人の優《すぐ》れた祖先の英雄的な戦いによって一気になしとげられたというのは、あまりにも不自然である。そうではあるが、そうした建国の父の英雄譚《えいゆうたん》・成功譚はよくあることで、右の話も決して珍しいわけではない。

だがこの話を聞いていると、素朴《そぼく》だが答えづらい疑問が湧《わ》いてくる。

いったい、なぜ大和から周縁の各地に遠征に赴くという設定でないのか。

神武天皇は磐余彦という名を持っているくらいだから、大和政権発祥地の奈良盆地南端・磐余地方の出身者であろう。そう見るのが穏当であり、じっさいのところ大和政権は大和地方を中心として同心円的に勢力を広げていったと思われている。たとえば前方後円墳《ぜんぽうこうえんふん》は、大和地方から同心円的に普及していっている。大和政権が大和に発祥《はっしょう》してその政治力が各地に及んでいくさまと、古墳の設計企画が各地に及んでいくさまが一致し、それでこそ大和政権の勢力拡大を物語っていると感じられる。発祥地の王都《おうと》は、その政権を支えてきた人たちの心のよりどころでもあるから、むやみに動かされるものでない。もともと大和に王都が置かれていたはずだ。そう見るのが自然である。それなのに、なぜ日向から出発するなどという無理な筋書きにしているのか。

いや、そもそも日向は、大和政権の発祥地としてふさわしくない。

『古事記』（新編日本古典文学全集本）国生・神生段には、

次に、筑紫《つくし》島を生みき。此の島も亦《また》、身一つにして面《おも》四つ有り。面ごとに名有り。故《かれ》、筑紫国は白日別《しらひわけ》と謂《い》ひ、豊《とよ》国は豊日別と謂ひ、肥《ひ》国は建日向日豊久士比泥別《たけひむかひとよくじひねわけ》と謂ひ、熊曽《くまそ》国を建日別《たけひわけ》と謂ふ。

とあり、九州は筑紫・豊・肥・熊曽の四面つまりこの四カ国で成り立っていたとする。

このなかには日向国という独立した国名がなく、肥国のなかに「建日向日豊久士比泥別」として出てくるていどだ。つまり日向国は国生《くにう》み神話ができたときに、まだ大和政権から認められた国が成立していなかった。それだけの纏《まと》まりをもって、大和政権との連携や傘下《さんか》への編入がなされていなかったのであろう。日向国の大和政権支配下への組み込み、九州諸国のなかでも一拍《いっぱく》遅かった。もちろん在地勢力の抵抗が、それだけ強かったことを物語っているわけである。大和政権にとってとりわけて抵抗が強く、また疎遠《そえん》な存在であったろう場所が、なぜ大和政権の始祖の出生地・居住地であって、かつ東征の出発点とされるのか。不思議さを感じない人はいないだろう。

これへの回答の第一案。

それは、日向を現実の場所でないとする解釈だ。
日向は「日に向かう」という文字にひかれて記したもので、もともとは話の都合《つごう》で設定された空想の場所である。じっさいの地名の場所から発想していったものでない。もともと大王家は、太陽神である天照大神《あまてらすおおみかみ》の子孫と標榜《ひょうぼう》してきた。だから五瀬命が日の出てくる東の方角に向かって矢を射かけたことは、落命・敗戦の原因とされた。祖先神に対する無礼は、祟《たた》って身を滅ぼすもととなる。こうした大王家にとって、日の出の場所・日のもとに向かうところから出発するという設定は、話としてまことに自然で穏当である。こうしたことから出発すべき地点を日向と定めたのならば、天孫・邇邇《にに》芸《ぎ》命たちの降臨する霊山も「竺紫《つくし》の日向の高千穂の久士布流多気《くしふるたけ》」（『古事記』）・「日向の槵日《くしひ》の高千穂の峯」（『日本書紀』一書第二）・「日向の襲《そ》の高千穂の槵日の二上《ふたがみ》の峯」（『日本書紀』一書第四）とあるように、日向近くと設定される。こうして仮想の発祥地・日向が、大和政権の始祖たちの胎動《たいどう》の地・活動の舞台として地上のどこでもない架空空間に作り上げられた、というわけである。

しかし、どうみても架空・仮想ではなく、じっさいに九州にある日向が舞台と考えられている。そう読み取れるのも事実である。

神武天皇の父・彦波瀲武鸕鷀草不合尊の墓は日向国吾平《あひら》山上陵にあったとされているし、日向国吾《あ》田邑《たむら》の吾平津媛《あひらつひめ》は神武天皇の妃となったという。『日本書紀』には「此の西の偏《ほとり》を治す」（一八八頁）ともあり、現実の日向と切り離しては読めない記述になっている。右の高千穂の場所も「竺紫の日向」（『古事記』）・「日向の襲の高千穂」（『日本書紀』一書第四）など、九州の実在の国名・地名と結びついている。それに、空想の仮想の日向から出発したというのがただの神話的な設定なら、具体的に豊予《ほうよ》海峡を通るとまで書く必要はなかったろう。『日本書紀』編者は、日向つまりいまの宮崎県を念頭に浮かべて、そこを神武東征の第一ステージとたしかにみなしていた。そう思える。

地名記事をそう肯定して読んだ上で、大和政権の始祖はほんとうに九州から大和へと進出したとみなす見解も出されている。

その一つが、狗奴《くな》国東遷説である。

『魏志《ぎし》』東夷《とうい》伝倭人条(講談社学術文庫本)によれば、狗奴国は国王・卑弥弓呼《ひみここ》を擁し、その北にあって邪馬台国《やまたいこく》の女王・卑弥呼《ひみこ》を盟主とする三十カ国連合と対峙《たいじ》していた。正始《せいし》八年(二四八)狗奴国と邪馬台国とは戦闘状態に入り、卑弥呼は魏の支援をうけたものの、その戦いのさなかに死没した。邪馬台国連合内は混迷の度を深め、男王の擁立をめぐって調整がつかず、長く内紛が続いたという。それならば、狗奴国が邪馬台国連合の混迷に乗じて滅ぼしてしまっておかしくない。邪馬台国が筑紫地域にあるとすれば、その南にあった狗奴国は日向をふくむ九州地方南部あたりに位置していたはずである。つまり日向から出征したのは狗奴国の卑弥弓呼の後裔で、東征して全国を制覇したのちに、本拠を大和に移した。この大遠征の記憶がやがて神話的に縮約され、神武東征譚《とうせいたん》として伝承された。『古事記』『日本書紀』の東征伝承は、現実におきたこのときの記憶の反映だと解釈する。

いま一案としては、神功皇后《じんぐうこうごう》・応神《おうじん》天皇による東征説がある。

『日本書紀』によれば、仲哀《ちゅうあい》天皇の没後、神功皇后は神のお告げを信じて朝鮮半島に侵攻した。そのおりにすでに男子を身ごもっていたが、腰に鎮懐石《ちんかいせき》を挟《はさ》んで出産をのばし、海外遠征に赴いた。その結果、新羅《しらぎ》王を服属させて馬飼《うまかい》に指定し、財宝を手に入れることにも成功した。日本軍の勢いに恐れをなして、百済《くだら》・高句麗《こうくり》の二王は戦いもせずに服属を誓ったという。帰国したあと、神功皇后は応神天皇を九州北部で出産するが、戻るべきさきである大和《やまと》には、仲哀天皇の王子ではあるが神功皇后腹ではない、応神天皇の異母兄の忍熊《おしくま》王・麛坂《かごさか》王がいた。このうち忍熊王は大和政権を壟断《ろうだん》するため、神功皇后・応神天皇の大和入りを阻止しようと謀った。ここに、九州からの東進軍と大和政権内の反抗分子との戦闘となった。神功皇后は応神天皇をひとまず紀伊に上陸させ、一方で武内宿禰《たけしうちのすくね》と和珥《わに》の祖の武振熊《たけふるくま》などを派遣して菟道《うじ》で交戦。さらに逢坂《おうさか》まで追撃した。追いつめられた忍熊王は、瀬田の済《わたり》で入水《じゅすい》自殺して果てたという。

この話だけなら、大和政権を束《たば》ねる大王家の身内の争いである。だがこれを対峙《たいじ》・反抗する大和勢力に対しての、九州勢力の戦い。あるいは九州勢力が大和地方を侵略・征服したという話と受け取れば、すなわち神武東征の筋書きに似ている。神功皇后・応神天皇の東征譚をモデルとし、これを溯《さかのぼ》らせて神武東征譚を作り上げたのではないか。『日本書紀』が九州地方を神功皇后の出征先、応神天皇のたんなる出生地としているのは、編纂時の記述の都合にすぎない。もともと応神天皇を奉じた九州地方の土着勢力が東征をはじめ、国内統一に動いた。そういう事実を『日本書紀』が、大王家の歴史のなかに組み込んでみせたものとみなし、大王家のルーツをじっさいに日向をふくむ九州に求めようとする考えがある。こうした解釈も、神武東征譚にはかつての史実が反映しているはずだ、という説の一種といえよう。

しかし狗奴国東遷説では、邪馬台国がどこにあったかそもそも明確でない。また大和政権発祥の地であったのならば、なぜ日向が大和政権内に遅れて取り込まれたと描かれるのか、その理由が説明できない。発祥地であるのならば、そこの在地勢力はいわば直参旗本《じきさんはたもと》である。もっとも恩賞が大きく、それをうけて信頼度が高くあるべきで、反抗の拠点となるはずがない。また神功皇后東征はつまり応神天皇始祖説となるが、なかなか検証しがたい。それに話は大和政権のあるべき場所に戻るという設定であり、遠征軍をここから興《おこ》すという話になっていない。しかも話の舞台は北九州であって、どう読み直しても日向ではない。

現在は、神武天皇の実在性は希薄とし、神武天皇にかかわる伝承もおおむね史実の反映でないと受け取る向きがつよい。そのうえで、この説話・伝承がいつまたなぜどのように形成されていったかと考える方向で検討されている。

たとえば大和平定にさいして、熊野から大和への道がわからなかった。そこで八《や》咫烏《たがらす》が遣わされるのだが、このとき大伴氏の遠祖・日臣命《ひのおみのみこと》（道臣命）が大来目《おおくめ》（久米部）を率いて登場する。そして神武天皇は大和中原へと迷うことなく導かれ、大伴氏・久米氏は菟田兄猾《うだのえうかし》・国見丘の八十梟帥・長髄彦などを滅ぼすのに功績をあげた、と記されている。この戦闘のときどきに歌われた久米歌は、大嘗《だいじょう》祭《さい》の久米舞の由来を示すものとなっている。また八咫烏による天皇の先導は、大嘗祭での主殿《とのもり》の役割の淵源を説明したものである。このほか、氏祖・饒速日命が登場することから物部氏が、また天種子命の後裔と称する中臣氏なども、この伝承の形成に関わっているとされる。

すなわちある時点に、大嘗祭などの宮中祭儀での役割や朝廷内でじっさいにそうした職務分掌などについていた状態があった。そのときの状態をもとに、各氏族が祖先伝承譚を溯らせて、その現実に見合うような神話・伝承を作り出していった。そののちいろいろな時期の氏族の力関係によってさまざまに改変されていくが、七世紀末の段階のものが『古事記』『日本書紀』へと筆録されていった。そう考える方向が取られている。

ただし、そのある時点とはいつか、が問題である。たとえばこの話では、神武天皇の伝承でもっとも活躍しているのが大伴氏だから、この伝承の中核部分は大伴氏が権勢を誇っていた雄略朝から欽明朝のはじめ、つまり五世紀後半から六世紀前半に作られたのではないか、という。こうした類推を、個別に丹念に積み重ねているところである。一つや二つの氏族の思惑《おもわく》で叙述されているわけではないから、この解明の作業はそうとう長期間かかることだろう。

三　神武天皇は初代の大王か

今上《きんじょう》天皇は一二五代目と数えられているが、代数の数え方は時代によって違いがあった。それでも、初代が神武天皇とされることに異論はなさそうだ。

ところが、それなら初代はとうぜん一人のはずなのに、古代に初代と意識されていた大王は二人あるいは三人いたようだ。

神武天皇は『日本書紀』神武天皇元年正月条に「畝傍《うねび》の橿原に、宮柱底磐《したついわ》の根に太立《ふとしきた》て、高天原に搏風峻峙《ちぎたかし》りて、始馭天下之《はつくにしらす》天皇を、号《なづ》けたてまつりて神日本磐余彦火火出見天皇と曰《もう》す」とあり、『古事記』では人代の冒頭に位置づけていることで初代と認識されていたことが確かめられる。

しかし『日本書紀』崇神《すじん》天皇十二年九月己丑条には、崇神天皇も「家給《いえいえつ》ぎ人足りて、天下大きに平なり。故、称して御肇国《はつくにしらす》天皇と謂《い》ふ」としてハツクニシラス天皇と見える。

また応神天皇も、神功皇后の胎内《たいない》にいるとき、王子か王女かもわからない時点なのに、すでに天皇となることが確定している。こうした話の作りは、天帝から先見的に支配者と認定された人物（王）を地上に登場させるという始祖伝説によく見受けられる。さらに前掲の東征物語ともあいまって、始祖伝説の色合いが濃いといえよう。(1) そう認めてよいとすれば、『日本書紀』には神武天皇・崇神天皇・応神天皇の三者に初代の大王のおもかげが見られることとなる。

筆者としては、応神天皇こそが大和政権でほんらい長く伝承してきた始祖像だった。だが六世紀前半に、覇王《はおう》ではなく、儒教思想で善政を行う帝王像が求められるようになって、崇神天皇を始祖とする歴史の再編集がおこなわれ、この痕跡が「御肇国天皇」の名を奉呈《ほうてい》したとする記事となった。そして七世紀前半、その時点で始祖とされていた崇神天皇の上に、さらに天上界の歴史とを接合する始祖譚をのせる神話的な操作が行なわれた。そのさい、崇神天皇の始祖伝説のなかから遠征場面を抽《ぬ》き出し、祖国の英雄・神武天皇の事績として国土統一譚をまとめた、と考えている。

ほんとうの大王家の始祖がその三人のうちのだれか。あるいはだれでもないか。それを問うてゆくゆとりは、いまない。

さて、中国の史書をまねながら「日本の歴史」「大和政権の歴史」を編集する仕事は、何も『日本書紀』からはじまったわけではない。『日本書紀』の前には、推古朝に『天皇記』『国記』の編纂が命ぜられている。おそらくその前にも、『帝紀《ていき》』『旧辞《きゅうじ》』の編纂が何回か試みられたろう。そうしたおりおりにも始祖は設定しなければならず、始祖を決めればその即位時がつぎの課題となる。

そのどこかで、『日本書紀』記事のもととなる初代の大王が、神武天皇と決まった。

天武天皇の壬申の乱にさいして、事代主神《ことしろぬし》が「神日本磐余彦天皇の陵《みささぎ》に、馬及び種種《くさぐさ》の兵器《つわもの》を奉《たてまつ》れ」（天武天皇元年七月丙申条、四〇四頁）と告げたとあり、この時点ですでに神武天皇陵が存在していた。ということは『日本書紀』の編纂命令以前に、宮廷内で始祖・神武天皇像は確立していたわけである。それは神武天皇の出現は推古朝の『天皇記』『国記』編纂段階かもしれないし、それ以前かもしれない。ともかく、始祖・神武天皇像は出来上がった。

とすれば、つぎには始祖の即位年も決定しなければなるまい。大和政権を開いた初代大王の即位はとりわけて重要な出来事であり、いつか「日本の歴史」を読むことになるかもしれない中国の識者にも同感できるものとしたい。そこで、中国世界で周知され、だれにも同意を受けやすい讖緯《しんい》説が採用された。それが辛酉革命説《しんゆうかくめい》だった。

六十年（一元）に一度の辛酉年には、それぞれ大きな事件がおきる。そして一蔀《ぼう》（二十一元、すなわち一二六〇年）または一蔀＋一元ごとに、社会的な大変革が起きる。そういう歴史事象が繰り返すという歴史観があった。前者では、推古天皇九年（六〇一）が起点となり、そこから一二六〇年溯らせて、初代大王の即位年を算出したとする。しかしじっさいの推古天皇九年には、厩戸皇子《うまやど》（聖徳太子）が斑鳩宮《いかるが》を建てたとはあるものの、ほかに画期的な事件など見られない。そこで後者の斉明天皇《さいめい》七年（六六一）を起点とみる説も出されている。この年なら、斉明天皇が死没している。即位儀礼があったかどうかはともあれ、時代変革の立役者たる天智天皇《てんじ》の単独の称制《しょうせい》・執政がはじまった年。天智天皇の事実上の大王位継承時点であるので、これを起点とした、というわけだ。

しかし、この理解には疑問も残る。

三善清行《みよしきよゆき》が讖緯説の辛酉大革命説をもとにして改元《かいげん》を提言し、それを承《う》けて宮廷が延喜《えんぎ》と改元したことは著名な出来事である。しかし一蔀だろうが一蔀＋一元だろうが、八世紀前半までに日本の宮廷にこの大革命説が知られていたという証拠はない。三善清行以前には、辛酉であれば何でもよかったのかもしれない。

というのも、一蔀か一蔀＋一元かのどちらでもよいが、本当にその説が当時の宮廷内に知られていたとは思えないのだ。二つの説で起点とするどちらの時点でも、神武天皇の即位つまり大和政権の幕開けに匹敵《ひってき》するほど画期的で顕彰すべき事績などない。でももしも辛酉大革命説を知っていたとしたら、そうした記事を意図的に置けばいいではないか。その説に合うように、推古天皇九年か斉明天皇七年かに、それに当たるような歴史的事件を組み込めばいい。たとえば推古天皇九年には、冠位《かんい》十二階の制定をもってくることもできる。冠位制定の年紀など、いつにしたってよいではないか。そんなことなどできないとは、いえまい。じっさいには五三八年に百済・聖明王《せいめいおう》から欽明《きんめい》天皇にもたらされたと思われる仏教の経論・仏像の公伝記事を、仏教界の所伝を知りながらこれを無視して、編纂の都合を優先させて五五二年へと移している。それなら斉明天皇七年でも、天智天皇が即位したことにしたり、大化改新の詔に匹敵する宣言をしたことにしてもよかった。なににせよ、記事がなければ悄《しょう》然《ぜん》として諦めてしまうような編纂事業ではない。

となると、神武天皇即位年をどう算出したのか。その計算方法・基準については、まだ明らかでないとすべきだろう。そうではあるが、神武即位の年が辛酉年にあたるのは、偶然でなかろう。そうは思う。辛酉革命思想での操作により、西暦紀元前六六〇年が神武天皇の即位元年、大和政権成立の年が算出されたのだろう。ただ溯上《そじょう》させた年代幅、つまり起源を紀元前六六〇年とどうして算定したのか。それは讖緯説のなかにではなく、当時の日本人の考え方のなかに解く鍵があるのかもしれない。

さて、そうやって大和政権の起点を思想的な空理空論《くうりくうろん》によって紀元前六六〇年だと決められても、七世紀後半段階では、それだけ長い年数に照応しうる人数の大王名が、祖先名として知られていなかった。その問題については、別の解決方法を模索することとなるが、それは次の節で説明することとしよう。(2)

四　神武天皇陵はどのようにして比定されたか

神武天皇が実在しないのなら、陵墓がどれかという論議もそもそも成り立たない。しかし神武天皇陵はじっさいにあるので、その比定地《ひていち》をめぐる問題を記しておこう。

まず『古事記』では、

凡《およ》そ、此の神倭伊波礼毘古《いわれひこ》天皇の御年は、壱佰参拾漆歳ぞ。御陵は、畝火山の北の方の白檮尾《かしのお》の上に在り。

とあり、『日本書紀』『延喜式』ではさらに方角が精密さを増して畝傍山東北陵に葬るとある。

その陵は、『日本書紀』天武天皇元年（六七二）七月丙申条に、大海人皇子陣営内の高市県主許梅に事代主神が神懸かりして、

神日本磐余彦天皇の陵に、馬及び種種の兵器を奉れ。

と告げたとあり、さらに下文に、

故是《かれ》を以て、便《たちまち》に許梅《こめ》を遣して、御陵を祭り拝ましめて、因《よ》りて馬及び兵器を奉る。

ともある。

伝説的人物のはずの神武天皇について、もうすでにその陵墓が存在していたわけである。

貞元《じょうげん》二年（九七七）には、陵墓のそばに国源寺《こくげんじ》が建てられた、ともいう。『多武峰略記《とうのみねりゃっき》（下）』（群書類従本、第二十四輯）によると、

旧記に云く、国源寺。寺は高市郡畝傍山の東北に在り。

天延二年三月十一日早朝、撿挍《けんぎょう》泰善、彼地《かのち》を過ぐ。途中に人有り。頭に白髪を戴き、身は茅簑《かやみの》を着す。泰善に告げて曰く、師、此地に於て国家の栄福が為、一乗を講ぜよ。泰善、問ひて云く、公の姓名、亦住処《またすみか》は何乎。答へて曰く、我は是、人皇第一の国主也。常に此処《ここ》に住めり。言ひ訖《おわ》りて見えず。故に泰善、毎年三月十一日、彼の地に到りて法華を講ず。

貞元二年、当国の守、藤原国光、此事《このこと》を伝へ聞き、方丈堂を建て、観音像を安んず。永く当寺の末寺と為《な》れり。

（四四九頁）

とある。すなわち天延二年（九七四）、多武峰の妙楽寺（現在は談山神社）の泰善が神武天皇陵の近くを通り、そこで出会った神武天皇に、国家の栄福を祈願するために法華経を講説するよう要請された。このことを聞き伝えた大和国守・藤原国光が観音堂を建て、これが国源寺となった、という。

記事のようなことがあったかどうか、『多武峰略記』所載記事がどれほど信頼できるものか保証の限りでない。しかし天皇陵の近くに国源寺があったとすれば、その仏殿や塔の基壇などが作られたかもしれず、それが江戸時代に神武天皇陵の「痕跡」と誤解されたことも、考えられる。

神武天皇陵（筆者撮影）

それから七〇〇年ほど史料に見られなくなるが、延宝《えんぽう》三年（一六七五）成立の『南都名所集』には、字名《あざ》ミサンザイ（みささぎの訛とされる）や神武田《じんむだ》という小丘・陵墓の標石《ひょうせき》などのことが記されている。

元禄《げんろく》十年（一六九七）の江戸幕府による陵墓探索のおりには、「神武天皇御廟《ごびょう》の由《よし》、村人申し伝へ候」という聞き込みがあり、奈良町奉行の裁量で高市郡四条村にあった塚山（現在の綏靖天皇陵）が神武天皇陵に比定された。これは、二段築成で帆立貝《ほたてがい》式の形をしていたそうだ。しかし塚山では、『古事記』の「白檮尾の上」つまり尾根の上という記述に合致しない。そこでこれに代わって、畝傍山が東北方向に張り出したところにある丸山をそれとみる説が有力になってきた。江戸中期には、こうして丸山説がほぼ確実視されて議論の中心にされていたが、位置はたしかに妥当と思われるものの、陵墓遺跡らしい高まりなどがなかった。そこで折衷して、丸山は陵墓で、神武田の小丘が附属の御廟だとみる説も出された。

こうして学者間の比定説が揺れているなかだったが、文久三年（一八六三）の勅裁《ちょくさい》により、とうとつにミサンザイ（神武田）を神武天皇の陵墓と決めてしまった。そしてその決定後、それまでは国源寺の塔基壇などの痕跡かとされてきた高まりの上に、天皇陵らしい八角墳が築成され、周りの堀も作られて、現在見られる神武天皇陵へと仕立てられていった。

このとき、なぜ民間で有力視されていた丸山ではなく、ミサンザイ説が採られたのか。

その事情は、一説であるが「孝明《こうめい》天皇の大和行幸の機に合わせ、幕府は山陵奉行を戸田忠至《ただゆき》に任命し、相談役を谷森善臣《たにもりよしおみ》に急遽決定した経過がある。加えて、天皇の参拝時期が早められたことにより、整備は突貫工事を余儀なくされたのである。そうした中にあって、有力候補地の『丸山』は、周辺の村落の整備と移動を必然的に伴う位置にあり、およそ一ヶ月の期間では到底不可能な日程であったことにより、より完成度の高い現陵の場所に決定したのである。考定の論議よりも、そうした工期、幕府の面子《めんつ》が優先され[3]」ため、と推測されている。

謎の多い選定過程だが、こうしたこともあろうかと思う。

何にせよ、実在しない大王の墓は、その人の墓であるはずがない。墓があるから実在するという逆立ちした議論は、議論に値しない。そうではあるが、「大和政権の歴史」の形成過程を辿《たど》り、その作業の全容を解明していこうとするには、やはり重要な議論である。その議論の基礎として、この遺跡の比定問題は重要である。古代宮廷は、どこに、だれの天皇陵を、どうして当てたのか。それにはまず、現代に天皇陵とされているものが古代の天皇陵のどれに当たるのか。それをただしく知らねばならない。そういう意味で、比定地の解明は注目される作業である。

【注】

(1) 拙稿「応神天皇の祖型」(『古代の王朝と人物』所収、笠間書院刊。一九九七年)
(2) 拙稿「欠史八代の基礎知識」(「歴史研究」四七四号、二〇〇〇年十一月。本書収録)
(3) 植野浩三氏「初代神武天皇陵　ミサンザイ古墳」(「歴史読本」三十八巻十四号〈特別増刊事典シリーズ19『天皇陵』総覧〉、一九九三年七月)

(原題は「神武天皇の基礎知識」。「歴史研究」四八〇号、二〇〇一年五月)

4　欠史八代について

平成二年（一九九〇）三月、大韓民国京畿道水原《スウォン》市の水原城を訪れた。李氏《りし》朝鮮の第二十二代・正《せい》祖《そ》の命を承《う》けて築造され、一七九六年六月に竣工した。はじめてヨーロッパの築城技術を採り入れた朝鮮城郭として著名で、かつ近年の城郭となれば、ここからただちに古代の城郭を偲《しの》ぶことなどできない。だが、風景としての現実的なイメージを得たかったのだ。日本では朝鮮式山城といっても小さなもの。そうした箱庭《はこにわ》的な風景にあまりに馴《な》れてしまっていたので、「逃げ城にもなる山城とは、こうしたものか」とびっくりするとともに、認識をあらたにした。なにしろ向こうが霞《かす》むほど大きな町が、城壁のなかにまるごと収まっているのだから。

そして長安門から華西《かせい》門・八達《はったつ》門・蒼龍《そうりゅう》門とまわって、弓道会館にさしかかった。遠望したにすぎないが、和弓《わきゅう》よりもかなり短い弓と矢をつかい、はるかに遠い的《まと》を狙って射ている。「蒙古襲来絵詞《もうこしゅうらいえことば》」の立体版を、テレビジョンのライブ中継で見ているような気分であった。

そのとき流暢《りゅうちょう》な日本語で「日本人か。まだ金の鵄《とび》が杖のさきに止まった、とか教えているのか」と声をかけられた。もちろん「いま、そんなことはありません」と答えたが、欠史八代のことなど考えると『古事記』『日本書紀』の記載をどこまで事実とみるかなど依然として大きな問題が山積《さんせき》している。そのあとに続ける言葉が見つからず、適切な応答ができなかった。そんな日のことを思い出した。

一　欠史八代とは

欠史八代の問題とは、神武天皇につぐ二代目の綏靖《すいぜい》天皇から九代の開化《かいか》天皇までの八人の大王の事績記事について、その成り立ちと信憑性をめぐる論議のことである。

たとえば『古事記』（新編日本古典文学全集本）安寧天皇段は、

> 師木津日子玉手見《しきつひこたまてみ》命、片塩《かたしお》の浮穴《うきあな》宮に坐《いま》して、天の下を治めき。此の天皇、河俣毘売《かわまたひめ》が兄、県主波延《あがたぬしはえ》が女《むすめ》、阿久斗比売《あくとひめ》を娶《めと》りて、生みし御子は、常根津日子伊《とこねつひこい》呂泥《ろね》命。次に、大倭日子鉏友《おおやまとひこすきとも》命。次に、師木津日子命。此の天皇の御子等、并《あわ》せて三柱の中に、大倭日子鉏友命は、天の下を治めき。次に、師木津日子命の子、二はしらの王坐しき。一はしらの子、孫は、〈伊賀の須知《すち》の稲置《いなぎ》・那婆理《なばり》の稲置・三野《みの》の稲置が祖《おや》ぞ〉。一はしらの子、和知都美《わちつみ》命は、淡道《あわじ》の御井《みい》宮に坐しき。故《かれ》、此の王、二はしらの女有り。兄の名は、蠅伊呂泥《はえいろね》、亦の名は、意富《おお》夜麻登久邇阿礼比売《やまとくにあれひめ》命。弟の名は、蠅伊呂杼《はえいろど》ぞ。
> 天皇の御年は、肆拾玖歳ぞ。御陵は、畝火山のみほとに在り。

とある。大王の名・王宮・后妃とその子・孫、王子たちが祖となった氏族名、最後に享年《きょうねん》と陵墓の所在が記されている。これだけである。

これは『日本書紀』（日本古典文学大系本）安寧天皇の記事も同様で、

磯城津彦玉手看《しきつひこたまてみ》天皇は、神渟名川耳《かんぬなかわみみ》天皇の太子《みこ》なり。母をば五十鈴依媛《いすずよりひめ》命と曰《もう》す。事代主《ことしろぬし》神の少《おと》女《むすめ》なり。天皇、神渟名川耳天皇の二十五年を以て、立ちて皇太子と為《な》りたまふ。年二十一。三十三年の夏五月に、神渟名川耳天皇崩《かんあが》りましぬ。其の年の七月の癸亥の朔乙丑に、太子、即天皇位す。

元年の冬十月の丙戌の朔丙申に、神渟名川耳天皇を倭の桃花鳥田丘上《つきだのおかのうえ》陵に葬《はふ》りまつる。皇后を尊びて皇太后と曰す。是年、太歳《たいさい》癸丑。

二年に都を片塩に遷す。是を浮孔《うきあな》宮と謂《い》ふ。

三年の春正月の戊寅の朔壬午に、渟名底仲媛《ぬなそこなかつひめ》命 亦は渟名襲媛《ぬなそひめ》と曰す。を立てて、皇后とす。一書に云はく、磯城県主葉江《はえ》が女川津媛といふ。一書に云はく、大間宿禰《おおまのすくね》が女糸井媛《いといひめ》といふ。是より先に、后、二の皇子を生れます。第一をば息石耳《おきそみみ》命と曰す。第二をば大日本彦耜友《おおやまとひこすきとも》天皇と曰す。一に云はく、三の皇子を生れます。第一をば常津彦某兄《とこつひこいろね》と曰す。第二をば大日本彦耜友天皇と曰す。第三をば磯城津彦命と曰すといふ。

十一年の春正月の壬戌の朔に、大日本彦耜友尊を立てて、皇太子としたまふ。弟磯城津彦命は、是猪使連《いつかいのむらじ》の始祖なり。

三十八年の冬十二月の庚戌の朔乙卯に、天皇崩りましぬ。時に年五十七。

とあるだけである。つまり即位前紀に父・母の名と立太子のこと、元年に前大王の葬送と皇太后冊立《さくりつ》記事がある。二年に王宮の名、三年に皇后冊立と王子の名、十一年に次世代の立太子記事があって、三十八年にはもう崩御と享年の記事である。

こうした記載の状況は、ほかの七人の大王もほぼ同じである。

二代目の綏靖天皇の記事には、手研耳命《たぎしみみ》（『古事記』は多芸志美美命《たぎしみみ》）との間に生じた王位継承争いの顛末《てんまつ》がある。『古事記』の八代・孝元天皇と九代・開化天皇の二段の記事はほかより少し長いが、その理由は王子たちの数とそれがどの氏族の祖となったかという説明が多いからにすぎない。大王本人にかかわる記事は、ほとんどない。

大王の名・王宮・享年・陵墓、后妃とその子・孫、後裔《こうえい》氏族名は、のちのほとんどの天皇についてももちろん書き込まれている。だから問題は、二代目から九代目までの八代については、なぜそのような記事しかないのかである。

初代の神武《じんむ》天皇は兄・五瀬命《いつせ》とともに日向《ひゅうが》を出て、難波で長髄彦《ながすねひこ》と戦って敗れる。戦い方を反省した上で紀伊半島を迂回《うかい》し、再上陸して熊野から進軍。ついに大和中原《ちゅうげん》を制圧する。戦いのさなかの苦難や謀略などを、物語風に記している。また十代の崇神《すじん》天皇の治世下では、大物主神《おおものぬし》が神婚をして生まれた子・意富多多泥古《おおたたねこ》に自分を奉祀《ほうし》させたり、高志《こし》・東方・旦波《たにわ》などを平定する四道将軍を任命して遣わしたという話がある。十一代・垂仁《すいにん》天皇の治世下にも、大王の后《きさき》となっている実妹に反乱をもちかけた沙本毘古《さほひこ》兄妹の反乱、本牟智和気《ほむちわけ》と出雲大社の神威、非時《ときじく》の香菓《かくのみ》（橘）を取りにいったが生前に届けられなかった田道間守《たじまもり》など王族・臣下たちによる物語的なエピソードがたくさん見られる。

それなのに、この八代分の大王たちのところには、大王本人の挙動、臣下たちの活躍、その治世下の世相を思わせるような歴史的な物語・記事がおよそ欠けている。治世下の出来事がわからない。すなわち、欠史八代といわれる理由である。

二　欠史八代の大王は虚構か

この八代分の事績については、なぜ欠史なのか。それには、二種類の回答が考えられる。

その一つが大王非実在説で、実在しない大王であるから、それにまつわる記事まで考えられなかった、というものだ。ただし、「それならば、八代以外の大王は、現実に存在したということなのか」と、あまりさきまわりされても困る。

もともと大王の始祖・国家の開闢《かいびゃく》などについての伝承は、架空・虚構のものが多い。いろいろな氏族の始祖伝説や物語をふくみこみ、あるときは拮抗《きっこう》・対峙《たいじ》していた某氏の始祖伝説をそのまま剽《ひょう》窃《せっ》し、またあるときは某大王の記事のなかに服属した王族の物語を変形して組み込む。そのようにして大王家の伝承は脚色されて豊かな物語性を帯び、その大王が架空の人物なのに昔からいたかのように語り継がれていった。そうした大王家の伝承は『帝紀《ていき》』『旧辞《きゅうじ》』として、六世紀・七世紀あたりに何回も書き換えられ、増補修正・加除訂正して纏《まと》めなおされていったようだ。

したがってこうした古い段階についての伝承ならば、始祖や後継大王たちが架空であっても、それはそれなりに物語性が付け足されていくものだ。ところが欠史八代の大王には、語り伝えられはずの物語がほとんどない。それはこの八代の大王が、伝承をまだ生じないくらい近年になって創出されたことを意味するのではなかろうか。

いやもうすでに、その創出の手順についても見当《けんとう》がついている。

欠史八代の大王の名は、その没後に奉呈された和風諡号《しごう》（「綏靖」などの漢風諡号は、奈良末期あたりに作られた称号。『古事記』『日本書紀』本文には、いまももちろんない）しか知られていない。それを列挙してみると、綏靖天皇はカムヌナカハミミ、安寧天皇はシキツヒコタマテミ、懿徳《いとく》天皇はオホヤマトヒコスキトモ、孝昭《こうしょう》天皇はミマツヒコカヱシネ、孝安《こうあん》天皇はヤマトタラシヒコクニオシヒト、孝霊《こうれい》天皇はオホヤマトネコヒコフトニ、孝元《こうげん》天皇はオホヤマトネコヒコクニクル、開化天皇はワカヤマトネコヒコオホヒヒである。

しかしこの諡号は、最近作られたものだ。そういえる。

たとえば孝安天皇のヤマトタラシヒコクニオシヒトのうち、ヤマトは持統《じとう》天皇（オホヤマトネコアメノヒロヒメ）・文武《もんむ》天皇（ヤマトネコトヨヲヂ）・元明《げんめい》天皇（ヤマトネコアマツミシロトヨクニナリヒメ）などに、タラシ・ヒコは景行《けいこう》天皇（オホタラシヒコオシロワケ）・成務《せいむ》天皇（ワカタラシヒコ）・仲哀《ちゅうあい》天皇（タラシナカツヒコ）などに、クニオシは安閑《あんかん》天皇（ヒロクニオシタケカナヒ）・宣化《せんか》天皇（タケヲヒロクニオシタテ）・欽明《きんめい》天皇（アメクニオシハラキヒロニハ）などにみえる。つまりすでによく知られていた大王たちの諡号の一部をとって、一人分の和風諡号として点綴《てんてつ》・合成させたものだったのだ。

すなわち、もともとこれら八人の大王については、事績はもちろん名も系譜も、何一つ伝わっていなかったというか、影も形も片鱗すらなかった。仕方なく史書編纂時に、大王らしいと思われる名を編纂官たちのなかで捏造《ねつぞう》した。彼らに歴史感覚があれば古そうな名を考えて付けたろうが、そういう感覚は培《つちか》われていなかったし、どうせつきとめたところでそれでは一般の人に大王らしい名と聞こえない。その当時の現代人にとっての大王らしい名は、いちばん最近の大王の名に似ていることだ。だから、近年の大王名に似せた名が付けられ、この八代の大王にはそうした近年の大王の和風諡号の片《へん》鱗《りん》があちこちに見られる。そういうしだいとなったのだ。

では、この和風諡号・大王名の捏造は、当時にとっていちばん最近の史書編纂事業である『古事記』『日本書紀』の編集過程でのことだったろうか。

その答えは、孝安天皇・孝霊天皇・孝元天皇・開化天皇の和風諡号に、持統天皇・文武天皇の諡号のヤマトが転用されているから、おおむねの想像がつくだろう。

『日本書紀』編者は、集められた伝承や記事を年次別にふりわけるとき、初代・神武天皇の即位年を紀元前六六〇年と頭から決められてしまった。

なぜその年にしたかというと、それは推古《すいこ》天皇九年（六〇一）か斉明《さいめい》天皇七年（六六一）を基準にしたらしい。推古天皇九年は厩戸《うまやど》皇子（聖徳太子）が斑鳩《いかるが》宮を建てて中国に対して対等外交に乗り出そうとした年で、斉明天皇七年は中大兄《なかのおおえ》皇子が事実上大王位を継承した年である。この年は干支でいうと、ともに辛酉《しんゆう》年にあたる。

平安初期の参議《さんぎ》で漢学者だった三善清行《みよしきよゆき》は、中国の讖緯《しんい》説による「革命勘文《かくめいかんもん》」で改元《かいげん》を献言し、宮廷はこの意見を採用して延喜《えんぎ》と改元している。このとき引用されたのが『易緯《えきい》』の鄭玄《ていげん》の注で、それには、

天道は遠からず、三五は而《しか》して反。六甲を一元と為《な》す。四六・二六は交《こもごも》相乗し、七元は三変有り。三七は相乗して、廿一元を一部《ぼう》と為す。合せて千三百廿年。（『群書類従』第二十六輯・雑部）

とある。

文意は何らかの哲理《てつり》に基づくもののようだが、いまは不明である。だが、ようするに甲が六度繰り返した六十年が一元で、二十一元を一蔀とする。合計は一二六〇年になるはずだが、どういうわけか一三二〇年になっている。この計算違いが何によるものかは不明だが、このために混乱が起きているのも事実である。

それはともあれ、一元つまり六十年に一度の辛酉年ごとに革命的な事件が起こる。このときの革命とは、いまどきの階級闘争ではなく、文字通りで天の命《めい》が革《あらた》まること。天帝が地上の支配者（地皇）を決めているのだが、それを改めるというような変革に匹敵《ひってき》する大きな天命《てんめい》の変更のことである。一蔀（二十一元）つまり一二六〇年に一度の辛酉年か、もう一元足《た》した一三二〇年目の辛酉年には、想像を絶する大変革がおこる。そう理解されていた。そこで、始祖が建国したという年はそうした辛酉大革命のはじまりにふさわしい事象と考え、最近の辛酉年（斉明天皇七年）から一蔀＋一元、または崇敬の対象とされていた厩戸皇子の斑鳩宮転居から一蔀分の年月を溯上《そじょう》させ、あとにそれぞれの記事を適当に配置することと決めた、という(1)。

ところがその伝承内容が事実かどうかは別にして、従来数えられてきた大王はそんなに多人数でなかった。そこで当時の人たちもまったく聞いたこともない大王名を、編纂官だけで捏造する必要に迫られ、神武天皇の次から八人を急遽追加することとなった。大王名だけならば先述の要領でなんとか点綴・合成して作れるものの、さすがにそれに付随する物語的記事までは思い浮かばなかった。どうも、そういうことらしい。

この記述すべき年代幅が異常に延伸《えんしん》されたことは、よほどとうとつな決定であったらしい。だか

古代天皇家系図

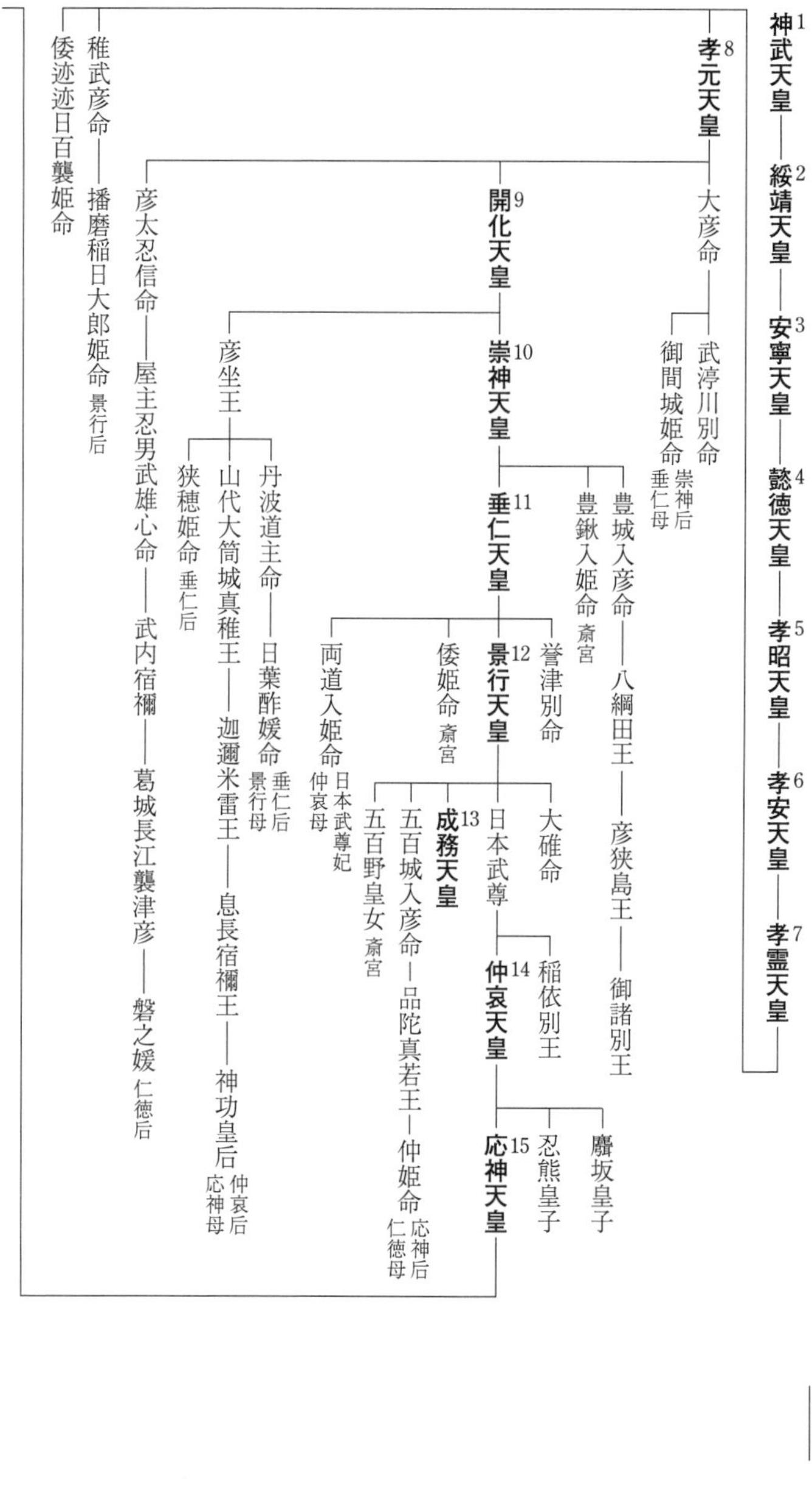

1 神武天皇
2 綏靖天皇
3 安寧天皇
4 懿徳天皇
5 孝昭天皇
6 孝安天皇
7 孝霊天皇
8 孝元天皇
大彦命
武渟川別命
御間城姫命 崇神后 垂仁母
9 開化天皇
10 崇神天皇
豊城入彦命
八綱田王
彦狭島王
御諸別王
豊鍬入姫命 斎宮
11 垂仁天皇
誉津別命
12 景行天皇
大碓命
日本武尊
稲依別王
14 仲哀天皇
麛坂皇子
忍熊皇子
15 応神天皇
13 成務天皇
五百城入彦命
品陀真若王
仲姫命 応神后 仁徳母
五百野皇女 斎宮
倭姫命 斎宮
両道入姫命 日本武尊妃 仲哀母
彦坐王
丹波道主命
日葉酢媛命 垂仁后 景行母
山代大筒城真稚王
迦邇米雷王
息長宿禰王
神功皇后 仲哀后 応神母
狭穂姫命 垂仁后
彦太忍信命
屋主忍男武雄心命
武内宿禰
葛城長江襲津彦
磐之媛 仁徳后
稚武彦命
播磨稲日大郎姫命 景行后
倭迹迹日百襲姫命

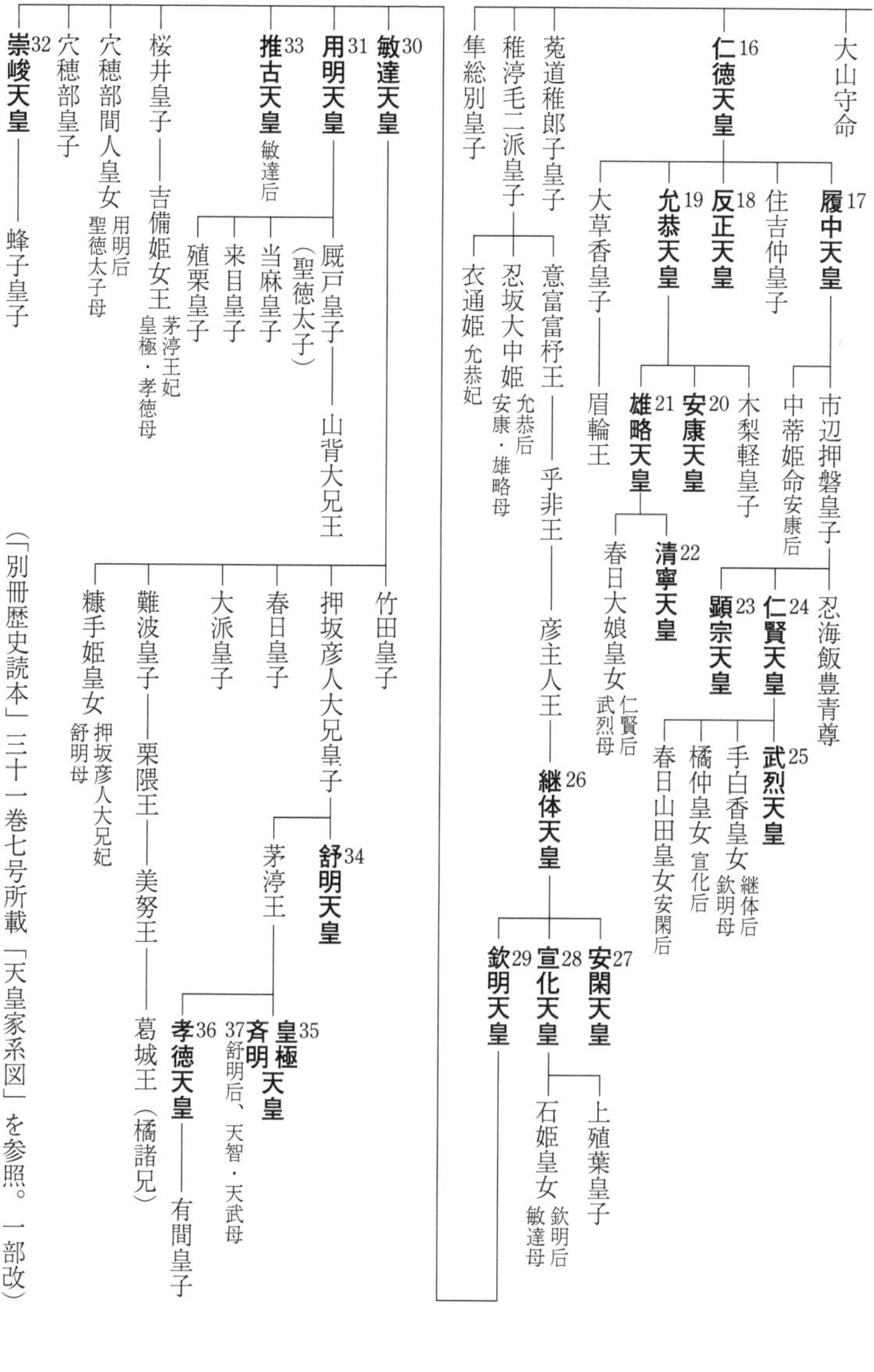
大山守命
仁徳天皇 16
履中天皇 17
住吉仲皇子
反正天皇 18
允恭天皇 19
大草香皇子
市辺押磐皇子
中蒂姫命 安康后
木梨軽皇子
安康天皇 20
雄略天皇 21
眉輪王
忍海飯豊青尊
仁賢天皇 24
顕宗天皇 23
清寧天皇 22
春日大娘皇女 仁賢后 武烈母
武烈天皇 25
手白香皇女 継体后 欽明母
橘仲皇女 宣化后
春日山田皇女 安閑后
菟道稚郎子皇子
稚渟毛二派皇子
隼総別皇子
意富富杼王
忍坂大中姫 允恭后 安康・雄略母
衣通姫 允恭妃
乎非王
彦主人王
継体天皇 26
安閑天皇 27
宣化天皇 28
欽明天皇 29
上殖葉皇子
石姫皇女 欽明后 敏達母
敏達天皇 30
用明天皇 31
推古天皇 33 敏達后
桜井皇子
穴穂部間人皇女 用明后 聖徳太子母
穴穂部皇子
崇峻天皇 32
蜂子皇子
厩戸皇子（聖徳太子）
山背大兄王
当麻皇子
来目皇子
殖栗皇子
吉備姫女王 茅渟王妃 皇極・孝徳母
竹田皇子
押坂彦人大兄皇子
春日皇子
大派皇子
難波皇子
栗隈王
美努王
葛城王（橘諸兄）
糠手姫皇女 押坂彦人大兄妃 舒明母
舒明天皇 34
茅渟王
皇極天皇 35
斉明 37 舒明后、天智・天武母
孝徳天皇 36
有間皇子

（「別冊歴史読本」三十一巻七号所載「天皇家系図」を参照。一部改）

ら、あちこちにかなりの編纂上の無理が生じてしまっている。この八代分だけではないが、応神《おうじん》天皇・仁徳《にんとく》天皇以降の大王系譜は、おおむね古代の常識的な嫡子《ちゃくし》継承スタイルをとっている。すなわち同じ世代の王子たちが兄弟で継いでいったり、その甥たちの間で大王位を回したりしている。どこにでもある嫡流家の相続状況である。

前頁の系図にみられるように、たとえば仁徳天皇のあとは履中《りちゅう》天皇・反正《はんぜい》天皇・允恭《いんぎょう》天皇と兄弟相続で、安康《あんこう》天皇・雄略《ゆうりゃく》天皇、仁賢《にんけん》天皇・顕宗《けんぞう》天皇、安閑天皇・宣化天皇・欽明天皇、敏達《びだつ》天皇・用明《ようめい》天皇・崇峻《すしゅん》天皇、天智《てんじ》天皇・天武《てんむ》天皇など、それぞれいろいろな事情はあるものの、一世代の有力な王子たちが兄弟相続してから次世代に移行するという継承法をとっている。

しかしこの欠史八代の大王については、ためらいなく父子間の直系相続が繰り返されている。父子直系相続は新しい考え方で、天智天皇または天武天皇が皇位継承時におこる争乱を未然に防遏《ぼうあつ》しようとして唱えはじめたが、七世紀後半でもまだ十分に合意されていない継承原則であったようだ。それなのに、始祖のときにすでに慣行とされていたというのは、あまりに不自然である。

すなわち、この父子相承でつぎつぎ即位した大王たちは、いずれも七世紀末に作り上げられた架空の大王であるか、兄弟だったものが父子関係にすり変えられたか、そのいずれかということだ。しかし欠史八代の大王たちは、もともと語り継がれてきた形跡がないので、後者ではない。つまり架空の大王たちだったということになる。父子相承の直系相続にすることで、初代からの空《あ》いている長大な年数を手早く埋めてしまいたかった。その焦燥感が、父子直系相承という王統譜《おうとうふ》の形で表出してしまったのである。

直木《なおき》孝次郎氏(2)は、欠史八代の捏造時期は七世紀後半と特定できる、とした。

八代の大王のうち、綏靖天皇・安寧天皇・懿徳天皇の后妃《こうひ》が、磯城《しきの》(師木)県主《あがたぬし》出身者となっていることに注目する。彼らは、壬申《じんしん》の乱で天武天皇側に立って協力している。そのときに培《つちか》われた人間関係を梃子《てこ》に、県主家は天武天皇のもとでの歴史系譜づくりに自分たちを売り込んだ。その影響力を発揮して、欠史八代の大王に自分たちの一族が后妃を入れたかのような系譜を仕立てた、とみなした。もちろん自分たち一族の権威付けで、かつては后妃を出した名族だということにしたいからだ。このことは、つまり欠史八代の系譜が『日本書紀』の編集段階ではじめて必要となり、七世紀後半に急遽捏造されたという証拠だ。そういう論旨である。

ところがこの非実在説でも、欠史八代系譜の成立時期がいつなのかについては、かならずしも見解が一致していない。

前之園亮一《まえのそのりょういち》氏(3)は、もっと前に作られていた、とする。

磯城県主・十市《とおち》県主の奉祭《ほうさい》していた神が、欠史八代の大王の后妃とされている。そういう話に作られていったのは、彼らと同祖関係にあった大連《おおむらじ》・物部尾輿《もののべのおこし》が大王家につよく要求して受け入れさせたからであろう。大連としての政治力で、大王系譜のなかに強引に押し込んだ、とする。そんなことができる力を持っていたのは、遅くみても用明天皇二年(五八七)に物部守屋《もりや》が蘇我馬子《そがのうまこ》に滅ぼされるまでである。また後述する欠史八代の大王の王宮と陵墓については、蘇我氏が強大な権力をもっていた六世紀から七世紀前半に、具体的にいうと欽明朝に蘇我稲目が自分の勢力範囲のなかから選定したものであろう。そう推測する。

前之園氏説だと、后妃・王宮・陵墓などの核になる欠史八代の大王系譜は、ほぼ六世紀中にすでに成立していたこととなる。しかしそうなると、七世紀後半の和風諡号を扱《こ》き混ぜてはじめて名を捏造された大王がいるという主張をどう考えるのか。その説との整合性は、どうやってつけてゆくのか。この欠史八代については、その大王の和風諡号は決まっていなかったが、大王系譜や王宮などはすでにあったとするのか。論者のなかでも、八代の系譜の成立を検討する方向性は、さまざまなようである。

三　実在したのか葛城王朝

上述のように、学界の大勢は八代大王非実在説が占《し》めている。だが、これに対する異論・反論もなくはない。

そのなかでもっとも体系的な主張になっているのが、鳥越憲三郎《とりごえけんざぶろう》氏の葛城王朝説《かつらぎおうちょうせつ》である。(4)

鳥越氏は、弥生《やよい》後期から古墳《こふん》前期にかけて、葛城地方に独立した王朝が存在した、と想定する。その大王たちが、神武天皇から開化天皇までである。ところが古墳前期になって磯城地方に崇神天皇の率いる大和王権が台頭し、それに圧倒された。つまり大和王権に先行した古王朝のことが、欠史八代として記録されているのだ、とする。

そのことは、大王の王宮・陵墓と后妃の記載によって証明できる。

神武天皇は橿原宮（南葛城郡）・畝傍山東北陵（高市郡）、綏靖天皇は葛城の高丘宮《たかおか》（南葛城郡）・倭《やまと》の桃花鳥田丘上陵《つきたのおかのうえ》（高市郡）、安寧天皇は片塩《かたしお》の浮孔宮《うきあな》（北葛城郡）・畝傍山南御陰井上陵《みほとのいのえ》（高市郡）、

懿徳天皇は軽の曲峡《まがりお》宮・畝傍山南繊沙谿上《まなごのたにのかみ》陵（ともに高市郡）、孝昭天皇は掖上《わきがみ》の池心《いけごころ》宮・掖上博《わきがみのはか》多山上《たのやまのうえ》陵（ともに南葛城郡）、孝安天皇は室の秋津嶋《あきつしま》宮・玉手丘上《たまてのおかのうえ》陵（南ともに葛城郡）、孝霊天皇は片丘馬坂《かたおかのうまさか》陵（北葛城郡）、孝元天皇は軽の境原《さかいはら》宮・劒池嶋上《つるぎのいけのしまのうえ》陵（ともに高市郡）となっている。これをそのまますなおに地図上で読みとっていけば、奈良盆地西南部の葛上《かつらぎのかみ》・忍海《おしぬみ》・葛下の三郡と高《たか》市《いち》郡西部の畝傍山麓にあたる。ここにかつての葛城王国が、じっさいに存在していたのだ。

この葛城王国の基盤となった支持勢力は、葛城・平群《へぐり》・巨勢《こせ》・蘇我の各氏であった。彼らはそれぞれが独立した王朝を形成しており、王宮と陵墓の位置はその存在の証明である。そして后妃も、この王国の状態にふさわしい。この八代の大王については、磯城県主は綏靖天皇・安寧天皇・懿徳天皇・孝霊天皇の、十市県主は孝安天皇・孝霊天皇の、春日県主は綏靖天皇の、旦波大県主は開化天皇の、それぞれ后妃を出している。祭祀性が濃厚といわれる県主だが、七世紀の政界ではすでにさしたる力をもっていなかった。その県主家から后妃を選ぶなどという奇妙な発想は、七世紀後半の人たちにできない。後世の人たちが出せるような知恵でない。これは、そうした事実があったからこその話だ。しかも宮と陵墓は一緒に移動しており、記事には整合性がある、とする。

鳥越説のように「大和政権に先行する王朝の記憶」というほど積極的でなくとも、八代の大王系譜はなんらかの根拠に基づく伝承ではないかとみる向きがある。発想としては単純で「火のないところに煙はたたない」というていどのものだが、「何かなくては、ここまで書かないだろう」という漠然とした思いである。それでも、たしかにいままでの非実在説はその思いを明快に打ち消せていない。

たとえば欠史八代の大王非実在説では、和風諡号はのちの大王の諡号を組み合わせたとするが、その引用を省《はぶ》いてもなお残る名がある。たとえば孝霊天皇のオホヤマトネコヒコフトニのうち、オホヤマト・ネコ・ヒコはのちの大王・天皇たちの和風諡号から取ったとしてもいい。しかし、フトニという名は残り、その典拠はどこにも示されていない。開化天皇のワカヤマトネコヒコオホヒヒでもそうで、ヒヒはどこからの引用でもない。そうしたことについては、たとえばニ・ヌ・ネ・ノ・ヒ・ミなどは神霊・精霊を表す概念だとする。(5) 古風な神名や神的語意を駆使し、つまりは実体のない作られた名だと解釈する。しかしこの手法をもしも現代に適用すれば、健雄・良男なども健《すこや》かな男子・良い男子の意味にすぎない。美子・花子も美しい子・花のように可憐《かれん》な子となり、実体を予想させない名とみなせる。現代人の名だとてそのように分解してしまえば、誰もが生きていると知っている活躍中の人物でも、架空の人だとされてしまいかねない。

また壬申の乱がきっかけとなり、県主家が天武天皇と接近した。その時期に八人の大王の后妃が決められたとするが、遠隔地の春日《かすが》県主出身者までがなぜ后妃に入れられるのか。「墓記《おくつきのふみ》」を提出せよともいわれない県主が、史書編纂にかかわって后妃を出したと捏造《ねつぞう》させるような発言力をどうして持ち得るのか。

こうした疑問が、非実在説では解き切れていない。

しかしだからといって、実在説がわかりよいとも思えない。

たとえば開化天皇は春日の率川《いさかわ》宮にいて、春日率川坂本陵（ともに奈良市）に葬られた。この春日地方には、物部氏を懐柔・屈服させたから進出できた、と鳥越氏はいう。しかし筋書きをそのように描いていくならば、開化天皇の時期は勢力地盤がもっとも拡がりそれに応じて格段《かくだん》に軍事力が強化されていたはずである。それなのに、どうしてことさらに葛城の中核的な本拠を離れて、やすやすとこんなところで倒されることになるのか。この解釈は、辻褄《つじつま》合わせをしてみせているが、じっさいの歴史過程としてははなはだ不可解で不自然である。

また崇神天皇は大和政権を樹立して、葛城王朝を倒した。その先行した葛城王朝の大王名を欠史八代として書き留《と》めている、とする。しかし、先行する王朝・倒された王朝の歴史を、血縁関係にもない新興勢力がどうして書き留めてやらねばならないのか。あるいは書き留めてやろうと思うのか。資本力の大きな会社が、先行してあったが競《せ》り負けて倒産してしまった中小企業の会社とその工場を買い取った。そのとき、退陣した前の会社社長・工場長の名を社史に組み入れるだろうか。その会社の歴史が自社より先行していたからといって、自社の淵源の一つとしてその冒頭に掲げて叙述させるだろうか。合併吸収された前の会社のことなど、叙述する義理など感じないのではないか。書くとすれば、自社からそこに派遣された経営陣・工場長の名から記録しはじめるのではないか。『古事記』『日本書紀』はいわば社史であるのに、客観的で公平な『全集日本の歴史』を編纂させている、と論者は勘違《かんちが》いしていないか。

ともあれ、欠史八代の大王系譜・王宮・陵墓・后妃などの記事がどのように成立していったのか。そのすべてを包み込んで説明しようとすると、かならずどこかに例外的な事象が生じてしまう。一貫して破綻のない説明は、この問題についてはまだ十分に成立していない。あらたな挑戦者を求めている、ということである。

【注】

（1）那珂通世氏著『上世年紀考』（「史学雑誌」八編八号〜十号、十二号、一八九七年八月〜十月、十二月）

（2）「県主と古代の天皇」（『日本古代の氏族と天皇』所収。塙書房刊、一九六四年）

（3）『古代王朝交替説批判』（吉川弘文館刊、一九八六年）、「第三　葛城王朝説批判」の「六、神武天皇と欠史八代の后妃」など。

（4）『神々と天皇の間—大和朝廷成立の前夜—』（朝日新聞社刊、一九七〇年）

（5）前之園亮一氏「『欠史八代』について（上）」（「学習院史学」二十一号、一九八三年四月）。同「古代王朝交替説を批判する」（「別冊歴史読本」第十二巻七号、一九八七年九月）、「三、葛城王朝説批判」一〇八頁。

（原題は「欠史八代の基礎知識」。「歴史研究」四七四号、二〇〇〇年七月）

5　蘇我はどういう氏族だったか

一　『古事記』『日本書紀』などの描く蘇我氏

蘇我氏についての記述は、『日本書紀』（日本古典文学大系本）景行《けいこう》天皇三年二月条にある武内宿禰《たけしうちのすくね》（『古事記』では建内宿禰）の誕生の話からはじまる。

『古事記』（新編日本古典文学全集本）孝元《こうげん》天皇段では、

又、木国 造《きのくにのみやつこ》が祖、宇豆比古《うづひこ》が妹《いも》、山下影日売《やましたかげひめ》を娶《めと》りて、生みし子は、建内宿禰。此の建内宿禰の子は、并《あわ》せて九たりぞ。〈男は七たり・女は二たり〉

とあり、以下その男七・女二の名として、波多八代《はたのやしろ》宿禰・許勢小柄《こせのおがら》宿禰・平群都久《へぐりのつく》宿禰・木角《きのつの》宿禰・久米能摩伊刀比売《くめのまいとひめ》・怒能伊呂比売《ののいろひめ》・葛城長江曽都毘古《かづらきのながえのそつひこ》・若子宿禰《わくごのすくね》が並んでいる。このうちの許勢小柄宿禰のつぎに蘇賀石河《そがのいしかわ》宿禰が入っていて、その割注に、

蘇賀石河宿禰は、〈蘇我臣、川辺臣、田中臣、高向《たかむく》臣、小治田《おはりだ》臣、桜井臣、岸田臣等が祖《おや》ぞ〉

とある。

したがって、この蘇我石河宿禰こそが蘇我氏の祖となる。

もちろん「そう書いてあれば、その通り」などと、すなおに信ずることはできない。

たとえば、十五代大王とされる応神天皇の孫に、意富々杼《おほほど》王がいる。その王の後裔と称する氏族として、三国《みくに》君・波多《はた》君・息長坂《おきながのさか》君・酒人《さかひと》君・山道《やまじ》君・筑紫《つくし》の米多《めた》君・布勢《ふせ》君などがいる。

それらは、蘇我氏のような八代・孝元天皇の子孫と称する氏族に比べて、九世代もおくれて生じたかのように読み取れる。しかしおそらくはその逆であって、応神天皇の子孫とされる氏族の方が、大和政権との関わりが古い。応神天皇の子孫と称するグループに入れてもらえなかったから、孝元天皇という架空の大王が作り上げられたとき、そこに自分の系譜を繋げていったものと考えられる。より古く見える氏族系譜の方が、よりあたらしく作られたもの。より不明確な時代の歴史に繋げた方が、それを祖と戴《いただ》く他氏の反発もなく、操作しやすかったのである。

石河宿禰の子が満智《まち》（麻智）で、彼は『日本書紀』履中《りちゅう》天皇二年十月条に、

　磐余《いわれ》に都つくる。是の時に当りて、平群木菟《づく》宿禰・蘇賀満智宿禰・物部伊莒弗《いこふ》大連・円《つぶら》〈円、此をば豆夫羅と云ふ〉。大使主《おおみ》、共に国事を執《と》れり。

とあり、平群木菟・物部伊莒弗などとともに国事を執ったという。

『古語拾遺』（岩波文庫本）には、その麻智（満智）について、

　長谷《はつせ》の朝倉の朝《みかど》に至りて　秦氏分れ散《あら》けて……此より後、諸国の貢調、年年に盈《み》ち溢《あふ》れき。更に大蔵を立てて、蘇我麻智宿禰をして三蔵〈斎蔵《いみくら》・内蔵・大蔵〉を検校《しら》しめ、秦氏をして其の物を出納せしめ、東西の文氏《ふみうじ》をして、其の簿を勘へ録《しる》さしむ。是を以て、漢氏《あやうじ》に姓《かばね》を賜ひて、内蔵・大蔵と為《な》す。今、秦・漢の二氏をして、内蔵・大蔵の主鎰《かぎつかさ》・蔵部《くらひとべ》と為す縁なり。

とある。すなわち、雄略朝に蘇我麻智が朝廷内の斎蔵・内蔵・大蔵の三蔵を管轄し、出納《すいとう》にあたる秦氏、帳簿管理にあたる東 漢《やまとのあや》氏・西 文《かわちのふみ》氏を支配下に収めていたとする。

蘇我氏は臣《おみ》姓であるから、そのもとは在地土豪である。それならば、連《むらじ》姓の伴 造《とものみやつこ》のような朝廷内の任務分担は、ほんらいなかったはずである。しかし、このままでは時代の潮流から取り残され、大和政権内で枢要な地位に立てないと判断したのであろう。そこで積極的に経済部門に関与して急成長を遂げていく。そのころはまだ大和政権の国域拡大が目指された軍事優先の時代だったろうが、そのさきの将来性を勘案した判断で、要するに目の付けどころがよかった。その判断を下したのが雄略朝・満智のときだったと、描いている。ただしこれは蘇我氏の主張であって、じっさいはそれほど古い話でなさそうだ。

満智の子は韓子《からこ》、その子が高麗《こま》である。

『日本書紀』雄略天皇九年三月条には、

天皇、親《みずか》ら新羅《しらぎ》を伐たむと欲す。神、天皇に戒めて曰はく、「な往《いま》しそ」とのたまふ。天皇、是に由《よ》りて、果して行《いま》せたまはず。乃《すなわ》ち紀小弓《きのおゆみ》宿禰・蘇我韓子宿禰・大伴談《かたり》連〈談、此をば箇陀利と云ふ〉・小鹿火《おかび》宿禰等に勅して曰はく、「新羅、自《もと》より西土に居り。葉を累《かさ》ねて称臣《したが》へり。朝聘違ふこと無し。貢職允《まこと》に済《な》れり。朕が天下に王たるに逮《およ》びて、身を対馬の外に投《お》きて、跡を匝羅《そうら》の表に竄《かく》し、高麗《こま》の貢を阻《ふせ》きて、百済《くだら》の城を呑む。況《いわ》むや復《また》朝聘既に闕けて、貢職脩《おさ》むること莫《な》し。狼の子の野《あら》き心ありて、飽きては飛《さ》り、飢ゑては附く。汝四の卿を以て、拝して大将とす。王師を以て薄《せ》め伐ちて、天罪をも襲《つつし》み行へ」とのたまふ。

とあり、雄略天皇の代わりに、韓子ら四人が新羅討伐に赴くこととなった。大伴談は戦死し、紀小弓は陣中で病没した。つづいて五月条には、

紀大磐《きのおおいわ》宿禰、父既に薨りぬることを聞きて、乃ち新羅に向きて、小鹿火宿禰の掌《つかさど》れる兵馬・船官及び諸の小官を執りて、専用威命《ころた》ちぬ。是に、小鹿火宿禰、深く大磐宿禰を怨む。乃ち詐《かざ》りて韓子宿禰に告げて曰はく、「大磐宿禰、僕に謂《かた》りて曰へらく、『我、当《まさ》に復韓子宿禰の掌れる官を執らむこと久にあらじ』といへり。願はくは固く守れ」といふ。是に由りて、韓子宿禰と大磐宿禰と隙有り。是に、百済の王、日本の諸の将、小けき事に縁りて隙有りと聞く。乃ち人を韓子宿禰等のもとに使して曰はく、「国の堺を観せまつらむと欲ふ。請ふ、垂降臨《いでま》さへ」といふ。是を以て、韓子宿禰等、轡《うまのくち》を並べて往く。河に至るに及びて、大磐宿禰、馬に河に飲ふ。是の時に、韓子宿禰、後より大磐宿禰の鞍几《くらぼね》の後橋《しりつくらぼね》を射る。大磐宿禰、愕然《おどろ》きて反りて視て、韓子宿禰を射墮《いおと》しつ。中流にして死ぬ。是の三の臣、由前《もとより》相競ちて、乱を道に行るにありて、百済の王の宮に及《いた》らずして却還《かえ》りぬ。

とあって、紀大磐と小鹿火が争いをはじめる。小鹿火は韓子を巻き込み、紀大磐の悪口をいってまんまと韓子を欺く。讒言《ざんげん》を真《ま》に受けた韓子は紀大磐を襲い、かえって討たれてしまった、という。派遣された将軍同士が争って自滅していく。新羅王だけが漁父の利を得るという、いかにもありそうな間の抜けた愚かな顚末《てんまつ》ではある。

ところで、この名となっている韓子のほんらいの意味は、韓国の娘と日本人の間に生まれた子のことである。韓子の子の高麗も、正式な国名は高句麗《こうくり》である。ともに朝鮮半島に由来のある名である。

そこで、満智も『日本書紀』応神天皇二十五年条に見える木満致《もくまち》のこととみる説がある。木満致は、百済出身の貴族であった。直支王《とき》没後、久尓辛王《くにしん》が立てられたが、まだ幼かった。そこで満致が王にかわって実権を握り、さらに国母《こくも》の八須夫人《やすぶにん》と通じた。悪役であるが、このために日本に「召喚」された、という。日本が召喚できる立場にあったかどうか、はなはだ疑問だ。だがその表現や理由の虚実はともあれ、百済高官が日本に渡って来て大王に仕えた伝承の一つの形と受け取れなくもない。前記のように、孝元天皇の子孫とする氏族系譜の成立はあたらしく、満致も新参勢力である。三蔵《みつのくら》の差配《さはい》で垣間見られるように、蘇我氏は渡来系氏族との関わりがとりわけて深い。こうした三者からの類推で、蘇我氏の祖は新来の渡来人・木満致だったとみなすのである。

しかし、それは成り立つまい。蘇我の姓は臣であり、在来の土豪に付けられる姓である。在来の国内有力豪族に匹敵《ひってき》する規模の多数の氏族員を伴い大挙して渡来したという話だったのならともかく、召喚か亡命かというていどの来日記事である。新参者の一渡来人かその一家ていどの来日で臣姓にランク付けされる待遇を受けるのは、無理だと思う。

また後述するが、蘇我氏は皇別の氏族である。『日本書紀』に、祖の満致が百済貴族の出身だと明記されてしまっては、いまさら皇別は名乗れまい。明々白々となっているのだから、蕃別《ばんべつ》に分類されざるを得ない。その意味でも、渡来系氏族ではありえない。

さらに石河宿禰から韓子までの系譜は、一世代に一人つまり父子相承の単純な縦系図になっている。この当時に作られた氏族系譜としては、ありえないとまではいえないが、不自然ではある。蘇我氏の末裔である石川氏の所伝をもとに、後世の父子相承が原則とされた時代に作り上げられた、偽りの氏祖系譜であろう。

さて、蘇我氏は稲目の大臣《おおおみ》就任によって政界に雄飛することとなった。その台頭のめざましさから、稲目がはじめて蘇我氏を名乗った氏祖かという説もあり、それなりの説得力がある。

稲目の代に政権担当者の一翼を担《にな》う座につき、その地位は馬子《うまこ》・蝦夷《えみし》・入鹿《いるか》と代々承《う》け継がれた。しかも宿敵・物部《もののべ》氏を倒し、さらに大王・崇峻《すしゅん》天皇でさえも葬り去った。その執政内容は後述するが、まさに天下無双の絶対権力を誇った。

だが当時の慣習を破って、氏の上《かみ》を、兄弟相承を一度もしないで、四代もたて続けに直系で継承した。もしも石川宿禰から数えられるものなら、七代連続の父子継承ということになる。それには、さすがに傍流の同族が不満を懐《いだ》いたようだ。

この氏族内の憤懣《ふんまん》・対立を利用され、皇極《こうぎょく》天皇四年（六四五）の乙巳《いっし》の変で、中大兄《なかのおおえ》皇子に誘われた蘇我倉山田石川麻呂《くらやまだのいしかわまろ》（蝦夷の甥、入鹿の従兄弟）は蝦夷・入鹿の本宗家を倒す側にまわった。しかし蘇我本宗家が滅亡しても、蘇我氏が滅亡したわけでも衰微したわけでもない。入鹿討滅に荷担したことを評価され、乙巳の変後も大臣の地位は石川麻呂（右大臣）・連子《むらじこ》（大臣）・赤兄《あかえ》（左大臣）と継がれた。結局大臣位は蘇我氏に留保されつづけ、政界一の有力な家であり続けた。

これが途切れたのは、天武天皇元年（六七二）の壬申《じんしん》の乱によるものだ。紀大人《きのうし》だけは近江朝を見限ったようだが、蘇我赤兄・果安《はたやす》（御史大夫《ぎょしたいふ》）ら重臣たちは近江朝廷に運命を託した。天智天皇に違約しないよう再三誓わされたからというだけでなく、圧倒的に有利な立場にいる近江朝廷軍がまさか負けるとは思わなかったのだろう。ともあれ近江朝廷方は敗れ、ここではじめて執政官となる地位を

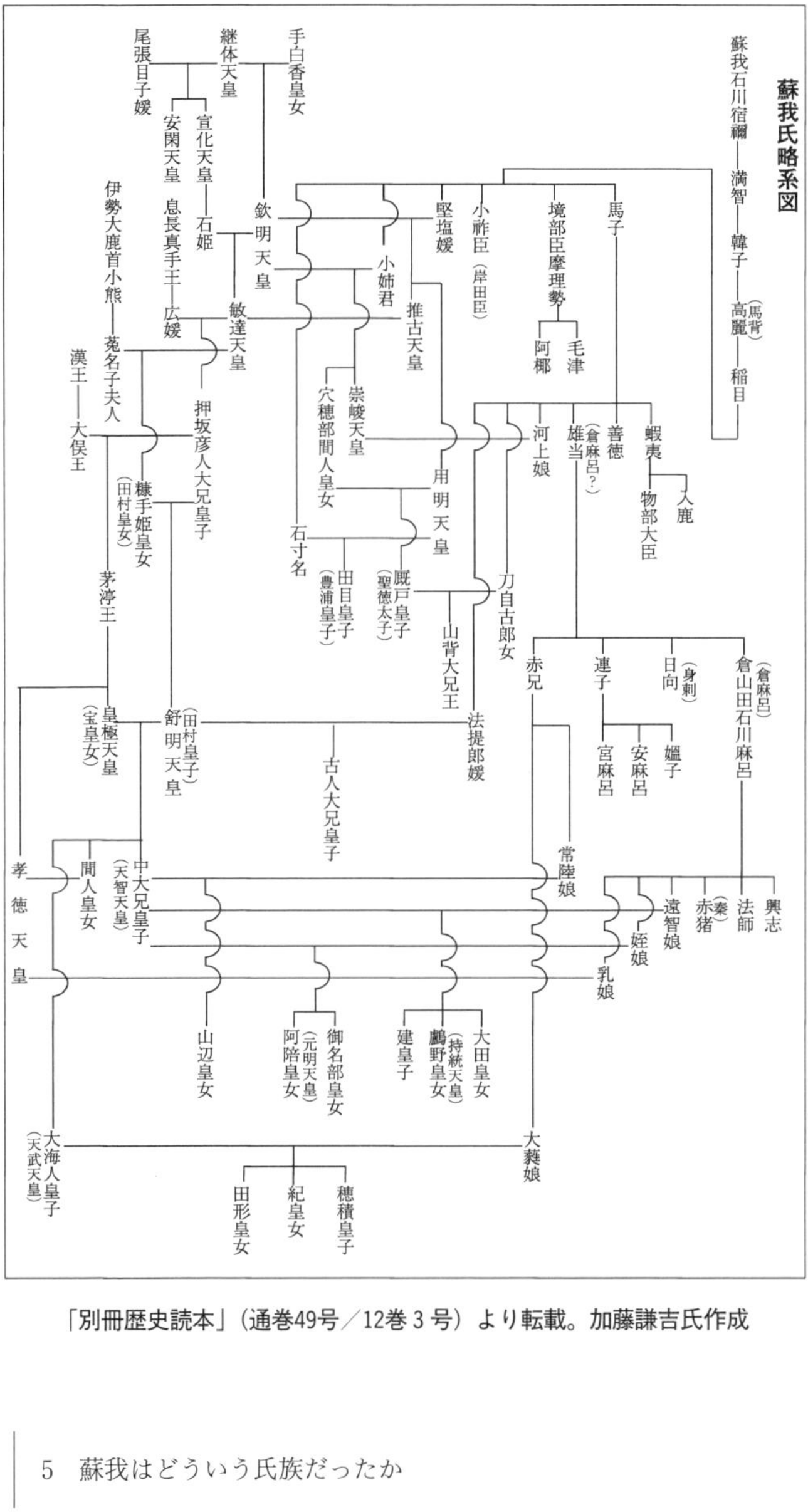

「別冊歴史読本」（通巻49号／12巻３号）より転載。加藤謙吉氏作成

手放してしまった。

以降は、連子の孫で年齢のせいで壬申の乱に関わらずにいた石足《いしたり》が、天武朝前半に本拠地・河内国石川郡（大阪市富田林市東半部と南河内郡一帯）の地名をとって石川氏と改称した。その石足が神亀五年（七二八）に権参議《ごんのさんぎ》、石足の子・年足《としたり》が天平勝宝九歳（七五七）に大納言、石足の子・豊成《とよなり》が宝亀二年（七七一）に中納言、年足の子・名足《なたり》が延暦四年（七八五）に中納言となって、国政に返り咲いた。とくに年足は藤原仲麻呂《なかまろ》の懐刀《ふところがたな》と目《もく》されており、彼の死が仲麻呂政権の崩壊を招いたとすらいわれている。(1)

二　蘇我氏の始祖伝説

『新撰姓氏録《しんせんしょうじろく》』（佐伯有清氏校訂『新撰姓氏録の研究　本文篇』、吉川弘文館刊）は弘仁《こうにん》六年（八一五）に編纂され、ながく古代氏族の出身の規準資料とされた。

それによると蘇我氏は、たとえば右京皇別上の川邊朝臣《かわべのあそみ》条に、

武内宿禰四世孫、宗我《そが》宿禰之後《すえ》也。

とあって、皇別に分類されている。

皇別とは、天皇家の後裔つまり大王の子たちが独自に財を蓄えまた組織を培《つちか》って、氏族として成長していった同祖血縁集団という意味である。その血脈や系譜がほんとうかどうかはまたべつの話だが、ともあれ蘇我氏の祖先は大和政権の大王だと称していた。だから、神別氏族のような祖先神にあたるものは存在しない。そうではあるが、あえて蘇我氏の伝説的な始祖をあげるならば、それは武内

宿禰に当たる。

前記の『古事記』の記事によると、孝元天皇の子である比古布都押之信《ひこふつおしのまこと》命が木国造の祖・宇豆比古の妹である山下影日売と結ばれて、建内宿禰が生まれた。『日本書紀』では、一世代のちの孝元天皇の孫・屋主忍男武雄心《やぬしおしおたけおごころ》命が、紀直の遠祖・菟道彦《うじひこ》の女・影媛《かげひめ》との間に武内宿禰を儲《もう》けた、と記されている。多少の違いはあるが、孝元天皇の後裔にあたることや母が紀国造家の出身であることなどは共通しており、話の大筋に変わりはない。

まずは武内宿禰の逸話を、『日本書紀』の記述から拾ってみる。

生まれた事情は、景行天皇三年二月条に記されている。

景行天皇は、紀伊国の神祇を祭祀しようと行幸したがうまくいかなかった。そこでかわりに屋主忍男武雄心命を紀伊に派遣し、彼はそのまま紀伊に九年居住した。その九年の間に、影媛と結婚して武内宿禰が生まれた、という。

景行天皇二十五年、成長した武内宿禰は、大王の命令をうけて北陸・東方諸国の地形や人民の生活状態の視察に赴いた。その二年後、「日高見《ひだかみ》国（北上川流域か）は土地が肥沃《ひよく》・広大で、かつ住人が勇猛果敢である。だから、制圧すべきだ」と復命している。

景行天皇五十一年には、新年の宴会に稚足彦《わかたらしひこ》（のちの成務天皇）とともに参加しなかった理由を大王から詰問《きつもん》された。そこで「新年宴会のときは群臣が遊んでいるので、朝廷は手薄《てうす》になる。反乱など不慮・非常の事態に備える必要があったので、参加しなかった」と釈明した。これを聞いて大王の寵愛は深まり、棟梁之臣《むねはりのまえつぎみ》といわれるようになった。

景行天皇のあとを継いだ成務《せいむ》天皇は、武内宿禰と誕生日が同じであったこともあってことのほか信頼を寄せ、武内宿禰を大臣《おおおみ》に任じた。同日生まれというのは特殊な関係で、魂を分け合う仲というような受け止め方があったらしい。なおこのときの大臣は、役職名でない。近臣・重臣という親近感を表現したもののようだ。

成務天皇・仲哀天皇の治世はともに短期で終わってしまったが、仲哀天皇の妻・神功皇后はその腹に胎中《たいちゅう》天皇といわれる応神天皇を身籠《みご》もっていた。ここが彼の生涯最大の活躍の場となった。

武内宿禰は窮地にある神功《じんぐう》皇后を助け、応神天皇への王位継承のために奮闘した。

まずは九州遠征中に死没した仲哀天皇の喪を伏せ、ひそかに穴門《あなと》（山口県）の豊浦宮で殯《もがり》つまり葬儀を挙行した。ついで神功皇后や中臣烏賊津使主《なかとみのいかつのおみ》などと斎庭《さにわ》（祭場）に臨《のぞ》み、琴を弾《ひ》いて神意を伺った。その神意にしたがって熊襲《くまそ》や九州北部の部族を討ち、ついで新羅《しらぎ》を武力制圧する。そののち、いよいよ大和を目指し、大王位の奪還を求めて進軍する。

大和では、仲哀天皇の前妻の子である麛坂《かごさか》王・忍熊《おしくま》王が大王位の継承を企てていた。神功皇后一行を迎え撃とうと播磨《はりま》に布陣し、明石海峡を海上封鎖していた。麛坂王は戦闘前に怪死したが、忍熊王は計画を取りやめなかった。とりあえずやや退《しりぞ》いて、難波周辺に軍兵を配置し、迎撃態勢を整えた。神功皇后側もその動きを察知した。武内宿禰は、すでに生まれ落ちていた皇子（応神天皇）を託され、瀬戸内の南路を通って、一足早く紀伊水門《きいのみなと》に入った。ここは武内宿禰にとって生育地であり、母方の実家が援護してくれることに期待したのだろう。神功皇后も、そのあとから紀伊・日高《ひだか》に到着。武内宿禰らは数万の兵を率い、菟道に陣取っていた忍熊王を計略によって破り、瀬田で敗死させた。

これで大和政権を滞《とどこお》りなく引き継げたという。

これによって神功皇后の摂政《せっしょう》がはじまり、やがて応神天皇が即位することとなる。

このときの功績もあって、応神天皇・仁徳天皇の二大王には寵用された。

応神天皇の子・木菟《づく》皇子（初名。のちの仁徳天皇）と武内宿禰の子・鷦鷯《さざき》の誕生日が同日であった。先述のようにこれは浅からぬ機縁で、生来厚い信頼で結ばれている証拠である。そこで双方の子の名を取り替え、応神天皇の子を大鷦鷯皇子と呼び、武内宿禰の子を木菟と呼ぶことにしようと申し込まれた。つまり、義兄弟のような親密な人間関係を期待したのである。

とはいえ、そうした順風満帆な日々ばかりではない。

弟・甘美内宿禰《うましうち》の讒言《ざんげん》にあい、謀反の嫌疑をかけられて殺されかけたこともあった。

讒訴された嫌疑の内容は、朝鮮半島諸国と提携し、大王家を倒そうと謀っている、というものだった。武内宿禰は壱岐直《いきのあたえ》の祖・真根子《まねこ》を影武者に仕立て、ひとまず追っ手から逃れた。やがて朝廷に舞い戻り、盟神探湯《くかだち》をうけて弟と対決。勝訴した、という。

紆余曲折はあったものの、武内宿禰は無類の長寿（『日本書紀』では顕彰時に二八〇歳以上。『公卿補任《くぎょうぶにん》』には春秋二九五年とある）とされている。

景行・成務・仲哀・応神・仁徳の五人の大王の近くに侍《はべ》り、応神天皇の擁立にはとくに尽力したことになっている。もしも応神天皇が大和政権成立当初の始祖伝説の主人公だったとすれば(2)、武内宿禰は肇国《ちょうこく》第一の功臣と描かれていたこととなる。

三　蘇我氏出自の代表的人物

蘇我氏は六世紀後半から七世紀にかけてずっと権力の座にあった。だから、代表的な人物といっても数が多い。

(1)　稲目

宣化《せんか》朝・欽明《きんめい》朝において、稲目《いなめ》は蘇我氏ではじめての大臣となり、大連《おおむらじ》の物部氏とともに最高執政者の地位に昇った。その考え方は、かなり開明的であった。

頭角《とうかく》を現したきっかけは、こうだ。

欽明天皇二十三年（五六二）に朝鮮半島の加羅《から》（任那《みまな》）が滅亡する。それに至るまでに、すでに長年の同盟国・百済の国力には衰えが見られていた。一方では隣国・新羅の力が伸びている。この形勢を覆《くつがえ》すには、まずもって日本国としての国力を高める必要があり、国内が分散統治になっている権力のあり方を変えなければならなかった。そのときの大和政権下では個々の氏族が自立して権力を持ち、中央朝廷はそれを外側から大きく緩《ゆる》やかに束《たば》ねるだけだった。だがこれでは、各氏族は大和政権からの出兵要請があっても、ほかの氏族と比べて不利になると思えば、出兵数を少なくしかねない。物資の拠出についても同様で、拒否することもありうる。こうした強制力の届かない状態を克服しなければ、日本が百済を支えたり、海外進出を果たすことはできない。

そこで、日本の国力の拡充のために、中央集権国家体制への転換が必要だと意識した。「仕方ないこと」と諦《あきら》めず、それと意識して課題にできたのが、蘇我氏の鋭いところである。

蘇我氏は中央集権体制への移行の前提として、大和政権中枢の経済力を高めようと考えた。そして屯倉《みやけ》を、要所に増設した。屯倉は朝廷が直接支配下において経済基盤とした場所で、その大きさはおおむね郡の単位ていどである。具体的には九州地方北端の那津口《なのつぐち》（博多港）に官家《みやけ》をおき、紀伊にも海部《あまべ》屯倉を置くなど、対朝鮮半島への軍事拠点・兵站《へいたん》基地・後方支援体制を固めた。また吉備五郡を白猪《しらい》屯倉にし、備前にも児島屯倉を立てた。さらに安閑朝の末年に九州から東国までひろく屯倉を設置していったのも、稲目の献策によるものだったろう。

稲目の優《すぐ》れていたのは、大身狭《おおむさ》・小身狭屯倉の運営に百済・高句麗系の渡来人を登庸《とうよう》し、屯倉の耕作者（田部丁《たべのよぼろ》）の名籍を作らせたりしたことである。それまでは屯倉を設定すると、春に不特定多数に稲を貸し付け、秋に利子を付けてまとめて返させていた。その利子分が税収である。そのていどの緩やかな管理体制だった。それを、屯倉経営に個別人身支配を導入したのである。土地を調査し、人民の名簿を作る。どこにいる何歳のだれそれが、どこの土地を耕しているのか。それを把握して、税を取り立てた。これにより労役についても、「村単位で十人出せ」ではなく、「何村の誰と誰、出てこい」といえるようになった。この地域から最大で何人の兵士が徴発できるかも、精確に見通しを立てられるようになった。こうした運営の仕方の延長線上に、大化改新の公地公民政策がある。大化改新の実験であり、先取りである。そう考えれば、時代のさきを読んでいる蘇我氏の、その開明性がよく理解できよう。

五三八年の百済・聖明王《せいめいおう》からの仏教公伝のさい、稲目は仏教を国教として受容すべきだと献言した。大王が信奉せず、国として採用もしなかったが、蘇我氏だけは小墾田《おはりだ》の家に仏像を安置して向原《むくはら》の家を寺とした。これは、国際事情に通暁《つうぎょう》した、氏族の開明性の一つの現われである。さらに仏教に揃って帰依《きえ》すれば臣下はみな同朋となり、仏像を大王の顔に似せれば大王の権威の向上にも役立つ。仏教の効用を、そう考えていたようだ。(3)

またそうした一方では、二人の娘を欽明天皇の後宮に納《い》れ、用明天皇・崇峻《すしゅん》天皇・推古天皇の三大王の外祖父となって蘇我氏の繁栄のもとを築いた。そうした抜かりのない、策士の顔も持ち合わせていた。蘇我氏の実質的な始祖といわれるゆえんである。

(2) 馬子

稲目のあとは子の馬子が継ぎ、敏達《びだつ》天皇・用明天皇・崇峻天皇・推古天皇の四朝の大臣となった。屯倉経営については父・稲目に倣《なら》って効率的・安定的で収益性の高い経営を進めるなど、開明的政策を堅持した。

敏達天皇没後および用明天皇没後に、大王位をめぐる争いが起きた。そこを好機とみた馬子は、故敏達天皇の大后《たいこう》・額田部《ぬかたべ》皇女（のちの推古天皇）を奉じ、穴穂部《あなほべ》皇子を擁立した大連・物部守屋《もりや》を倒した。これにより蘇我氏の勢威に対抗できる者がいなくなり、執政の実権を掌握した。その後、みずから擁立した崇峻天皇と対立したが、これも実力で葬り去った。

こうした力尽くの面もあるが、一面では大王家の経済力を付けることにも気を配った。すなわち私部《きさいべ》・壬生部《みぶべ》を設置し、大王の正妻である大后や有力な王子にじかに附属する経済基盤を与えた。もちろんこれらは経済基盤となるだけでなく、軍事的基盤にもなる。これによって、大后や王子は政治的実行力の裏付けができたわけで、発言に重みが加わることとなった。

そうした裏付けがなされたこともあって、敏達天皇の大后であった馬子の姪・額田部皇女は推古女帝としてはじめて即位できた。

なお、対外的には新羅討伐の軍を派遣する一方で、高句麗僧・恵便《えべん》を師として迎えており、親高句麗的な動きをみせている。ここから親百済派と親高句麗派との抗争が、乙巳の変などの原因となったとする見方も出ている。しかし百済との関係を捨てて、高句麗に肩入れするというほどの極端な方針のぶれは、この当時の政界には見受けられない。

（3）蝦夷・入鹿

馬子のあとを継いだ子・蝦夷、蝦夷の譲りを受けた子・入鹿が登場する。この父子は相次いで大臣となり、推古天皇・舒明《じょめい》天皇・皇極《こうぎょく》天皇の三朝に権勢をふるった。しかしともに自由になる権勢に溺れがちで、政界の指導力・求心力は衰えをみせた。

推古天皇の没後、蝦夷は大王選びにおいて主導権を発揮してみせるべきだった。

後継大王の候補者は山背大兄《やましろのおおえ》王・田村皇子（のちの舒明天皇）の二人で、そのいずれかに決めるべき場面だった。蝦夷としては、姉妹の法提郎女《ほてのいらつめ》を嫁がせている関係から、田村皇子を本命視していた。しかし、そのようにうまく誘導できなかった。田村皇子の推戴《すいたい》に反対する叔父・境部摩理勢《さかいべのまりせ》を、馬子の墓所に仕えないという別件で問罪《もんざい》して軍事討滅することとなった。みずからの傍流家も説得できず、人心を纏《まと》められないという醜態をさらけ出した。もちろん摩理勢の討伐は、蘇我氏の内部では嫡流家の横暴と映ったはずであり、憤懣《ふんまん》と禍根《かこん》を残す結果となった。それでもともかく思い通りに田村皇子を舒明天皇として即位させたが、権力の維持に汲々《きゅうきゅう》とするに留まったようだ。

祖父・父がつとに邁進《まいしん》してきた改革をさらに推し進め、遣隋留学生などの知見をもとにして中央集権体制を官職・役所・官僚の整備・育成という形で具体化していくべき時期であった。つまり中小氏族が各家で執務する体制から、中央集権体制下の官僚へと導いて変質させなければいけなかった。

それなのに、舒明天皇八年（六三六）七月、大派王《おおまた》から「出勤を卯刻《うのこく》（午前六時）、退朝を巳刻《みのこく》（午前十時）と定め、鐘で合図しよう」と提案されると、これを一蹴《いっしゅう》してしまった。また大臣位を象徴する紫冠《しかん》を入鹿に私的に手渡しして継承させるなど、中央集権のかなめとなる大王の人事権すら保証せず、その職務権限を軽視する動きも見せた。権力者の驕《おご》りともいえるが、新規のことを嫌って保身する政治に終始し、ただ虚勢を張っていただけともいえる。

これを継いだ入鹿は、『藤氏家伝《とうしかでん》』によれば、遣隋留学僧・旻《みん》法師の私塾で中国の文物・制度などを学び、高い理解力があったといわれている。だがそれは、知識を持っていることのみに止まったようだ。従兄弟《いとこ》にあたる古人大兄《ふるひとのおおえ》皇子を大王に擁立したいがために、とくに罪もない大王候補者の一人・山背大兄王を力づくで討ち滅ぼしてしまった。摩理勢を討った蝦夷の轍《てつ》を踏んだともいえる。親が愚行を犯せば、その親の背を見て子は育つ。その子が、親の愚行を再現したわけである。すでに自分が周囲の人たちにどのように映っているのかを考えるゆとりがなく、周囲の意見を聞こうにもだれも気に入られそうな佞言《ねいげん》以外いわなくなっていた。多くの廷臣たちの心と乖離《かいり》し、猜疑心《さいぎしん》だけが研《と》ぎ澄まされて、結果として私利私欲による行動をとり続けた。

　こうした蘇我本宗家の恣意的な動きは、蝦夷の甥・蘇我倉山田石川麻呂との間に隙を生じさせた。石川麻呂は舒明天皇の子・中大兄皇子（のちの天智天皇）に二人の娘を嫁がせ、乙巳の変・大化改新政策の実現に力を貸すこととなる。その結果が意図的に導かれたものかどうか不明だが、石川麻呂が本宗家から離反したことで、蘇我氏として目指しながら停滞していた中央集権国家構想は、ふたたび軌道に載《の》ったのである。

四　蘇我氏をめぐる謎と論点

　大きなこととして、蘇我馬子と推古女帝・聖徳太子（厩戸皇子《うまやど》）との三者の関係はどうだったのか。それが謎である。研究者の判断が一致しないことは何もめずらしくないが、判断の違いが通史の描き方まで影響するような不一致はそう多くない。

　前記のように、馬子は、敏達天皇の大后（正妻）だったときの額田部皇女に私部、厩戸皇子に壬生部を設定してやっている。額田部皇女はこの豊かな財源を基盤としたからこそ、次期大王の選定などについて皇室内でのつよい発言力を持ち得た。また女帝の候補者としてはそれまでにも飯豊青皇女《いいとよあお》や春日山田皇女《かすがのやまだ》などがいたが、即位までした人はいない。彼女が即位できたのは、この経済力の裏付けあってのことであろう。そのもととなった私部の設置は馬子の温情であり、額田部皇女が馬子の姪にあたるからだ。そう考えてよければ馬子と推古女帝は一体だが、冠位十二階・憲法十七条などつぎつぎと氏族社会の基盤を崩す急進策を実施しようとする厩戸皇子とは相容《あいい》れない。厩戸皇子は、馬子にひとり楯突《たてつ》いたことになる。厩戸皇子もさすがに馬子の権勢には歯が立たず、失意のうちに小治田宮を離れて斑鳩宮《いかるがのみや》に隠棲《いんせい》した。横綱にぶつかっていった小学生のように、政治の表舞台からあっさり葬り去られた、という評価となる。

これに対して、蘇我氏は開明的な氏族として中央集権政策を推進している側であり、三者に一致しない点はなく、対立などなかったともいえる。馬子にとって厩戸皇子は姪の子であり、娘の刀自古《とじこの》郎女《いらつめ》の夫としては娘婿にあたる。また壬生部の設置も馬子の温情で、これが斑鳩宮の経済力・軍事力の基となっている。厩戸皇子の子・山背大兄皇子が蝦夷や入鹿から恐れられたのも、この基盤を継いでいたからこそだ。そう考えれば、馬子と推古女帝は、深い血縁に結ばれた年若な厩戸皇子に思い切って政務を委ねた。外側から見守り、逸脱しないように大きく包み込んで保護していた。そういう話になる。厩戸皇子が斑鳩宮に遷ったのは失意のうちに隠退させられたのではなく、遣隋使派遣事業を円滑にし、中国関連の情報を得やすくするためだったとも考えられる。

大まかにいえば、右のどちらかの筋でこの時代史は書かれている。判断は全く対立しているが、このどちらかが通説だろう。

しかし、筆者はそのどちらとも考えない(4)。

大王家の中心にいた敏達天皇の大后・額田部皇女から見れば、臣下であるはずの馬子による崇峻天皇の暗殺はいわば下克上《げこくじょう》である。大王家の権威を揺るがす大きな事件と受け止められたはずだ。推古女帝と厩戸皇子は大王家の一員として、大王家の防衛と大王の威信恢復《かいふく》のために、馬子と闘わなければならなかった。そうだったと思う。

育った家が違うのだ。いかに濃《こ》い血縁関係にあろうとも、違う家に育ち、潰《つぶ》されてはいけないものを担《にな》っている。蘇我氏の一員と大王家の一員では、理解し合えない平行線となる対立点があり、利害が根本的に違っている。

そこで推古女帝は、日本国王の地位を中国に認めて貰おうとして遣隋使《けんずいし》を送った。倭国王となったことで、隋の臣下に位置づけられたわけで、これによって大王の廃立には隋帝の承認が必要になる。父子兄弟関係にないような国王の交替はほとんど承認されないので、蘇我氏に大王家を倒される危険性はなくなった。消極的ではあるが、大王家側の勝利といえよう。それに百済・高句麗との連携策をとろうとしている馬子としては、高句麗と対立している隋と連携されることは喜べない。これが二者の立場の違いである。筆者としては、馬子と「推古女帝・厩戸皇子」との争いであり、蘇我氏と大王家との争いといってもよい。そうした対立の構図で朝廷内の抗争を描くべきだと思っている。

その当否はともあれ、こうした政界の大枠での捉え方にも差がある。それが研究の現状である。

右よりは小さな事柄だが、蘇我氏の本居地、葛城氏との系譜関係なども問題となっている。

推古天皇三十二年（六二四）十月、馬子は、

大臣、阿曇《あづみ》連〈名を闕《もら》せり〉、阿倍臣摩侶《まろ》、二の臣を遣して、天皇に奏さしめて曰さく、「葛城県《かづらきのあがた》は、元臣の本居《うぶすな》なり。故、其の県に因《よ》りて姓名を為せり。是を以て、冀《こいねが》はくは、常に其の県を得《たまわ》りて、臣が封県とせむと欲ふ」とまうす。

（『日本書紀』推古天皇三十二年十月癸卯条）

といい、葛城県の「返還」を要求した。

また『日本書紀』皇極天皇元年（六四二）是歳条に、

蘇我大臣蝦夷、己が祖廟を葛城の高宮に立てて、八佾《やつら》の舞をす。遂に歌を作りて曰はく、

大和の　忍《おし》の広瀬を　渡らむと　足結手作《あよいたづく》り　腰作らふも

とあり、葛城の高宮に蘇我氏の祖先を祀《まつ》る廟を建てたとある。

つまり蘇我氏はもともと葛城氏の出身であって、『和名類聚抄《わみょうるいじゅうしょう》』でいう葛上郡高宮郷に祖廟を持っている、というのだ。この主張や行ないが歴史的過去の事実として裏付けのあることとみなすなら、蘇我氏は産土《うぶすな》の地である葛城県を要求しても当たり前に思える。

さらに橿原市曽我町には宗我坐宗我都比古《そがつひこ》神社があり、名称からしてもこれは蘇我氏の守護神・氏神とみなしてよい。曽我は植物の菅（スガ・ソガ）のことである。曽我川近くに生える菅を祭祀における祓具《はらえぐ》の幣《ぬさ》や菅扇・菅笠・菅翳《さしば》・菅薦《すがこも》などに用いて神聖視してきたことから、氏の名とされたのであるらしい[5]。ここが発祥《はっしょう》の地ならば、葛城氏の旧領域のなかにもともと入っており、蘇我氏と葛城氏が本家・分家の姻戚関係にあったと推測することも無理でない。

とはいうが、本拠はもともと河内国石川（大阪府富田林市東半部と南河内郡一帯）だったとする推測もある。冒頭に記したように、蘇我氏の祖名は蘇賀石河宿禰だからである。もちろん石川というだけならば、橿原市にも石川の地名がある。

しかし『日本三代実録』（新訂増補国史大系本）元慶元年（八七七）十二月癸巳条に、

右京の人、前長門守従五位下石川朝臣木村、散位正六位上箭口朝臣岑業《みねなり》、石川・箭口《やぐち》を改め、並びに姓を宗岳《むねおか》朝臣と賜ふ。木村が言《もう》すに、始祖の大臣武内宿祢の男、宗我石川は、河内国石川の別業《べつごう》に生まれ、故に石川を以て名とし、宗我大家を賜ひて、居と為す。因《よ》りて姓を宗我宿祢と賜

宗我坐宗我都比古神社（筆者撮影）

ふ。浄御原《きよみはら》天皇の十三年、姓を朝臣《あそみ》と賜ひ、先祖の名を以て、子孫の姓と為す。

とあり、武内宿禰の子・宗我石川は、河内国石川の別業に生まれて、その石川に因《ちな》んで名としたとある。河内国石川が氏の創氏・創業の地であったのなら、葛城氏が凋落した後に葛城地方に進出し、葛城氏の旧領を蘇我氏の勢力圏に組み込みつつ蚕食《さんしょく》していったこととなる。

そう考えてもかならずしも矛盾しないが、いかに権勢を恣《ほしいまま》にしたからといっても、せいぜい数世代しか経ていない新興氏族が、いかにも自信ありげに旧家の葛城を「元臣の本居」といいきれるものだろうか。また石川木村の改氏姓記事での発言は、石川氏という蘇我氏傍流家の本居の淵源を語ったもので、かつての蘇我本宗家の本居についてまで触れなかっただけ、とも受け取れる。

筆者としては、蘇我氏の発祥はおそらく橿原市の曽我の地にあったろうと思う。

武内宿禰の九人の子のなかには蘇賀石河宿禰も葛城長江曽都毘古も入っており、基本的に共通項で括《くく》られる要素を持っている。その蘇我氏が葛城の地を本居と主張したのは、稲目の妻つまり馬子の母が葛城氏末裔の出身者というような縁からではなかったろうか。

五　蘇我氏関連の史跡・神社・寺院

右にも記したが、蘇我氏発祥の地と見なされるのが、橿原市曽我町にある宗我坐宗我都比古神社である。『延喜式《えんぎしき》』（新訂増補国史大系本）神祇九／神名上に「宗我坐宗我都比古神社二座〈並大。月次新《つきなみにい》嘗《なめ》〉」と記された式内大社で、古代にはことあるごとに国家から幣帛《へいはく》などの捧《ささ》げ物や保護を受けていた。祭神は宗我都比古・宗我都比売の二神である。『新抄格勅符抄《しんしょうきゃくちょくふしょう》』（新訂増補国史大系本）第十巻

向原にある広厳寺（筆者撮影）

／神事諸家封戸《ふこ》（神封部）所載の大同元年（八〇六）の牒《ちょう》に「宗我神　三戸大和」（四頁）と見えるから、それ以前からあったことは間違いない。だがほんとうのところ、いつから鎮座しているのかは明らかでない。

　はるか後世の『宗我大神伝記』（元禄十年［一六九七］成立）には、孝元天皇の子・彦太忍信命と石川宿禰を祀っているとあるそうだが、神社で独自に継がれてきた所伝なのか、後世になって『日本書紀』などを見て書き加えたのか、明瞭にできない。ついでながら、全国各地の神社の奉祭神《ほうさいしん》については、現在祀られている神々の名をいかに綿密に調べ上げても、それでは近現代の神名の分布状況しかわからない。その神が古代から祀られてきたとみなすべき理由がない。いやおそらくほとんどの社《やしろ》の神は古

広厳寺の下層にある豊浦宮遺構（蘇我原敬浄氏提供）

代からの鎮座でなかろう。そのなかでもしも古代から奉祀《ほうし》されてきた神々といい、その分布を探ろうというのなら、古代の史料のなかにその姿を一つ一つ検証していかなければいけない。

さて、権力の座についた稲目以降の関連史跡は数多い。

仏教公伝のさい、稲目は仏教の受容に理解を示した。そして聖明王がもたらした仏像を欽明天皇より下賜され、それを小墾田の家に安置した。さらに「向原の家を浄《きよ》め捨《はら》ひて寺とす」(『日本書紀』)とあり、いま明日香村豊浦にある広厳寺《こうげんじ》(向原寺)の前身が作られた。

その寺は物部尾輿《おこし》・中臣鎌子《かまこ》らによって焼き払われたが、こうした争いは一世代めぐった馬子の時代にも起きた。敏達天皇十四年(五八五)、馬子は石川の宅に仏殿を造り、大野丘の北に塔を建て、舎利《しゃり》を納めて法会を催した。しかし政敵の大連・物部守屋らから、おりからの疫病は異国の神(仏像)を崇拝したことによる神罰と讒訴《ざんそ》され、その塔も切り倒されたという。この塔址の場所は橿原市の和田廃寺と見られてきたが、大野丘とは甘樫丘《あまかしのおか》のことであって、その北側にあったものらしい。未発掘だが、今後に期待できそうだ。

守屋との権力争いは、次期大王の擁立をめぐって激化した。

用明天皇二年(五八七)、馬子は、故敏達天皇の大后・額田部皇女とともに廷臣を率いて守屋を滅ぼした。この激戦のなかで、馬子は「我を助け衛《まも》りて利益《か》つこと獲しめたまはば、……寺塔を起立て、三宝を流通《つた》へむ」(『日本書紀』)と誓った、という。そしてこの誓約に従って造られたのが飛鳥寺(法興寺)である。崇峻天皇五年(五九二)には仏堂と歩廊《ほろう》まで造られ、翌年には心礎《しんそ》に舎利《しゃり》を納めて塔が建てられはじめた。そして着工から十九年、推古天皇十四年(六〇六)に鞍作鳥《くらつくりのとり》作の丈六《じょうろく》の金《こん》銅《どう》像が金堂に収められて、本格的な仏教寺院がはじめて日本にもできた。寺地は東西二〇〇×南北三〇〇メートルで、伽藍配置は朝鮮半島でも高句麗の金剛寺（清岩里廃寺、朝鮮民主主義人民共和国平壌市）や定陵寺《ていりょう》（同上・平壌市）などわずかしか例のない一塔三金堂というめずらしい形であった。

馬子は島の大臣といわれたが、名の由来は中島を設けた池が彼の邸内にあったからである。

その邸地は、馬子の没後、馬子の姉妹である堅塩媛《きたしひめ》の子・桜井皇子に渡り、ついで桜井皇子の娘にあたる吉備姫王《きびのひめみこ》に継承された。吉備姫王が皇極天皇の生母となったので、皇極天皇系の天智天皇系か天武天皇系かの皇族に伝領され、やがて天武天皇・持統天皇の子である草壁《くさかべ》皇子のものとなって、島宮になったらしい。この宮址の一部は発掘されており、四十二メートル四方の石組みの方形池が見つかっている。ただしこの方形池では、池のなかに島ができる造りになっていないので、これは給水用の貯水施設かとみられている。

また馬子は、没後に石舞台《いしぶたい》古墳に葬られたらしい。

石舞台古墳は七世紀前半の方墳（東西五十五×南北五十二メートル）で、巨大な石室がその権威を物語っている。築造にあたってその五十年ほど前に作られた七基の古墳が削平《さくへい》されているが、この時期に、この地域の豪族で、削平された被葬者の遺族たちはまだ近くに暮らしていただろう。その人たちの怨嗟《えんさ》の声をこともなげに圧殺しきれると思える実力者は、馬子しか思い当たらない。ここが馬子の墓とみなしてよいだろう、と思う。

蝦夷・入鹿父子はやや権勢を過信したが、一方では不穏な気配に怯《おび》えてもいたらしい。

甘樫丘にそれぞれ家を建て、蝦夷のを上の宮門《みかど》、入鹿のを谷《はざま》の宮門と呼ばせた。周囲に城柵を巡ら

石舞台古墳（筆者撮影）

し、なかには武器庫を作り、全域を兵士に警備させていた。焼き討ちにも備え、水槽や木鉤《きかぎ》（鳶口《とびくち》）も準備した。そうまでしたのに、結局入鹿は飛鳥板蓋宮《いたぶきのみや》で暗殺されてしまった。遺体は蝦夷のもとに運ばれ、降伏を勧められた。蝦夷は、かねてわが親衛隊と恃《たの》みにしていた東漢《やまとのあや》氏から見限られたこともあり、観念して邸に火を放って自殺した。この家の址《あと》は、甘樫丘東麓《とうろく》遺跡をその一部とみなす説もあるが、まだそれとは確認されていない。

なお飛鳥寺の西に入鹿首塚がある。『多武峰縁起《とうのみねえんぎ》絵巻』では入鹿の首が切り離されて描《えが》かれているが、それは誤りであろう。『日本書紀』にも首だけを切り離したという記載はなく、首がついた状態で蝦夷のもとに届けられたと見られる。そうでなければ体格の似た人物に服を着せ替えることもできるわけで、蝦夷も自分の子かどうか見分《みわ》けがつくまい。そうだとすると、届けられた入鹿の遺体は最終段階で蝦夷邸内にあり、邸の炎上とともに燃えつきたはずである。つまり、首塚など生じえない。これはただの五輪塔《ごりんとう》であり、墓ではない。五輪塔としてはたしかに古様《こよう》ではあるが、いずれにせよ平安期以降の作品である。「入鹿の首」塚というのは、後世の歴史好きが昂《こう》じて捏造《ねつぞう》された架空の名所である。

大化改新を右大臣として担《にな》った蘇我石川麻呂は、蘇我倉山田石川麻呂とも称していたように、桜井市山田に本拠地を置いた豪族である。その中心地に建てられたのが、山田寺である。舒明天皇十三年（六四一）に着工し、皇極天皇二年には金堂の建立に着手。大化四年（六四八）には僧侶も住みはじめたのだが、翌年石川麻呂が讒訴《ざんそ》され、この寺で自害するといういたましい事件が起きた。発願主《ほつがんしゅ》は亡くなったものの、その後も政府の手で造寺事業が続けられ、天武天皇十四年（六八五）には開眼《かいげん》供養が催された。このときに本尊とされた丈六仏の一部が、いま興福寺国宝館にある山田寺仏頭である。また昭和五十七年には東回廊の一部が倒壊したままの姿で地中から発掘され、法隆寺より古い日本最古、いや世界最古の木造建築物と認定された。

最後に、石川氏となってからの遺跡・遺物には、石川年足の墓とその墓誌がある。

墓は本居のはずの河内国石川でなく、摂津国域の高槻市月見町に造られていた。金銅製の墓誌には、「武内宿禰命子宗我石川宿禰命十世孫従三位行《あん》左大弁石川石足朝臣長子御史大夫《ぎょしたいふ》正三位兼行神祇《じんぎ》伯《はく》年足朝臣」からはじまり、天平宝字六年（七六二）九月乙巳（三十日）に七十五歳で平城京の宅で薨《こう》じ、十二月に摂津国嶋上郡白髪郷酒垂山《さかたれやま》にあるこの墓に葬られたしだいまでが刻み込まれている。なお墓誌の出土地には、いま年足神社が建てられている。

【注】

（1）岸俊男氏著『藤原仲麻呂』（吉川弘文館刊、一九六九年）、三六四頁。
（2）拙稿「応神天皇の祖型」（『古代の王朝と人物』所収。笠間書院刊、一九九七年）
（3）拙稿「蘇我氏の仏教導入策の狙い」（『万葉集とその時代』所収。笠間書院刊、二〇〇九年）
（4）拙稿「推古天皇」（『古代の神々と王権』所収。笠間書院刊、一九九四年）
（5）黛弘道先生「ソガおよびソガ氏に関する一考察」（『律令国家成立史の研究』所収。吉川弘文館刊、一九八二年）「一、ソガ名義考」「二、スガ名義考」参照。

（原題は「蘇我氏の研究」。「月刊歴史読本」五十巻七号、二〇〇五年七月）

6　奥州白河の古代

はじめに

本稿は、もともと全国歴史研究会誌「歴史研究」で奥州白河の謎をテーマとした論文募集の企画が立てられており、そのおりの事務局の求めに応じて平成二十三年（二〇一一）九月発行の五九四号に書いた「奥州白河の基礎知識」がもとになっている。

それは古代から近世までの白河の歴史をざっと俯瞰《ふかん》したものだったが、平成二十四年二月四日に「全国歴史研究会平成二十四年度新春特別講演会」（於・東京都品川区西五反田／東興ホテル）で、このうちの古代史の部分だけを「奥州白河の古代」と題して講演するよう求められた。これに応じて、中世史・近世史の部分を削除して、古代史の部分をより具体的に書きあらためた。それが本稿である。

筆者が本稿で課題とすることは、三つある。

第一は、陸奥国地域の部民分布のさまを静的に俯瞰するのではなく、そこから東北地方に侵出《しんしゅつ》していく大和政権下の各氏族の動きを、動的に描き出すことである。どの氏族が、どの時期に、どのように侵出していったのか。それを具体的に提案しようと思う。

第二は、従来あまり使われてこなかった史料だが、『国造本紀《こくぞうほんぎ》』によって関東地方と東北地方の豪族の関係を窺ってみた。そこにある国造系譜は、もとより書かれたそのままが事実でない。しかしそこで見られる同祖系譜は、ある時期の国造間の関係を物語っているはずだ。そのなかで白河とそれより北方の政治状況を浮かび上がらせ、やや大胆に地域勢力間の対立の構図を描いてみよう。

第三は、白河の関の位置するものの意味を問うことである。関址《せきし》は、どうしていまの場所にあるのか。そこには、なぜ奈良末期~平安初期の遺跡しかないのか。その答えを、試案として示してみよう。

この小稿がこれからの東北地方史研究の一里塚《いちりづか》として定着するなどとは夢にも思わないが、せめてこれを凌《しの》いでいかれるさいの試金石としていただければありがたい。

一　歌枕の世界――文学上の白河

1　頼朝と白河の関

文治《ぶんじ》五年(一一八九)七月十九日、源頼朝《みなもとのよりとも》はみずから二八万四千の兵を指揮して、奥州の雄・藤原泰衡《やすひら》の征伐に向かった。二十九日には白河の関にさしかかり、関明神《せきみょうじん》(のちの白河神社)に幣《ぬさ》を奉《たてまつ》った。その場に、側近の御家人《ごけにん》・梶原景季《かじわらかげすえ》を呼び出した。そして万寿《まんじゅ》二年(一〇二五)に能因《のういん》法師が詠《よ》んだ「古風」すなわち『後拾遺集《ごしゅういしゅう》』(新日本古典文学大系本)にある、

都をば　霞《かすみ》とともに　立ちしかど　秋風ぞ吹く　白河の関　(五一八)

という歌を思い起こさないか、と問うた。

白河関跡（白河観光物産協会提供）

これは康治二年（一一四三）の当時に二十六歳だった西行《さいぎょう》の心も捉《とら》えていた名歌であった。『山家《さんか》集《しゅう》』（日本古典文学大系本）によると、この白河で能因の歌を思い浮かべた西行は、

白川の　関屋《せきや》を月の　洩《も》る影は　人の心を　留むる成けり　（一一二六）

と、関屋の柱に歌を書き付けた、という。

それはともあれ、頼朝の問いに応えた景季は、乗ってきた馬を抑えながら、

秋風に　草木の露を　払《はらわ》せて　君が越《こゆ》れば　関守も無し

と詠んだ（岩波文庫本『吾妻鏡』二）。

頼朝は京都育ちの武家貴族であるから教養があって意外でないが、景季もなかなかの文化人と評価されるところである。御家人となる武士たちは、貴人にさぶらう者として蔑《さげす》まれている存在で、どうせ草深い田舎《いなか》から出てきた力自慢《ちからじまん》だけの武骨者《ぶこつもの》。そう思われるところだが、頼朝の下問《かもん》にすぐさま和歌で応《こた》えたようすを見れば、武骨一辺倒の武者ではなく、それなりに都びとと話が通じる教養を持っていたようだ。社会の中枢を担《にな》う支配的な勢力になっていくだけの素養・下地《したじ》を、ちょっと窺えた気がする挿話《そうわ》である。

それはともあれ、頼朝・景季のやりとりからすると、白河の関もはや関守の姿もその機能も失われ、廃屋《はいおく》と化した関屋と関明神の社《やしろ》だけが往時《おうじ》の名残りを留めるものとなっていたようである。

2　白河の関と歌の世界

そもそも白河の関は、古くは十世紀後半に三十六歌仙《かせん》の一人・平兼盛《たいらのかねもり》によって、

たよりあらば　いかで宮こへ　告げやらむ　今日白河の　関は越えぬと

（新日本古典文学大系本『拾遺和歌集』三三九）

と詠まれており、この歌のおかげで平安宮廷では白河の関がたいそう著名な場所となっていったようだ。

それ以来、能因や西行に引き継がれ、『一遍聖絵《いっぺんひじりえ》』（岩波文庫本）によれば弘安三年（一二八〇）には時宗《じしゅう》の開祖・一遍上人が、

ゆく人を　みだのちかひに　もらさじと　名をこそとむれ　しら川のせき

（五巻三段）

と関明神の柱に書き付けたという。

応仁二年（一四六八）ここを訪れた連歌師《れんがし》・飯尾宗祇《いいおそうぎ》は「兼盛能因こゝにのぞみて、いかばかりの哀《あわ》れ侍りけん」と偲び、

都出《みやこいで》し　霞も風も　けふみれば　跡なき空の　夢に時雨《しぐ》れて

行く末の　名をばたのまず　心をや　世々にとゞめん　白川の関

（『白河紀行』）

と詠んだ。

さらに江戸時代に入った元禄二年（一六八九）四月には、俳諧師《はいかいし》・松尾芭蕉《まつおばしょう》が『おくのほそ道』（日本古典文学大系本）で、

心許《こころもと》なき日かず重《かさぬ》るまゝに、白川の関にかゝりて旅心《たびごころ》定りぬ。いかで都へと便《たより》求しも断《ことわり》也。

と語り、未知の世界を行く旅に徹《てっ》する心境になったのが白河の関だったとする。そのとき門人の曽良《そら》は、

卯の花を　かざしに関の　晴着かな

と詠んだ。かつて陸奥守・竹田国行《たけだくにゆき》がこの関にきたとき、能因法師の歌に敬意を表するため、髪や衣装を整えて臨《のぞ》んだという。その故事を念頭において、「いまの自分はそうした用意がないので、卯の花を髪飾《かみかざ》りにして関を通ろう」と詠んだのである。知らなければなにもない寂《さび》れた一景にすぎないが、故事を知っていれば、これだけその地にいることを楽しむことができる。そういう教養あふれる心豊かな人同士がやりとりする世界である。

このように白河の関は、ときどきの数々の歌に詠みつがれ、近世まで著名な場所であった。とくに右に掲げた人たちはみずから白河を訪れ、ほんとうにその地に立っている。(1)そして奥州の入り口であり、都からみて内国とのきわに立った感慨を味わった。

だが、多くの場合、彼ら文化人にとって著名なのは観念の上だけであって、じっさいにそこを訪れることはなかった。

たとえば鎌倉初期の貴族・藤原定家《さだいえ》の歌に、

夕付夜《ゆうづくよ》　いりぬる影も　とまりけり　卯花《うのはな》さける　白川の関

（新編国歌大観本『拾遺愚草』二一九九）

とみえる白河の関は、本人が赴《おもむ》いてその実景を描写したものでない。

歌枕《うたまくら》の世界には決まりごとがあって、ここでは卯の花が白いことから「白」河が導かれただけである。さきほどの曽良の句で「卯の花を　かざしに」というのも、白河だから卯の花を挿頭《かざし》にしようとしたのだ。このほかにも「知られ」のシラ、関所の機能である「閉《と》ずる・拒《こば》む」を連想させるものとして、歌中《かちゅう》に適宜《てきぎ》組み込まれて使われた。

こういう現地とかかわりなく歌でのみ使われている地名は、ほかにもある。たとえば奈良の飛鳥川《あすか》（明日香川）は、じっさいの川の景観《けいかん》に関わりなく、昨日《きのう》・今日《きょう》という言葉を導くために唐突《とうとつ》に明日香川と詠み込まれている。

人口に膾炙《かいしゃ》している百人一首の例をあげれば、

有馬山　猪名《いな》の笹原《ささはら》　風吹けば　いでそよ人を　忘れやはする

という紫式部の娘・大弐三位《だいにのさんみ》の名歌がある。ここには兵庫県神戸市兵庫区有馬町付近にある有馬山・猪名の笹原という名が出てくるが、歌の内容には何も関係がない。歌は笹原の上をソヨと吹くその「そよ」（「それよ・そのことよ」の意）という言葉を出すための修飾文なのである。有馬山や猪名の笹原は著名だが、どこのどんなところかは知らない。そうしたたぐいの使われ方であるが、白河はともかく歌の世界では大いに著名となった。

このような使い方では歌人として現地のようすを知る必要も感じなかったろうが、こうした現地を見たことがない人たちの間でも、著名な歌枕の地としては独り立ちして生き続ける。そして歌枕として著名になりすぎると、じっさいの風景などいかに荒蕪《こうぶ》の地になっていても、どうでもよくなるものらしい。じっさいに訪れた人は「ここがあの歌に詠まれた白河か」と、さかんであろうと寂れていようとまた何もなくなっていようとも、そのどれでも逆に感動する。頼朝らの感慨は、まさにそうした和歌ならではの世界を背景とした挿話である。

二　部民分布からみる東北経略

1　東北地方東部の部民分布

古代白河の様相を窺うには、そこに居住している人々の名前が手がかりとなる。『続日本紀《しょくにほんぎ》』（新訂増補国史大系本）神護景雲《じんごけいうん》三年（七六九）三月辛巳条には、

陸奥国白河郡の人、外《げ》正七位上丈部子老《はせつかいべのこおゆ》……等十人に姓《かばね》を阿倍陸奥臣と賜ふ。……白河郡の人、外正七位下靫大伴部継人《ゆぎのおおともべのつぐひと》……等八人には靫大伴連……並《なら》びに是れ大国造道嶋宿禰嶋足《だいこくぞうみちのしまのすくねしまたり》の請《こ》ふ所なり。

また『続日本後紀《しょくにほんこうき》』（新訂増補国史大系本）承和十年（八四三）十一月庚子条には、

陸奥国白河郡の百姓《ひゃくせい》外従八位上勲九等狛造智成《こまのみやつこともなり》の戸一烟《えん》、姓を改めて陸奥白河連となす。

同書・承和十五年五月辛未条には、

陸奥国白河郡大領《だいりょう》外正七位上奈須直赤龍《なすのあたえあかたつ》……等八烟に、姓を阿倍陸奥臣と賜ふ。

とあり、白河郡に居住した人たちの足跡が垣間《かいま》見られる。彼らはそこで平安宮廷に対して氏姓《うじかばね》の改正を申請しているが、それまで名乗ってきた彼らの名前も、またあらたに授かった名前も、それぞれ歴史を負《お》った貴重な資料である。

たとえば、右に見られる丈部《はせつかいべ》子老の丈部とは阿倍臣氏の、同じく大伴部継人の大伴部とは大伴連氏の、支配下に入った一般人民（部民《べのたみ》）が負わされた、支配者からするところの呼称である。

では彼ら部民は、どうやってそのようになったのか。それは、こういう経緯《いきさつ》だ。

阿倍臣氏・大伴連氏などの大和王権下の軍事氏族が派遣命令をうけ、白河や関東地方・東北地方などで軍事行動を展開する。もちろん軸になるあるていどの兵員数は出立時に調《ととの》えるだろうが、大量の遠征軍をすべて中央から引き連れていくわけではない。

ではどうするか。それは、敵対勢力からいくばくかの領土を奪取すれば、そこに居住している人民が入手できる。その現地民をみずからの氏族の下部組織つまり部民に組み込んで、みずからの役夫《えきふ》・兵士として徴発・使役するだろう。またその敵対勢力と戦うさいに、その付近の地方豪族は、中央朝廷からの命令で赴《おもむ》いている阿倍臣氏や大伴連氏などに協力するよう求められる。そのときに地方豪族たちから割《さ》き取られ、阿倍臣氏・大伴連氏らに譲られたりした人たちも、彼らの部民に組み入れられた。したがって、阿倍臣氏・大伴連氏らが戦闘を展開した場所や近傍《きんぼう》には、丈部・大伴部などの部民に指定されてゆかりの名を付けられた人々がたくさん生じた。

だから、そうして付けられた多種類の名前の記録を丹念に辿《たど》っていけば、大和政権が地方社会を制圧していった過程を窺うことができる。だから人名は歴史の爪痕《つめあと》ともいえるし、地名とともに、貴重な無形文化遺産・歴史遺産ともいえるわけである。

さて、大塚徳郎《おおつかとくろう》氏は「古代文献に陸奥国某郡人とある者の部姓と、その郡司およびそれと推定される者の氏姓との分布」および個別の部民として「丈部・君子部《きみこべ》・丸子部《まるこべ》・大伴部・その他の部姓民」の一覧を作成して、人名を手がかりとした大和王権による東北経略の考察を進めておられる(2)。これに従って、中央豪族の波を被《こうむ》った名を持つ者のありようを窺うことにしよう。

その考察のなかでも、郡司となった人物の名はとくに注目される。同じ氏姓の人が一〜二人が居住したとしてもその地の代表者たる郡司になどなれまい。郡司はそこの多数派に推《お》された有力者であり、その有力者を支えるにたる勢力が背景にあるはずである。しかも郡司となれば、ほかの勢力もその指示にしたがうことになる。その地の帰趨《きすう》が握られている、といってもいい。地元への政治的・軍事的影響力の大きさを考えれば、郡司職がどの氏族の傘下《さんか》にあるのかは、ことのほか重要である。そこで郡司氏族となっている人たちを中心にして、地域を三つにわけながら、部民名分布の特徴を見てみる。（図1参照）

①陸奥南部（福島県域）の十郡だが、それらの郡司には阿倍磐城《いわき》臣（磐城郡）・阿倍陸奥臣（標葉《しめは》郡）・阿倍陸奥臣（白河郡）・阿倍陸奥臣（岩瀬《いわせ》郡）・阿倍安積《あさか》臣（安積郡）・阿倍信夫《しのぶ》臣（信夫郡）・上毛野陸奥君（耶麻《やま》郡）がなっている。会津郡・行方《なめかた》郡・宇多《うた》郡の郡司は不明だが、会津郡では丈部、行方郡には大伴部・下毛野公、宇多郡には吉弥侯部《きみこべ》を名乗る人が見られる。となると、福島県中南部には阿倍臣氏を冠《かん》する郡司や阿倍臣氏の部民である丈部が多くみられるから、阿倍臣氏が中心となって制圧に当たったと考えられる。この地域にまず丈部が設定され、阿倍臣氏が割《さ》き出した一族を上に置いたのかもしれないが、おそらくは現地の有力者を擬《ぎ》制《せい》的な枝族・阿倍××臣氏などと名乗らせて擁立し、それぞれの地域の阿倍××臣氏を設定したのであろう。

しかし西北部の耶麻郡では上毛野陸奥君が郡司になっており、下毛野公の名が行方郡に、上毛野君氏・下毛野君氏の部民である吉弥侯部は宇多郡・岩瀬郡・信夫郡に見られる。また大伴連氏の部民である大伴部が行方郡・白河郡に、丸子連氏の部民である丸子部が岩瀬郡・安積郡に分布している。

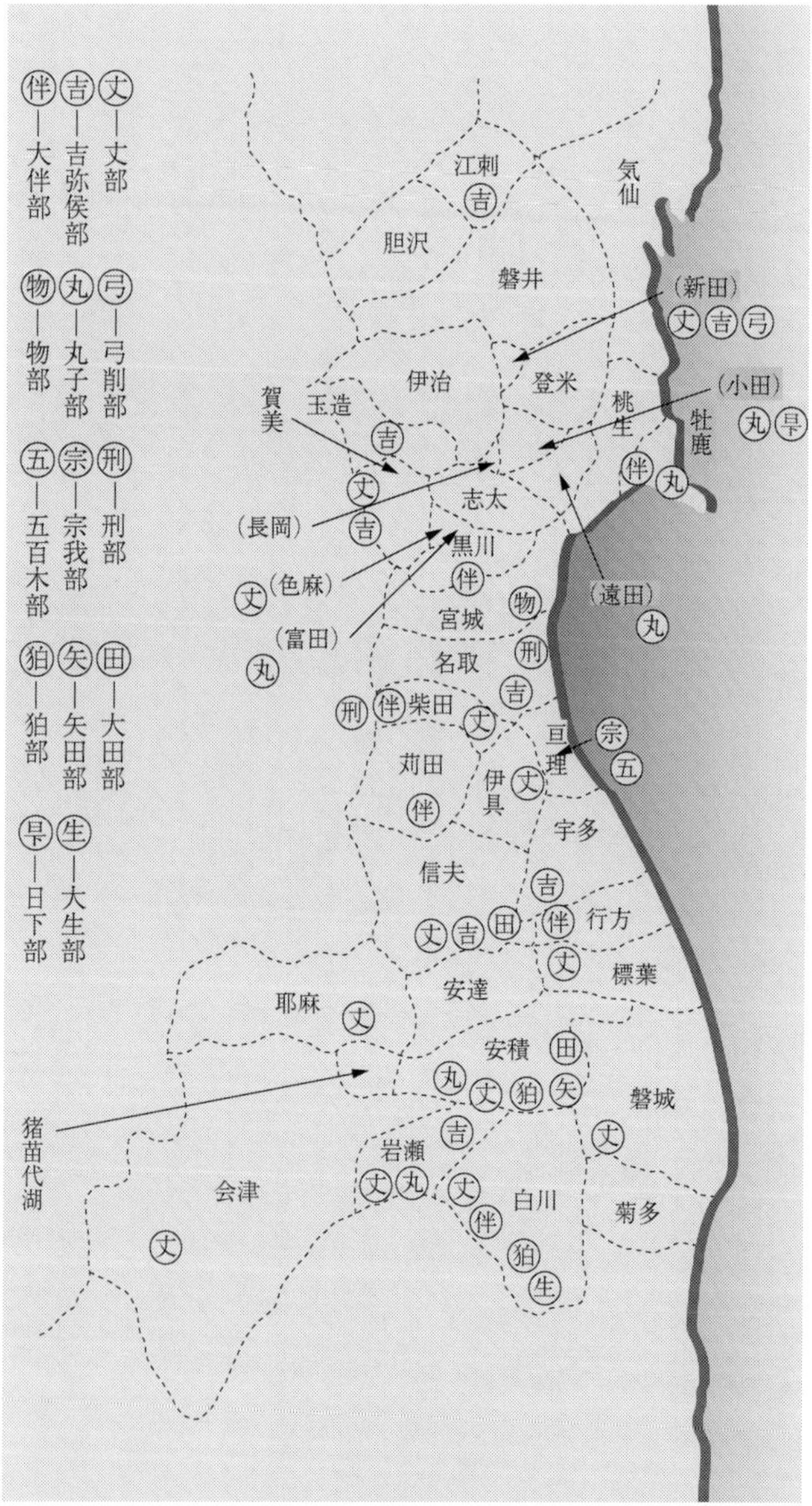

図１　古代陸奥の部民分布

ということは、阿倍臣氏が中核部隊となって蝦夷地に侵出したが、上毛野君氏・下毛野君氏や大伴連氏・丸子連氏もあるていどの規模の兵士を投入し、さらに狛造《こまのみやつこ》氏（白河郡・安積郡）や矢田部（安積郡）・大田部《おおたべ》（安積郡・信夫郡）を配下にもつ矢田部造氏・大田連氏も従軍していた。

この時代観は、おおむね五世紀初頭から六世紀中葉とみなしうる。

②宮城県中部以南の七郡だが、郡司の名は、物部（宮城郡）と阿倍陸奥臣（柴田郡）・靫伴連（黒川郡）しか判明しない。部民の分布から窺うと、伊具《いぐ》郡・柴田郡には丈部（阿倍臣氏）が見られるが、大伴部も柴田郡・苅田郡に見られる。また亘理郡には宗我部・五百木部《いおきべ》、名取郡には吉弥侯《きみこ》部《べ》、柴田郡には刑部《おさかべ》が見られるので、阿倍臣氏・大伴連氏が軸になっているものの、物部連氏・蘇我臣氏・廬城部連《いおきべのむらじ》氏・上毛野君氏／下毛野君氏・刑部造氏などの混成軍でこの地域を経略したものと推察しうる。この時期は、おおむね六世紀中葉から七世紀中葉としてよかろう。

③宮城県北部から岩手県最南部にかけての十一郡は、阿倍臣氏・丈部が色麻《しかま》郡・新田郡・賀美郡に見られるものの、丸子連氏・丸子部が牡鹿郡・富田郡・小田郡・遠田郡に分布する。また上毛野君氏・吉弥侯部が賀美郡・新田郡・玉造《たまつくり》郡に見られ、江刺郡では上毛野胆沢《いさわ》公が郡司になっている。またこの地域では、牡鹿《おじか》連／道嶋宿禰（牡鹿郡）・遠田《とおだ》公（小田郡）・遠田臣（遠田郡）・竹城公（遠田郡）・伊治《これはる》公（上治郡）など、現地の蝦夷人を登庸《とうよう》して改氏姓させたと思われる名が見られる。

この地域では、阿倍臣氏のほかに丸子連氏や上毛野君氏が主軸を形成したが、現地で手なずけた蝦夷の族長を採用して「夷《い》をもって夷を制する」手法が一部でとられた、と思われる。これは、おおむね七世紀中葉から八世紀中葉にかけての事柄とみられる。

2 大和王権の氏族侵出の様相

観点をかえて、氏族別にこれを見直してみよう。

阿倍臣氏（丈部）の勢力は、会津・岩瀬・白河・磐城・安積・耶麻・標葉・信夫の八郡つまりほぼ福島県全域に分布する。しかし宮城県中南部では伊具・柴田の二郡だけで、宮城県北部でも賀美・色麻・新田の三郡だけにしか見えない。残存史料の偏りなどの偶然性ももちろん考慮すべきだが、史料に見られる限りでは白河の関からの北進開始の時点に主力だったが、北進とともに比率を減じ、主力部隊でなくなってきたことが窺える。

大伴連氏（大伴部）の勢力は、南から白河・行方・苅田・柴田・黒川・牡鹿の六郡に分布する。東北経略に長くかかわってきた形跡とみてよい。ただ、宮城県南部の経略までに重点があったようで、宮城県北部にはほとんど足跡がない。

上毛野君氏・下毛野君氏（吉弥侯部）の勢力は、岩瀬・信夫・宇多・名取・賀美・玉造・新田の七郡に見られる。ほかに江刺郡司に上毛野胆沢公がいる。どの地域にも分散して分布するが、あえていえばほかの氏族に比べて宮城県北部への分布が特色となろうか。

丸子連氏（丸子部）は六〜七世紀の麻呂古《まろこ》皇子にあてられた壬生部《みぶべ》の一種を管轄する氏族だが、その勢力は白河・岩瀬・安積・富田・小田・遠田・牡鹿の七郡に分布する。福島県南部と宮城県北部にしか分布しないことが特色である。大塚徳郎氏は「陸奥国の南部地域にある安積郡・磐瀬郡の場合は、その地に最初から設置された丸子部の子孫であるということも、時代的にみて考えられないことではないが、現代の宮城県の中部地域、および北部地域にあたる牡鹿郡・桃生郡・小田郡・富田郡・遠田郡などの地域の丸子部が、その時期にその地方で設置された丸子部の子孫とみることは、中央への政治力の陸奥への浸透の時期からみても、少し無理のようである。そうすると、これらの地域の丸子部は、南部のいずれかの地域からの移動ということを考えざるをえない」（前掲書、二二七頁）とされ、富田郡以北の丸子部の分布は後世の移住によるものと推測されている。

このほか、狛造氏が白河・安積の二郡に、大壬生《おおみぶ》氏（大生部）が白河郡に、大伴系の族かとされる大田連氏（大田部）が白河・安積の二郡に、仁徳天皇の后・八田若郎女《やたのわかいらつめ》の名代《なしろ》管理者の矢田部造氏（矢田部）が安積郡に、蘇我臣氏（宗我部）が亘理郡に、盧城部連氏（五百木部・伊福部）が亘理郡、允《いん》恭《ぎょう》天皇の后・忍坂大中姫《おしさかのおおなかつひめ》または敏達《びだつ》天皇の子・押坂彦人《おしさかのひこひと》皇子の名代を管理する刑部造氏（刑部）が柴田・名取の二郡に、物部連氏（物部）が宮城郡に、物部連氏の配下の弓削《ゆげ》連氏（弓削部）が新田郡に、仁徳天皇の子・大草香《おおくさか》皇子か草香幡梭《くさかのはたび》皇女かの名代を管理した日下《くさか》部連氏（日下部）が小田郡に、それぞれ分布している。また市辺押羽《いちべのおしは》皇子の名代管理者かという三枝《さえぐさ》造氏（三枝部）と占部《うらべ》連氏（占部）も陸奥国内のどこかに分布していた。

しかし狛造氏以下が設定したという部民が分布しているのは、大和王権の東北経略にかかわって置かれたためなのか、奈良時代の柵戸《きのへ》入植《にゅうしょく》などによる移住で名前を残すことになったのか、明瞭でない。なかでも、五世紀初頭の仁徳《にんとく》朝にかかわる矢田部や日下部など部民がそのころのこの地に設定されても、大和王権中枢に対して期待された任務を果たせたとはとても思えない。後年の移住によってこの地に分布することになった蓋然性《がいぜんせい》が高い。とはいえすべてがそうというわけではなく、宗我部・物部は、中央朝廷で蘇我臣氏・物部連氏が競《せ》り合っていた六世紀に、東北経略にかかわって競って部民を設定させていたとして、かならずしも不自然でない。

まとめとして、部民の状態から東北全体の経略について、その様相を概観しておこう。

まずは阿倍臣氏が主力となり、大伴連氏・上毛野君氏・下毛野君氏・丸子連氏が従う形で福島県下を経略した。阿倍臣氏は宮城県中南部・北部でも征討軍の軸をなしたが、大伴連氏は大和王権内での地位が下がったこともあってか、中南部経略までで退《しりぞ》いた。これに対して関東地方北部に拠点を置いた上毛野君氏・下毛野君氏は地元の有力豪族として全体にかかわりつつ、とくに北部経略では尽力した。ただし北部経略の時点では、すでに現地の蝦夷の有力者を協力者として取り込む方針に宮廷の戦略が変化しており、大規模な掃討作戦と現地民への部民設定策はとらないようになった。氏族名や部民の分布からは、そのように描《えが》ける。

3　賜氏姓記事と部民名との齟齬《そご》

前掲『続日本後紀』の賜氏姓記事では、狛造智成が陸奥白河連、奈須直赤龍が阿倍陸奥臣の氏姓を与えられていた。

陸奥白河連という氏の名は狛造智成のときにまったくあらたに興《おこ》したのであろうが、奈須直赤龍のは事情が異なる。阿倍陸奥臣という氏の名をなぜ名乗ったのかが、いささか疑問である。阿倍という氏の名を付けているのだから、阿倍臣氏と同族という同祖関係をなにか主張する根拠があったのだろうか。

というのも那須《なす》地方の地方豪族として奈須の地名をつけており、しかも地方の生《は》え抜きの豪族にふさわしい直《あたい》姓である。阿倍臣氏と血縁関係があるとは思えない。そもそも阿倍臣氏の支配下の丈部を名乗っているのなら、主筋にあたる阿倍臣氏の縁故にすがって阿倍臣氏との同族関係に引き上げて貰うという過程が推測できる。しかし奈須直という氏姓の名から、どれほども関係性のない阿倍臣氏を申請し賜氏姓されるのはおかしくないか。そういう疑問がわくところである。

しかし、こういう部民名から連想される氏姓名と賜与された氏姓名の系列が食《く》い違う例は、じつはほかにもたくさん見られる。

磐城郡では丈部が於保磐城《おおのいわき》臣氏、岩瀬郡では丸子部が大伴宮城《みやぎ》連氏、安積郡では矢田部が阿倍陸奥臣氏、大田部が大伴安積連氏、信夫郡では大田部が阿倍陸奥臣氏、耶麻郡では丈部が上毛野陸奥公氏、亘理郡では宗我部が湯坐《ゆえ》亘理連氏、五百木部が大伴亘理連氏、小田郡では丸子部が大伴安積連氏、遠田郡では丸子部が大伴山田連氏と改氏姓している。丸子部はいずれも大伴宮城連氏・大伴安積連氏・大伴山田連氏など大伴連系に改めているが、大田部では大伴安積連氏・阿倍陸奥臣氏の二種に分かれる。この状態を説明しきれるわけではないが、もともとの部民名は改氏姓申請のさいの基本になるものの、じっさいの改氏姓についてはその申請時に接していた有力者の名に影響され、統属《とうぞく》関係にない氏の名の賜与をあえて希望することもある、ということであるようだ。

もとより前提的なことだが、ここで改氏姓が認められているといっても、丈部や大伴部は被支配者側として編《あ》み込まれた一般人民である。阿倍臣氏などは支配階層の名であり、丈部などの部民は被支配階層にすぎず、身分的には天と地の差がある。中央氏族の阿倍臣氏や大伴連氏などの支配者層とは血縁関係や系譜上の繋がりなど、まったくない。だから、ここでの改氏姓は、授ける側も受ける側も、そうした偽《いつわ》りを百も承知でのことである。現地での力量を背景にしてむりやり支配者側の一族だったかのように装《よそお》い、中央政権から評価されるような氏姓を手に入れようとしているのである。だから支配者側に立っているような名でありさえすれば、どんな氏の名でもよかった。手近《てじか》の、身近な氏姓を申請したのである。統属関係にないようなねじれた改氏姓であることがめずらしくないのも、どれほどもそのようなことを気にしていないのである。

ただそれでも、奈須直赤龍が白河郡大領として阿倍陸奥臣の氏姓を賜与されている例は、やはり注目に値する。奈須直とあるからには、下野国（栃木県）の那須地方の豪族であろうし、一般に国造が賜与される直姓が付けられているから那須国造家の一族だったに違いない。中央豪族だけではなく、上毛野君氏・下毛野君氏や那須国造家ら地元の軍事力も、投入されていた。そのことがわかる。しかも那須は国境を挟んで白河と接する隣の土地であり、那須国造の一員が白河郡大領になれば、白河の関を南北から防禦《ぼうぎょ》し、相互に扶助《ふじょ》する効果がある。那須国造家の一員を白河郡大領に起用したのは、地元の事情に応じた適切な配慮だったと思われる。

三　『国造本紀』からみる東北経略

1　『国造本紀』の記す国造系譜

やや時代の下がる史料だが、『先代旧事本紀《せんだいくじほんぎ》』（鎌田純一氏校訂本）の巻十に国造本紀《こくぞうほんぎ》という記事がある。

この書は、中世までことのほか大事にされてきた。というのは、冒頭の序に、

> 大臣《おおおみ》蘇我馬子宿禰《うまこのすくね》等、勅を奉《うけたまわ》りて修め撰《えら》む
>
> 夫《そ》れ、先代旧事本紀は、聖徳太子、且《か》つて撰む所なり。時に小治田豊浦宮《おはりだのとゆら》に御　宇《あめのしたしらしめし》し豊御食炊屋姫《とよみけかしきやひめ》天皇の即位廿八年歳次庚辰の、春三月甲午朔の戊戌に、摂政上宮　厩戸豊聰耳《うまやどのとよさとみみ》聖徳太子尊命・大臣蘇我馬子宿禰等、勅を奉りて撰み定む。宜《よろ》しく先代旧事、上古国記、神代本紀、神祇本紀、天孫本紀、天皇本紀、諸王本紀、臣連本紀、伴造・国造・百八十部・公民本紀を録《しる》すべしてへれば、謹みて勅の旨に據《よ》りて、古記に因《よ》り循《したが》ひ、太子を儒となし、釈説を次ぎて録す。而るに修め撰むこと未《いま》だ竟《おわ》らざるに、太子薨《みまか》れり。撰み録すの事、輟《や》みて続かず。斯《ここ》に因りて、且つて撰み定むる所の神皇系図一巻、先代国記、神皇本紀、臣連・伴造・国造本紀十巻を、号《なづ》けて先代旧事本紀と曰ふ。いわゆる先代旧事本紀とは、蓋《けだ》し開闢以降、当代以往の者を謂《い》ふ。其れ諸皇王子・百八十部・公民本紀は更に後の勅を待ちて撰み録すべし。時に三十年歳次壬午の、春二月朔己丑、是なり。凡《すべ》て厥《そ》の題目を修め撰み、顕はし録すことは、左の如《ごと》し。

とあって、推古天皇二十八年（六二〇）三月に推古天皇の勅命を受け、大臣の蘇我馬子が厩戸皇子（聖徳太子）とともに作っていたとあるからだ。

この撰修事業のことは『日本書紀』推古天皇二十八年是歳条にも、

> 是歳《このとし》、皇太子・嶋《しま》大臣、共に議《はか》りて、天皇記《てんのうき》及び国記《こっき》、臣連　伴　造　国　造《おみむらじとものみやつこくにのみやつこ》　百八十部　并《あわせ》て公民等の本記を録す。

とある。

『先代旧事本紀』と『日本書紀』の記事をあわせて考えれば、推古天皇の編纂命令を受けて『天皇記』『国記』が編纂されはじめ、その一部ができていた。しかし厩戸皇子が死没して頓挫《とんざ》してしまい、できあがっていた部分を纏《まと》めて『先代旧事本紀』として奏上し、あとのことは後《のち》の勅を待つこととした、というように受け取れる。つまり『先代旧事本紀』は『天皇記』『国記』の後身と信じられてきたのである。

この序文を読んだ宮廷びとたちは、その記述の通りに受け取って推古朝のものと見なし、厩戸皇子・蘇我馬子が修撰したものとした。だから『日本書紀』の記述よりもさらに一〇〇年ほど古い伝えとして重要視し、平安宮廷で貴族を集めて行なわれた『日本書紀』の講義のさいにも、日本の歴史書の嚆矢《こうし》としてつねに『先代旧事本紀』にはどのように記述されているのかが問われてきたのであった。

しかし江戸時代に入って、丹念に本文を比較検討した結果、『日本書紀』をもとにして作られたいわゆる偽書《ぎしょ》であることが判明した。このために古代史料としての価値は一気に下落し、今度は一顧《いっこ》だにする者がいなくなってしまった。至宝《しほう》から塵芥《じんかい》へ、極端から極端へという、あまりにすぎる反応となってしまったのであった。

いまや偽書であることは動くまいが、だからといって記事のすべてを無価値として葬り去ることもなかろう。

この書の巻十・国造本紀には、東北地方南部から九州地方までの全国にわたる国造の名前と各自の祖先系譜・祖先名と初任者の名が記されている。これは古代のほかの史書にはまったく見られない記事であり、貴重な国造についての伝承の記録である。

とはいえ、もとよりその書かれている伝承の通りであるはずもなく、その伝承のような系譜関係もじっさいにはなくて、同族・同祖関係も客観的な事実でなかろう。しかしそれでも、ある時期にそうした伝承をもとにした同祖関係を信じあるいは信じようとし、その伝承をもとにして一族・同族として行動をともにしようという気持ちになっていたことはありうる。土着の一地域勢力からしだいに成り上がってきた豪族同士が、はなから一族であるはずも同族であるはずもないが、それを承知でどこかで同族と称するには、背景にそうして連携をしなければならない理由が生じたのであろう。

そういう観点でこの書を見るならば、いつの時点かはかならずしも明瞭でなくとも、国造同士のある時点での結びつき方が窺える貴重な資料となりうる。そこで、ここでは関東地方から東北地方の国造の記述を見てみたい。

すると、

白河国造
志賀高穴穂朝《しがのたかあなほ》の御世《みよ》、天降《あも》りせる天由都彦命《あめのゆずひこ》の十一世の塩（孫か）、伊乃己自直《いのこじのあたい》を国造に定め賜ふ。

とある。志賀高穴穂朝とは成務《せいむ》天皇の治世のことで、そのときに天から降りてきた天由都彦命が祖先で、それから十一世の子孫にあたる伊乃己自直が国造に定められた、という。

この天由都彦命（天湯津彦命）を祖とする東北地方の国造は、ほかに、

阿尺《あさか》国造

志賀高穴穂朝の御世、阿岐《あき》〔閇〕国造と同祖。天湯津彦命の十世の孫、比止禰《ひとね》命を国造に定め賜ふ。

思《わたり》国造

志賀高穴穂朝の御世、阿岐〔閇〕国造と同祖。十世の孫、志久麻彦《しくまひこ》を国造に定め賜ふ。

伊久《いぐ》国造

志賀高穴穂朝の御世、阿岐国造と同祖。十世の孫、豊嶋《てしま》命を国造に定め賜ふ。

染羽《しめは》国造

志賀高穴穂朝の御世、阿岐国造と同祖。十世の孫、足彦《たらしひこ》命を国造に定め賜ふ。

信夫《しのぶ》国造

志賀高穴穂朝の御世、阿岐国造と同祖。久志伊麻《くしいま》命の孫、久麻直《くまのあたい》を国造に定め賜ふ。

とあり、いずれも安芸（広島県）に関わりがあるとする。

たしかに安芸には、

阿岐《あき》国造

志賀高穴穂朝、天湯津彦命の五世の孫、飽速玉《あくはやたま》命を国造に定め賜ふ。

とみえ、天湯津彦命系の末裔と称する国造がいる。

阿尺国造などの五国造は、阿岐（安芸）国造と同祖とする。そこでこの系譜関係を表示しようとすると、じつは問題が出てくる。

というのは、「十世の孫」とはどういうことかが読み取れない。天湯津彦命の「五世の孫」である阿岐国造からすれば、そのさらに「五世の後裔」となるという意味なのか。あるいは阿岐国造とは別系で、天湯津彦命から枝分《えだわ》かれした「十世の孫」にあたるという意味なのか。明瞭でない。阿尺・伊久・染羽・思の各国造たちも揃いも揃って「(天湯津彦命の)十世の孫」としているが、これもそれぞれ天湯津彦命の直下で分かれたのか、九世まではいっしょで十世代目ではじめて分岐したのか、はっきりしない。つまり系図を書けば、阿尺・伊久・染羽・思のそれぞれが天湯津彦命の子世代で分かれてしまったとすれば、共通なのは天湯津彦命だけなので、その直下から開いた傘の骨のようにばらばらに線を引かなければならない。十世代目ではじめて分かれたのならば、食事に使うフォークをぶら下げたような形になろう。

ただ、筆者は後者に違いないと思っている。

その理由は、こうだ。十世も前の遠い祖先がいっしょだという漠然《ばくぜん》とした同祖《どうそ》感覚ではなく、要《よう》は彼らのつよい連帯感を表現したいのであろう。現代の私たちにとっての十世代前といえば、江戸幕府・八代将軍の徳川吉宗《よしむね》のころのことだ。そのときの共通の祖先から私たちが出てきたのだといってみても、同族とは思えず、疎遠《そえん》な関係にしか思わない。ここでの同祖関係の樹立は、「私たち五つの国造は、運命をともにすべき同祖集団だ」と思いたいのだから、すべての祖が九世のところまで共通で、十世の孫のところで同格・並列に分岐した仲間だという意味に受け取るべきだと思う。したがって、ここではそのような系譜として描いてみた。これが図2である。

図2「国造本紀」による関東・東北国造系譜（天湯津彦命系）

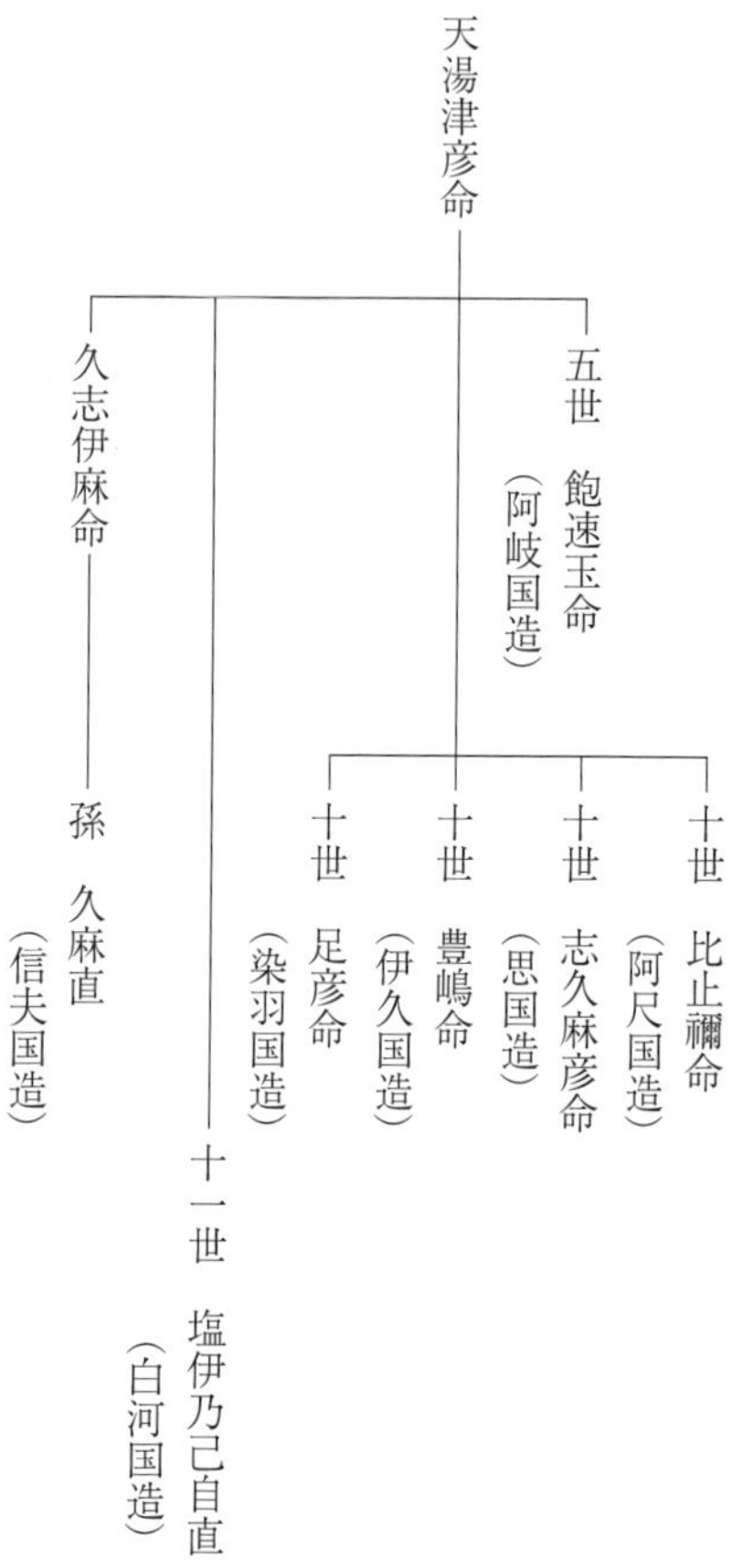

こうした手法で、関東地方と東北地方のほかの国造の系譜の関係もみてみよう。というのは、この国造系譜からは東国におけるかなり特色のある軍事同盟の様相が描けると思うからだ。

東北地方のほかの国造の祖については、まず、

道《みちの》　奥《おく》菊《きく》多《た》国造

軽嶋豊明《かるのしまとよあかり》の御代、建許呂《たけころ》命の児、屋主乃禰《やぬしのね》を以て国造に定め賜ふ。

道口岐閇国造《みちのくちきへ》
軽嶋豊明の御世、建許呂命の児、宇佐比乃禰《うさひのね》を国造に定め賜ふ。
石背国造《いわせ》
志賀高穴穂朝の御世、建許侶命の児、建弥依米命《たけみよりめ》を以て国造に定め賜ふ。
石城国造《いわき》
志賀高穴穂朝の御世、建許呂命を以て国造に定め賜ふ。

とある。このうち石城国造の祖は「建許呂命を以て、国造に定め賜ふ」となっているが、建許呂命は後掲する茨城国造の祖でもある。同じ人物が二つの離れた地の国造になったという伝承は、およそ考えがたい。おそらくは「建許呂命の児、××命を以て、国造に定め賜ふ」の「××命」が脱落したのだろう。それに道奥菊多・道口岐閇・石背・石城の四国造は、すべて横並びで同祖伝承を保有していたものと推定するのが穏当だろう。

さらに、崇神《すじん》天皇系の祖先伝承を持つ国造もある。

上毛野国造
瑞籬朝《みずがき》、皇子の豊城入彦命《とよきいりひこ》の孫、彦狭嶋命《ひこさしま》、初めて東方の十二カ国を治め平らげ、封《ほう》と為す。
下毛野国造
難波高津朝《なにわのたかつ》の御世、元の毛野《けの》の国を分けて上下と為す。豊城命《とよき》の四世の孫、奈良別《ならわけ》を初めて国造に定め賜ふ。
浮田国造《うた》

志賀高穴穂朝、瑞籬朝の五世の孫、賀《か》我《が》別《わけ》王を国造に定め賜ふ。

とある。上毛野国造の上毛野君氏と下毛野国造の下毛野君氏はあきらかに同族だから、上毛野君氏から下毛野君氏が分出されたとしていい。だが浮田国造は、豊城入彦命との関係があきらかでない。崇神天皇の後裔という点では上毛野君氏などといっしょに括れるが、豊城入彦命とは別系としてみた。系図で示せば、図3のようになる。

図3 「国造本紀」による関東・東北国造系譜（崇神天皇系）

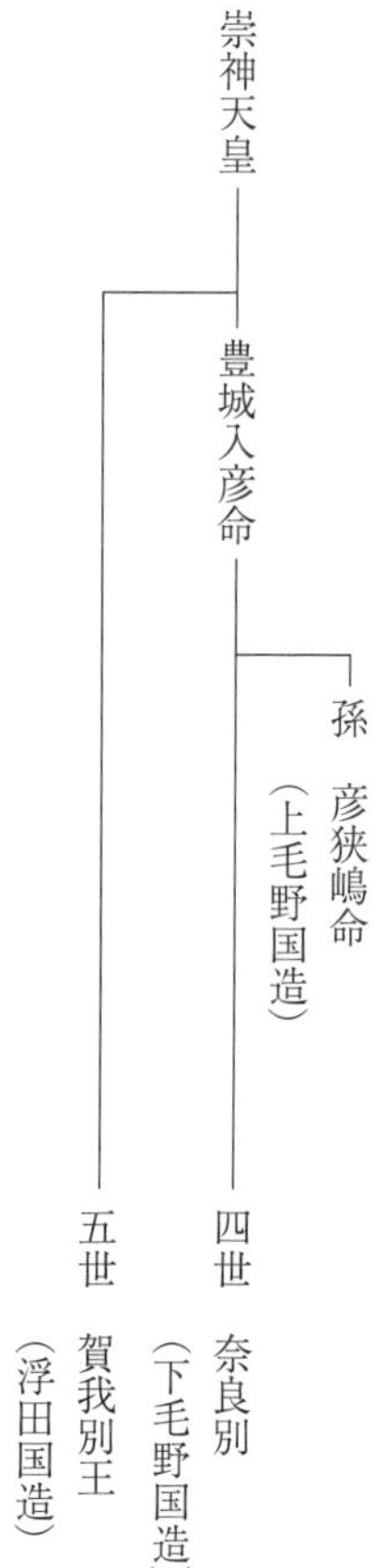

『先代旧事本紀』記載の東北地方の太平洋側の国造は、福島県白河郡以北となると、宮城県南部の亘理郡・伊具郡以南にしかいない。そこに見られる十三の国造は、祖先伝承で括れば、右のような三グループに纏められる。

2　国造系譜の語る軍事同盟関係

重《かさ》ねていうが、もとより祖先伝承の内容は虚偽であって、各国造の祖はほんとうに天湯津彦命・建許呂命・崇神天皇などであったわけでない。豊城入彦命はべつだが、天湯津彦命・建許呂命などがある日とつぜん天上界から天降《あも》りして、その子孫が一斉《いっせい》にあちこちの国造になった。まだ制圧してもいない地域に祖先が降りたち、その子孫たちが数世代にわたって地域を攻略してつぎつぎ国造になっていく。そんな歴史であったはずがない。天湯津彦命・建許呂命・崇神天皇を祖とする三グループのなかの国造たちは、じっさいに血縁関係にあったのではない。血縁にない地域勢力がそれぞれべつべつに戦いを繰り広げながら支配地を拡げ、国造となるまでに成長していったのである。だからこの同祖・同族の伝承は歴史を溯《さかのぼ》って捏造《ねつぞう》した虚像である。

それは承知している。それはそうなのだが、この国造本紀が書かれた時点で、こうした連携の意識を持ち合っていたのは、まぎれもない事実である。「われわれは祖先を共通にする、一族といえる仲間同士だ」と、その時点では信じ合っていた。系譜はその証《あかし》だとする、その思いは認めてよかろう。

さて、崇神天皇系の浮田国造は、上毛野君氏・下毛野君氏がこの地域の経略にとりわけて深く関わったことで、同祖伝承を生じたと見られる。宇多郡に吉弥侯部《きみこべ》が分布していることも、その裏付けになる。そうしたなかでも浮田国造が豊城入彦命の系列下に入らず、崇神天皇にじかに結びつけて豊城入彦命より古く分岐《ぶんき》したように見せかけたのは、加上(3)の心理が働いているからだろう。崇神天皇から五世目とすれば世代的には下毛野君氏と横並びになるが、豊城入彦命の末裔にもあえて入らず、毛野君氏とは別系としている。これは、異系で同格の連合・提携としたかったためだろう。

つぎに道奥菊多国造・道口岐閇国造・石背国造・石城国造は、すべて「建許呂命の児」として同族伝承を持っている。横並びの同格での地域連合体であるが、東北地方の同祖・同族連合というだけでなく、関東地方の国造とも伝承を共有している。

国造本紀には、

師長《しなが》国造

志賀高穴穂朝の御世、茨城国造の祖《おや》・建許呂命の児、宮富鷲意彌《みやどみわしおみ》命を国造に定め賜ふ

須恵《すえ》国造

志賀高穴穂朝、茨城国造の祖・建許侶命の児、大布日意彌《おおぬのひおみ》命を国造に定め賜ふ。

馬来田《まくた》国造

志賀高穴穂朝の御世、茨城国造の祖・建許呂命の児、深河意彌《ふかがわおみ》命を国造に定め賜ふ。

茨城《うばらき》国造

軽嶋豊明朝の御世、天津彦根命の孫・筑紫刀禰《つくしとね》を国造に定め賜ふ

とある。茨城国造を一世代上にして、相模国の師長国造、上総国の馬来田国造・須恵国造が「茨城国造の祖・建許呂命」に連なることで同盟関係を作り上げている。これが図4である。

図4　「国造本紀」による関東・東北国造系譜（建許呂命／高市県主系）

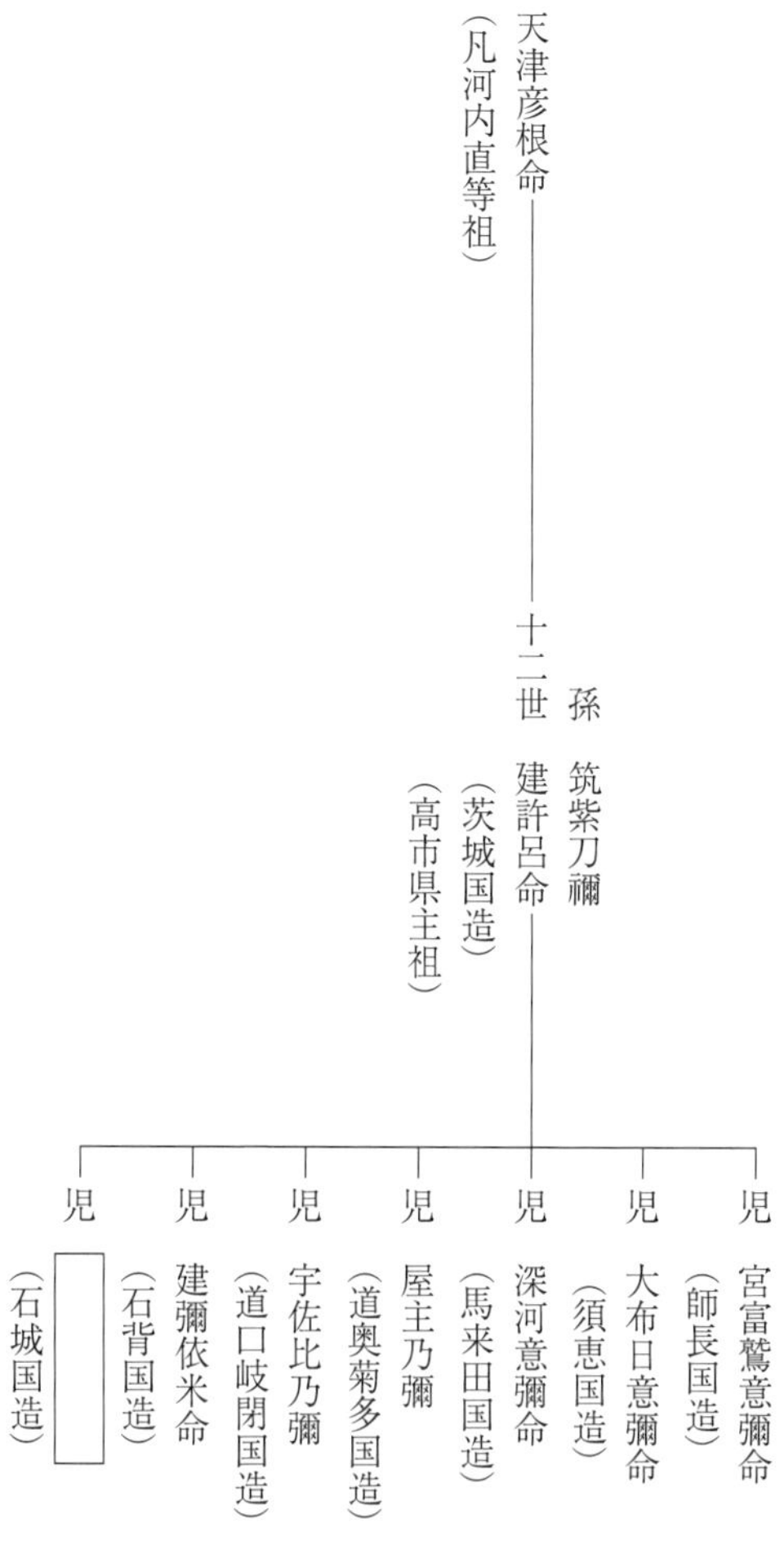

さて、こうした系譜にあらわれた同盟関係のありさまを見てきたが、問題はこの連携がいつ、いかなる事情で生じたと考えるか。それしだいで、解《と》き方は大きく変わる。筆者は、以下のように、この系譜グループの形成過程を解いてみたいと思う。

福島県域の経略にかかわると見なせば、関東地方南部・西部の豪族が動員された証《あかし》となる。

だが、それに向けた動員のための体制と解釈するには、やや不自然さがある。茨城県の国造ならば動員されても妥当な位置だが、房総半島南部の国造や師長国造などは、海上経由の兵員輸送だったとしてもいささか遠すぎる。おそらくは、そうした必要から生じた連携ではあるまい。

この連合は、関東地方の豪族間の力関係を維持する、権力均衡《けんりょくきんこう》のためだと思う。すなわち関東地方の北部に、大和王権から派遣されたのかどうかは明瞭でないが、ともかく大和王権とつよく結びついた下毛野君氏・上毛野君氏という強力な国造が出現した。上毛野君氏・下毛野君氏らは群馬県・栃木県に君臨したが、もともとこれは関東地方南部に圧力を加えるような存在でなかったろう。おもに蝦夷《えみし》世界に対抗し、それを制圧していくための大和王権側の橋頭堡《きょうとうほ》とみなされる。しかし現地の関東地方南部の豪族たちはそうしたことを知らず、大いなる軍事的脅威とみなし、これに対抗するものとして中央部に无邪志《むさし》・胸刺《むなさし》・相武《さがむ》・菊麻《きくま》の四国造の同祖・同族の連合体を築いた。

これが国造本紀では、

相武《さがむ》国造
　志賀高穴穂朝、武刺《むさし》国造の祖・神伊勢都彦《かむいせつひこ》命の三世の孫、弟武彦《おとたけひこ》命を国造に定め賜ふ。
无邪志《むさし》国造
　志賀高穴穂朝の世、出雲臣の祖の名、二井之宇迦諸忍之神狭《ふたいのうかもろおしのかんさ》命の十世の孫、兄多毛比《えたもひ》命を国造に定め賜ふ。
胸刺《むなさし》国造

岐閇《きへ》国造の祖・兄多毛比命の児、伊狭知直《いさちのあたい》を国造に定め賜ふ。
菊麻《きくま》国造
志賀高穴穂朝の御代、无邪志国造の祖・兄多毛比命の児、大鹿国直《おおがくにのあたい》を国造に定め賜ふ。

とされたものだ。系図にすると、図5となる。

図5 「国造本紀」による関東・東北国造系譜（兄多毛比命系）

名二井之宇迦諸忍之神狭命 ―― 十世 兄多毛比命（无邪志国造）
- 児 伊狭知直（胸刺国造）
- 児 大鹿国直（菊麻国造）

神伊勢都彦命 ―― 三世 弟武彦命（相武国造）

いささかまどろっこしい関係だが、无邪志国造は兄多毛比命が任じられたといい、胸刺国造・菊麻国造はその兄多毛比命の児といっている。相武国造の祖の武刺国造とは、「无邪志」国造の言い換えである蓋然性もなくはないが、おそらく胸刺国造の伊狭知が伊勢都と読み替えられてその三世の孫とされたのだろう。いずれにせよ、これら四国造は一つのまとまり、つまり政治的軍事的同盟関係にあったことが容易に見て取れる。こじんまりとした地域結合だが、それゆえにもっとも原初的に生じた連合体・軍事同盟と見なしてよいのではないか。

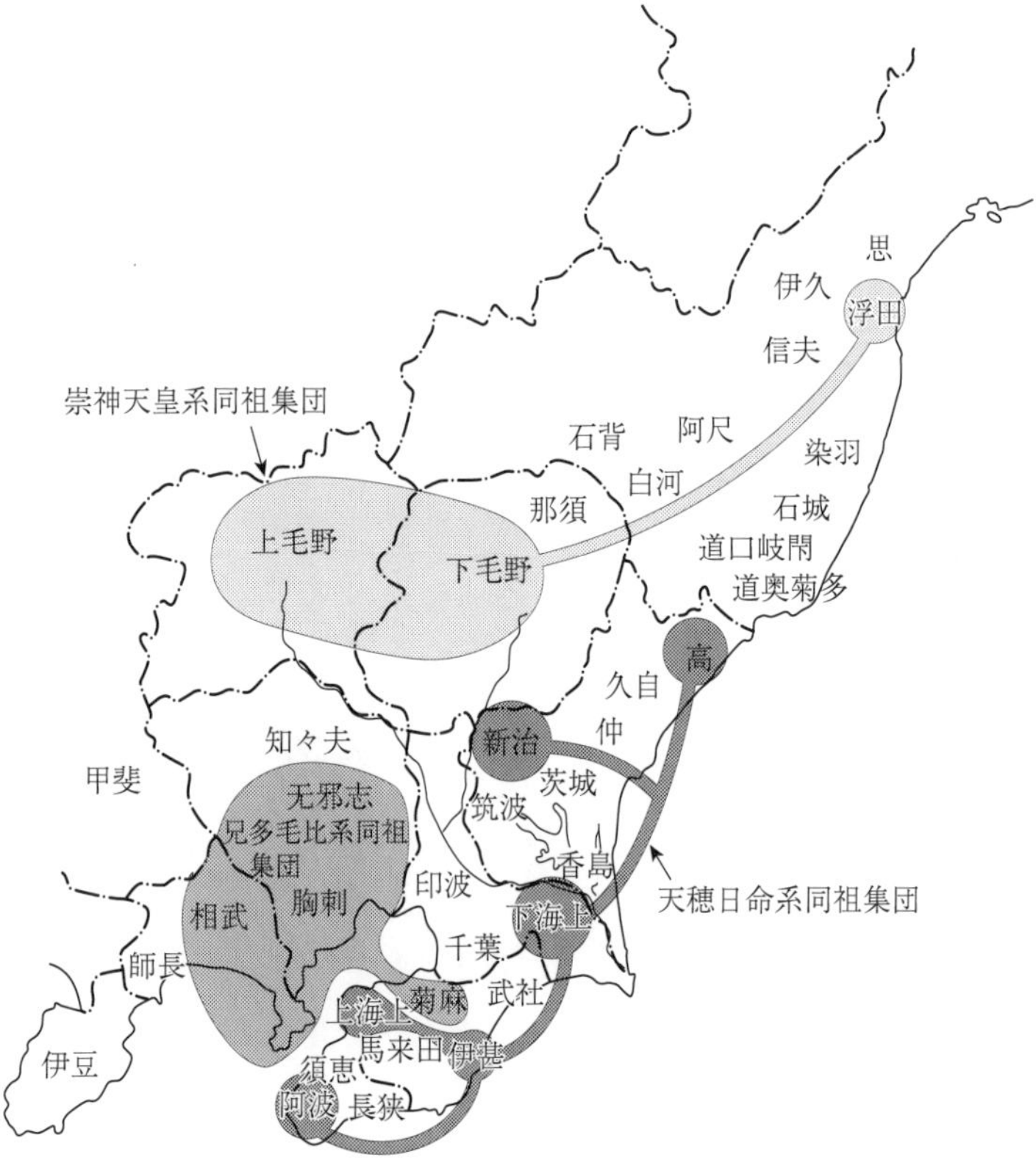

図６　東北・関東の国造対立構図Ⅰ

上毛野君氏・下毛野君氏との対抗関係を地図上で示すと、図6となる。

こうして関東地方のなかほどに「兄多毛比命」系軍事同盟が発生すると、関東地方西部に盤踞《ばんきょ》する豪族は、それなりの危機感を覚える。自分たちの領土防衛のために、この相武国造を取り囲むようにやや遠距離の地域の国造をふくめた攻守同盟を結ばざるをえなくなる。それが海上経由でできた千葉県の阿波・伊甚《いじみ》・上海上《かみつうなかみ》・下海上と茨城県の高《たか》・新治《にいはり》の国造たちの連合体である。

上海上国造《かみつうなかみ》

志賀高穴穂朝、天穂日命《あめのほひ》の八世の孫・忍立化多比命《おしたてけたひ》を国造に定め賜ふ。

伊甚国造《いじみ》

志賀高穴穂朝の御世、安房国造の祖・伊許保止命《いこほと》の孫、伊己侶止直《いころとのあたい》を国造に定め賜ふ。

阿波国造《あわ》

志賀高穴穂朝の御世、天穂日命の八世の孫・弥都侶岐《みつろぎ》の孫、大伴直大瀧《おおとものあたいおおたき》を国造に定め賜ふ。

下海上国造

軽嶋豊明朝の御世、上海上国造の祖の孫・久都伎直《くつきのあたい》を国造に定め賜ふ。

新治国造《にいはり》

志賀高穴穂朝の御世、美都呂岐命《みつろぎ》の児・比奈羅布命《ひならふ》を国造に定め賜ふ。

高国造

志賀高穴穂朝の御世、弥都侶岐の孫・弥佐比命《みさひ》を国造に定め賜ふ。

とある系譜を図にすると、図7となる。

図7 「国造本紀」による関東・東北国造系譜（天穂日命／天津彦根命系）

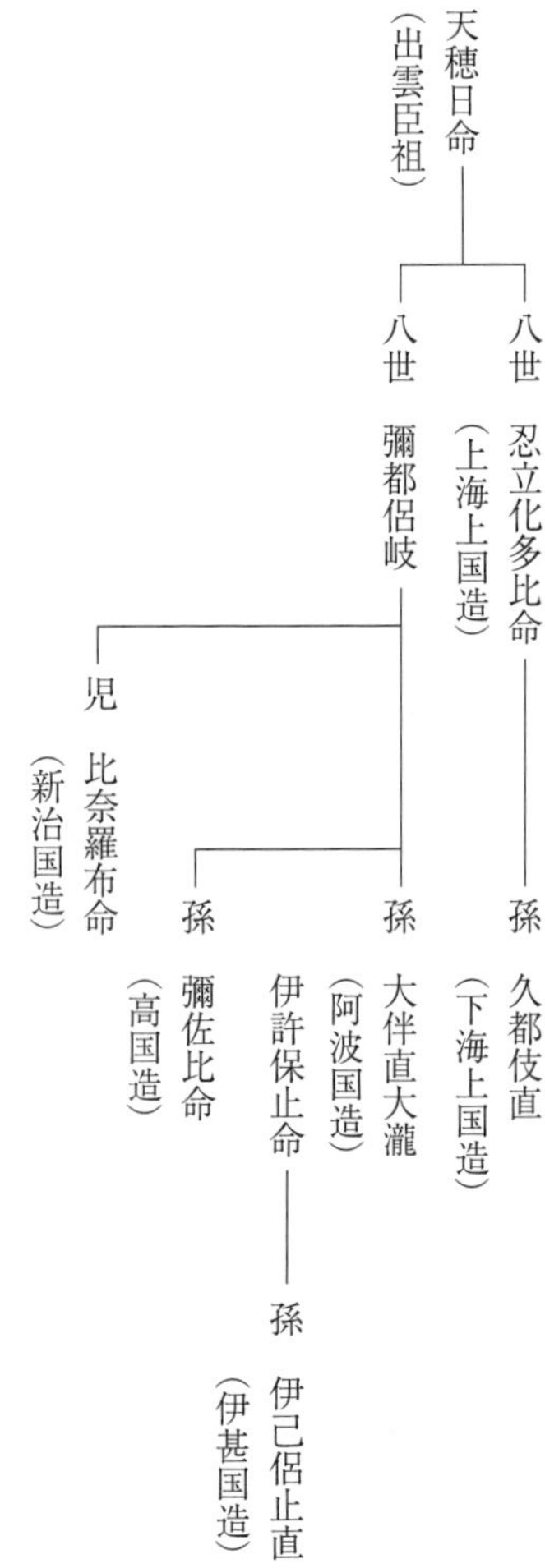

伊甚国造は「伊許保止命の孫、伊己侶止直を国造に定め賜ふ」とあって、一見すると弥都侶岐（美都呂岐）の系統に入らない。しかし「安房国造の祖・伊許保止命の孫」であり、安房国造に繋がっている。その安房（阿波）国造は「天穂日命の八世の孫・弥都侶岐の孫、大伴直大瀧」をはじめとするというから、けっきょく伊甚国造も天穂日命のグループとして括《くく》られることになるわけである。

この「天穂日命」系連合体を図6の地図についでに落としておこう。

こうした三つの軍事同盟が組み上がると、そこから外《はず》された国造たちは慌《あわ》てる。

なぜ「天穂日命」系の連合体から外されたのか、事情は明瞭でない。そのおりに抗争中であれば、啀《いが》み合う二つの勢力がともに加入するのは難しいかもしれない。しかしことのしだいはともあれ、この軍事同盟から取り残されれば孤立して戦わなければならないが、それでは多勢に無勢《ぶぜい》となって、とうていこの地で生き残れない。そこで、外縁部にある神奈川県西部の師長国造と千葉県の須恵・馬来《まく》田《た》および茨城県の茨城の国造たち、残った者同士で連携するほかない。そしてより大きく包み込むために、あらたに生じた福島県の菊多・道口岐閇・石城・石背を加えて、大きく関東地方を外側から囲む態勢をとった。これが図8である。

国造の同族系譜の伝承は、こうした対抗関係・軍事同盟が形成される過程で作り上げられていったもの、と解釈してよい(4)。

この集団形成の時期は、東北地方の国造を巻き込んでいることからすれば、七世紀前半くらいまでかかったろう。はじまりは、上毛野君氏が強大で圧迫的な勢力を毛野《けの》地方に築きあげた六世紀前半ごろだろうか。ただし、この同盟関係の形成時期については、まだ検討の余地があろう。

さて関東地方のこうした合従連衡《がっしょうれんこう》に対して、白河国造が入っている天湯津彦《あまのゆずひこ》命系の国造たちは、地域的にきわだった特色を示している。

それはとてもよく纏《まと》まっていることだ。すくなくとも地域的にまとまったなかでは啀《いが》み合わないもの。そのための同盟であるから当然だが、このことはつまり同盟締結の真の目的はその外側にある脅威に対抗するものであることを推測させる。つまりこの同族関係は、中央政権の軍事力の指導のもとで形成された、六世紀中葉から七世紀中葉にかけての、この地域の保守・安定を目的とした攻守同盟

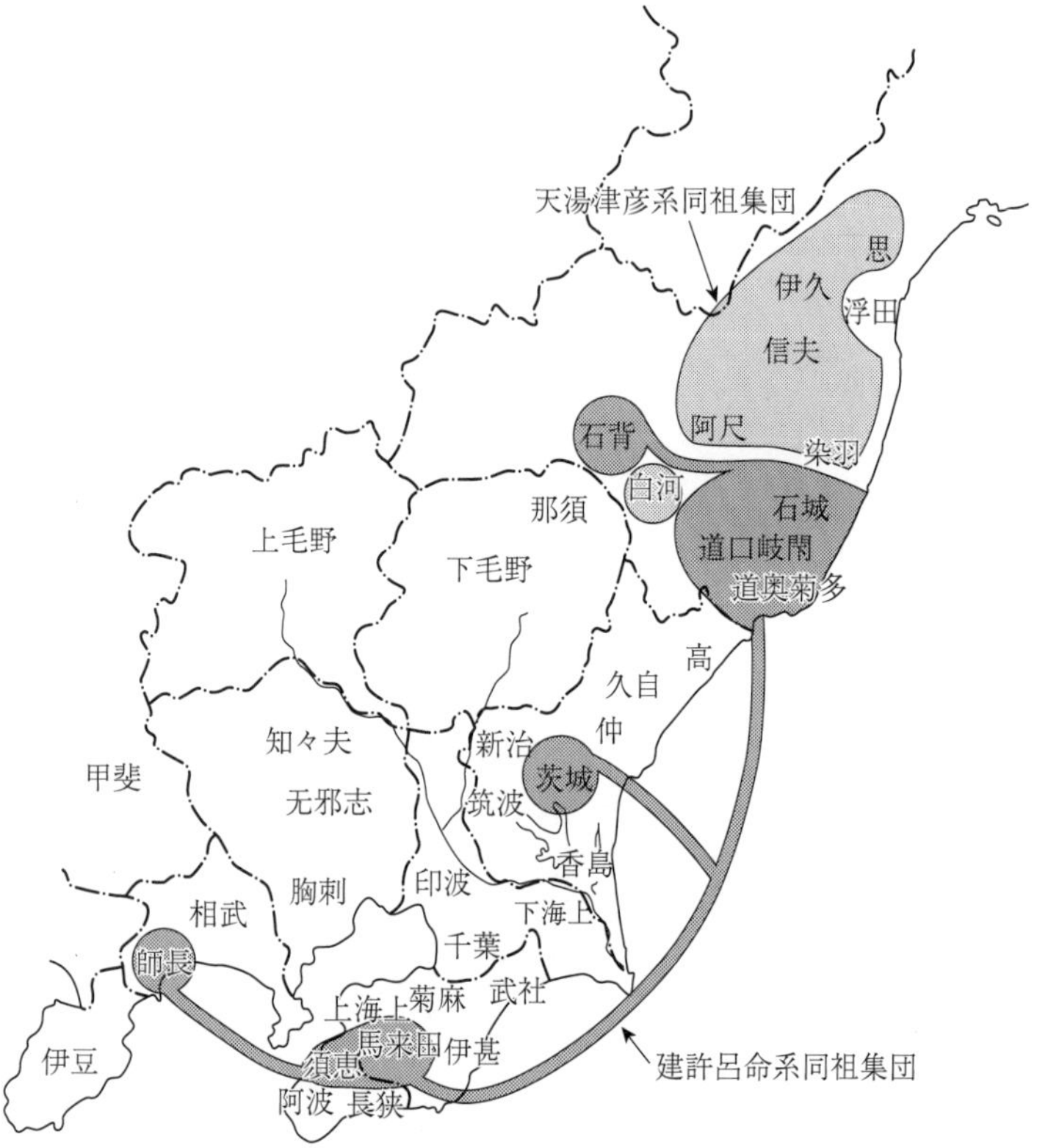

図８　東北・関東の国造対立構図Ⅱ

の一つの表現であろう。これを図8に入れておこう。

この纏まり方からすれば、この地の同盟は関東地方の鬩《せめ》ぎ合いに関与しない姿勢を保ったと思われる。関東地域の国造勢力とはまったく提携しておらず、ということは、北進を支え合うための軍事同盟なのである。

その中身はほぼ対等な系譜関係による集まりである。系譜上では白河国造が世代的にもっともあとから連合に加わったように見えるが、さきほどと同じく加上であろう。じっさいは白河国造がまず祖先神・天湯津彦命を掲げていて、その系譜伝承のなかに阿尺・思・豊嶋・染羽があとから入り、古くみせかけた伝承に加上して書き加えた。それが真相であろう。

ここで白河国造のグループの意味について特筆しておこう。

白河は大和王権側にとって東北地方経略の要石《かなめいし》をなす位置にある。そこにいる白河国造としてはもちろんできうるならば関東地方の国造級の豪族に支えられて行動したいだろう。かれらに、ときとして援軍の要請もしたいだろう。それが本心と思う。かれらのうちのいずれかの連合体と系譜を摺《す》り合わせて同盟関係を築けるならば、蝦夷経略にさいして有益なときもこよう。しかしそうした軍事的攻守同盟を結べば、関東地方での三すくみの争いの構図のなかに組み込まれる。同盟を締結したときの契約からして、ときとしては彼らからの援助要請にも応じなければなるまい。そうなれば関東地方の泥沼化した勢力争いに巻き込まれ、助けを期待するどころか重荷になってしまうこともありうる。

それでは白河以北の蝦夷経略事業に専念できない。助けては欲しいが、助けにはいかない。それでは同盟関係とならない。同盟する以上は、関東地方での争いにも介入する。それがいやなら、いくら助けて欲しくても、白河以南の勢力とは同盟しないことだ。

そこで大和王権としては、白河にはことさらに関東地方の地域豪族との関わりの深くない豪族を配置し、白河以北だけでの相互援助の連合体を築かせた。

またそこにはさらに、関東地方の豪族たちと蝦夷勢力とが、長期にわたる戦闘を通じて過度《かど》な結びつきになることを忌避《きひ》する考えがあってのことかもしれない。もっとも菊多・道口岐閇・石背・石城らの国造は関東地方の国造と結びついているが、それはかなりあとになって加わったということだろう。

ともあれ結果として、白河国造らの同盟は東北地方内だけで固まった。

それがよかったのだろう。かりに関東地方の政局に介入して、関東地方の豪族と蝦夷勢力が軍事的に同盟したら、彼らが蝦夷側に味方して戦うことにでもなったら、東日本は対処しようがないほどの大混乱に陥《おちい》る。白河は、周囲の勢力から独立した状態にあって欲しかったのである。

ただしこうしたなかで、奈須直《なすのあたい》氏だけは例外とされたようだ。関東地方に地盤を置く豪族の出身者であるのに、白河郡大領となっている。これは那須が白河郡の南に隣接した所であり、後述するが、白河の関の維持に欠かせないという特別の判断があってのことだと思う。

四　白河郡家と白河の関

1　郡家と関和久《せきわぐ》遺跡

律令国家がある地域を支配する場合、国府には中央政府を代表する天皇の分身として「御言持《みこと も》ち」

（国司）を派遣し、現地有力者の郡司などの指揮をとらせる。彼らは国司は十人内外であるし、かつ三〜四年ていどしか滞在しない。この人数と期間では、現地の情勢に通じることすらできず、地方行政の実務はとうてい執《と》れない。

そうなると、けっきょく中央政府の意向と現地の橋渡し役を担《にな》うのは現地採用の郡司たちであり、郡司の橋頭堡となったのが郡家《ぐうけ》（郡衙）である。郡家は、政府から見れば中央集権的な律令政治を行なうための政治拠点であるが、郡司からすれば現地の利益を守るための牙城《がじょう》ともいえた。

この白河の地にも、律令国家の中央集権機構の末端に位置するものとして、郡家が置かれた。その遺跡は、西白河郡泉崎村大字関和久《せきわぐ》にある関和久官衙《かんが》遺跡および関和久上町《かみちょう》遺跡と推定されている。(5)

昭和四十七年（一九七二）から二十年間、福島県教育委員会によって発掘調査が続けられた。

関和久官衙遺跡は、阿武隈《あぶくま》川の左岸の平坦地《へいたんち》から北の北平山の麓にある低位段丘にかけて造られた、東西約二七〇×南北約四六〇メートルの長方形の施設である。周囲には大溝が掘られ、中央部を横切って、東西方向の川が流れていた。

官衙遺跡の北側は郡家《ぐうけ》の中枢施設となる郡庁《ぐんちょう》の址《あと》で、中宿・古寺地区と呼ばれている。地区の中央部には塀が巡らされた区画があり、八世紀後半にはこの内部に東西に長い建物が作られていた。九世紀になると塀の一部に豪華な四脚門《しきゃくもん》・八脚門がつき、中央部北側には郡家の政庁正殿《せいでん》となる大型建物が作られ、南側の中央を儀式用にあけ、その左右に東西方向の桁行《けたゆき》五間×梁間《はりま》二間の掘立柱《ほったてばしら》建物などが見られるようになる。この建物群は九世紀後半に一度焼失してしまうが、十世紀前半には再建されている。しかし、十世紀半ばごろには完全に廃絶する。郡庁などはどこかに移され

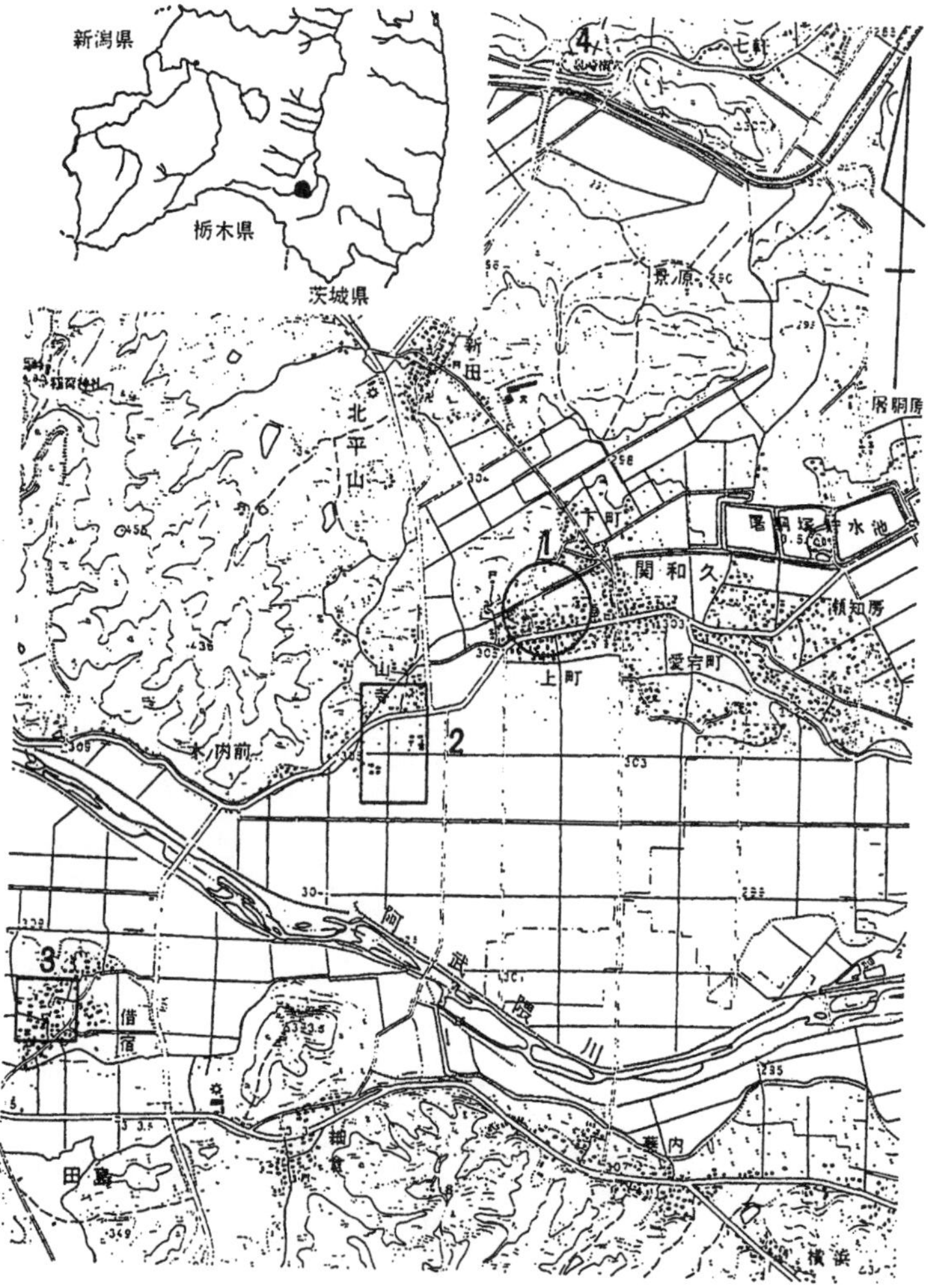

図９　関和久上町遺跡位置図（S＝1/25,000）

1　関和久上町遺跡　　2　関和久遺跡

3　借宿廃寺跡　　4　泉崎横穴

斎藤秀寿氏「第三章第二節　関和久集落の遺跡について」〈『農村調査報告29　自然と歴史のふるさと（福島県泉崎村）』所収。農林水産省農業者大学校発行〉より

て新築されたのか、そうでなければもう再建せず、そのとき郡司となった者の私邸が代用されたのか。いずれであったろうか。

この地区からは「白」「郡」「厨《くりや》」「水院」「万呂所」などと記された墨書土器が出土している。「白」「郡」は白河郡の意味であり、「厨」「水院」などは郡家に附属する厨房で使われた器具であったことを意味している。これらの文字を土器にじかに書いてその所属や用途を区別する必要性があるのは、白河郡家のなかでしかなかろう。そうであるから、これらの文字が郡家関連施設と推定されるさいの証拠となっている。

南側は明地《みょうち》地区と呼ばれているが、そこは倉庫群（正倉院《しょうそういん》）であった。創建当初は、総柱の掘立柱建物の高床《たかゆか》倉庫だった。地面を掘って柱を埋め、その柱の力で自立していた建物のことである。かなり重量のかかる納入物に堪えられるように、四隅の柱だけでなく、床板の下にもこまかく束柱《つかばしら》を立てる。いわゆる総柱《そうばしら》にして、床板が曲がって折れるのを防いでいるのだ。七世紀末か八世紀初めに、十四棟あった倉庫のうち十棟は、礎石立《そせきだち》建物に作り替えられた。礎石の上に柱を立て、建物の構造と屋根の重

関和久官衙遺跡出土の墨書土器
（泉崎村産業振興課提供）

みでその姿が保たれるようにした建築物である。その十棟は、耐火用に瓦葺きが採用されていた。ここには、脱穀して粒状になった穀物が入れられていた。このほかに、稲穂《いなほ》のついた茎部を束《たば》ねた頴稲《えいとう》を入れたと見られる側柱《がわばしら》建物（屋《おく》）が十棟あった。

いずれも力の入った本格的な倉屋であり、郡家に附属する官立の倉屋なので、これを正倉といっている。さらに塀で囲まれているので、この施設は正倉院と呼ばれる。現代では正倉院といえば東大寺正倉院しかささないが、昔は各国府・各郡家にはどこにでも附属させられていた施設である。この倉庫址からは焼けた籾《もみ》が多く発見されており、倉庫の中身は稲であったことが確実だ。国庁の財務を支えていた正税穀・正税稲が郡単位に置かれていて、郡家の管理下で安全に備蓄されていたようすを窺うことができる。

この白河郡庁址と正倉群址のありようは、いささか特徴的である。

『令義解《りょうのぎげ》』（新訂増補国史大系本）倉庫令倉於高燥処置条には、

凡《およ》そ倉は、皆高燥《こうそう》の処《ところ》に置け。側に池渠《いけみぞ》を開け。倉を去ること五十丈の内に舘舎《かんしゃ》を置くを得ざれ。

とあって、倉庫建造のさいには官舎から一五〇メートル以上は離さねばならない。

この規定のためであろうが、その規定の趣旨にのっとって郡家の官舎と正倉はふつうかなり離れて発見される。もちろんそれぞれわけあってのことで、延焼《えんしょう》を恐れて離したのか、たまたま高燥な場所に該当する適地が郡家の近くに見つからないためか、定かでない。ところが、白河郡庁は正倉院と道路一つ離しただけで密着させられている。これはやや特異で、律令の規定に抵触する疑いもある。

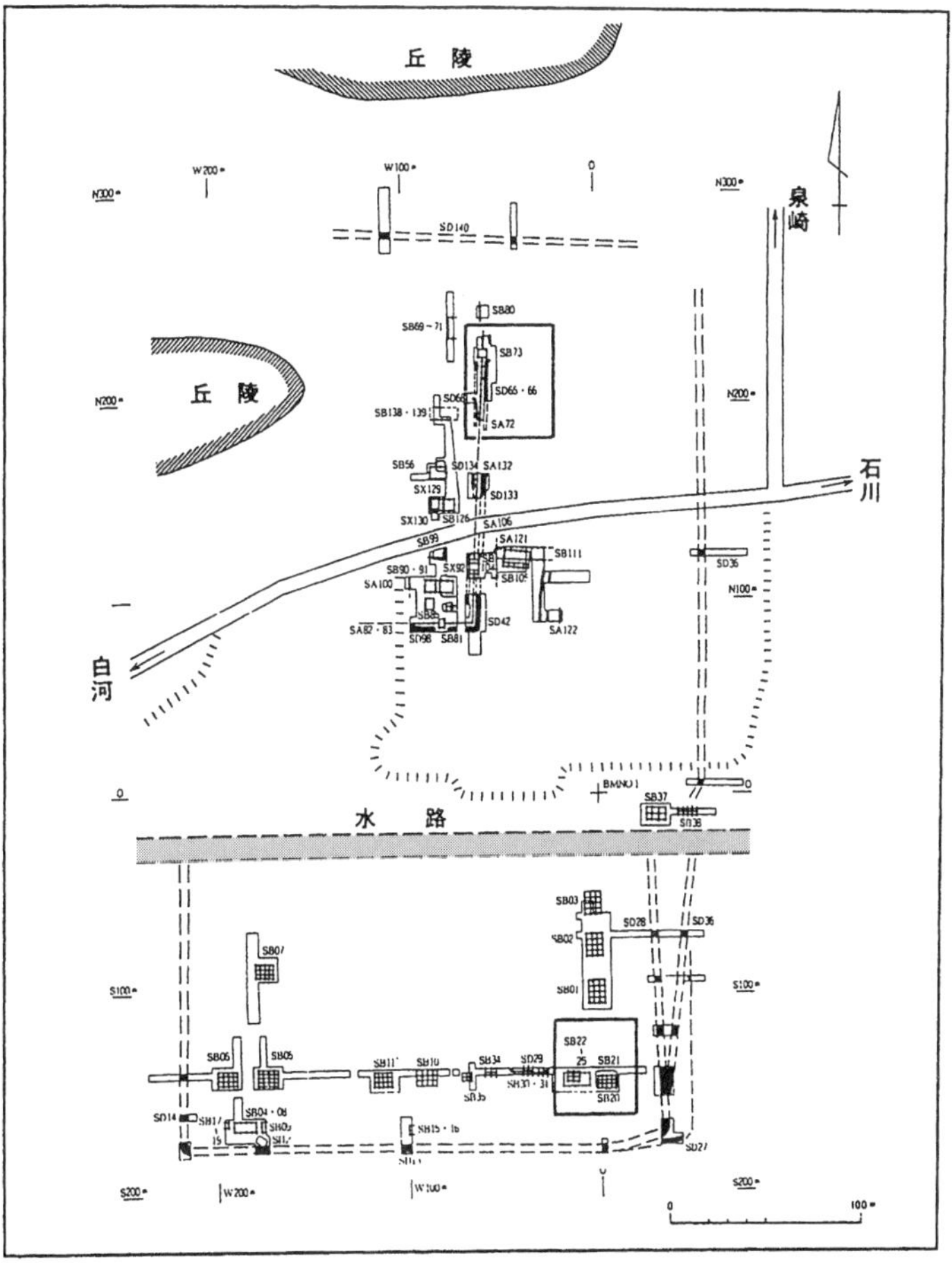

図10　関和久遺跡構配置図

斎藤秀寿氏「第三章第二節　関和久集落の遺跡について」〈『農村調査報告29自然と歴史のふるさと（福島県泉崎村）』所収。農林水産省農業者大学校発行〉より放火や盗難などに対処するためだろうか。すなわち郡家施設とあまりに遠く離れていては、維持管理に不安があるような政情不穏の地域だと見なしてのことか。事情は不明だが、ともあれ一地方豪族の邸宅ならばともかく、法意《ほうい》を等閑視《とうかんし》して公的施設でこれほどに一体化する必要がどこにあったのか、いささか不審である。

ついで関和久上町《かみちょう》遺跡は、右記の関和久官衙遺跡の東北東六〇〇メートルほどのところに位置する。

この遺跡の中央には、身舎《みも》が東西方向・七間×二間で南に庇《ひさし》のついた大型の掘立柱建物が検出されている。その西南には南北方向の掘立柱建物址、南には区画の溝と一本柱塀の址などがある。庁舎のような雰囲気をもつ建物群である。この施設の東方には鍛冶《かぬち》工房址があり、北西の丘陵部にかけては漆工房址があり、それらに伴う技術者が寝泊まりするための竪穴《たてあな》住居址がみられる。

これらの工房が郡家の需要に応《こた》えて武器などの品々を生産したのか、納税のための生産工房だったか、それは不明である。それよりも庁舎と工房との関係がどうかが、いちばんの問題である。庁舎的な建物群を工房の指揮にあたる出張所とみなすこともできそうだが、そのていどの用途では施設として規模が大きすぎるし、重々《おもおも》しすぎる。かといって、郡庁が西南西にあることからすれば、郡庁でもない。

そこで臆測を逞《たくま》しうするが、白河の関の関司《せきじ》が使用する関府《せきふ》か、または関司の下屋敷《しもやしき》のような休息・宿泊場所とみてはいかがであろうか。

ところで関和久官衙遺跡からは関東系の複弁六葉蓮華文軒丸瓦《ふくべんろくようれんげもんのきまるがわら》・三重弧文軒平瓦《さんじゅうこもんのきひらがわら》のほかに、陸奥の多賀城《たがじょう》のものと同型の単弁《たんべん》八葉蓮華文軒丸瓦が出土する。ということは律令国家の東北経略の軍事・政治拠点とされている施設と並んで造られているわけで、国家・中央政府の強い指導のもとに置かれていたことが窺える。また借宿廃寺《かりやどはいじ》という八世紀初頭の白河郡立と目される寺院がこの官衙遺跡の南西一・五キロメートルのところにあるが、その寺院址からも官衙遺跡と共通する複弁六葉蓮華文軒丸瓦・轆轤挽《ろくろびき》重弧文《じゅうこもん》軒平瓦などが出土している。寺院を建てて仏教を広く普及させ、彼らの心を懐柔して反抗心・抵抗感を失わせる。その一方で、軍事力・政治力をもって外側から支配の枠を嵌《は》めていく。そうした東北地方支配の国家戦略が、考古学的に裏付けられている。[6]

借宿廃寺跡出土の複弁六葉蓮華文軒丸瓦（白河市教育委員会提供）

　郡家の附属工房の実態を窺わせる興味深い遺跡ではあるが、郡庁の単体、倉庫の単体となれば、それはふつうの景観である。郡家は平城京や多賀城と本質的に同じで、施設中央に政庁、政庁の左右に役人たちが控える長い建物（脇殿）があり、中央部は儀式をする場として空き地が広がる。政庁左右の脇殿が南北方向ではなく、政庁と平行に東西方向に長い建物だというのが変わっているとは思うが、だからといって支障があるわけでもない。その意味で、郡家としてそれ以上の話の展開はできそうもない。

　そこで、白河郡といえばやはり郡家より白河の関の存在感が大きかろうから、そちらに話を移していこう。

2　白河の関の目的と興廃

白河の関は下野国から陸奥に入ってから二キロメートルほどのところに設置され、いわき市勿来町《なこそ》関田字長沢にある勿来の関（菊多《きくた》の関）、北陸道に直結する念珠《ねず》の関（山形県温海町）とともに、蝦夷《えみし》世界への入口となっている重要な三つの関所の一つである。

古代社会においてはこの三関までが律令国家にとっての内国《ないこく》であり、万が一にも踏み込まれてはならない国内に引かれた死守すべき国境線と意識されたところであろう。また律令国家に帰属した蝦夷を俘囚《ふしゅう》というが、彼らの出入りはここで厳重に監視された。俘囚たちは、一度ここを南に出たら蝦夷社会に戻ることなく、九州地方から関東地方までの全国にばらまかれた。蝦夷世界との結びつきを力尽くで断ち切らせ、律令国家の公民として生活させる。そして蝦夷世界に大和王権・律令国家の不穏な勢力が入り込んで中央政権に反抗する分子を糾合《きゅうごう》しようとしないように、関で北進を最終的に阻止する。それも、ここ白河の関の役割だった。

そういう意識ができ、そういう意識で白河の関を設置した時期は、じつは明らかでない。

『類聚三代格《るいじゅうさんだいきゃく》』（新訂増補国史大系本）巻十八・関幷烽候事には、

　太政官符《だいじょうかんふ》す

　応《まさ》に長門国の閞に准《なぞら》へて、白河・菊多の両剗《せき》を勘過《かんか》すべき事

右、陸奥国の解《げ》を得るに偁《い》はく、旧記を撿ずるに、剗を置いて以来、今に四百余歳なり。越度《おっと》有るに至りて、重ねて決罰《けつばつ》す。謹みて格律を撿ずるに、件《くだん》の剗を見ること無し。然《しか》らば則《すなわ》ち、犯す所有りと雖も、輙《たやす》く勘《かんが》ふるべからず。而して此の国の俘囚、数多く、出入は意に任《まか》す。若《も》し勘過

せざれば、何を用ちて固めとなさむ。加へて以て官に進《たてま》つる雑物、色に触れて数有り。商《しよう》摂之《かん》輩《ともがら》、窃《ひそ》かに買ひて将《も》ち去る。望み請ふ、勘過之事は、一に長門と同じくせよ、と。謹みて官裁を請ふてへれば、権中納言従三位兼行左兵衛督藤原朝臣良房《よしふさ》宣《せん》す。勅を奉《うけたまわ》るに、請《こ》ひに依《よ》れ、と。

承和二年十二月三日

とみえ、俘囚や商人の往還を水際《みずぎわ》で抑止しようとしている。

それはともあれ、この太政官符によれば、白河・菊多の二剗が置かれたのは、承和二年（八三五）から四百年前ということになっている。あまりにも大雑把《おおざっぱ》な年代観だが、ここから起算すれば設置は五世紀初頭前後とみなされる。このほかに手がかりがないので、いちおうはそのように理解しておくことにするが、そのころにはこの関所がまさに大和政権と蝦夷勢力との絶対的境界線だったのであろう。

ところで律令国家において作られそして今みられる白河の関は、内国者である律令国家の貴族や公民などを陸奥国に自由に行かせないための関所と目されていたようだ。右の太政官符にも、内国者である律令国家側の商人がひそかに東北地方の物産を持ち去る、つまり律令国家内の貴族らのもとに持って行くことが、抑止すべき行為としてあげられている。

内国者の侵入を抑止するための施設だというのでは、読者諸子の懐《いだ》かれている常識に反するかもしれないが、その常識こそが思い込みにすぎないのだ。

少なくとも、律令国家を蝦夷勢力の襲撃から防衛するための施設ではありえないと断言できる。そのことは、その設置された位置が明瞭に物語っているではないか。

関司は陸奥国司が兼ねて担当し、駐在する関府は白河郡家の近くにある。白河軍団は神亀五年（七二八）に創設されて長元七年（一〇三四）まで存続したことが分かっているが、これも郡家の近くに置かれていた。

もしもこれらの人々や施設が、律令国家の軍事防衛を目的として、敵対する意思を有した陸奥国在住の侵入者に対処するために置かれたとするなら、そのために関所を盾《たて》にして防衛しようというつもりだったのなら、関所は白河郡家の北側に置かれなければおかしい。今の場所では、敗走して逃げ込むことを前提とした施設となってしまう。陸奥側にいる関府・郡家・軍団の人たちが、防衛施設である関所を背にして戦おうとするはずがない。郡家・軍団施設をはやばや放棄して、国境線近くにある関所に逃げ込むなどと考えるのは、そんな場所が最初から用意されているとすればそのことが滑稽《こっけい》ですらあろう。関府・郡家・軍団が結束して関所に籠もり、北方から侵入してくる蝦夷に当たるのなら、その官人・兵士は関所の南側にいるべきだろう。関所が白河郡内の南辺にあるということ、つまり現在の関の位置からすると、この関所は関東地方からつまり南方から陸奥に入ろうとする人たちへの備えであることが明らかだ。下野《しもつけ》国から陸奥に入ろうとする者たちに対して、関府・白河郡家・白河軍団が一致して阻む。そういう配備になっている。

それも、よういに理解されよう。

律令国家の支配層などにより、蝦夷世界は好きなように荒らされそうになっていたからだ。奈良期・平安期の蝦夷世界は良い馬を産する場であり、砂金が豊富に取れる宝庫だった。これらを地元に

古関蹟碑（白河観光物産協会提供）

行って大量にまた不当な値段で買い漁《あさ》ろうとする貴族などがいた。僦馬《しゅうば》の党に代表される武装した商旅集団など、関東地方の地元の有力者たちの不穏な動きもあった。このほかにも、蔑視《べっし》にさらされまた苦しい生活を送っている俘囚たちが挙兵する同志を糾合《きゅうごう》するために現地に戻る危険性もあった。これらの不法・不穏な動きを抑えるため、対内国（律令国家）用の警固施設として機能させられていたと見られる。

いまの福島県側にある関所址は、そうした律令国家対策の時期のものとしてふさわしい。

現在の白河の関跡は、白河市旗宿《はたじゅく》の関ノ森《せきのもり》遺跡として国史跡に指定されている。松平定信が揮《き》毫《ごう》し建立した、その古関蹟碑が目印となっている。だが発掘調査で空壕《からぼり》・土塁《どるい》・柵列・掘立柱建物・竪穴式住居などの跡や「厨」などと書かれた墨書土器は見つかったものの、いずれも奈良時代末から平安前期のものと見られ、それを溯《さかのぼ》る古関跡はいまだに発見されていない。

しかし見つからないのはとうぜんで、奈良中期以前の関所は、白河郡の北方かもしれないが、おそらくは下野国側に建てられていたのであろう。

下野国内に関所を置き、蝦夷世界から関東地域への侵入・襲撃に備えた。そういう時代の関所があって少しも不自然でない。いや、とうぜんあったろう。

そのときの関の軍事防衛をたとえば奈須直《なすのあたい》らが担当していて、下野国側の原《げん》「白河の関」、あえて命名すれば「奈須の関」の守備についていた。そして今度は律令国家からの侵入を防ぐために白河郡側に関所を建て直すさい、彼らはそのまま関所について白河郡に本拠を移してしまった。四〇〇年という長い歳月の間には、そうした用途・目的の変更など複雑な変遷を考えてみてもよいのではないか。


『河海抄《かかいしょう》』所引の延暦十八年（七九九）十二月十日付の太政官符には、

白河・菊多の剗守《せきもり》六十人

とあり、このときはまだ機能が保たれていた。

また既述のとおり、平兼盛の歌にも生きた関所として詠《よ》まれている。ということは、十世紀までは建物も機能も保持されていたのだろう。

しかしそれから二〇〇年後に頼朝が訪れたおりには、痕跡もなかった。このころには、都《みやこ》びとにとって白河関をめぐる攻防などはもはや遠い過去であって、関心を持てるものではなくなっていた、ということである。

【注】

（1）金子誠三氏著『白河の関』（FCTサービス出版部発行、一九七四年）によると、松尾芭蕉と曽良が那須湯本温泉を立ったのは元禄二年（一六八九）四月二十日で、新暦の六月七日にあたる。翌日に白河の関にかかるが、金子氏がじっさいに歩かれたところでは、この時期の白河の野面に「卯の花の白妙に茨の花の咲きそひて雪にもこゆる心地ぞする」（『おくのほそ道』）という風景はない、とのことである。時代や気候の差に配慮して断定は避けているが、曽良が現地に立っているとしても、歌にある卯の花の様子は実景でないかもしれない。

（2）大塚徳郎氏著『みちのくの古代史』（刀水書房刊、一九八四年）の「第三章みちのく古代の民」。ただし、大塚氏の「郡別郡司氏姓と部姓分布」におけるI～III地域の分類は、いささかわかりにくい。郡司になった氏族の名によって分けているようだが、完成度が低い。地域別にもなっていない。使いにくいので、ここでは福島県・宮城県中南部（黒川郡以南）・宮城県北部の三地域に分けて叙述する。

（3）富永仲基が「翁の文」（日本古典文学大系本・九十七『近世思想家文集』所収）で指摘した、思想の歴史的性行。十一節には「孔子の、堯舜を祖述し、文武を憲章して、王道を説出されたるは、是は其時分に、斉桓・晋文のことをいひて、専ら五伯の道を崇びたる、其上を出たるものなり。又墨子の同じく堯舜を崇びて、夏の道を主張せられたるは、是は又孔子の文武を憲章せられたる、その上を出たるものなり。扨又楊朱が帝道をいひて黄帝などを崇びたるは、又孔墨の説れたる王道の上を出たるものなり。許行が神農を説、荘列の輩の無懐葛天鴻荒の世を説きたるは、又皆その上を出たるものなり」（五五六頁）とあり、九節に「おほよそ古より道をとき法をはじむるもの、必ずそのかこつけて祖とするところありて、我より先にたてたる者の上を出んとするが、その定りたるならはしにて、後の人は皆これをしらずして迷ふことをなせり」（五五四頁）とある。要するに「後発の思想は、先発の思想にくらべて、よりふるい時代、よりふるい人物に起源をおいて優位を誇示する。ふるい時代のものほど、あたらしい思想をになっている。これが『加上』説」で、内藤湖南が発見して仲基の名を世に高からしめた、という（高島俊男氏著『座右の名文』〈新書〉文藝春秋刊、二〇〇七年）。

（4）拙稿「古代相模豪族の基盤とその性格――天平七年同国封戸租交易帳の分析」（『昭和五十一年度神奈川県私立中学高等学校長協会研究論文集』所収、一九七七年三月。のち『古代の豪族と社会』所収。笠間書院刊、二〇〇五年）。

（5）福島県教育委員会「関和久遺跡」（一九八五年）、「白河市」（『福島県の歴史地名』〈日本歴史地名大系7〉所載。平凡社刊、一九九三年）、辻秀人氏「関和久官衙遺跡」（文化庁文化財保護部研究会編『日本の史跡　第五巻・古代2』所収。同朋舎出版刊、一九九一年）、斎藤秀寿氏「第三章第二節　関和久集落の遺跡について」（『農村調査報告29　自然と歴史のふるさと（福島県泉崎村）』所収。農林水産省農業者大学校発行、一九九七年十二月）、白河市編『白河市史一　原始・古代・中世（通史編1）』（白河市発行、二〇〇四年）、木本元治氏「福島県関和久遺跡」（条里制・古代都市研究会編『日本古代の郡衙遺跡』所収。雄山閣刊、二〇〇九年）などを参照した。

（6）木本元治氏「陸奥南部の官衙・寺院」（『日本考古学協会二〇〇五年度大会　研究発表要旨』所収、二〇〇五年十月）によれば、「郡家遺跡の成立年代は、白河・安積・伊具・磐城・標葉・行方郡では七世紀第四四半期、磐瀬・信夫郡でもその可能性がある」が「付属寺院とされたものの創建年代は、宇多郡では七世紀第二四半期、信夫郡では第三四半期、白河・磐城郡では第四四半期、磐瀬郡では八世紀第二四半期で郡家遺跡より古い寺院もある」とし、郡家よりも寺院建造が先行した場合が少なくないと指摘されている。また「寺院が先行する例は関東の那須郡や芳賀郡でもみられ寺院の半数近くを占める」ともある。

（『歴史研究』五九四号、二〇一一年九月。二〇一二年二月改稿）

7　古人大兄皇子の年齢

本稿は、古人大兄皇子《ふるひとのおおえ》の年齢について、幅広くあるらしい誤解を解こうとするものである。

かつて筆者は、彼の年齢について「倭姫王《やまとのひめみこ》」(1)「倭姫王をめぐる二つの謎」(2)の二稿で推定を試みているが、あらためて問題を年齢だけに絞ってここに再考してみたい。

一　古人大兄皇子の立場

舒明《じょめい》天皇十三年（六四一）十月、舒明天皇が死没する。このあとには大后《たいこう》（嫡妻）の宝《たから》皇女が即位して皇極《こうぎょく》天皇となった。

では、このとき、どうして女帝を即位させることとなったのだろうか。

女帝が取沙汰されるのは、大王家や臣下たちの間で衆目一致して承認できるような男子を大王後継者候補として一本化できなかった場合である。そのなかで無理をして一方に決めてしまえば、武力抗争になりかねない。そういう鋭い対立となることを回避し、政治的な緊張関係を緩和するため。あるいは男子の候補者はいるが、大王に立てるにはあまりに若すぎるとか病気のため、ただちに大王に立てられない。そこでその候補者の成長や快癒《かいゆ》を待つため、しばし女帝を立てておく。そう、ふつう考えている。

そこでじっさいの舒明天皇没後の状況だが、後継大王の候補者は葛城《かづらき》皇子（開《ひらかすわけ》別皇子、中大兄《なかのおおえ》皇子、天智《てんじ》天皇）・古人大兄皇子・山背大兄《やましろのおおえ》皇子の三人といってよい。

中大兄皇子は舒明天皇と大后・宝皇女の子であり、母が皇族なのが強みである。

彼のこのときの年齢は、『日本書紀』（日本古典文学大系本）舒明天皇十三年十月丙午条に、

宮の北に殯《もがり》す。是を百済《くだら》の大殯と謂《い》ふ。是の時に、東宮開《ひらかすわけ》別皇子、年十六にして誄《しのびごと》したまふ。


とあるから、十六歳だった。当時の大王としては二十五歳くらいより上で、執政を助けた経験があるか少なくとも執務状況に通じている人物が適任であろう。その基準からすれば、彼はまだ若すぎて経験不足である。

山背大兄皇子は、十三年前の推古《すいこ》女帝の死没時に、田村皇子（舒明天皇）とはげしく大王位を争った経歴がある。前回の選抜でも候補になれたのだから、それより十三年も経ているのなら、もちろん年齢は十分に達している。彼の父は用明《ようめい》天皇の子・厩戸《うまやど》皇子（聖徳太子）で、母は蘇我馬子《うまこ》の娘・刀《と》自古郎女《じこのいらつめ》である。

ついで古人大兄皇子だが、彼は舒明天皇の子で、蘇我馬子の娘・法提郎女《ほてのいらつめ》を母としていた。彼の年齢については、これからの問題とする。

さて、古人大兄皇子・山背大兄皇子とも、母は蘇我氏であって、皇族でない。中大兄皇子がいるなかでは、その点がやや見劣りする。また中大兄皇子と古人大兄皇子は大王・舒明天皇の子だが、山背大兄皇子は大王・用明天皇の孫であって、系譜上は世代があいていて苦しい。山背大兄皇子が前回大

王位を争ったときは、舒明天皇も大王・敏達《びだつ》天皇の孫であった。大王の孫同士として、同格・同条件だった。その点では、今回は中大兄皇子・古人大兄皇子らの血脈に劣っているともいえる。しかし、山背大兄皇子には、なによりも舒明天皇と大王位を巡って対等に渡り合った実績がある。舒明天皇が死没したのなら、そのときほぼ対等で次点とされた自分の即位が順当だ。そういう自負心も、少しくあったろう。

以上は、大王家内の事情である。この当時、大王候補の確定には臣下側が諒解すること、あるいは支持してくれることが必要条件となっていた。

この時点での有力者は、紫冠《しかん》を有して大臣《おおおみ》の地位にあった蘇我蝦夷《そがのえみし》である。臣下の代表者の地位にある蘇我氏からみれば、中大兄皇子には蘇我氏の血が入っておらず、拠《よ》って立つ権力基盤となしえない。そうなると山背大兄皇子か古人大兄皇子となるが、山背大兄皇子が舒明天皇と争ったとき、当時大臣だった蝦夷は、その余波で叔父・境部摩理勢《さかいべのまりせ》を討つ羽目《はめ》になった。境部摩理勢が山背大兄皇子に味方したからである。つまり一族の内紛を誘発し、かつ一度は山背大兄皇子側から敵視されたことになる。しかも山背大兄皇子の後宮には蘇我氏出身者がおらず、もはや納《い》れる気もなさそうだ。これはのちのことだが、やがて皇極天皇二年（六四三）十一月、蝦夷の後継者となった蘇我入鹿《いるか》は巨勢徳太《こせのとこだ》らを遣わし、謀略・暗殺ではなく、軍事力で山背大兄皇子を制圧してしまう。軍事力で倒さねばならないほど山背大兄皇子は強力だったが、蝦夷・入鹿としてはそれほど嫌っていたわけでもある。

それらの点を勘案すると、古人大兄皇子は蝦夷の従順な甥であり、血縁関係を基盤にして蘇我氏が権力を振るえそうである。そうであれば、蝦夷としては古人大兄皇子を強く推薦してよいはずで、大臣としての権力をもってこの要望を推《お》せば、周囲にも面と向かって反対できる者はいない。それならば、かんたんに通りそうな案である。しかしじっさいには大后《たいこう》・宝皇女が即位し、三者による大王位争奪戦は保留となってしまった。

蘇我氏は無理にも通そうとまでせず、宝皇女の即位を黙認した。蘇我氏が手を拱《こまね》いたその理由として、古人大兄皇子は「若すぎたため」という説明が附されるわけである。

平成二十二年（二〇一〇）一月に東京大学構内で行われた「あたらしい古代史の会」で、新進研究者の発表があり、古人大兄皇子の年齢を若く推定されていた。そのおり同席されていた加藤謙吉氏とともに、筆者もそれが誤解であることを説明した。

このことは学界のごく若い学究のケアレス・ミスと思って聞いていたのだが、たまたま手にした八《や》幡和郎《わたかずお》氏著『本当は謎がない「古代史」』(3)にも「蘇我蝦夷としては古人大兄皇子にしたかったが、若すぎることもあり、慎重を期するために」（二〇七頁）とあり、これが皇極天皇を立てた理由だと説明されていた。この手の普及版の書籍を読めば一般読者にもこうした理解が拡散する恐れがあるので、ほんとうに古人大兄皇子が若かったのか、ここであらためて考証して検討を加えようと思う。

二　古人大兄皇子の年齢推算

加藤謙吉氏が先んじて発言されていたが、古人大兄皇子は舒明天皇の長子であろう。

舒明天皇は、『本朝皇胤紹運録《ほんちょうこういんじょううんろく》』（群書類従本、第五輯）によれば、

推古元年癸丑降誕。天皇元年己丑即位（三十七）。十三年辛丑十月十二日崩（四十九）。葬于押坂《おしさか》陵。大和国十市《とおち》郡高市岡本宮。

とあり、推古天皇元年（五九三）の生まれである。

『日本書紀』皇極天皇即位前紀によると、正妻・宝皇女の立后《りっこう》は舒明天皇二年のことである。宝皇女は再婚であり、かつて高向《たかむこ》王と結婚してその間に漢《あや》皇子を儲《もう》けていた。しかし舒明天皇との間の子・中大兄皇子は舒明天皇十三年に十六歳だったとあるから、宝皇女が入内《じゅだい》したのはすくなくとも推古天皇三十三年（六二五）以前となる。そのとき舒明天皇は三十三歳であるから、宝皇女とが初婚のはずはない。となれば、蘇我氏出身の法提郎女が先んじて後宮に入っていて、古人大兄皇子を出産していたとみるのが自然で穏当だ。

かりに舒明天皇が推古天皇十七年に十七歳で法提郎女と結婚し、順調に翌年十八歳のとき古人大兄皇子が産まれたとすれば、古人大兄皇子は推古天皇十八年（六一〇）の誕生となる。古人大兄皇子が十八歳となる推古天皇三十五年に妃を入れて結婚すれば、推古天皇三十六年（六二八）には倭姫王を得られよう。

今度は、世代の下側から探ってみよう。

古人大兄皇子の娘・倭姫王は、中大兄皇子の大后となっている。おそらくこれは蘇我入鹿らの画策であって、この婚姻を受け入れれば、中大兄皇子にとって古人大兄皇子は岳父《がくふ》となる。岳父の即位を支持させ、古人大兄皇子が大王位を継承するのを黙認させようとしたのだろう。

中大兄皇子は、舒明天皇十三年に十六歳だから、大化元年（六四五）乙巳《いっし》の変のときには二十歳である。中大兄皇子がかりに皇極天皇二年（六四三）に十八歳で倭姫王と結婚していたとして、倭姫王が当時の適齢期であった十六歳であったとすると、倭姫王は推古天皇三十六年に生まれたことになり、上の世代からの推定と齟齬《そご》しない。

乙巳の変の前に中大兄皇子と倭姫王との婚姻がなされたと推測するのは、それ以後であれば、この婚姻に政略結婚の意味がなくなるからである。蘇我蝦夷・入鹿父子から政権を奪い取った中大兄皇子が、古人大兄皇子の大王擁立を画策していた彼らを倒したあとになって、わざわざ古人大兄皇子の娘を娶《めと》るはずがない。むしろ倭姫王を嫌悪《けんお》し、敬遠してしかるべきではないか。かりに後宮に迎えたとしても、いくら王族出身者でも正妻（大后）とはしないだろう。倭姫王にしても、父とその援護者を殺したあとの中大兄皇子と結婚するとなれば、それはなんともおぞましい事態でないか。

右の記述では上の世代からの推算も下からの推算もたまたま完全に一致してしまったが、ようするにこのくらいの年齢配分であれば、中大兄皇子と倭姫王の婚姻が穏当に成立させられる。いや、この推算を大きく外《はず》れようとすれば、年齢的に不釣り合いになって、二人の婚姻がまともには成り立たない、ということである。

それでも、なお疑って可能性を最大限に追い求めるとすれば、こうなる。

大化元年（六四五）に父の古人大兄皇子は謀反の密告をうけて殺害されたが、娘の倭姫王は幸いにしてなんとか生き残った。それからはるか後年になって、数少ない皇女の一人として天智天皇のもとに召し出され、その後宮に入った。恩讐《おんしゅう》を捨ててか、権力者の欲に屈したか、という話だ。そういうのは、いささかの政治的な意味あいもないことで、無理無体《むりむたい》な話とも思うが、そんな思い切った推測をあえてしようというならしてもよい。

例えば、天智称制《しょうせい》二年（六六二）に倭姫王が十七歳だったとする。天智天皇は三十八歳で、その後宮に古人大兄皇子の忘れ形見《かたみ》として倭姫王が入内した。すると彼女は大化二年生まれとなり、母が身籠《みご》もった状態で、父を喪《うしな》ったことになる。これが古人大兄皇子の子でありうる限界の年齢である。その前年の大化元年に古人大兄皇子が中大兄皇子よりも弱年の十八歳であっても、古人大兄皇子は舒明天皇の子でありうるし、娘の倭姫王も天智天皇との結婚が可能なぎりぎりの年齢でありうる。

そうではある。だが、古人大兄皇子を中大兄皇子より弱年とするようなこうした推測は、残念ながら成り立たない。

というのは、『日本書紀』大化元年九月戊辰条に、

中大兄、即《すなわ》ち菟田《うだの》朴室《えむろの》古《ふる》・高麗宮知《こまのみやしり》をして、兵若干を将《い》て、古人大市皇子等を討たしむ。或本に云はく、十一月の甲午の三十日に、中大兄、阿倍渠曾倍臣《あべのこそべ》・佐伯部子麻呂《こまろ》、二人をして、兵四十を将て、古人大兄を攻めて、古人大兄と子とを斬《ころ》さしむ。其の妃妾、自経《わな》きて死すといふ。或本に云はく、十一月に吉野大兄王、謀反けむとす。事覚《あらわ》れて伏誅《ころさ》るといふ。


とある。

すなわち古人大兄皇子は謀反を密告される。

このさい、それが事実であっても誣告《ぶこく》であっても、どうでもよい。この事件によって、古人大兄皇子たちは、隠遁していた吉野宮を阿倍渠曾倍臣・佐伯部子麻呂らの率いる兵卒に襲われた。そして

古人大兄皇子らが族滅した吉野宮のある吉野宮瀧（筆者撮影）

「古人大兄と子と」が斬殺され、「其の妃妾、自経きて死す」とある。吉野宮に逃れていた古人大兄皇子の一族はまさに皆殺しで、族滅《ぞくめつ》させられたのである。中大兄皇子が支配する飛鳥に、蘇我大臣家に支えられて大王候補者となっていた古人大兄皇子が身の置きどころを見つけられないのは当然である。皇極天皇四年（大化元年）六月十四日に古人大兄皇子が吉野宮に退去したとき、一族がこぞって吉野宮に入ったとして、全く不思議でない。むしろ飛鳥の地に一族のだれかを残しておく方が、不自然に思える。

それなのに、こうした古人大兄皇子一族の追討・斬殺という悲劇にも拘《かか》わらず、なぜ古人大兄皇子の娘が生きていられるのか。倭姫王はのちに大后となれたのだから、取るに足りない卑母《ひぼ》所生の皇女などでなく、尊貴・高貴な姫君であろう。その倭姫王が、どうして殺戮《さつりく》された「古人大兄と子と」のうちに入らなかったのか。それは、父の謀反事件が起きた時点で、彼女がすでに中大兄皇子の正妻の地位にあったからだろう。連座《れんざ》を免れる方法は、ほかに考えがたいのではないか。

かつて大化五年、蘇我倉山田石川麻呂《そがのくらやまだのいしかわまろ》の一族が謀反の嫌疑をかけられて、山田寺で滅亡した。そのさいも、石川麻呂の娘・造媛《みやつこひめ》（遠智娘《おちのいらつめ》）は嘆きつつ死没したというが、少なくとも連座させられなかった。倭姫王が誅殺の襲撃を受けないで済んだのも、謀反の連座による処刑を免れたのも、すでに中大兄皇子の妻になっていたからに違いない。そうでなければ、吉野宮のなかで、あるいは連座にあって刑死していた。

だとすれば、中大兄皇子と倭姫王は、皇極朝の間に結婚していたことになる。それが結婚が祝福される穏当な時期でもあろう。古人大兄皇子がその倭姫王の父であろうとすれば、推古天皇十八年前後に誕生していなければならない。結婚して子・倭姫王が作れる年齢にならないからだ。そうすると古人大兄皇子は舒明天皇の没時に三十二歳前後となっており、「大王候補として若すぎる」とはいえない。

古人大兄皇子が即位できなかったのは、どうやら彼が弱年《じゃくねん》だったためではない。山背大兄皇子の大王位への強い意欲と調整ができず、また中大兄皇子の成長を待つ声もあったからだ。古人大兄皇子で候補者を一本化するには、それらの意見を抑えられるだけの本人の魅力と蝦夷・入鹿らの政治力が必要だった。それらが両者ともになかった、ということであろう。

【注】

（1）「歴史読本」〈歴代皇后全伝〉五十巻二十号、二〇〇五年十二月。

（2）「礫」二四〇号、二〇〇六年十月。のち拙著『万葉集とその時代』収録。笠間書院刊、二〇〇九年。

（3）ソフトバンククリエイティブ刊、二〇一〇年十一月。

（「歴史研究」六〇〇号、二〇一二年四月）

8　日本国家の成立時期について

一　「日本」「国家」の成立

「日本国家の成立」と掲げれば、すぐにも邪馬台国《やまたいこく》や騎馬民族《きばみんぞく》征服王朝などの話がはじまってしまいそうだ。だが、その前に解いておくべき重要な問題がある。

それは、「日本国家」の日本という名はいつ生じたのか。だれが、いつ、どういう理由で、この国号を定めたのか。まずは、それが問題である。ついで「国家の成立」と簡単にいってしまうが、どういう社会の状態を国家と呼ぶのか。この定義をどうするかという問題がある。これらを素通《すどお》りしてしまっては、全く噛《か》み合わない空中戦の、恣意《しい》的な議論となってしまう。富裕層とか貧困層とかいっても、どこに基準を置くかで対象者の数も論者の懐《いだ》くイメージも大きく変わってしまう。

そうはいっても、この問題にあまりこだわれば、およそスコラ的な議論を繰り返すばかりで、だれも何も得られずに終わることとなろう。かつて政府機関が、食事というものを定義し、「三大栄養素を必要量以上摂《と》っていること」としてから調査をはじめたため、その定義にあわない状態の食事しかしていない人たちのデータを「食事抜き」と扱い、統計から排除した。そのために、データ上は近年の日本人がほとんど朝食を摂っていないとされてしまった。じっさいは、彼らが食事だと思い、現実に摂っている食事内容から、データを造るべきだったろう。それなのに、定義をもとにデータを取捨選択し、それを議論の俎上《そじょう》に載《の》せたのである。現実を見る前に造った定義を話の前提にすると、実情や生活感覚とはかけ離れた結論を導く危険性が、この種の議論にはあるということだ。

1 「国家」の成立

現代の国家を法学的に定義すれば、「領域(領土・領海など)と人民を掌握し、対外的・対内的に排他的に権力を行使できている統治機関を持つ社会共同体」となる。あるいは他国がそれを承認することも必要とし、領域・人民・権力・他国の承認を国家の四要素とする見解もある。しかしこの定義は、古代に溯《さかのぼ》らせられまい。これに合致《がっち》するとは、とても思えないからだ。

戸籍《こせき》があれば、国家として人民を掌握していることが確認できる。明確な指標になりそうだ。それでよいのなら、天智《てんじ》天皇九年(六七〇)に成立した庚午年籍《こうごねんじゃく》は明確な指標となる。この戸籍は班田《はんでん》収授《しゅうじゅ》用の台帳でなく、「盗賊と浮逃《ふとう》とを断」(『日本書紀』〈日本古典文学大系本〉天智天皇九年二月条)絶させることを目的としたもので、そこには全国の人民の本貫《ほんかん》・身分などが記されていたらしい。この戸籍制度は、もとを辿《たど》れば中国律令《りつれい》の模倣であって、その影響で造られた。だから同一の中国文化圏内にある韓国などの周辺諸国でも、戸籍は当然のことのように整備された。しかし世界史的に見れば、戸籍を造っていない国家は多い。キリスト教圏では、教会の名簿や社会保険番号によって、その国の住民と確認するシステムを取っている。また日本歴史のなかでも、いつの時代にも戸籍があったわけではない。古代こそは戸籍を造れていたが、中世以降はそれができなくなった。近世では人別《にんべつ》改《あらため》帳《ちょう》として復活し、やがて寺院の檀家《だんか》名簿（宗門《しゅうもん》改帳）と合体《がったい》して宗門人別改帳となっている。この制度下では、戸籍は国家の仕事ではなく、変則的だが寺院の業務にされてしまった。ともかく、もしも個別人民の直接的掌握が国家成立の必須の要素だというのならば、その基準が通用する場所は狭いし、日本史でも該当していた時代は短い。これは「帰化《きか》」人・渡来人の成立時期にも波及する問題で、日本国家・日本人が確立していなければ、日本人外の存在であるはずの「帰化」人も生じないという論議にもなっていた。議論は至極《しごく》まっとうに行われていたが、結局は定義を明瞭にしようとすればするほど、肝腎《かんじん》の歴史上の国家の存在がぼやけることになったと記憶している。

ついで領域についていては、いまではふつう国境線で画定される。だが、前近代社会における国境線は実力次第であって、ひとつも確定したものでない。相手の国力が衰えた場合、そこから奪えるものなら奪ってしまうし、たとえ確定した境界線をたがいに約束し承認したとしても、それは締結時と同じ条件が揃っている間だけのことである。そのような時代環境のなかで、他国から承認されることが国家としては必要だとされたなら、おそらく大半の国家が勝手に成立したものであるから、承認など受けられまい。眼前に他者の実効支配圏域があるとは十二分に承知していたとしても、だからといってその永続的支配権など決して承認してはいない。だからこそ自国の軍事力がととのえば随時攻め込み、ときとしては相手国を滅亡にまで追いやれるわけである。相手国に不動不変の主権を認める隣国など、歴史的にはほとんどありえない。

さらに排他的な統治権力が成立していたかどうかを指標として論議するのは、東アジア世界ではとても難しいことである。

東アジア世界には中国を中心とする冊封《さくほう》体制があって、中国は諸国からの朝貢《ちょうこう》の見返りに、貢献してきた者を国王に任じていた。国王に任じるとは臣属《しんぞく》させたという意味だから、冊封体制下に入った臣属国の外交・内政については、宗主権《そうしゅけん》を主張してしばしば干渉することがあった。だから、「排他的に統治していた国」という定義を議論の前提とすれば、前近代に東アジア世界で成立していた国家は中国一国しかなくなってしまうだろう。

2 「日本」の成立

話変わって日本国家のうちの「日本」については、『旧唐書《くとうじょ》』倭国《わこく》日本伝（講談社学術文庫本）に、

日本国は、倭国の別種也。其の国、日の辺《かた》に在るを以て、故に日本を以て名と為《な》す。或いは曰《いわ》く、倭国自《みずか》ら其の名の雅《みやび》やかならざるを悪《にく》み、改めて日本と為す、と。或いは云ふ、日本、旧《ふる》くは小国なれども、倭国の地を併《あわ》せたり、と。


とあり、倭から日本への国号変更記事は貞観《じょうがん》二十二年（中国暦、六四八）の記事の次に置かれているので、それ以降、日本でいえば孝徳《こうとく》朝の大化《たいか》四年以降である。大宝二年（七〇二）に派遣された遣唐使・粟田真人《あわたのまひと》が中国にもたらしたのが文献上の初見とされ、国号の変更決定は当然それ以前となる。日本国号と天皇称号は同じ時期に成立したと考えられており、その時期は六官制などの中央官制や租税・班田制度など律令国家体制が具体的に整いはじめる天武《てんむ》朝のことと見なすのが通説である。

ところが近年、中国陝西省《せんせいしょう》西安《せいあん》市で百済《くだら》人将軍の墓誌が発見された(1)。墓誌は陽刻《ようこく》の篆書《てんしょ》で、「大唐

故右威《うい》衛将軍《えしょうぐん》上柱國《じょうちゅうこく》祢《ね》公《こう》墓誌銘《ぼしめい》」と四行×四字で記されていた。その誌文は、三十一行×三十字で、総計八八四文字になる。

内容は、唐代の百済出身の将軍・祢軍とその家族の系譜、および祢軍の官職や政治的功績を記したものである。祢軍の字名《あざな》は温《おん》で、百済の熊津嵎《ゆうしんぐう》出身の東夷《とうい》人である。曾祖父は福《ふく》、祖父は誉《よ》、父は善《ぜん》という名で、みな本藩《ほんぱん》（百済）では十六品《ぽん》のうちの一品で、上位五名しかなれない佐平《さへい》という高い地位にあった。顕慶《けんぎょう》五年（中国暦、六六〇）、官軍（唐軍）が本藩を平定したおりに中国に服属し、右武衛《ぶえい》滻川府《さんせんふ》折沖都尉《せっちゅうとい》を授けられた。そして「時に日本の余噍《よしょう》、扶桑《ふそう》に據《よ》り、以て誅を逋《のが》る」とある。これは天智天皇二年（六六二）の白村江《はくすきのえ》の戦いのことであり、日本の余噍（残兵）は扶桑（日本列島）に拠って、誅（罪）を逋《のが》れている、と記されている。

中国の祢軍墓誌（「社会科学戦線」193号より）

　碑文のここに「日本」と書かれていることを、どう受け取るか。これを日本という国号の初出資料と見てよいかどうか。それが問題とな

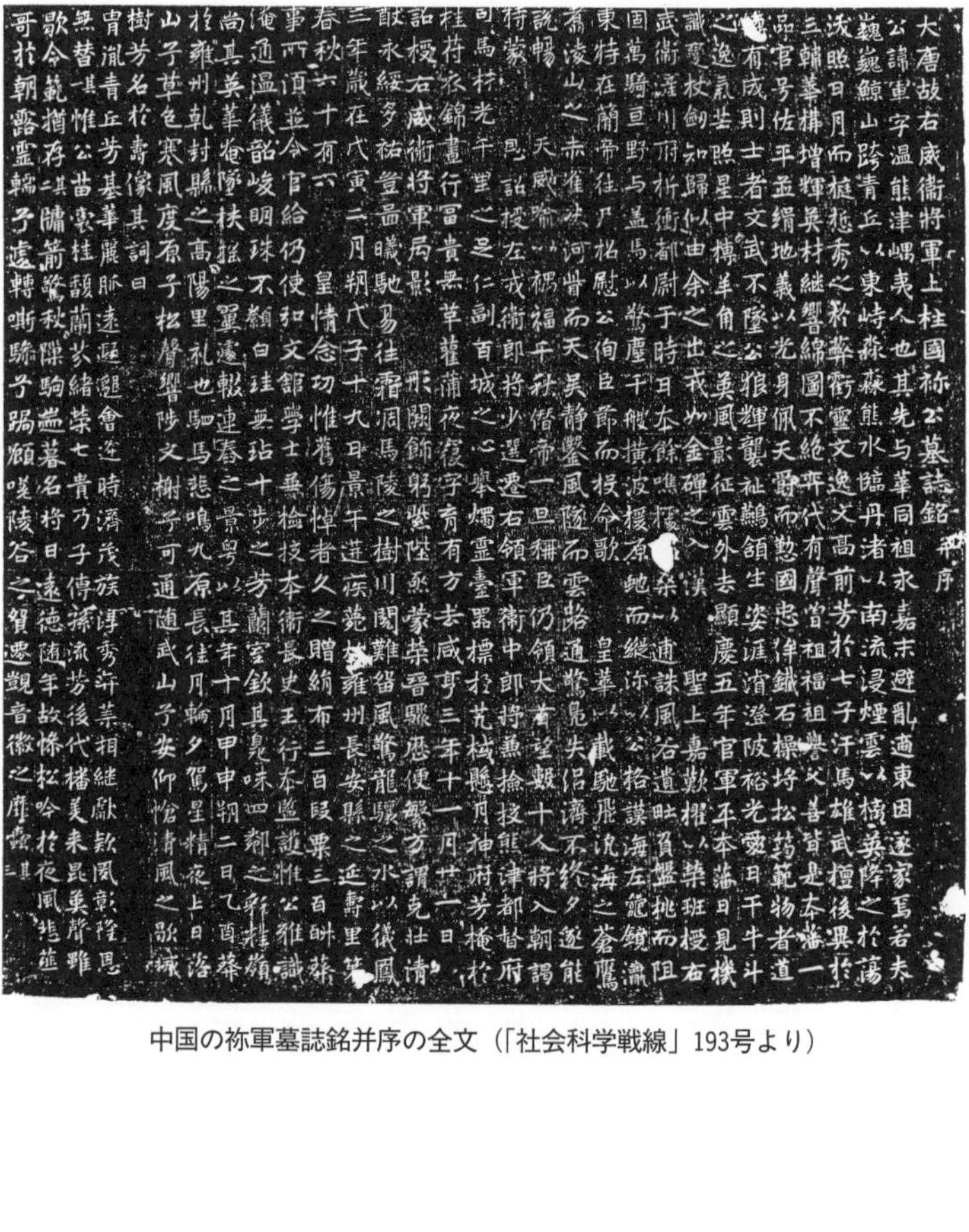

中国の祢軍墓誌銘并序の全文（「社会科学戦線」193号より）

っている。

つまり祢軍が白村江で戦ったその時点で、祢軍は対峙《たいじ》していた敵国の名を日本と認識していたという意味なのか。あるいは祢軍が死没して墓誌が刻まれたとき、筆記者が白村江の戦いでのことを思いながら記したもの。白村江の戦いのときは倭国といっていたが、墓誌を書いた人は、そのときの倭国がいまの日本国のことだと知っていたので、筆記時点の知識で日本と記したのか。

もしも前者の解釈を採れば、日本は天智天皇二年の段階で、日本という国号を定めていたことになる。後者であれば、祢軍は儀鳳《ぎほう》三年（中国暦、六七八）二月十九日に雍州《ようしゅう》長安県延寿里の第《てい》で病死したというから、そのあとに変更された日本の国号を採《と》ったものとなる。

そのいずれにせよ、祢軍が死没した七世紀第三四半期あたりまでには、中国には日本と称していたことが知られていた。そう物語っている資料ともみなせる。

『新唐書』日本伝（講談社学術文庫本）には、

咸亨《かんこう》元年、使を遣はして、高麗を平らげしことを賀す。後稍《ようや》く夏《か》の音を習ひ、倭の名を悪《にく》みて更《あらた》めて日本と号す。使者自ら言ふ、国、日の出づる所に近ければ、以て名と為す、と。或は云ふ、日本は乃《すなわ》ち小国にして、倭の幷《あわ》す所と為る。故に其の号を冒《おか》す、と。使者は情を以てせず、故に焉《これ》を疑ふ。又妄《みだ》りに夸《ほこ》りて、其の国都は方数千里にして、南・西は海に尽き、東・北は大山に限られ、其の外は即ち毛人《えみし》なりと云ふ。

とあり、咸亨元年（中国暦、六七〇）に日本から遣唐使が赴いている。これ以前に天智天皇が日本号を定めていれば、この遣唐使の派遣のさいに中国に日本への国号変更を通告できる。そしてこの『新唐書』の記載は、まさに「咸亨元年、使を遣はして、高麗を平らげしことを賀す。後稍く夏の音を習ひ、倭の名を悪みて更めて日本と号す。使者自ら言ふ、国、日の出づる所に近ければ、以て名と為す」と報告していることを証明している。しかもこの遣唐使派遣にあたる記事は、『日本書紀』(日本古典文学大系本)天智天皇八年是歳条に、

　小錦中《しょうきんちゅう》河内直《かわちのあたい》鯨《くじら》等を遣して、大唐に使せしむ。

とあり、『新唐書』の記事とぴったり照応している。

『新唐書』の記事を信ずれば、日本国号は天智天皇八年以前に、おそらく天智天皇が定めたもの。それが六七〇年の河内鯨を大使とする遣唐使によって中国に伝えられた。そういうことになろう。天智天皇の時代は自国の帝国性を自覚して高揚させており、日本国号も天皇号もこの時期に定められたとする解釈がある。[2] この説にはたいへん都合がよく、その説得力が一層増すこととなる。筆者としては天武朝かとする従来の通説を支持してきたが、その説を撤回する気にもなりかけている。しかし、これだけ揃えられても、これはまだ確定でない。

というのは、『新唐書』には咸亨元年と明記されているが、前後の記事は咸亨元年という記載の信憑性を疑わせるものだ。すなわち、

　天智死して、子天武立つ。死して子の総持立つ。

　咸亨元年……(右掲)

　長安元年、其の王文武《もんむ》立ち、改元して大宝と曰ふ。

となっている。咸亨元年の記事は、天智天皇八年にあたるという年次からすれば、日本史のただしい

知識があれば「天智死して」のすぐ前かすぐ後ろに置くべきであった。いまのように、天武・総持(持統)の後ろで文武の前にあるべきでない。そのていどの排列《はいれつ》時の勘違《かんちが》いともいえるが、そうではなくて「咸亨元年」とされている記事内容は咸亨元年というのがそもそもの間違いであって、持統天皇と文武天皇の間の出来事という認識だった。だから記事の排列順は、誤解されていない。つまり中国の長安元年、日本の大宝元年をふくんでそれ以前の記事である。そう物語っている、ともみなせる。

また、いま一つ。「咸亨元年」にかかわる記事は「使を遣はして、高麗を平らげしことを賀す」までであり、「後稍く夏の音を習ひ、倭の名を悪みて更めて日本と号す」以下の記事は咸亨元年の出来事でない。咸亨元年より「後」という意味で、次の記事である長安元年以前。そのなかのいつとは知られない事柄としてその文の冒頭に「後」と記してある、と受け取ることもできる。

さらに、墓誌銘幷序がいつ書かれたものなのか、それも自明でない。

祢軍が死没したのは六七八年であっても、墓誌は子に限らず、孫が造ることも考えられる。死没したその直後に造るのが常識だとみるのは、性急な現代人の感覚である。十七世紀のことだが、沙也加《さやか》という日本人が文禄・慶長の役で李氏《りし》朝鮮側に寝返り、金忠善という武将となって朝鮮王に仕えた。その墓誌は没後二十五年を経て、彼の孫が作ったものである。それならば、祢軍の墓誌も、二世代経た孫の時代に造られておかしくない。八世紀初頭になって、遣唐使・粟田真人によって中国に伝えられて知られるようになった日本国号を、祢軍の生きていた時代に溯《さかのぼ》らせて用いた。そういう蓋然性《がいぜんせい》は、なおある。

こうしたわけで、祢軍墓誌という画期的な資料が見つかったものの、やはり決定的とはならない。

いまのところ日本国号の成立は天智朝か天武朝で、それ以前は倭国である。だから「日本国家の成立」という課題に厳密に回答すれば、必然的に七世紀後半の律令国家成立期以降しか対象にできない話とせざるを得ない。

こうした無難な結論は、いまの通説的な位置を占めている。

七世紀中葉以前には、日本など存在しないから、日本人もいなければ日本国家もない。だが、そうだからといっても、多くの論者・読者は心情的に納得できなかろう。話の発端としては、のちに日本といわれることになる国家の起源を問題としてほしいのであって、用語の厳密さだけを基準に議論されても、諒解などできない。だが他方、村長クラスの支配地域でも国家とみなしていったら、日本が小国だらけとなる。国家かただの地域権力かなどと識別するさいに、何らかの仕分《しわ》け基準は必要になる。

近年の仕分けの努力の一例を挙げれば、こうだ。

都出比呂志《つでひろし》氏は、(3)前方後円墳《ぜんぽうこうえんふん》体制という国家段階を想定している。階級関係と身分制的秩序が存在すること、租税制・徭役《ようえき》制による社会的余剰が恒常的に収奪されていること、公権力機構と軍事編成があること、地縁編成原理と間接的地域支配が見られること、共同体の内外で貢納関係ができていること、などを指標とする。その上で、三世紀末以降の倭人の社会は、前方後円墳が成立することによって、村落首長支配のような社会段階から進んで、初期国家段階に移行した。そう、みなした。

しかしそういわれても、それではその指標は国家成立の要素としてははたして妥当なものか。前後の時代にあった国とは、それで截然《せつぜん》と識別・弁別できるのか。その概念に該当する事実があるかどうかを確めようとすると、それは主観的な解釈に基づいた論議になりかねないのではないか。さらに邪馬台国をこの初期国家に当たらないとした場合、大方の常識的な理解とも齟齬《そご》しそうである。

もちろんそれでも、こうした論議は不毛《ふもう》でも触れなくてもよいのでもない。つねに念頭に置いて、自分なりの見解を持って議論に臨《のぞ》む必要がある。

ただ筆者としては、右の議論のように、明確な基準を立てて、それ以外を捨象《しゃしょう》する。歴史のなかから学び取った基準ではなく、歴史の外側で造った基準を嵌《は》めて議論に適用する。そういう思考法は現実的でない、と思う。日本国内に多数が並び立つ状態でも、領域がいかに狭かろうとも、それは国家。国家形成は弥生前期からはじまる。国家の指標としては、階級支配を基盤とした権力機構が自立的で排他的な運営・行使をしていれば、広く国家の萌芽とみなしてよい。地域権力か国家かという個別の認定は、判断としては賛否が分かれるかもしれないが、どのみち些末《さまつ》な問題である。

二　古代国家の成立と展開

『漢書《かんじょ》』地理志（岩波文庫本）に「夫《そ》れ楽浪《らくろう》海中に倭人有り。分れて百余国を為す」とあり、『後漢《ごかん》書《じょ》』東夷伝（講談社学術文庫本）にも「建武中元《けんむちゅうげん》二年（五七）、倭の奴《な》国、貢を奉げて朝賀す」や「安帝の永初《えいしょ》元年（一〇七）、倭国王の帥升《すいしょう》等、生口《せいこう》百六十人を献じ、願ひて見《まみ》えんことを請ふ」とある。国家として成立しているにしても、ここで取り上げるような話はとくにない。

れる邪馬台国をあげておこう。

1　邪馬台国連合・狗奴国

やはりはじめには、『魏志《ぎし》』倭人伝《わじんでん》（講談社学術文庫本）により、三世紀中葉に成立していたと見られる邪馬台国をあげておこう。

邪馬台国には、周知のように、その所在地をめぐって畿内《きない》説・北九州説の二大学説がある。

畿内説の場合には、邪馬台国は畿内を中心として西日本から東海・中部にかけた地域で三十カ国の連合国家を形成しており、東海・中部から関東にかけた地域に対等以上の勢力を築いて対峙《たいじ》する狗奴《くな》国が想定されている。狗奴国は連合体だったとは記されておらず、一ケ国で西日本の三十カ国の連合体と互角《ごかく》以上に戦えたのなら、それはきわめて強力な国家であろう。おそらくは、内部に厳格で強靭《きょうじん》な支配体制を施行した統一国家体と見られる。

これに対して、北九州説を採《と》るなら、南九州地域に敵対する狗奴国が存在したことになる。その狗奴国の版図は、鹿児島と宮崎・熊本の一部を制するていどである。またこの時期に国家群が九州地域にしか生じていないとは考えがたいので、中国・四国以東の地域にはそれぞれ別の政治勢力が国家形成をしていたと想定しなければなるまい。

筆者は畿内説を採っており、この連合国家は三十カ国のたんなる寄せ集めでなく、かなり機構が整備された国家だったと見ている。国境地帯にある国には、ほんらいの国王の下《もと》に、邪馬台国の女王が任命した目付《めつけ》的な副官として卑奴母離《ひなもり》つまり鄙《ひな》・夷《ひな》（辺境）＋守（防衛官）が配置されているし、一大率が辺境・国境部分の守備を総合的に集約的に直轄管理している。また連合国家内の市場管理についても大倭《だいわ》を置き、役所の管理下で物流を運営させている。狗奴国との戦闘という対外的な危機感を煽《あお》りながら、諸国の王から政治・経済的な主体性を奪って、国家連合体を大きくひとかたまりの国家へと纏《まと》め上げる階梯《かいてい》を昇っている中途段階の姿ではないか、と思う。とはいえ、右のように考えてよいかどうか、議論はつきまい。

また邪馬台国連合・狗奴国については、その次の日本国内を統合する大和政権（王権）との関係が問題になる。

畿内説の場合には、邪馬台国連合が勢力圏を東日本に拡《ひろ》げつつ、しだいに大和政権へと成長していったと見ることが自然にできる。あるいは邪馬台国連合は没落してしまい、全くあらたに畿内政権が胚胎して大和政権へと成長していった。邪馬台国は大和政権のなかの構成員として吸収・融合されてしまった、と見るのももちろん可能である。

北九州説では、畿内政権との継起《けいき》関係については別問題とする見解が大勢だが、邪馬台国連合が畿内に入って全国政権となったとする説、南九州の狗奴国が邪馬台国連合を滅ぼしながら東上して畿内に政権の基礎を移したとする説などがある。

九州地域から東征していったとする説は大和政権の創業譚を載《の》せる『日本書紀』の記事に符合《ふごう》しており、そこにある神武東遷の伝説的記事を邪馬台国時代になした東征事業の記憶を伝えたものと受け取る向きが多い。文献史料の裏付けがあり、古代史の大きな謎も解ける、というわけである。

ただし、そうなると『日本書紀』神功《じんぐう》皇后四十三年条に「魏志に云はく、正始《せいし》の四年、倭王、復《また》使《つかい》大夫《だいふ》伊声者掖耶約等八人を遣して上献す」とある記事が障害となろう。魏の時代に邪馬台国は北九州にあって国交していたと認識し、それが神功皇后の時代だと思っていたのなら、大和に乗り出すことになる神武東征は、この記事よりあとの出来事として記さなければおかしい。歴史事実の順序が逆転してしまうから、創業時の大遠征などという記憶は『日本書紀』に記されていないとすべきだろう。

2　大和政権（王権）・王朝交替・征服王朝

のちの律令国家へと確実に繋《つな》がるのは、大和政権である。

この政権が支配的な勢力として全国に君臨するものとなったのは、四世紀半ばと見なされている。その根拠は、前方後円墳の普及と好太王碑文《こうたいおうひぶん》（高句麗広開土王碑文）にある。

好太王碑は、十九世紀末に日本陸軍諜報部《ちょうほうぶ》の酒匂景信《さこうかげのぶ》が日本人としてはじめて発見し、そのさい日本に有利なように碑面を石灰で加工し、記事内容を思いのままに改竄《かいざん》させてから拓本《たくほん》にしたと疑われてきた。しかし中国での原石拓本《げんせきたくほん》（石灰塗布以前の碑面による拓本）の研究の進展により(4)、そうした作為的な碑文改竄はほぼ否定されている。やはり石碑周辺の拓本業者が、読みやすいように字画を加工していた、というていどのことだったようだ。

この碑文には、辛卯年《しんぼう》（三九一）に倭が「海を渡り、百残□羅を破」って朝鮮半島南部を掌中《しょうちゅう》に収め、四〇四年には平壌《ピョンヤン》近辺にまで攻め込んだ。しかし返り討ちにあい、四〇七年に高句麗軍に「斬殺蕩盡《とうじん》」とされ、奪われた「鎧鉀《がいこう》一万領、軍資器械は数ふべからず」という惨敗ぶりで退却した、という記事がある。勝敗の行方《ゆくえ》はともかく、倭軍・大和政権が長期間・継続的に朝鮮半島を攻略したということは、近隣諸国・周縁部の勢力から朝鮮半島出兵中の隙を狙われたりしない。そうした敵対勢力は存在していないと、すでに確信があるからである。となれば、この出兵の一～二世代前には、大和政権は日本国内を安定的に統治する国家を形成できていたと推測できる。

一方の前方後円墳は、三世紀末前後に大和地方で成立し、五世紀にかけて全国に普及していった。もともと首長墓はその権力の強大さを被支配者や隣国に見せつけるもので、かつ首長の葬送儀礼は後継者を決める場ともなる。首長墓前での祭祀儀礼は、伝統的な権力を先例に準拠して継承していくという性質があるので、保守的な伝統が重視され、急に形を変えたりしないものである。それなのに、大和地方から普及をはじめた前方後円墳の形が各地方でつぎつぎ採用されていくのは、不自然である。大和勢力のつよい強制力の前に、その地域の首長が屈したことを意味するのではないか。つまり地域政権の中枢的な王権儀礼に、大和勢力の政治的な影響力を及ぼせたという証《あかし》となる。古墳の築造が生前に着手されていくものと考えれば、築造時から一世代前の四世紀半ばあたりには、大和勢力が日本全土を覆《おお》った統合政権（大和政権）を一往《いちおう》樹立できたものと見なしてよい。

この大和政権の成立については、種々の説が立てられている。

水野《みずの》祐《ゆう》氏(5)は大和王権の王統の由来を記した『日本書紀』を精緻《せいち》に分析して、そのなかから三つの王朝の姿を摘出してみせた。すなわち初代神武《じんむ》天皇から九代目の開化《かいか》天皇までは、実在していない。十代目以降の大王のすべてが実在ではないが、崇神《すじん》・成務《せいむ》・仲哀《ちゅうあい》の三輪《みわ》王朝、応神《おうじん》・仁徳《にんとく》・履中《りちゅう》・反《はん》正《ぜい》・允恭《いんぎょう》・安康・雄略の河内王朝、継体《けいたい》以降（宣化《せんか》を除く）現在に繋がる近江王朝の各系統は実在した大王たちである。そしてこの三つの王朝の間で、政権が交替しあった。そうした歴史が読み取れる、と解いた（三王朝交替説）。

これにやや先んじて展開されたのが、江上波夫氏の騎馬民族征服王朝説であった(6)。

江上氏は、東アジア世界全体の動きのなかに、日本歴史の趨勢《すうせい》を取り込んで説明するよう努めた。それまでの日本歴史は、日本の国内事情だけでひとりでに動いていくかのように叙述されてきた。それをあらためて、世界史の流れのなかに位置づけようとしたのである。

すなわち中央アジアの草原地帯での政治的変動の余波を被って、中国東北部に盤踞《ばんきょ》していた騎馬民族たちが西側から押され、扶余《ふよ》族など一部の騎馬民族が朝鮮半島へとなだれ込んだ。朝鮮半島北部には高句麗《こうくり》が建てられ、南部にはのちに新羅《しらぎ》・百済のもととなる辰韓・馬韓の諸国連合体ができた。しばらくして、朝鮮半島南端の洛東江《らくとうこう》沿岸にいた弁辰《べんしん》国の王が馬韓勢力に押され、日本列島内に弾《はじ》き出された。彼らは海を渡った九州北部にまず建国し、この旧弁辰国王はのちに崇神天皇と名付けられた。それから数代をへた応神天皇のときになって、九州北部から瀬戸内海を東上し、河内から畿内に入って大和王権を創業した。大和政権の成立過程を、こう解いたのである。

このことは、考古学的な知見で裏付けられる、という。

日本の古墳時代は、前期（三世紀末〜四世紀）・中期（五世紀）・後期（六世紀〜七世紀前半）・終末期（七世紀後半〜八世紀前半）などと区分されている。その前期と中期との間には、大きな文化的断絶が見られる。古墳前期の副葬品は銅鏡・玉類・碧玉《へきぎょく》製石製品などで、被葬者が呪術を行なう司祭者または呪術者的な性格を多分に有した首長だった。自然発生的な領袖《りょうしゅう》の姿である。これに対して中期の副葬品は、馬具類・鉄製武器・金銅製装身具・鉄製農具などである。この時期の被葬者は、軍事的な力量を備えた支配者であったことが一目瞭然である。この変化は、なだらかに進化しつつ変わっていったというものでなく、急激で連続性がない。つまりは、騎馬民族の侵入によって支配者が変わってしまったことを物語っている。中国東北部にいた騎馬民族集団が朝鮮半島を経由して日本列島内に入り、従来の呪術的支配者を軍事力で圧倒して一気に制圧。騎馬民族征服王朝を樹立した。これが大和政権の成立事情であって、弁辰王の末裔が現在の天皇である、という筋書きが見て取れる。

まことに衝撃的な国家成立論として注目をあび、一世を風靡《ふうび》した。しかし現在は、研究者の間にほとんど支持する人がいない。

というのは、構想はおもしろく、世界史的な流れにもあう。しかし、それを支える証拠が見あたらない。むしろ多数の反証が上がっている。たとえば、騎馬民族が日本全土を軍事的に征服しつくしたとするが、そうするには侵入したはずの騎馬軍団関係の遺跡・遺物が少なすぎる。戦闘場面で不可欠となるはずの騎馬の馬冑《ばちゅう》・馬甲《ばこう》の出土量は、あきらかに足りない。たしかに古墳前期から中期への副葬品の変化は、不連続的である。それはそうだが、そうした変容はほかの要素でも起こされる。具体的には、戦場で高句麗軍を偵察したり騎馬軍団とじっさいに戦闘を交えたりするなかで、相手の装備の優秀さを知る。威力ある優《すぐ》れものをまねて採《と》り入れようとするのは当然で、すぐに対応できなければ、自国が敗北を続けることになりかねない。日本の王臣層が、騎馬隊と対峙しながら相手の騎馬軍団の装備をすぐに学び模倣した文化を築くのはごくふつうの成り行きである。

理論・構想は画期的で、太平洋戦争前にあった歴史観を払拭するのに大きな役割を果たしたが、いまや立証は難しい。とはいえ、古墳中期の被葬者に軍事支配者としての性格がつよく見られるのは事実で、前掲の都出氏をはじめ、五世紀はじめあたりに「日本国家」成立の一画期を求めようとする試みがなお続けられている。

3 律令国家

最後は、先述した律令国家こそが国家概念にふさわしいとみる立場である。

日本国内では推古朝前後に官司《かんじ》制が成立したとされ、中央の官司が氏族支配体制下の部民《べのたみ》をじかに管理・統括するようになってくる。ここには、中央集権国家体制への傾斜が明瞭に見られる。だがその一方で、七世紀半ば以前には、大和王権の地方官としての国造《くにのみやつこ》という職があったかどうかすら疑問視されており、地方支配権を握れていないとする考えがある。各氏族は依然として半独立的な力を持って朝鮮半島諸国など外国勢力と通商したり、国交に近いような自立した立場で関係の外国勢力と提携関係を結びえたともいう。そうした国内状況は、日本国家の成立後の姿としてふさわしいか。そういう立場から、七世紀冒頭の時点では、国家の成立を疑問視する向きもあろう。

そうなると、戸籍で個別人民支配を確定し、「太政官・六官」制の中央官僚機構を作り上げ、律令を策定し、金属貨幣を持たせ、国号や元号《げんごう》を建てえた律令国家こそが、国家成立の概念にもっとも適合する存在ということになる。

ただその成立時期については、天智朝か天武朝かに大きく分かれている。

天智朝とする説の根拠は、こうだ。天智天皇二年（六六三）に白村江の戦いでは敗北したが、その前後から百済王を擁立してみたり、国内で高麗王《こまおう》の氏姓《うじかばね》を創設するなどしている。これは中国に対抗して、百済・高句麗などの諸国を冊封しているのであって、つまり日本を中心とした小帝国世界を樹立しようと企図《きと》した動きである。(7) 唐との全面戦争という対外的危機を前にして、かえって国家意識が鮮明になった。唐に対峙するなかで、国家としてふさわしい施策《せさく》がはじまる。そういうことも、ありそうではある。その意味で、天智朝は国家らしい国家の成立時期の一つの候補となりうる。

天智朝は、しかし抽象的な国家像を宮廷内に描いてみせたにすぎない。施策の実績で判断すれば、天武朝の方が蓋然性が高いとする見方もある。天武天皇元年（六七二）の壬申《じんしん》の乱を軍事力で勝ち上がり、天武天皇は前後に例を見ない強大な大王権力を手にした。朝廷内屈指の大豪族の宗家《そうけ》が壬申の乱で滅亡したこともあるが、乱後の権力を背景にして保守的大豪族の抵抗を抑え込んだ。そして八色《やくさ》の姓《かばね》によって従来の氏族制度を律令官制にほぼそのまま移行できるよう序列をつけたものに改編してしまい、戸籍・計帳による人民の個別支配にも成功した。国家の正史である『日本書紀』や浄御原律《きよみはらりつ》令《りょう》を編纂し、不動の国家秩序を確立した。また造都事業・銭貨鋳造に着手するなど、律令国家体制の基盤を、理念ではなく具体的に整えた。その実績と中国に伍した国家意識が高まりを見せているなかで、日本国号や天皇号を樹《た》てた。そう、推測する向きもつよい。

後者の二説は国家成立の指標が具体的に確認でき、ほかのどの国家論より論議しやすい利点がある。しか結論としては無難であるが、このときまでは日本に国家といえるものが成立していない、という議論には何かしら違和感が拭《ぬぐ》えない。

【注】

（1）王連龍氏「百済人《祢軍墓志》考論」（「社会科学戦線」一九三号。二〇一一年第七期「区域歴史と文化」所載）。この資料の存在については、早稲田大学商学部非常勤講師・米谷均氏にご教示いただいた。
（2）中野高行氏「天智朝の帝国性」（「日本歴史」七四七号、二〇一〇年八月）
（3）都出比呂志氏「日本古代の国家形成論序説」（「日本史研究」三四三号、一九九一年三月）
（4）徐建新氏著『好太王碑拓本の研究』（東京堂出版刊、二〇〇六年）
（5）『増訂古代王朝史論序説』（小宮山書店刊、一九五四年）、『日本古代の国家形成』（講談社現代新書、講談社刊。一九六七年）、『日本国家の成立』（講談社現代新書、講談社刊。一九六八年）など。
（6）鈴木武樹氏編『論集騎馬民族征服王朝説』（大和書房刊、一九七五年）収載の江上波夫氏以下の諸論文を参照。
（7）中野高行氏、注（2）論文。

（原題は「日本国家成立の基礎知識」。「歴史研究」五八九号、二〇一一年三月）

II

古代史籍から読み解く社会と人物

1　『古事記』と古代史籍

一　『帝紀』『旧辞』とはどんなものか

日本古代史の基礎資料となる史籍《しせき》といえば、何といっても『古事記』『日本書紀』が代表的である。関係史籍の名だけでよいのなら一〇〇でも容易に挙《あ》げられるが、(1) 記述の体系性や文字量などを考えると、この二書以外の史籍はほとんどないも同然といってよい。そうではあるが、もともと『古事記』『日本書紀』のなかにも、先行するいろいろな史籍がふくまれている。この二書のなかに、古代のいろいろな史籍が温存されてきた、ともいえる。

『古事記』(新編日本古典文学全集本)の序文によれば、天武《てんむ》天皇は、

朕聞《あれき》く、諸の家の賫《も》てる帝紀《ていき》と本辞《ほんじ》と、既《すで》に正実に違《たが》ひ、多く虚偽を加へたり。

と現状を嘆き、同じことについてみずからの作業対象を、

故惟《かれおもい》みれば、帝紀を撰ひ録《しる》し、旧辞を討《たず》ね覈《きわ》め、偽を削り実を定めて、

と記し、さらにできあがった成果物について、

阿礼《あれ》に勅語して、帝皇日継《ていおうのひつぎ》と先代旧辞《せんだいのきゅうじ》とを誦《よ》み習はしめたまひき。

とする。

この三つの記事を同列の事柄について言い換えているだけだとみなすならば、(2)それぞれ対応する『帝紀』と『帝皇日継』とが同じもので、『本辞』『旧辞』『先代旧辞』が三つとも同じ内容だった、ということになろう。そして『古事記』は、既存の『帝紀』『旧辞』に見られる虚偽の記事を削って、ただしい姿に改定したというのだから、基本の原型はすべて『帝紀』『旧辞』であったことになる。

ではそのおおもとになったという『帝紀』『旧辞』とは、どんなものだったのか。

たとえば『古事記』の敏達《びだつ》天皇段は、

御子、沼名倉太玉敷《ぬなくらふとたましき》命、他田《おさだ》宮に坐して、天の下を治むること、十四歳ぞ。此の天皇、庶妹豊御《とよみ》食炊屋比売《けかしきやひめ》命を娶《めと》りて、生みし御子は、静貝《しずがい》王、亦の名は、貝鮹《かいたこ》王。次に、竹田王、亦の名は、小貝《おかい》王。次に、小治田《おはりだ》王。次に、葛城《かづらき》王。次に、宇毛理《うもり》王。次に、小張《おわり》王。次に、多米《ため》王。次に、桜井玄《さくらいのゆみはり》王〈八柱〉。又、伊勢大鹿首《おおかのおびと》が女《むすめ》、小熊子郎女《おぐまこのいらつめ》を娶りて、生みし御子は、布斗比売《ふとひめ》命。次に、宝王、亦の名は、糠代比売《ぬかしろひめ》王〈二柱〉。又、息長真手《おきながまて》王の女、比呂比売《ひろひめ》命を娶りて、生みませる御子は、忍坂《おしさか》の日子人《ひこひと》太子、亦の名は、麻呂古《まろこ》王。次に、坂騰《さかのぼり》王。次に宇遅《うじ》王〈三柱〉。又、春日の中若子《なかつわくご》が女、老女子郎女《おみなこのいらつめ》を娶りて、生みし御子は、難波王。次に、桑田王。次に、春日王。次に、大俣《おおまた》王〈四柱〉。此の天皇の御子等、幷《あわ》せて十七はしらの王の中に、日子人太子、庶妹田村王、亦の名は糠代比売命を娶りて、生みし御子は、岡本宮に坐して天の下を治めしし天皇。次に、中津王。次に、多良《たら》王〈三柱〉。又、漢《あや》王の妹、大俣王を娶りて、生みし御子は、知奴《ちぬ》王。次に、妹桑田王〈二柱〉。又庶妹玄王を娶りて、生みし御子は、山代王。次に、笠縫《かさぬい》王〈二柱〉。并せて七はしらの王ぞ〈甲辰《こうしん》の年の四月六日に崩《かんあが》りましき〉。御陵は、川内《かわち》の科長《しなが》に在り。

となっている。

この記事を見る限りでは、帝つまり大王として最小限の記録事項だけしかない。つまり大王の名・宮居《みやい》・治天下の年数があり、ついで后妃と子女・子孫の名が続き、最後に没年と陵墓の場所が記されている。これしかない。これが、じつは『帝紀』というもののもとの姿らしい。

これに対して、たとえば応神天皇段では「大王の名・宮居・后妃《こうひ》と子女」と「子孫の名・没年・享年《きょうねん》・陵墓」という『帝紀』的な記事の間に、いろいろな話が挟《はさ》み込まれている。

たとえば、大山守《おおやまもり》皇子・大雀《おおさざき》命・宇遅能和紀郎子《うじのわきいらつこ》の三王子の国務分担、大王と宇治の矢河枝比売《やがわえひめ》との出会い、日向《ひゅうが》の髪長比売《かみながひめ》と大雀命との結婚とその関連歌、百済《くだら》の朝貢と和邇吉師《わにきし》などの来日、大山守皇子の反乱、大王位の譲り合い、新羅の王子・天之日矛《あめのひぼこ》の来日、秋山の神と春山の神の女争いなどの人間くさい話である。

長いので全文を示さないが、その一つである秋山の神と春山の神の女争いとは、こんな話だ。兄・秋山之下氷壮夫《したびおとこ》が、評判の美女・伊豆志袁登売《いづしおとめ》神にプロポーズして袖《そで》にされた。弟の春山之霞壮夫《かすみおとこ》は自分なら得られるといい、できっこないと主張する兄と物を賭《か》けてから、彼女にアタックした。母に協力を求めて藤蔓《ふじづる》づくしで装《よそお》い、藤の花に化《ば》けて屋内に入り込み、なんなく結婚してしまった。これで賭けには勝ったのだが、兄は賭けの償《つぐな》いをしなかった。そこで弟は母の知恵を借りながら、兄をとうとう懲《こ》らしめてやった、という話である。

このていどの話ならどの時代に並べられてもよさそうな、軽い作り話である。これが、応神朝の著名な話として置かれている。こうした物語的な話は、『旧辞』〈本辞〉と呼ばれた書にもともと記されていたものらしい。

二　『帝紀』『旧辞』の成立と多様化

右に見たように『古事記』には、大王関係の記録しかない『帝紀』的な記事だけの部分と、『帝紀』と物語的な『旧辞』が合わさった記事を持つ部分の二種類がある。

その二種は混ざっているわけでなく、あるところで截然と分かれている。

すなわち顕宗《けんぞう》天皇以前の記載には、『帝紀』記事のほかに物語性の高い『旧辞』の記事がついている。しかし仁賢《にんけん》天皇以下の記載では、『帝紀』記事しか見られない。ということは『帝紀』はすべての大王について検討を終わっていたから、どの天皇記でも欠けていない。しかし『旧辞』の検討は、編纂中の何らかの都合で、仁賢天皇以降の分については行われないで終わった。そういうことらしい。

その都合とは、「偽りを削り実を定め」ていた主体の天武天皇の事情のようだ。すなわち『旧辞』の仁賢天皇段以降を定めるために検討していたところ、病気に罹《かか》った。そして、やがて死没してしまった。稗田阿礼《ひえだのあれ》は、天武天皇の語った勅語のままに暗誦《あんしょう》させられていた。しかしそれが完成しないままであったため、奏上できなかった。したがって、阿礼の死とともにほんらい打ち棄《す》てられるところだった。以上が、序文の語る、元明女帝への提出前の編纂事情である。

ともあれ『古事記』は、こういう先行する『帝紀』『旧辞』という史籍を合体させたものであるから、『古事記』に残っている記事をよく見れば『帝紀』と『旧辞』の内容もおおむね推定することができるわけである。

さて『古事記』を書くときの原材料が『帝紀』『旧辞』であったとして、では『帝紀』『旧辞』が『古事記』になったのかといえば、そうはならない。『帝紀』『旧辞』は多量にまた多種類あったろうが、そのうちのごく一部の『帝紀』『旧辞』が『古事記』の材料となったのである。

すでに見たように、天武天皇は「諸の家の賷てる帝紀と本辞」があって、それは「正実に違ひ、多く虚偽を加へ」ているから「偽を削り実を定め」ようとしたのである。つまり天武天皇が『古事記』の編纂に臨んだとき、すでにしてたくさんのそしてさまざまに表現の異なる『帝紀』『旧辞』のたぐいが世間に通用していた。しかもそれらの書のうちのどれが善本《ぜんぽん》かを選べばいいのではなく、天武天皇から見ればどれもただしく実情を伝えていなくて、かってに虚偽が書き加えられている。どれもこれも噴飯物《ふんぱんもの》で、全く承認しがたい代物《しろもの》ばかりだったのだ。だから、そうした書が氾濫《はんらん》して世間の人たちを惑わすことを憂《うれ》え、自分があらたに記してただすほかないといっているわけだ。

どうしてこういう状態になってしまったのか。いやその前に、天武天皇の目に触れすでに世間に通用していたという『帝紀』『旧辞』は、いつごろできたものだったのか。

『古事記』のなかには、『帝紀』も『旧辞』もたしかにふくまれて存在する。しかしそこにあるものは、すでに天武天皇による改変を経ている。だから、『古事記』のなかの『帝紀』、『古事記』のなかの『旧辞』から、もとの『帝紀』『旧辞』の淵源を探ることはたいへんむずかしい。そうではあるが、『帝紀』『旧辞』の最初の編纂をあえて推測すれば、それは応神《おうじん》系の大王が天下を治めていた五世紀のことだろう。もちろんその中身は応神天皇以来の大和王権の成立事情を語るもので、中心にある大王の系譜的な部分つまり『帝紀』と、大和王権を形作《かたちづく》った神々・豪族の物語つまり『旧辞』でできていた。これが大和王権の最初の公式史籍として、上から諸氏族に流布《るふ》していったのだ。

応神朝の末裔の編纂と考えるのは、応神天皇が神功皇后の胎内《たいない》にあるときに、神から大王になることを約束された存在と描《えが》かれているからである。はじめから支配者と天から予告された人物が人々の前に登場するという筋書きは、始祖伝説によくある。周囲からの推挙や、軍事力で制覇《せいは》して始祖となるのでなく、神の指定により生まれながらにして大王とされている者を周囲の者が推戴《すいたい》する。支配者となる者は、同等者から出てくるのではなく、もともとの生まれが違う、といいたいのだ。応神天皇の出現譚《たん》には、そうした始祖伝説の要素が濃厚である。(3)ところが後年の編纂者が加上《かじょう》して捏造した始祖・神武天皇像には、そうした要素がない。これは、二次、三次的な必要から生じた始祖伝説の形である。

こうして作られた『帝紀』『旧辞』は、大王家から筆録されたものが頒布《はんぷ》されたのか、各氏族・諸家が口頭《こうとう》でいわれたものを憶《おぼ》えて書き留めたのか。それはわからない。だが何にせよ、はじめはどの氏族にも同じ内容のものが保有されたはずだ。それが、たんなる記憶のずれだけでなく、それぞれの氏族の権勢・権能が拡大したり縮小したり、あるいは氏族同士が伝説的な祖先を加上して合体したり、枝族を分出したりすることがあり、そうした氏族自体の歴史的な流転《るてん》が背景となって、氏族側で伝承がさまざまに脚色《きゃくしょく》される。政治動向にあわせてそのつど書き加え、書き改められていったのである。

だから各氏族の数だけ、どこかニュアンスの異なるさまざまな『帝紀』『旧辞』ができあがってしまった。これが天武天皇が目にしていた「正実に違ひ、多く虚偽を加へ」た『帝紀』『旧辞』の状態であり、天武天皇はこれらの「偽を削り実を定め」たいと願ったのである。もちろん天武天皇の願ったのが「削りたい虚偽、定めたい真実」といくら力説されても、しょせんは各氏族の趣旨と同じく、自分だけに都合の良い基準によって『帝紀』『旧辞』を改定することだったのだが。

三　国家編纂の史籍

さまざまな記述になってしまった『帝紀』『旧辞』を統一するため、それらをみんな集めて再編集する。そういう編纂への動きは、かつても試みられたろう。国家の成り立ちにかかわる記憶が支配者層のなかでまちまちというのでは、政権内部の結束にも影響しかねないからだ。しかも六世紀末から七世紀初頭にかけ、部民《べみん》制社会から官司《かんじ》制社会への、つまり氏族制社会から律令国家体制に向かういわゆる律令制による中央集権化の動きがはじまった。そうすると、それに見合い、またそれを裏付けるような、中央集権的筆致の史籍が必要になる。

　朝廷内では、趨勢《すうせい》となった大枠《おおわく》の中央集権化についてなら廷臣《ていしん》たちに異論なく一致を得られた。だが、その史籍の編纂を大王家が手がければ大王家に都合よい記述が採られ、蘇我氏がやれば蘇我氏に都合よいように過去に溯《さかのぼ》って記述が書き換えられてしまう。大規模な編纂計画は打ち上げられるが、じっさいの作業は遅々《ちち》として進まない。そういうことになった。

『帝紀』『旧辞』の公的な再編集作業は、『日本書紀』によれば、推古天皇二十八年（六二〇）にはじまっている。それが『天皇記《てんのうき》及国記《こっき》臣《おみ》連《むらじ》伴造《とものみやつこ》国造《くにのみやつこ》百八十部并《ならびに》公民等本記《ほんぎ》』の撰修命令で、皇太子（厩戸《うまやど》皇子）と嶋《しま》大臣（蘇我馬子《うまこ》）が協力して撰録に当たることになった。だが、完成には到らなかった。皇極《こうぎょく》天皇四年（六四五）六月の乙巳《いっし》の変の直後に蘇我蝦夷《えみし》邸が炎上したさい、船恵尺《ふねのえさか》がその邸のなかに駆け込んだ。そして邸のなかから焼けそうになっていた国記を取り出し、中大兄皇子に奉《たてまつ》った、とある。つまりは奏上されることなく馬子の子・蝦夷へと引き継がれ、未完成のままの姿で蘇我氏の手もとに積み上げられていたのである。

とはいえその中身となると、よくわからない。

『天皇記』は『帝紀』の言い換えで、「及び」ともあるから下文とは分離される独立した書のようだ。『国記』も単独で取り出せたのだから、きっと独立した書だろう。

しかし、『臣連伴造国造百八十部幷公民等本記』は、独立した一書なのだろうか。『国記臣連伴造国造百八十部幷公民等本記』と上から合わせて読めば『国記』の一部ともなり、略称が『国記』となる。あるいは『臣連伴造本記』『国造本記』『百八十部本記』『公民本記』がそれぞれ独立の書で、伴造関係・国造関係・子代名代《こしろなしろ》関係・屯倉《みやけ》民関係などで括《くく》られていたものか。かけらも残っていないので、全く見当《けんとう》がつかない。

もっとも『釈日本紀《しゃくにほんぎ》』（日本古典文学大系本）は、船恵尺が取り出した『国記』の一部が、のちの『先代旧事本紀《せんだいくじほんぎ》』になったとみなしている。ただし、その考えは『先代旧事本紀』という書が厩戸皇子・蘇我馬子の真撰《しんせん》とみなされ、『日本書紀』より古い史籍と信じられていた時代のものである。いま『先代旧事本紀』は、『日本書紀』の記事から作り上げられた偽書《ぎしょ》とみなされている。『日本書紀』が成立したのちに作られた書だから、『国記』がすなわち『先代旧事本紀』であるなどという考えは認められていない。そうではあるが『先代旧事本紀』巻十には「国造本紀」があり、これはほかにみられないほど整った官庁の公文書類を思わせる集約された資料である。そこで『先代旧事本紀』全部ではないが、この「国造本紀」だけは、編纂中だった『国造本記』に当たるのではないか。あるいは、取り出された『国記』の一部ではないかとかの見方も、棄てがたくなっている。

また『国記』が奏上されないまま蘇我蝦夷邸にあったのは、編纂事業がもともと時間がかかるものだからではなく、どう記述するかの記事内容のあり方をめぐって、蘇我氏と大王家の利害が対立したからだ。このために、編纂事業が頓挫《とんざ》させられていたのではないか。そういう臆測《おくそく》もできる。ただ、そうはいっても、根拠の示せる話ではない。

ところで筆者は、『天皇記』の内容は伝わっていないものの、すくなくとも推古朝の編纂時までには大王家第二の始祖として崇神《すじん》天皇像が創《つく》り出されていた。『天皇記』の編纂事業の開始が、崇神天皇像を捏造《ねつぞう》するきっかけとなったのではないか、と思っている。やがて天智朝までに、初代・神武天皇像が加上され、その説話に基づいて『日本書紀』の大王記が纏められていくのだと思う。

四　各氏族保有の史籍

国家が中央集権的な動きをはじめると、それにともなってそれに見合った史籍が必要になる。国家のもとは小さな村の連合体から出発したとしてはならない。また一度臣下となった者が、上位者を倒してのし上がってはならない。たとえ事実はそうであっても、そう書いてはならない。もしそう記せば、臣下となっている豪族は、自分たちも昔は大王と対等であったことになる。いつか大王になる資格が自分たちにもある、とも読める。また臣下から下克上《げこくじょう》して大王になったのなら、自分がいまの大王を倒しても正当である、と読み取れる。だからそう読まれないように、もともと生まれが違うとか、神から委《ゆだ》ねられ、天から命じられて支配者となったとかにしないといけない。そういう時代の推移のなかで、知られていた神話・伝承についてもその解釈が変化してくる。歴史はいつでも、語る人の立場に合わせ、その世の変化に合わせる。語られ方も、ニュアンスの強弱も、どのようにでも変わるものだ。

朝廷のなかでの神話・伝承の解釈が変化してくると、各氏族も従来のままの所伝を繰り返しているわけにいかなくなる。編纂中の『天皇記』『国記』にすり寄って、その話に調子を合わせていくのも一つである。源義経が腰掛けた岩も、泊まった家も、通《かよ》った港も、みなあとから話が作られていった。そのように、某大王が某所に遠征したとは聞いていなかったが、某大王が遠征したというならそのおりにはわが氏祖が付き添い、某所への途次《とじ》に宿所を提供したりしたことにする。

だが他方、従来あった記述を書き換えられれば、それに不満を持つ氏族も出よう。

たとえば『藤氏家伝《とうしかでん》』（寧楽遺文本《ならいぶん》）大織冠伝《たいしょくかん》には、僧旻《そうみん》の塾に藤原鎌足《かまたり》が通《かよ》っていたとある。そこで周易《しゅうえき》を講じていた旻法師が、

因《よ》りて大臣に語《かた》りて云く、吾が堂に入る者、宗我大郎《そがのたいろう》に如《し》くは無し。但《ただし》、公の神識《しんしき》・奇相、実に此の人に勝《まさ》れり。（下巻、八七五頁下段）

と鎌足にいった、とある。

この話は、『日本書紀』に見られない。『日本書紀』（日本古典文学大系本）には、中大兄皇子と中臣鎌足が「倶《とも》に手に黄巻を把《と》りて、自ら周孔の教を南淵《みなみぶち》先生の所に学ぶ」（皇極天皇三年正月乙亥条）と

あって、遣隋《けんずい》留学僧の南淵《みなみぶちの》請安《しょうあん》の開いた塾に通っていたとする。しかし石川氏には、祖先である蘇我氏に関する記録があったのだろう。そしておそらく藤原仲麻呂《なかまろ》が『氏族志《しぞくし》』編纂を企画したさい、腹心の部下・石川年足《としたり》が石川氏の家伝を提出した。仲麻呂は『藤氏家伝』を書くにさいして、この石川氏の家伝を参照し、ちょっと改竄《かいざん》したのだろう。もとより右の文には「如くは無し」とあるのだから、入鹿の上をいく者などいたはずがない。それを鎌足は「此の人に勝れり」とは、児戯《じぎ》に等しい改竄ぶりだ。ともあれ「吾が堂に入る者、宗我太郎に如くは無し」だけが、石川氏家伝の原文だったはずだ。こうして石川氏にはその祖に連《つら》なる蘇我氏についての独自の伝記・記録を持っており、そこには『日本書紀』とは異なって、蘇我入鹿の優秀さをたたえる記事も少なからず存在したのである。

このように、氏族はそれぞれ族内に独自伝承の「氏族の歴史」を編んで持っていた。

『日本書紀』持統天皇五年（六九一）八月辛亥条に、

> 十八氏の氏〈大三輪《おおみわ》・雀部《さざきべ》・石上《いそのかみ》・藤原・石川・巨勢《こせ》・膳部《かしわで》・春日・上毛野《かみつけの》・大伴・紀伊・平群《へぐり》・羽田《はねだ》・阿倍・佐伯・采女《うねめ》・穂積・阿曇《あづみ》〉に詔して、その祖等《おやども》の墓記《おくつきのふみ》を上進《たてまつ》らしむ。

とある「祖等の墓記」とは、そういう類《たぐい》の家伝である。あるいはそれこそが各氏族のもとで長期間にわたって改竄されてきた、かつての『旧辞』だったのかもしれない。ここにある「祖等の墓記」は『日本書紀』の編纂資料とされるために集められたものだが、天武天皇が集めた諸種の『旧辞』として『古事記』の一資料とされた可能性もある。

また、こうした各氏族が保有する独自の家伝を基礎資料として、のちに『古語拾遺《こごしゅうい》』『高橋氏文《たかはしうじぶみ》』

などが作られていく。

『古語拾遺』は大同二年（八〇七）の成立だが、国史や家牒《かちょう》に洩れた氏族の古い伝承を載《の》せ、中臣氏に圧《お》されて奪われた家職の復権を主張したものである。また『高橋氏文』は、延暦八年（七八九）に上申した家記に、延暦十一年に出された太政官符《だいじょうかんぷ》を添《そ》えて編集したものだ。これは高橋氏の遠祖・磐鹿六獦命《いわかのむつかり》以来ずっと大王の供御《くご》に奉仕してきた由来などを書き立て、内膳司で勢力を伸ばしてきた阿曇《あづみ》氏の排除を求めた糾弾《きゅうだん》の書である。ともにかなり下った時代のものではあるが、家記・家伝を材料として争論に持ち込んでいるわけで、古記類はたしかに氏族内に独自に存在していた。つまりどの氏族も来歴を記した「氏族の歴史」や古文書類を編み、大切に保管していた。氏族の数だけ史籍があった、ということである。

五　そのほかの史籍

さて現在の『古事記』編纂には関係しないが、ほかにも史籍は各所に散在してあった。
たとえば寺院である。
国家保護下の官立の各大寺は寺の歴史や財産目録の提出を命ぜられ、天平十九年（七四七）に相次いで奏上している。『法隆寺《ほうりゅうじ》伽藍縁《がらんえん》起幷流《ぎならびにる》記《き》資《し》財帳《ざいちょう》』『元興寺《がんごうじ》伽藍縁起幷流記資財帳』『大安寺《だいあんじ》伽藍縁起幷流記資財帳』などが、それである。これらの縁起の部分は、書き方からして古様《こよう》な宣命《せんみょう》小書《しょうしょ》体《たい》である。『法隆寺伽藍縁起幷流記資財帳』（寧楽遺文本）を例にとると、
事立爾白《もう》左久、七重宝毛非常也。人宝毛非常也。是以、遠岐須売呂岐乃御地乎布施之奉良久波、御世御

世爾母、不朽滅可有物止奈毛、播磨《はりま》国佐西《させ》地五十万代《しろ》布施奉。（中巻、三四四頁下段）

などと書かれている。

また『元興寺伽藍縁起并流記資財帳』（寧楽遺文本）では、推古天皇二十一年（六一三）正月九日に、

馬屋戸豊聡耳《うまやとのとよさとみみ》皇子、勅を受けて、元興寺等の本縁及び等与弥気《とよみけ》の命《みこと》の発願《ほつがん》、并《なら》びに諸の臣等の発願を記すなり。（中巻、三八三頁上段）

と書き出し、推古朝作成の縁起と称する。つづいて下文には、

大倭の国の仏法は、斯帰嶋《しきしま》の宮に天の下治しめしし天国案春岐広庭《あめくにおしはらきひろにわ》天皇の御世、蘇我大臣稲目宿《いなめのすく》禰《ね》の仕へ奉る時、天の下治しめしし七年歳次戊午十二月、度《わた》り来たるより創《はじ》まれり。百済国聖明王の時、太子の像并びに灌仏《かんぶつ》の器一具、及び仏の起りを説《と》ける書巻一篋《はこ》を度《わた》して言《もう》さく、「当《まさ》に聞く、仏法は既に是れ世間無上の法、其の国も亦応《またまさ》に修行すべし」と。

とあり、仏教公伝を『日本書紀』の欽明天皇の壬申年（五五二）ではなく、戊午《ほご》年（五三八）としている。つまりこの縁起は『日本書紀』の記事を見て書かれたのではなく、寺院が保有する「寺院史」「寺院記録」があって、それに拠《よ》って書いているのである。

また、神社もそうだ。

伊勢神宮に関わる『皇太神宮《こうたいじんぐう》儀式帳』『止由気宮《とゆけのみや》儀式帳』は延暦二十三年（八〇四）の成立であるが、これらの書も神社のなかに古縁起・古文献がもともと保有されていて、その社史・古記録に基づいて記述されたものであろう。

さらに渡来人も史籍を編んでいた。

『日本書紀』には、たとえば欽明天皇五年三月条に「乃《すなわ》ち使を遣して日本府と任那《みまな》とを召《よ》ぶ」とある日本府に施注して「百済本記《くだらほんぎ》に云はく、烏胡跛《うごは》臣を遣召《よ》ぶといふ。蓋《けだ》し是的臣《いくわのおみ》なり」などとする。朝鮮半島での外交交渉や戦闘時のやりとりなどについて、日本側の記録と異なる、百済側の史籍として『百済本記』がときどき登場する。ほかにも神功《じんぐう》朝・応神《おうじん》朝・雄略朝の部分に『百済記』が、雄略朝・武烈朝の部分に『百済新撰《しんせん》』が引かれている。それらの文のなかは貴国・天朝《てんちょう》・天皇などとあって、日本側に過度に敬意を表した表現が用いられている。そこで、百済で作成されたものが持ち込まれたのではなく、百済系渡来人が日本国内に来てから編集し、朝廷に提出したものと見られている。

以上のように『古事記』周辺には、多様な史籍が氾濫《はんらん》していた。

さらにいえば『古事記』だとて、これ一つではなかった。

たとえば『万葉集』(日本古典文学全集本) 巻十三・三二六三番歌には、

こもりくの　泊瀬《はつせ》の川の　上《かみ》つ瀬に　い杭を打ち　下つ瀬に　ま杭を打ち　い杭には　鏡を掛け
ま杭には　ま玉を掛け　ま玉なす　我が思ふ妹も　鏡なす　我が思ふ妹も　ありといはばこそ
国にも　家にも行かめ　誰《た》が故か行かむ

古事記に検《ただ》すに、曰《いわ》く、件《くだ》りの歌は木梨軽太子《きなしのかるのひつぎのみこ》の自ら死にし時に作る所なりといふ。

とある。ところが現行の『古事記』允恭天皇段所載の歌は、

隠《こも》り処《く》の　泊瀬《はつせ》の河の　上《かみ》つ瀬に　斎杙《いくい》を打ち　下《しも》つ瀬に　真杭《まくい》を打ち　斎杙には　鏡を懸け

真杙には　真玉を懸け　真玉なす　我が思ふ妹も　鏡なす　我が思ふ妻　有りと言はばこそよ
家にも行かめ　国をも偲《しの》はめ

とあって、下の四句に違いがあり、とくに最後の句は全く異なっている。つまり『万葉集』編纂者は、私たちが今見ている現『古事記』とは違う『古事記』を見ていたのだ。

考えてみれば『古事記』とは「古《ふる》き事《こと》の記《ふみ》」の意味であって、特定書籍の固有名詞ではない。だから現『古事記』のまわりには、たくさんの『古事記』が氾濫していたわけである。

【注】

（1）日本古代史は、どれほど多数の史籍によって描かれているか。それをテーマとして、昭和六十二年九月、武光誠氏は「別冊歴史読本」（十二巻七号）の「続　謎の歴史書『古事記』『日本書紀』」の特集記事のなかに「古代文献史料全解題」という特別企画を用意された。そこに筆者も、前之園亮一氏・高嶋弘志氏とともに分担執筆したことがある。そこに見られるだけでも、すでに一〇〇に近い文献史料名があがっている。

（2）ただしくいえば、朕が聞いた最初の「諸の家の賷てる帝紀と本辞」とは世間に流布している史籍一般のことであり、そこで惟みられた「帝紀を撰ひ録し、旧辞を討ね覈め」のなかの二書は天武天皇がじっさいに集めて検討対象とした史籍である。最後の阿礼に勅語した「帝皇日継と先代旧辞」は、天武天皇の検討を経てただしくされた完成品の史籍の名称で、つまり現行の『古事記』のことである。

（3）拙稿「応神天皇の祖型」（『古代の王朝と人物』所収。笠間書院刊、一九九七年）

（原題は「『古事記』と歴史書」。「月刊歴史読本」五十七巻四号、二〇一二年四月）

2　『古事記』の誕生をめぐって

一　『古事記』はなぜ和銅五年（七一二）に作られたのか

『古事記』（新編日本古典文学全集本）の序文によれば、本書成立のもとは天武《てんむ》天皇の勅語にある、という。天武天皇は、

私の聞くところによると、諸家の持ってきた『帝紀《ていき》』『本辞《ほんじ》』はすでに真正の事実と違い、多くの虚偽を加えている。いまここで誤りを改めておかないと、何年もしないうちに本当のことが分からなくなってしまう。これらの書は国家組織の根本をなすもので、王政の基礎となるものである。だからそれらの『帝紀』『旧辞』を検討して選別し、虚偽を削って事実を定める。それを撰録して、後世に長く伝えよう。

といい、二十八歳になる舎人の稗田阿礼《ひえだのあれ》を呼んだ。そして天武天皇はみずから偽りを削り、一つ一つ事実を定めていった。その定めた記事の内容を『帝皇日継《ていおうのひつぎ》』『先代旧辞《せんだいのきゅうじ》』と名付け、阿礼にじかに記憶させた。ところが時世は移り変わってしまい、すべての検討・選別を果たしおおせなかった。

それが、元明《げんめい》天皇のもとで蘇《よみがえ》った。

焉《ここ》に、旧辞の誤り忤《たが》へるを惜しみ、先紀《せんき》の謬《あやま》り錯《たが》へるを正さむとして、和銅四年九月十八日を以て、臣安万侶《やすまろ》に詔《のりたま》はく、「稗田阿礼が誦《よ》める勅語の旧辞を撰ひ録《しるし》して献上《たてまつ》れ」とのりたまへば、謹みて詔旨の随に、子細に採り摭《ひり》ひつ。

とある。つまり元明天皇は『旧辞』『先紀』（『帝紀』）の誤り違っているのを惜しみ、乱れているのを正そうとして、稗田阿礼が誦習《しょうしゅう》している勅語の『旧辞』を撰録して献上せよと太安万侶に命じた、という。

通説的な理解では、右の記述をこう読み取る。天武天皇が作りかけていた『古事記』の内容を、元明天皇が太安万侶に筆録するように命じて提出させた、と。だが読めばわかるように、ほんとうはそう書かれていない。筆者は、まずこの過程について二つの疑問を懐《いだ》く。

第一に、元明天皇はいったい何をしようとしていたのか。

元明天皇は、『旧辞』『先紀』の誤り違いを惜しみ、乱れているのを正そうとした、と序文にある。天武天皇の『古事記』を提出せよとか命令する前の段階で、彼女自身が『旧辞』『先紀』の修正をしようとしていたのだ、という。それはほんとうか。

少なくとも序文のままに読み取れば、彼女の前には、さまざまに誤って書かれかつ乱れている状態の『旧辞』『先紀』がまたぞろ持ち込まれた。そして彼女は、天武天皇と同じようにこれら山積みにされた『旧辞』『先紀』を校訂しはじめたか、少なくともはじめようとした。だから『旧辞』『先紀』の錯誤ぶりを嘆いていたのだ。そしてこの校訂作業を進めるにあたって、天武天皇の勅語の『旧辞』があることを知った。そこで太安万侶を派遣し、それを誦習している稗田阿礼から聞き取りをさせ、

太安万侶墓（石井久恵氏撮影）

その記録を自分のもとに献上させた。書かれている通りに読み取れば、そういう話である。

これからすると、元明天皇自身が『旧辞』『先紀』の検討・撰録作業を進めていたわけで、それならば安万侶が献上した現『古事記』はただの一検討材料である。だがもしも検討材料として使われたのならば、現在のような『旧辞』部分が顕宗《けんぞう》天皇の前で途切《とぎ》れてしまうような不体裁《ふていさい》な『古事記』が残るものだろうか。元明天皇の手で校訂されて記述の揃った、もう少しましな『古事記』が残されるはずでないか。献上の経緯から推《お》せば、元明女帝が亡くなる養老五年（七二一）まで、九年間も校訂・撰録作業ができる。天皇在位中は多忙かもしれないが、譲位してからでもまだ六年ほどある。それだけの期間があったのに、現『古事記』の不体裁な形のままに留まらせているのはおかしい。さらに作業が進展したのならば、現『古事記』は彼女によって解体され更新されてしまったはずで、もはや安万侶の序文をつけて温存しておくべきような代物《しろもの》でない。元明天皇の作った『古事記』が残らず、材料となっていた天武天皇の『古事記』の方が残るというのもおかしい。そう思わないだろうか。

第二に、元明天皇は、なぜこの時期に献上させようとしたのか。

元明天皇は、この時期つまり和銅四年に『旧辞』『先紀』を検討・撰録する意思を持っていた、という。しかしそんなことがあるだろうか。

この当時、すでに国家事業として『日本書紀』の編纂が進められている。天武天皇十年（六八一）三月の天武天皇による編纂命令から数えれば三十年目にあたり、完成するまであと八年である。それなのに、ここでいまさら素材にすぎない『旧辞』『先紀』から作り直そうと天皇みずから発起《ほっき》することなどあるだろうか。いま編纂中の『日本書紀』を完成させてしまえば済むことであり、『旧辞』『先

太安万侶墓誌（奈良県立橿原考古学研究所附属博物館）

紀』の誤謬や錯乱などはその編纂作業のなかで討覈《とうかく》して訂正しているところだ。その検討の成果を『日本書紀』のなかに十分に反映させながら完成させるよう、念を入れて指示しておけばよい。かつて天武天皇が『帝紀』『旧辞』を自分だけで討覈しはじめたのは、国史編纂事業の完成時点があまりにも遠くて見通せなかったからであろう。自分の生きているうちにはできあがらない事業であろうから、その前に自分の意思を早く纏《まと》めて宮廷内に示したかった。その思いは、それなりに理解できる。しかし元明天皇の場合、国家の修史事業はもはや大詰《おおづ》めにきている。あと何年かで完成することが予見できる。そういう時期に、元明天皇があらたに『旧辞』『先紀』の検討を一から発起するものか。そんな思いつきはあまりにとうとつすぎて、およそ考えがたい。

これらの疑問について、筆者としてはこう考える。

序文を見れば、元明天皇は「稗田阿礼が誦《よ》める勅語の旧辞を撰ひ録して献上れ」としかいっていない。元明天皇のもとに献上するさい、彼女が欲しがっている理由とされている「旧辞の誤り忤へるを惜しみ、先紀の謬り錯へるを正さむとして」は、提出側の安万侶の臆測《おくそく》にすぎない。『古事記』を元明天皇が欲しがっているのは、天武天皇と同じく『帝紀』『旧辞』を討覈しようという志をもっているからだ、と思いたかった。それだけのことではないか。

じっさいに元明天皇がこれを献上させたのは、みずからが校訂しようとして材料を求めたからではなく、稗田阿礼の死期が迫っていたからであろう。天武天皇の死没する朱鳥《しゅちょう》元年（六八六）に阿礼がかりに三十歳だったとすれば、和銅四年には五十五歳。安万侶は死期が近いと考えて、阿礼の誦習していた勅語の『帝紀』『旧辞』すなわち『帝皇日継』『先代旧辞』をもはや失ってよいかと、元明天皇に打診した。そして、それならば献上するようにと、元明天皇から求められた。その過程を天皇側が欲したというように脚色《きゃくしょく》し、奏上《そうじょう》した。これが真相に近い、と思う。

二 『古事記』という書名でよいのか

現『古事記』の冒頭には「古事記　上巻　序幷《あわせたり》」とあって、書名は『古事記』とされている。しかしこの書名が成立当初からそうであったのか、少しも明らかでない。

もとより、安万侶の献上したという『古事記』は遠《とお》の昔に失われている。

現存最古の写本は、室町初期の応安四年（一三七一）から翌年にかけて作られたものである。現在、愛知県名古屋市の大須《おおす》観音宝生院《ほうしょういん》に伝えられる、真福寺《しんぷくじ》本といわれる写本である。この真福寺本ももともと三巻本だったわけでなく、中巻が欠けていた。それを揃えるために、別系統の本を写して整えたらしい。一連でない、不揃いの写本である。その次第《しだい》はともかくとして、この最古の写本でも安万侶献上のときから数えれば六六〇年も経《へ》ており、いま見ている姿が当初の面影《おもかげ》をどれほど残したものかは判《わか》らない。もちろんそんなことをいえば『源氏物語』『枕草子《まくらのそうし》』なども、自筆本《じひっぽん》などない写本にすぎない。古典といわれているものの条件は、ほとんどみな同じである。

そうではあるが、『古事記』には偽書説が出されている。序文・本文ともすべてが後世の作だとする見解、本文は古くとも書の成立事情を語る序文は捏造《ねつぞう》とする説がある。偽書かどうかを論議しているなかでは、書名も大きな論点になりうる。

これについては、筆者にも疑問点が二つある。

第一に、元明天皇の勅命を承《う》けて編集材料の一つとして献上したというのなら、もともと書籍として編纂するほどのことはない。

たとえば『風土記《ふどき》』はいまでこそ書籍扱いとなっているが、『常陸《ひたち》国風土記』（新編日本古典文学全集本）の冒頭は、

常陸の国の司《つかさ》の解《げ》。古老の相伝ふる旧聞を申す事。

とあって、下位者が上申する文書《もんじょ》形式である解の文であった。

元明天皇の命令を承けて稗田阿礼から聞き書きをしたにすぎないものを献上するのだったら、下命《かめい》されたことに対するただの復命報告書である。わざわざ一書に編んで、麗々《れいれい》しく序文をつけて献上しなくても、その次第を解として奏上すればよい。つまり『古事記』の原初の形はただの解文でなかったろうか。

第二に、序文に書かれた通りの推移ならば、この書名は『古事記』とならない。

天武天皇は諸家の持っている『帝紀』『本辞』が虚偽を加えているから、『帝紀』『旧辞』を検討して選別し、虚偽を削って事実を定めた。そして稗田阿礼にその結果を、『帝皇日継』『先代旧辞』として誦習させた。そうある。この通りならば、この書は『帝皇日継』『先代旧辞』でないのか。

あるいは、元明天皇は「稗田阿礼が誦める勅語の旧辞を撰ひ録して献上れ」といっている。それならば、『勅語の旧辞』（あるいは『勅語の先紀・旧辞』）ではないのか。

後者ではやや不体裁な書名とも思えるが、編集材料にすぎないものならばそれで構うまい。かりにそれが不体裁と考えられたとしても、勅命を承けて献上されるはずの書は『古事記』にならない。も

ともと序の文中にも『古事記』と命名したあるいは命名されたなどとはない。編集の経緯《いきさつ》や序文からは、『古事記』という書名が出てこない。なぜこうした経緯によって、生じた書籍が『古事記』と名付けられているのか、皆目《かいもく》分からない。

それならば『風土記』と同じように、『古事記』とは宮廷内でつけられた俗称でなかったか。『風土記』はただの解文だったが、いつの間にか書名が付けられた。二〇〇年ほど経った延長三年（九二五）十二月には、少なくとも『風土記』という書名が通用していた。それは『類聚符宣抄《るいじゅうふせんしょう》』（新訂増補国史大系本）第六文譜／可進風土記項の延長三年十二月十四日付太政官符《だいじょうかんぷ》に、

> 太政官、五畿七道の諸国の司に符す
> 　応《まさ》に早速風土記を勘進《かんしん》すべき事
> 聞く如《なら》くは、諸国には風土記の文有るべし。今左大臣の宣を被《こうむ》るに偁《いわ》く、宜《よろ》しく国宰《こくさい》に仰せて、之《これ》を勘進《かんしん》せしむべし。若し国底に無くば、部内を探し求め、古老に尋ね問ひ、早速言上《ごんじょう》せよ、てへれば、諸国承知し、宣に依りて之を行へ。延廻《えんかい》することを得ざれ。符到らば奉行《ぶぎょう》せよ。
> （一四九頁）

とあることで確認できる。奈良・平安の宮廷が、『風土記』という書名を作り上げたのである。

それならば『古事記』も、安万侶は「上巻　序幷」としておいたのだが、平安宮廷内で「古事記上巻　序幷」と書き加えられた。そう理解しても、おかしくなかろう。

三　なぜ『帝紀』『旧辞』は一つにされたのか

私たちの手もとには、つとに『古事記』『日本書紀』がある。書を繙《ひもと》いて、いまさらとくにその体裁を不自然とも感じない。歴史書とはこんなもの、と思うだけだ。しかし序文から窺うと、現在の形になるまでには、考え方に何かしら大きな転換のあったことが想定される。

というのは繰り返しになるが、天武天皇はまず諸家が『帝紀』『本辞』を持っていることを確認し、その『帝紀』『旧辞』を検討し、『帝皇日継』『先代旧辞』を作成した。つまりいずれの段階でも、この書は二種類で構成されているとされ、一書に編まれたように書かれていない。

もっとも、『日本書紀』（日本古典文学大系本）推古天皇二十八年（六二〇）是歳条に、

> 皇太子・嶋《しま》大臣、共《とも》に議《はか》りて、天皇記《てんのうき》及国記《こっき》、臣連伴造国造《おみむらじとものみやつこくにのみやつこ》百八十部弁《あわせ》て公民等の本記を録《しる》す。

とあって、皇太子（厩戸《うまやど》皇子）と嶋大臣（蘇我馬子《うまこ》）が協力して史書撰録に当たることになった。この書は完成に到らず、そのまま馬子の子・蝦夷《えみし》に引き継がれた。そして皇極《こうぎょく》天皇四年（六四五）六月の乙巳《いっし》の変の直後に炎上する蝦夷邸のなかから船恵尺《ふねのえさか》が国記を取り出し、中大兄《なかのおおえ》皇子に奉《たてまつ》った、という。

この修史計画では、数種類の書籍に分けられていたかもしれない。

つまり『天皇記及国記臣連伴造国造百八十部弁公民等本記』は一書でなく、『天皇記』は『帝紀』の言い換え。『国記』は、単独で取り出せたというのだから、ほかとは独立した書籍と考えられる。

ついで以下の『臣連伴造国造百八十部并公民等本記』だが、『国記臣連伴造国造百八十部并公民等本記』と上から合わせて読めば『国記』のなかの一部となる。『国記』で代表させて表記したとみなせばよい、ともいえる。だがそう考えないで、『臣連伴造本記』『国造本記』『百八十部本記』『公民本記』がそれぞれ独立した書籍と見なすこともできる。そうなれば、一度に六つの書籍を編纂しはじめたことになる。ただし見なしうるとはいえても、じっさいとなればどうだろう。従来『帝紀』『旧辞』となっていたところを、『旧辞』だけで『国記』『臣連伴造本記』『国造本記』『百八十部本記』『公民本記』の五つの書籍にまで分解できるものだろうか。そういう分割案に堪えられるほどの記事が、それぞれの書に割り振れるものか。理念や企画はともかく、作業となればいささか疑問に思う。

ともあれこうした経緯からみれば、おおむね『帝紀』『旧辞』のセット二冊で編集され続けてきたようであり、天武朝でも『帝紀』『旧辞』を検討しているし、天武天皇も『帝皇日継』『先代旧辞』の二種にわけている。その中途にあたるのだから、推古朝での編纂も『天皇記』『国記臣連伴造国造百八十部并公民等本記』の二種類だった。そう考えてよいと思う。

しかしそれならば、どうして『古事記』や『日本書紀』は、一書で統一された形に編集されてしまっているのか。現在の『古事記』が序文にある天武天皇の『勅語の旧辞』だというのなら、天武天皇は『帝皇日継』『先代旧辞』として語ったとあるのだから、二書となっているはずではないのか。それが現『古事記』では統一されて、『帝紀』のなかに『旧辞』が入り込んだ形で一本化されている。これは、とても不思議なことである。

『帝紀』『旧辞』から『古事記』への一本化を、だれがしたのだろうか。

当事者・介在者は三人だが、まず稗田阿礼の仕事は誦習にすぎない。頭のなかで編集して一本化してしまうとかの操作はありえないし、変える権限もなかったろう。するとそれができるのは、もう天武天皇か安万侶かしかいない。

筆者は、この一本化は天武天皇のしたことだと思う。

『古事記』では大王（天皇）の代替わりごとつまり治世ごとに、『旧辞』の物語的記事を排列《はいれつ》している。ということは、『帝紀』すなわち大王（天皇）の系譜のなかに、臣下らの物語である『旧辞』を巻き込んでいるわけである。

天皇の大きな権力のもとに、臣下の事績を排列する。豪族たちに対してそんな無遠慮な発想ができかつそれが実行できるのは、天武天皇しか思い浮かばない。たしかにこうした記述法は、中国史書の編年体・紀伝体《きでんたい》という書き方を模倣し、本紀《ほんぎ》と列伝《れつでん》を混ぜたものにすぎない。ただの真似である。そうではあるが、今までしなかったのにあえてこうしたことを実行した。それを実行させられるのは天武天皇しかなく、発案は圧倒的な強さで臣下の力を押さえ込んでいた天武天皇治下こそがふさわしい。彼は、貴族の力が集中する太政官《だいじょうかん》をどこからも切り離して孤立させ、自分に直属する独立部門として掌握した。その一方で執務機関の頂点にたつ大弁官《だいべんかん》・六官を別系列で自分のもとに掌握し、天皇の意思だけで執政・実行できる体制を作り上げた(1)。そうした力があれば、豪族たちの物語を大王の治世ごとに寸断してしまうことができる。従来の歴史書でとってこなかったそんな構成は、彼の頭でしかその当時発想できない。

『日本書紀』の体裁もそうであり、天武天皇が編纂当初にしたものであったろう。この、『帝紀』のなかに『旧辞』を巻き込むという企画は、この時期の天武天皇でこそなしえた構想だった。『帝皇日継』『先代旧辞』とはあるが、これ自体がもうすでに二書でなく、一書に編集されていたのだろう、と思う。そう考えてみると、元明女帝は「勅語の『旧辞』を撰ひ録して」と命じており、『旧辞』という形だがともあれ献上されるものは一書と見なしている。すでに一本化された姿となっていることが想定されていたという筆者の臆測《おくそく》を、この言葉が支えてくれるのではなかろうか。

四　偽書説は成り立つか

『古事記』の記定は、『日本書紀』編纂となぜ並行して進められたのか。『日本書紀』で果たしきれない『古事記』独自の編纂目的とは何か。それも課題である。筆者は、天武天皇の中央集権化策の一環で、天皇家という傘のもとに氏族の神々・祖先を大きく包摂《ほうせつ》しようという一種の中央集権的宗教施策と捉《とら》えられるとした。(2) いまはそれ以上に考えが進んでいないので、ここでは踏み込まない。

最後に、偽書説を取り上げておこう。

偽書とは、後世に成立した書籍であるのに、遡《さかのぼ》って古い時期に成立していたかのように偽《いつわ》って装《よそお》われた書籍のことである。

『古事記』を偽書だとするおおむねの根拠は、

①八年前に成立したことになっている『古事記』が、『日本書紀』に一つも引用されていない。

②『万葉集《まんようしゅう》』に引かれている『古事記』の文は現『古事記』と異なっており、現『古事記』は八世紀にまだ成立していなかった。

③天武天皇の勅命による修史事業なのに、舎人《とねり》のような下級職員が担当するのは不穏当である。
④稗田《ひえだ》という氏族も稗田阿礼も、奈良期に実在したことが確認できない。ともに架空《かくう》の名称である。
⑤『日本書紀』『万葉集』と平安期の諸書の日本語表記の字音の仮字用例を通覧すると、『古事記』の用字は平安初期の諸書に近く、奈良期の書物としてふさわしくない。
⑥天武天皇による『古事記』編纂という一大事業であるにも拘《かかわ》らず、序文の撰進事情を裏付ける記事が国史のどこにもみられないのは不自然である。
以上の六点である。

これらのことから、『古事記』は平安時代に捏造《ねつぞう》された偽書とみなすことになる。ただし、序文・本文のすべてを捏造だとする見解と、成立事情を記す序文だけが捏造されたもので本文の成立はべつだとする二つの見解がある。

しかし、①では、『古事記』も『日本書紀』も、並行《へいこう》した別々の長い編纂過程を経て成立したものである。そのおたがいが引用し合わないとしても、とくに不思議でない。現『古事記』を参照・引用すべきだと思われていたとの諒解があったとも思えず、『古事記』を見なければ『日本書紀』ができないという関係にもない。それぞれが同じような根本史料を独自に検討し判断して、別々に成立していったとみて、さして不自然でない。とくに序文の語るように、天武天皇の勅語の『旧辞』が阿礼の頭のなかにしかなかったのであれば、公開された史書として成り立っていなかったのなら、『日本書紀』の編纂資料としてなおさら引用されようがない。また『日本書紀』編纂官側でも論議を重ねながら本文確定の作業を進めていたはずで、それなりの確信をもって記述していたはずである。天武天皇の勅語といわれようとも、一材料にしかなりえない現『古事記』の記事をどうしても引くべきだ、とまでは求められまい。

②『万葉集』(巻十三・三二六三)が引く『古事記』允恭《いんぎょう》天皇段の歌は、たしかに現『古事記』のと違っている。軽《かる》太子と同母妹・軽大郎女《かるのおおいらつめ》との心中《しんじゅう》の直前の歌の大半は同じだが、末尾の四句がまったく異なる。写し間違いという範囲を超えている。見ていた『古事記』が別の書物だった、と見なして構わない。しかしそうだからといって、現『古事記』が成立していなかったとまではいえなかろう。『万葉集』にはたしかに「古事記に検《ただ》すに」とあるが、そこに見られる古事記というのは特定の書物のことしか意味しない固有名詞なのか。書籍名といえるのか。いや、かりに引いた『古事記』が書名だったとしても、当時そんな『古事記』つまりフルコトノフミ(「昔のことを記した書物」の意)などいくつあったとしても不思議でない。たとえば正倉院《しょうそういん》は、いまは東大寺《とうだいじ》にしかない固有名詞となっている。しかし、古代には中央省庁・寺院・国庁・郡家《ぐうけ》などなら、どこにでもいくらでも見られる施設だった。それと同じように考えればよい。

④では、稗田氏が見えないというが、中小氏族の名が網羅《もうら》的に分かっているわけではない。たとえば湯《ゆ》という直《あたえ》姓の氏族がいるが、『続日本後紀《しょくにほんこうき》』(新訂増補国史大系本)天長十年(八三三)四月丙戌条に一度見えるだけである。もしここに載《の》っていなければ、実在しない氏族と見なされたことだろう。知られている氏族名など多くない。そのなかで、稗田阿礼がいたと書かれているのに、それを実在しないとまで断定すべき理由があるだろうか。ついでながら、筆者は『西宮記《せいきゅうき》裏書』(故実叢書本。

『西宮記』七）延喜二十年（九二〇）十月十四日条の「薭田福貞子」や光仁《こうにん》天皇の子に薭田親王が存在することから、薭田親王の養育に当たった氏として薭田氏はつとに実在すると考えている(3)。

⑤では、日本語表記に使う字音仮字の種類の多少で、平安初期の書と判断している。しかしこの比較は、判断材料とするのに適切でない。『古事記』本文では、奈良時代まで通用していた十三音（または十四音）の上代《じょうだい》特殊仮名遣《かなづか》いがきっちりと弁《わきま》えられている。むしろ上代特殊仮名遣いを理解しなくなっている平安時代にあっては、捏造しにくい書物である。

こういう指摘がなされているため、偽書説は分裂している。そして本文は古様《こよう》であって、平安時代の捏造でない。序文だけが捏造された、とする説も出てきている。

もちろんそれでも、捏造だとする向きもある。当代一流の学者であれば上代特殊仮名遣いをマスターしており、破綻《はたん》なく記述しうる。そういう人が行《おこ》なえば、捏造・偽造も可能である、と。たしかに吉田兼好の書いた『徒然草』も擬古文《ぎこぶん》であり、後世の人がよく勉強すれば古文体を駆使《くし》することもできなくない。ただ過去の時代の雰囲気が消えているなかで、後世の人が古典の勉強によってつけた国語力では、どこにも破綻が出ないということは難しい。破綻がなかったとしてしまえばもちろん当時のものと区別できないわけだから、捏造も偽造も分かりようがない。話としてはそうだ。だがしかしそれはかなり無理なこと、と見るべきだろう。

最後の問題は、③⑥である。編纂過程が序文にある通りでよいのかどうか。

一つの考えは、『古事記』の編纂過程も『日本書紀』『続日本紀《しょくにほんぎ》』などに載せられるべきものだったのだが、記事の脱漏《だつろう》などで載っていない、とみなす。これに対して、『日本書紀』編纂は国家事業だから政府高官も参加しており、国史にもその作業が適宜《てきぎ》記録されていった。だが『古事記』編纂は序文にあるように天武天皇の勅命とはいっても私的な作業であって、側近の舎人と行なうていどの個人事業である。だから国史記事の脱漏ではなく、記録するに値《あたい》しない事業だと見なされていたので、はなから記録の対象にされなかった。そうやや突き放して考えることもできる。

こうした論戦が繰り返し行われているが、結局のところ、偽書説は真撰説を打ち破れていない。しかし真撰説も、偽書説を完全に克服できていない。したがって、序文を頭から信じるか信じないか、という問題になってしまっている。

そのなかで筆者は、いちおう真撰《しんせん》説の立場を採《と》っている。

それは、真撰説でも理解し通せるからである。偽書と断じなければならないほどの破綻が、序文にはない。もちろん「破綻していなければ、信じられるのか」と反論されるだろうが、破綻がなければ疑うわけにもいかない。そういうところである。

『先代旧事本紀《せんだいくじほんぎ》』の場合には、物部《もののべ》氏関係の記述を除いて、本文が『日本書紀』の記述を超えないので『日本書紀』の記述をもとにしていると見なせる。つまり『日本書紀』を見ながら書いたことがほぼ確実だと判明している。『日本書紀』が成立したあとにできた書籍であるならば、序文の記述はあきらかに偽装である。

しかし『古事記』の場合は、本文にも序文にも決定的な破綻がない。現代の裁判ならば「疑わしきは罰せず」であり、その判断に近い。ただしこうしたことの見極《みきわ》めが現代の裁判と同じ原則でよいかどうか、それはまた別問題であろうが。

【注】

（1）拙稿「大宝律令の成立」（『天平の政治と争乱』所収。笠間書院刊、一九九五年）

（2）拙稿「七世紀史と『古事記』」（『万葉集とその時代』所収。笠間書院刊、二〇〇九年）

（3）拙稿「稗田阿礼＝不比等説への疑問」（『天平の木簡と文化』所収。笠間書院刊、一九九四年）

（原題は「『古事記』誕生の基礎知識」。「歴史研究」六〇五号、二〇一二年十月）

3 平城遷都一三〇〇年からの疑問

はじめに

平城京《へいじょうきょう》に遷都したのは、和銅三年（七一〇）三月十日のことだった。もちろんそれは東アジアの旧暦で、当時の西洋のユリウス暦では四月十三日、いまのグレゴリオ暦では四月十日にあたるのだそうだ。そして本年（平成二十二年、二〇一〇）は、その日から一三〇〇年を迎える。もちろん当時のものは地上からすべて姿を消し、目にみえるものは何もなくなっている。

そうしたなかで、いまやいろいろなことが謎となってしまった。平城京への遷都はだれが主導《しゅどう》したものか、何人が住んでいたのか……などなど。そこで一三〇〇年経たいまの目から、それらの疑問に答えを出してみる。本稿は、そういう試みである。

一 だれがなぜ平城に遷都させたのか

『続日本紀《しょくにほんぎ》』（新訂増補国史大系本）には慶雲《けいうん》四年（七〇七）二月戊子条に、

諸の王臣五位已上《いじょう》に詔《みことのり》して、遷都の事を議《はか》らしむ。

とあり、早くから文武《もんむ》天皇のもとで遷都が議題とされていた。文武天皇自身はその四ヶ月後に死没したが、遷都に向けた動きは止まらなかった。

和銅元年（七〇八）二月十五日になって、元明《げんめい》女帝から正式に遷都を断行することについての詔が発せられた。もっとも、あまり歯切れのいい詔文ではない。現代語訳して掲げると、

王公大臣らがみな『日を揆《はか》り星を瞻《み》て、世を卜《うらな》い土を相《み》て、帝皇の邑《ゆう》を建て宮室を定めることは、皇基を確立して無窮《むきゅう》に伝えるためだ』と進言する。その気持ちもよくわかる。京《みやこ》は百官の府・国民の帰する所であり、朕一人のものでない。国の利となるのなら、遠いとかいうべきでなかろう。

という。つまり元明女帝にとって本意ではないが、臣下の議論の趨勢《すうせい》にしぶしぶ従おうといういいようである。それでも続けて、

平城の地は、四禽図《しきんず》に叶い、三山鎮《ちん》を作す。亀筮《きぜい》並びに従う。宜《よろ》しく都邑《とゆう》を建つべし。

と褒《ほ》め称《たた》えた。四禽とは東西南北の各方位を守護する青龍《せいりゅう》・白虎《びゃっこ》・朱雀《すざく》・玄武《げんぶ》という神獣で、東に流水、西に大道、南に沢畔《たくはん》（池沼）、北に高山が備わるのがその具体的な姿だそうだ。ここでの三山とは、春日・奈良・生駒《いこま》の諸山のことだろう。地割《ちわり》・造宮などの準備が進められ、二年後の和銅三年三月十日、都は平城へと遷されたのであった。

どんな家庭でも、引っ越しするからには前の地から去るべき理由、新居をそこと定むべき理由、この二つがかならずあるはずだ。まずは、その事情とやらを推論してみよう。

まず藤原京から去るべき理由としては、
①律令国家機構の充実で、藤原京が手狭になった。
②大宝二年（七〇二）に派遣した遣唐使《けんとうし》が帰朝して、その報告で宮の位置や京の形が唐・長安城《ちょうあん》と異なることに気づいた。
③藤原京は北下《さ》がりの地形であって、天子南面《なんめん》の思想に合わない。
④飛鳥京は奈良盆地南端の奥まったところで、とくに水運が悪い。
⑤飛鳥周辺は保守的な中央豪族の地盤が多く、新興律令貴族の藤原氏には活動しづらかった。
⑥文武《もんむ》朝後半の飢饉・疫病流行に対し、呪術的な招福攘災《しょうふくじょうさい》の施策《せさく》を迫られていた。
⑦排出された糞尿《ふんにょう》が北側に堆積し、宮廷内に臭気が立ちこめた。

などが想定されている。

しかし、①はかつてならば支持者もいたが、いまの藤原京は後述のように十条×十坊という広大な企画とみる説（大藤原京説）が有力視されており、それならば日本史上空前絶後の大きな面積をもつ宮都《きゅうと》となる。平城京の方がむしろ狭隘《きょうあい》となるのだから、官庁施設が充実しつつある時期に、より狭いところに遷りたいという筋書きは成り立たない。②はすでに八度も遣唐使が派遣されたあとで、長安城は何十人もが見てきたはずである。長安城の規格については百も承知で藤原京を造っているはずだから、いまさら長安城と藤原京の規格が異なるからといって、驚くことなどあろうはずがない。④は、これが原因であるならば、それまでのほぼ一〇〇年間、不自由さにただ我慢していたのか。首都としては、ずっと十分に機能していなかったのか。いや、むしろ好んでここに都していたわけで、ここは交通の要衝《ようしょう》だったはずである。⑥が原因ならば、そうしたことを理由とした遷都は、もっとしげく繰り返されていたであろう。⑦は水洗便所での汚水《おすい》・汚物が道路側溝《そっこう》にじかに流されていたという話だが、この説はもはや否定されている[1]。

種々の説を勘案すると、『周礼《しゅらい》』考工記をもとに藤原京を造営してみたものの、理念が先走りすぎて、必要以上に大きくしすぎた。しかも③北極星という高みにいて天子が南面して臣下を率いるはずなのに、藤原の地形は北下がりで、宮居にふさわしくない。といっても、南に立っている臣下が北側の天子を見下《みお》ろすようなことはじっさいに起きない。それほど極端な高低差ではないからだ。だが、理念の上ではそういう逆転した立場になってしまう。そこでこれらを表向きの理由として、遷都することになったのだろう。つまり⑤藤原氏の思惑《おもわく》が関係した。はじめに「平城京に遷都する」という結論が立てられていて、いまの藤原京ではまずい理由として③をあえて主張した。そういうのが本当のところだったのではないか、と思う。

ではどうして平城京に定めたのか。その表向きの理由は、

①奈良山丘陵からなだらかに南に下がるつまり北上がりの地で、天子が南面して執政する場所としてふさわしい地形である。

②北に木津《きづ》川があり、南には竜田《たつた》道・都祁《つげ》山道を結ぶ大道がある。全国からの税物《ぜいもつ》や必要物資を水陸交通を駆使《くし》して運搬させるに適した地である。

③風水思想でいうところの四神相応《しじんそうおう》する吉相の地である。

となっている。しかしこれらはどうでもよい、あとからつけた理屈であろう。

執政の実権を握った藤原不比等《ふひと》としては、④かつてここを地盤とした和珥《わに》氏はすでに分裂・没落していて、もはや律令政治を阻害するような旧勢力でない。つまり藤原氏が新興勢力としての地盤を確立するのに支障がない地域であったから。それが、本心であったろう。そしてじっさい誰からの掣《せい》肘《ちゅう》もうけることなく、ここに興福《こうふく》寺・春日大社・新薬師寺などの藤原氏ワールドを築き上げていくわけである。

千田稔《せんだみのる》氏がいわれるように、「遷都は権力者の示威《しい》行為」(2)である。

そのとうじ政治を主導していたのは、右大臣・藤原不比等である。彼が中心となって作り上げた律《りつ》令《りょう》国家は、氏族原理の政治的風土のなかに花咲くべきものでなく、新原理にふさわしいあたらしい地盤に置かれるべきだ。そしてそれが藤原氏の利益ともなるようにという観点で、そのときにどの大豪族の地盤ともなっていなかった平城の地が選ばれたのである。

そういうわけで、平城京に遷したのは藤原不比等の構想とみなしてよい。

政界の役職上ではたしかに左大臣・石上麻呂《いそのかみのまろ》が彼の上司《じょうし》であったが、麻呂は藤原京留守官《るすかん》となったままで、新京に招かれなかった。麻呂が遷都施策の中心にいたのなら、こんな屈辱的な処遇はなかろう。政界首座の左大臣は、新京での政策決定にもはや不要になっていた。だから、藤原京に置いていかれたのである。ということは、遷都のプランは、間違いなく不比等の手になるものといえる。

二　平城京プランはどうしてあんな不整形なのか

藤原京の形は、ちかごろ大きく変貌《へんぼう》しつつある。もちろん今造《つく》っているからではなく、従来の想定が大きく崩れているからである。

いまは大藤原京説が主流で、そのなかでも十条×十坊規格が有力である。これだと、旧来の岸俊男《きしとしお》氏説の四・二倍の面積となる。面積はともかくとして、平面の形はいまのところ平安京とともに整った方形規格とみなされている。発掘調査はまだ十分でないが、難波《なにわ》京も大宰府《だざいふ》も国府《こくふ》も、みな整った方形規格だったろうという想定を前提に調査している。

平城京も、もともと東西四・二×南北四・七キロメートルのきれいな長方形と考えられてきた。古い「近鉄沿線ガイド」を見れば、みんなからそうみなされていた時期のあったことが窺える。ところが考古学的発掘調査で、意外な形だったことがわかってきた。

宮や大極殿の位置が判明すれば、その正面にある朱雀門の位置もわかる。朱雀門がわかれば、朱雀門とその真南にある羅城門《らじょうもん》とを結ぶ朱雀大路《すざくおおじ》が判明し、それが京の中軸線となる。その中軸線を軸にして、左右両京が左右対称に展開する。そう思うのは、無理がない。しかしその予測のもとに発掘しても、そうなっていなかった。京の東側にあたる左京には、一条南大路から五条大路にかけて、四条×三坊分の張り出し部（外京《げきょう》）がついていた。まるで半袖シャツの左手が広がったようになっていたのだ。

なぜこんな不整形にされたのだろうか。

一つの解釈は、奈良盆地の地形の制約をうけたから、とする。

七世紀中ごろの奈良盆地中央部には、やや東寄りに、三本の南北の直線大道が並行してのびていた。

このもっとも西側の下《しも》ツ道が平城京の中軸線となっており、平城京の朱雀大路はこの下ツ道に直結するよう企画されている。つまり下ツ道を朱雀大路として組み込んで企画されていた、といってもいい。この企画案だと、朱雀大路から西側に四坊作ると、もう西側の丘陵部に突き当たってしまう。しかし東側はまだ平地が多く残っており、人の住める場所が大きく空《あ》きすぎてしまう。そこで京戸《きょうこ》として人を住まわせるため、外京という区画を立てて京内に取り込んだ（外京という名称は、当時のものではない）。ただし宮が京の西側に寄った形とはしたくなかったので、宮が北辺中央になるようにするため、外京の一条目は設定しなかった、とする。

またほかの解釈では、中国都城を模倣しようとしたせいとする。

唐の都・長安城（東西九・七×南北八・二キロメートル）を理想のモデルにしたから、造都プランでは最初から東西を長めにとるつもりだったのだ、という。

しかしこうした不整形は、京の北側でも発見された。

右京一条北大路の北側に、北辺坊と呼ばれる半条×三坊分の張り出しがある。まだ住民がいられるような平らな土地が取れたから、それを京内に取り込んだだけだともいう。あるいは、すでに奈良盆地にしかれていた方格《ほうかく》の条里《じょうり》と平城京の条坊との間で食《く》い違《ちが》いがあり、その間で京でも条里でもないような隙間が幅広く生じてしまう。それを埋めるための方策だった、とみる説もある。

そのいずれにせよ、平城京の外京・北辺坊などという条坊の発見も、考古学的な発掘調査のたまものである。

そういえば奈良市・大和郡山市の市堺にある下三橋《しもみつはし》遺跡に続き、京南条坊遺跡で左京十条大路にあ

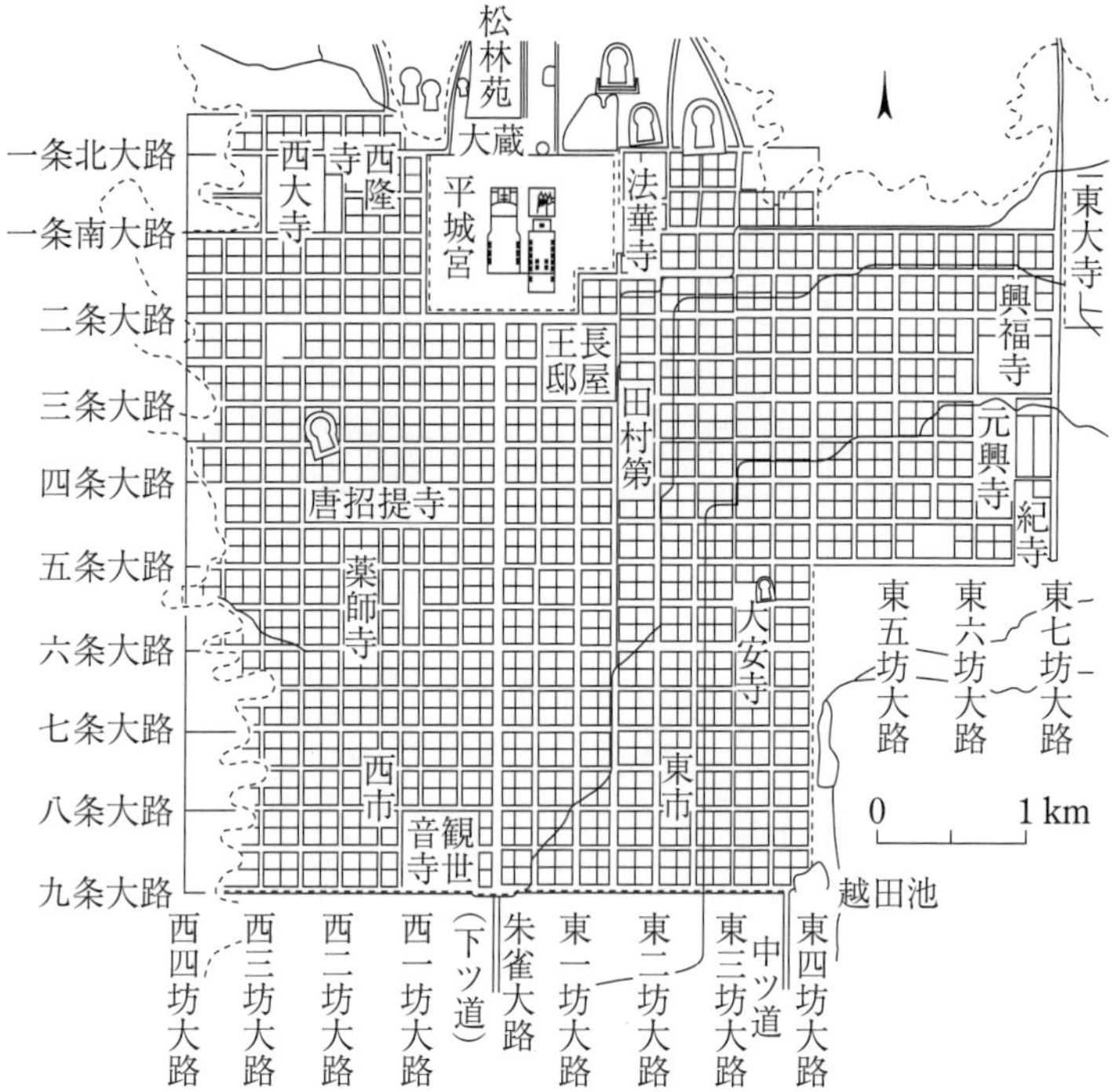
松林苑
大蔵
平城宮
西大寺
西隆寺
法華寺
東大寺
興福寺
長屋王邸
田村第
元興寺
紀寺
唐招提寺
薬師寺
大安寺
西市
東市
観世音寺
越田池
一条北大路
一条南大路
二条大路
三条大路
四条大路
五条大路
六条大路
七条大路
八条大路
九条大路
西四坊大路
西三坊大路
西二坊大路
西一坊大路
(下ツ道)
朱雀大路
東一坊大路
東二坊大路
東三坊大路
中ツ道
東四坊大路
東五坊大路
東六坊大路
東七坊大路
0
1 km

平城京の復原条坊

平城宮第一次大極殿復原建物（筆者撮影）

たる道路跡が発掘された。新聞報道では「十条目があった」かのような見出しが立てられ、「平城京の大きさは、また変わるのか」と注目もされた。

　だがこれはおそらく造都プランを立てたさいの痕跡であろう。

　造都にさいしては、机上でプランを作成し、ついでじっさいに地上に溝を掘りにいく。都城の条坊を画定《かくてい》させる下準備作業を、地面にじかに施《ほどこ》してみるのである。だから、当初の机上《きじょう》のプランでは十条以上の計画だったのかもしれない。あるいは現状の京域より一条分以上南に下げて都を造ろうとしていたが、最終的に一条分北に上げて建設することに決まったので、当初プランの線引きの痕跡が地上に残されてしまった、ということであろうか。ほかには、周囲の村里の条里区画との調整のための施設があったと推測する向きもあるが、そこまでする意図がどういうものか、想像できない。

しかし、それらがどうであれ、現実にできあがった平城京が九条までだったことは動かない。というのは、九条大路の南には羅城門と羅城の跡が見つかっているからだ。つまり都城南端としての体裁は、すでに完結している。そのさらに南に、条坊《じょうぼう》・大路《おおじ》を設けることなどおよそ考えがたい。

とはいえ、いかなることにも先入観は禁物《きんもつ》である。発掘調査でしだいで、私たちの常識などはいとも簡単に覆《くつがえ》されるものだ。

三　平城宮にはなんで大極殿が二つもあるのか

平城京の北端中央部には、平城宮が置かれている。

その宮のまんなかには、第一次内裏《だいり》・大極殿《だいごくでん》・朝堂院《ちょうどういん》が、その東隣りに第二次内裏・大極殿・朝堂院が並立している。そう思ってきた。

内裏とは天皇の居住空間であり、妻妾が住まう後宮《こうきゅう》なども附属している。大極殿は天皇と貴族の代表者（つまり太政大臣以下・参議《さんぎ》以上の閣僚たち）とが利害を調整して政務内容を決定する場所である。朝堂院は太政官の八省などの役人たちが詰《つ》めている場所で、大極殿内での施策決定を待ち受け、決定内容に沿って政策を具体化する。こまかい業務は、朝堂院の外側に各官庁ごとの曹司《そうじ》があるので、そこで行なう。また大極殿の南で朝堂院の中央部は大きく空《あ》いているが、そこは儀式などを執《と》り行なう催事場として使われた。

この第一次・第二次の建物群は、もとより並存ではない。名称から推測される通り、第一次建物群から第二次へと移り変わった。そのきっかけは聖武天皇の天平十二年（七四〇）十月からの動きで、天皇は藤原広嗣《ひろつぐ》の乱に動揺し、平城京を放棄してしまった。そののち五年間にわたり、畿内周辺を彷《ほう》徨《こう》していた。その動きのなかで、平城宮の建物はしだいに解体され、恭仁宮などに移築されたりしている。この彷徨が終わって戻ってきたあと、あらためて造られたのが第二次建物群である。そのように、長く理解されてきた。

ところが、話はそれほどかんたんでなかった。

奈良時代前半には、宮の中央部（中央区）にあたる朱雀門の北に南北に長い大極殿院のスペースがとられ、そのなかの北寄りに一段高い土壇《どだん》が築成され、そこに大極殿が建てられていた。大極殿院の南には朝堂院が作られていて、内側の両脇に四堂の南北に長い朝堂があった。これら中央区の東（東区）には内裏があり、内裏の南には大型の掘立柱《ほったてばしら》建物を中央に配した区画があった。ところがその南に、掘立柱建物による十二の朝堂を持つ朝堂院が附属していたのだ。そうなると、東区の朝堂院の北にある建物は、大極殿院・大極殿のようにも思える。これはいったいどういうことなのか、という疑問が生じたわけである。

奈良時代後半になっても、東区の内裏と十二堂の朝堂院はそのまま施設の性格を変えず、朝堂院はそのまま朝堂院だった。だが、内裏の南にあった大型建物は、礎石立《そせきだ》ちの大極殿に造りかえられた。一方で中央区にあった旧大極殿院は、敷地を北半分だけに縮められた上に、建物群が密集する施設となっており、もはや大極殿院ではなくなってしまった。それなのに、その南にある四堂の朝堂は、そのまま維持されているのだ。

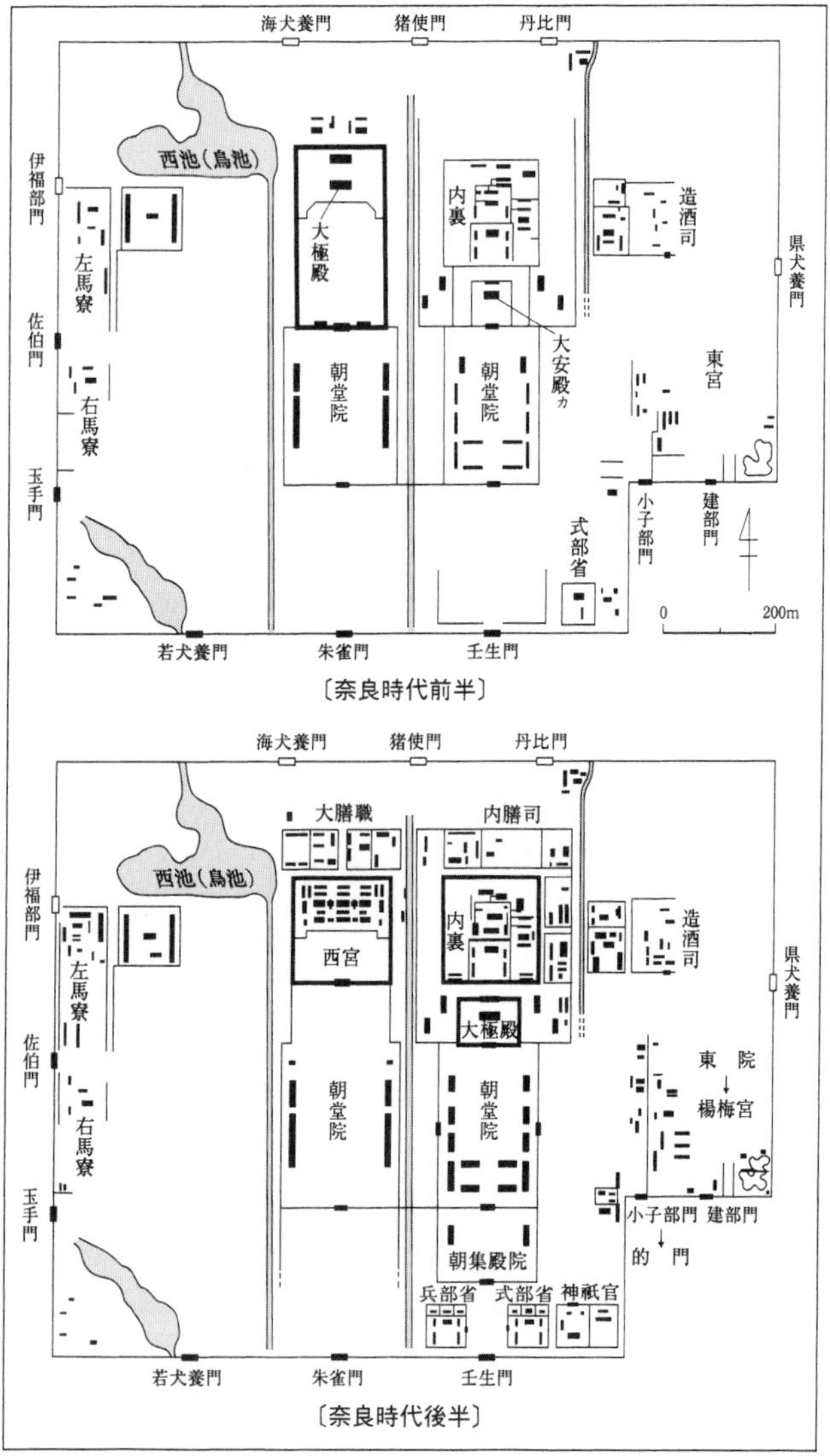

平城宮図（舘野和己氏著『古代都市平城京の世界』山川出版社より）

つまり内裏と朝堂院には、もともと第一次建物と第二次建物などなかったのである。内裏は奈良時代を通じて動かなかったし、朝堂院は建て替えられているが、ほぼ同規模の施設でありつづけた。そのなかで、大極殿院は、中央区から東区へと移動した。いったいなぜ動かされたのか。そして、中央区の大極殿院跡に建てられた施設は何で、奈良時代前半の内裏の南にあってのちに大極殿院となった東区の大型建物は、いったい何だったのか。

それについては、いまだ試案が出されているにすぎず、確定はしていない。

現在のところは、こういう説明になっている。すなわち内裏南隣りの大型建物は、『続日本紀』に散見する大安殿《だいあんでん》であろう。そして、第一次大極殿跡に建てられた施設は、西宮《にしのみや》にあたるのではないか、という。

第一次大極殿は国家的儀礼に限って使用され、日常政務と通常の行事は大安殿で行なっていた。それが奈良時代後半に、第二次大極殿に統一される。西宮は称徳《しょうとく》女帝の居所とされたところで、それに続く南の朝堂は、饗宴《きょうえん》を催《もよお》す場所としてのみ使われた。(3)こうした二ヶ所で儀式を執行することは一見奇異《きい》に映《うつ》るかもしれないが、唐・長安城では即位などを催す大極宮と日常的な儀礼を行なう大明《だいめい》宮《きゅう》が並立していた。それを模倣したものだ、(4)などと解釈されている。

これでよいのかもしれないが、天平期の貴族勢力の台頭という政情を重ね合わせると、大極殿と大安殿を合体させたのは藤原氏勢力の浸透力のつよさを物語る証《あかし》なのかもしれない。また第一次大極殿跡が西宮となったのは、何かの暗示のように思える。そこに住んだ称徳女帝は平城宮の中心に常住することとなったわけで、旧大極殿院を日常の居所とするという着想は「王を奴《やっこ》となすとも、奴を王というとも、意《こころ》のまま」（『続日本紀』天平宝字八年十月壬申条）と高言した、その言葉を体現してみせたもの。小規模とはいえ帝国世界の中心たる位置に坐っていたいという、称徳女帝の心のうちを反映させた所業ではなかったか。勝手な臆測であるが、想像の翼が産毛《うぶげ》くらいは筆者の胸のうちに生えはじめている。

四　平城京には何万人が住んでいたのか

戸籍《こせき》が作られなければもちろん、戸籍があっても、長い歳月を通して保存されつづけるはずがない。時代を超えて必要だ、とは思われないからである。そこが文学作品とは異なるところだが、それはともかくとして、戸籍もないなかでは当時の精確な人口などわかりようがない。しかし、あえて挑戦してみようとした人もいる。

奈良時代の人口と平城京の人口をはじめて推計してみたのは、歴史学者ではなく、数学者で東京高等商業学校（一橋大学の前身）教授の澤田吾一《さわだごいち》氏だった(5)。老後の趣味とはいえ凄《すさ》まじい執念で、退職後に東京帝国大学国史学科に再入学して勉強した。経歴や動機はともあれ、着想がよかった。

奈良時代の全国の人口については、断片的な史料を集めて、そこから類推《るいすい》を重ねた。『続日本紀』天平十九年（七四七）五月戊寅条では、封戸のなかの正丁《せいてい》・次丁《じてい》の法定戸口数を一郷（五十戸）あたり二八〇人、中男《ちゅうなん》を五十人と定めている。また東大寺正倉院《とうだいじしょうそういん》には、裏側の白紙の部分を再利用させようと下《さ》げ渡されていた紙があり、その表側に諸国の古代戸籍が記載されていた。そのうちから家族構成の全容がわかる事例を選び、男子のなかで十七歳から六十五歳までの者の人口比率、また男女人口比率の平均値を算出する。これと先ほどの郷戸《ごうこ》内の中男・正丁・次丁の男子数とを対応させると、郷戸内の計算上の男子総数は六三七人となる。男子総数に対する女子の割合は一・一九七となるので、女子人口は七六二人と算定できる。これに『和名類聚抄《わみょうるいじゅうしょう》』(池邊弥氏著『和名類聚抄郡郷里駅名考証　増訂版』吉川弘文館刊)に記された国内の総郷数である四〇四一を掛けると、総人口は五六五万三三五九人と弾《はじ》き出せる。

『和名類聚抄』は十世紀第二四半期ごろの成立で、記載された郷名は九世紀前半の状況に近いという。(6)それでも現在出土する木簡には多彩な郡郷里名が見られ、その記載は平安時代の郡郷名とかなり異なっている。これにともなって、郷里の数も大幅に変化していることが予想される。奴婢《ぬひ》も、一般戸が所有する数はわずかだが、役所・貴族・寺社などという大口の保有者数がいる。これらをどう算定していくのか、考えなければなるまい。そういう批判はあるが、批判してみたところで、もとより正解を得る方法があるわけではない。

あるいは、『類聚三代格《るいじゅうさんだいきゃく》』(新訂増補国史大系本)巻十八に引かれた弘仁六年(八一五)八月二十三日太政官符《だいじょうかんぷ》には、陸奥国の課丁《かてい》が三万三二九〇人で、健士《けんじ》が一五〇〇人だったと記されている。国庁が管轄して部内の各戸に強制的に割り当てている出挙稲《すいことう》(貸し付けられる稲)は、その対象となる人口数に比例して置かれているものと仮定すれば、出挙稲一〇〇〇束あたりの課丁は二十一・九八人となる。これを『延喜式《えんぎしき》』(新訂増補国史大系本)主税《しゅぜい》にある出挙稲の量に適用すると、四十五ヶ国分で三五〇万四二〇〇人となる。これに、別に計算した畿内五ヶ国(四六万三六〇〇人)など二十数カ国分の人口を加算すると、全国数は五五七万三一〇〇人と算定できる、という。

ここでも、陸奥国の課丁数を規準としてそれを全国に及ぼしているが、争乱ぶくみの不安定な地をもとにした数値であれば、それを全国的な基準値として広げてよいかという不安がある。つまり依拠する数値に、もともと信頼感がないというわけだ。

そうではあるが、いろいろと異なる種類の史料を使って計算してみても、結果はどれもほぼ五五〇万人ていどとなる。そこで、これが奈良時代の推定人口として、ほぼ通説となっている。

ついで平城京の人口だが、その算定方法はこうだ。

まずはおおざっぱな見当《けんとう》をつけるため、近世末期の景観《けいかん》の残る農村と都市の人口を取り上げる。石川県金沢市の明治四年（一八七一）の人口（一二万三三六三人）と明治二十年の地積《ちせき》（約一四〇万平方丈）をもとにして、平城京全体の地積（二一八万六〇〇〇平方丈）の比率から住民数一九万三〇〇〇人を、大路を除いた地積（一七七万平方丈）から住民数一五万六〇〇〇人を算出した。この平均値に、郊外の寺院などの住民二万余人を加えた二〇万人を、概算見積値として算出した。

ついで、『延喜式』裏書《うらがき》の太政官符に目をつけた。ここには奈良時代末の宝亀《ほうき》年間（七七〇～八一）ごろに、平城京内で賑給《しんごう》を受給した人の数が記されている。賑給とは、生活弱者への特別給付というくらいの意味だ。その受給者のなかの八十歳以上の高年者数は、一〇七六人とされている。高年者の数値が一定の時代のなかでは大きく変わらないとみなし、美濃《みの》国の戸籍中の高年者数（二一三二人中に九人）の人口比率と同じものとすれば、八世紀末の京内人口は約二五万五〇〇〇人となる。

また左右京職《さゆうきょうしき》の報告によれば、京内の鰥《かん》（妻のない男）は一八一一人、寡《か》（夫のない女）は四一六五人という。これを古代の年齢別人口構成表に当てはめてみると、美濃国戸籍（二一三二人中に鰥七人・寡八七人）を基準とすれば、平城京の男は二六万七〇〇〇人、女は五万三〇〇〇人になる。同じく西海道戸籍《さいかいどう》（六〇七人中に鰥三人・寡二十三人）を基準とすれば、男一七万五〇〇〇人・女五万八〇〇〇人、計帳《けいちょう》（六〇五人中に鰥九人・寡四十三人）では男五万五〇〇〇人・女三万二〇〇〇人と算定できる。これらを平均すると、平城京の男子は一六万六〇〇〇人、女子は四万四〇〇〇人となる。右の結果を種々勘案すると、平城京の総人口は約二〇万人と復元できる、という。

断片的な史料を点綴《てんてつ》しての大胆な臆測であるが、叩《たた》き台《だい》としての価値は大きかった。

そうではあるが、やはり問題点も多く、どうやら京内人口はそんなに多くなかったらしい。

そこで、都市住民を構成していた人たちを数え上げながら、その値を積算していこう。

四等官《しとうかん》・准四等官階層のいわゆる専任職の貴族・官僚は一〇〇〇人ていどで、四等官以外の史生《ししょう》・使部《しぶ》など官庁の下働きをする下級役人が八〇〇〇人。皇族・貴族に仕える帳内《ちょうだい》・資人《しじん》などが五〇〇〇人で、大学などの学生が五〇〇人、後宮女官が三〇〇人。これらを積み上げると、官人・准官人はほぼ一万五〇〇〇人になる。これらの官人には家族がいるはずで、それぞれ四〜五人とすれば全体で七万人前後である。さらに労働税として役所で働かされている仕丁《してい》・衛士《えじ》などの交替勤務者がつねに九〇〇〇人ほどで、僧尼と所有奴婢で二万人くらいとすると、居住しているはずの人たちは合わせて一〇万人前後となる。

これが都市の構成員だが、それは理屈の上でである。

貴族や専任職にある中級官人以上ならば、日常的に京内で生活しているであろう。しかし下級役人たちのほとんどは、その日の食料以外は無給の生活者だった。彼らの多くはもともと畿内と周辺地域の出身者だから、それでも生きていける。ふだんは村里に住み、口分田を耕していた。そして京内で仕事があるときだけ、回覧されてきた召文《めしぶみ》で召集され、役所に勤務したのだ。そういう出入りの激しい、流動性の高い人たちが存在した。その彼らの人口比率をどれほどと勘定するかによるが、京内人口は七万人±二万人ていどとしておくのが穏当のようだ。

五　平城宮はどうやって再発見されたのか

平城宮は三度棄てられた。

一度目は天平十二年十月で、聖武天皇が大宰府で起きた藤原広嗣の乱に動揺し、恭仁《くに》宮・紫香楽《しがらき》宮・難波宮へと遷都を繰り返した。そのおり、平城宮の第一次大極殿は恭仁宮に持って行かれてしまった。それでも、そのときは五年で平城の地に帰ってきた。

ついで延暦三年（七八四）十一月の長岡京遷都のさいも見棄《みす》てられ、宮殿建物はつぎつぎ長岡宮に運ばれていった。これが二度目である。そして今度のはもう、戻されることがなかった。

とはいえ、廃都といっても根こそぎ持って行かれて荒野《こうや》と化したわけでなく、宮殿施設の一部は温存されていたらしい。しばらくして、それらの殿舎《でんしゃ》をもとに、都をもう一度ここに戻そうと考えた人がいた。それが、平城《へいぜい》上皇である。

平城天皇は病気治療に専念するため、大同四年（八〇九）に嵯峨《さが》天皇に譲位した。そのまま隠居するつもりでいたようだ。転地療法が効果的と考えられていたのか、それが病気の症状だったのか、平城上皇は平安京内で五回も転居を繰り返した。

治療専念の甲斐《かい》あってしだいに健康を取り戻し、ふたたび天皇に復帰したいと心ひそかに思いはじめた。そしてかねて生まれ育った地に郷愁《きょうしゅう》を懐《いだ》いていたのか、平城宮に戻りたいと願うようになった。平城上皇の愛妾《あいしょう》は藤原薬子《くすこ》といったが、その兄・藤原仲成《なかなり》が造平城宮使長官となり、宮ができもしないうちにもう水路《すいろ》をとって古京に向かってしまった。考えはじめたら、矢も楯《たて》もたまらずという気持ちになったのだろうか。まだ残っていた故・大中臣清麻呂《おおなかとみのきよまろ》の旧邸に仮住《かりず》まいするほど、急いで平城の地に移ってしまったのである。

そして弘仁元年（八一〇）九月、平城上皇は、嵯峨天皇の意向を打診することもなく、天皇を差し置いて「平安京を廃し、自分のいる平城京に遷都する」と発令した。

ここに上皇と天皇という権限の似通《にかよ》った人が並び立ち、二か所の朝廷からべつべつの食《く》い違《ちが》う命令が臣下に下《くだ》されるという混迷した政治状況が出現した。最終的に嵯峨天皇は、上皇の寵姫・薬子が平城上皇を唆《そそのか》したものと処理し、強権をもって事態を収拾した。これは明らかに、本人が自覚して起こした「平城上皇の乱」だったが、名目上でも主権者であるはずの上皇が反乱を起こしたとはいいづらい世相《せそう》だったので、薬子の変と名付けられたのである。

それはともあれ、ここに見えた平城上皇の都しようとした平城宮が、宮としての最後の消息となった。これが三度目の廃棄で、平城宮は歴史の表舞台からその姿を消した。

貞観《じょうがん》六年（八六四）十一月に大和国司は「延暦七年に都が長岡に遷ってから七十七年がたち、都城・道路は変じて田畝《たんぼ》となっている」（『日本三代実録』）と表現している。(7) 八十年弱で、ふつうの田園風景に戻ってしまったのである。

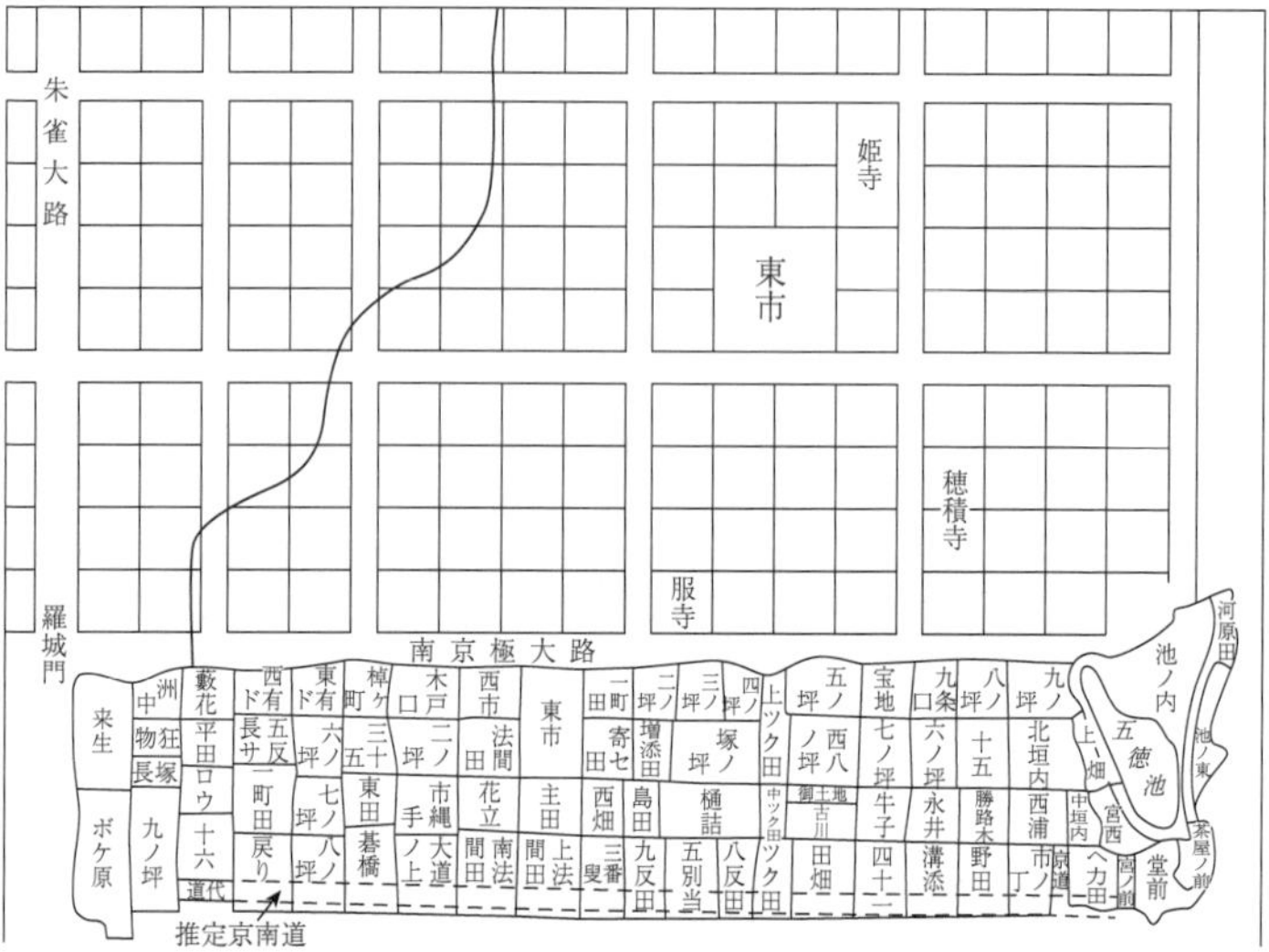

平城京の京南道の小字名（千田稔氏「宮都と道路」「歴史読本」32巻12号より）

それでも平城京の記憶は、その付近の農夫らに代々口伝《くちづた》えに承《う》け継《つ》がれた。

大極殿の跡は「大黒《だいこく》の芝」と呼ばれ、羅城門の跡には「来生」（ライジョウ。大和郡山市野垣内町）という小字名《こあざ》が残された（上の図の左端）。この読みが古来のものであるのならば、大極殿の大極は大黒、羅城は来生と字を変え訛《なま》りながら、伝言ゲームのようにいまに伝えられたこととなる。(8)

こうした地名・伝承や地形を手がかりとして、江戸中期から平城宮・京の研究が進められた。

平松古道《こどう》著『平城阯《し》跡《せき》考』・久世《くぜ》宵瑞《しょうずい》著『平城坊目《ぼうもく》考』にはじまり、藤堂《とうどう》藩古市《ふるいち》奉行所の北浦定政《きたうらさだまさ》は手製の測量車まで駆使《くし》して完成度の高い『平城宮大内裏跡坪割《つぼわり》之図』（嘉永五年〈一八五二〉）を作り上げた。明治時代以降になると、この流れを承《う》けながら、関野《せきの》貞《ただし》氏が『平城京及大内裏考』（明治四十年〈一九〇七〉）を著《あらわ》して地名学・文献学による近代的研究に着手した。

そしていよいよ現代となり、文献資料から描かれてきた平城宮の姿を、そうかどうかじっさいに考古学的に確認する作業がはじまった。

昭和二十八年（一九五三）、米軍のキャンプ奈良E地区に通じる一条通の拡幅《かくふく》工事を機に、文化財保護委員会（現在の文化庁）管轄下の奈良国立文化財研究所（現在の奈良文化財研究所）が発掘調査を手がけた。それ以降、一貫して計画的な考古学的発掘調査が進められている。こうして一三〇〇年がたち、平城宮・京はいまその威容《いよう》をふたたび地上に出現させようとしている。

【注】

（1）拙稿「大藤原京は何を語りかけているか」（『万葉集とその時代』所収、笠間書院刊。二〇〇九年）

（2）『平城京遷都』岩波書店刊、二〇〇八年。

（3）舘野和己氏著『古代都市平城京の世界』山川出版社刊、二〇〇一年。

（4）金子裕之氏「儀式と執務の場＝朝堂院」（田中琢氏編『古都発掘―藤原京と平城京―』所収、岩波書店刊。一九九六年）。

（5）『奈良朝時代民政経済の数的研究』冨山房刊、一九二七年。

（6）池邊弥氏著『和名類聚抄郡郷里駅名考証　増訂版』（吉川弘文館刊、一九八一年）、「解説」参照。

（7）平城京から長岡京への遷都は延暦四年のこととするのが一般的で、延暦七年ではない。このことについては、別稿「平城京廃都はいつのことだったか」（「歴史研究」五八三号、二〇一一年八月。本書所収）を参照されたい。

（8）この小字名を採取した池田末則氏（日本地名学研究所長）に、筆者は平成二十二年一月十一日に電話で確認したが「小字名の聴き取り調査では、聴いたその場で書き込んでおり、間違いない」とのことである。当時採取された読みは「ライジョウ」であった。もし古来の名称が地名となったものならば、羅城門はラゼイモン・ラセイモン・ラショウモンのいずれでもなく、ラジョウモンと読んだことが確実となろう。平城京もヘイゼイキョウではなく、ヘイジョウキョウで確定することとなる。

（原題は「平城遷都千三百年の基礎知識」。「歴史研究」五八〇号、二〇一〇年四月）

4　越中守・大伴家持の寄り道——饒石川を渡った理由

一　問題の所在

天平十八年（七四六）、二十九歳の大伴家持《おおとものやかもち》は越中守《えっちゅうのかみ》に任命され、五年間を越中国庁《こくちょう》（高岡市伏木古国府）で過ごした。その日々の歌が『万葉集』にまとめて残されており、古代越中の様子や律令《りつりょう》貴族の生活意識を窺う格好《かっこう》の資料となっている。

さて『万葉集』（日本古典文学全集本）によれば、天平二十年に家持が詠《よ》んだ歌群のなかに、つぎのような歌がある。

鳳至郡《ふけしぐん》にして饒石川《にぎしがわ》を渡る時に作る歌一首

妹《いも》に逢はず　久しくなりぬ　饒石川　清き瀬ごとに　水占延《みずうらは》へてな　（巻十七・四〇二八）

「久しく妻に逢っていないが、逢えるのはいつか」と思って、水占をしてみたという歌意である。歌中の水占というのも問題で、どうやるか分からない。いまは水の上に紙をおき、その上に硬貨などを載《の》せて、沈むまでの時間の長短をもとに占ったりしているが、とうじはどのようであったか。しかし、ここで問題とするのは、それでない。それよりも、家持はなぜ饒石川の近くを通《とお》ったのか。それが問題である。

家持がこのとき越中国内を回っていたことは、この歌群の左注に、

右の件《くだり》の歌詞は、春の出挙《すいこ》に依りて、諸郡を巡行《じゅんこう》し、当時当所にして、属目《しょくもく》し作る。

大伴宿禰家持

とあって、春期の公出挙《くすいこ》の貸し付け作業の監督を業務内容とする国司巡行のためだった。

しかもご丁寧に本人による注釈がついていて、「当時当所（その時・その場で）」とある。だから、饒石川のことを想像して頭に思い浮かべたというものではなく、ほんとうにじかにその現場に立っての作歌であることが確実である。

この歌群の題詞を連《つら》ねると、家持は越中国府のある高岡市伏木《ふしき》を出て、志雄《しお》→羽咋郡家《はくいのぐうけ》→気多《けた》神社→能登郡家→香島津《かしまづ》（七尾）→熊木《くまき》（中島）→藤瀬→仁岸川《にぎしがわ》上流→剣地《つるぎち》→櫛比《くしひ》（門前）→穴水《あなみず》→三井《みい》→鳳至郡家（輪島）→待野《まちの》（町野）→珠洲《すず》郡家（飯田）を通り、伏木に戻ったようだ。

つまりは能登半島を西・東に蛇行《だこう》しつつ北上し、羽咋・能登・鳳至・珠洲の四郡家を結んでいる。もちろん各郡家に立ち寄って、その場に待機している郡司《ぐんじ》からの報告を受けていくのである。

そもそも国司による部内の巡行は短期間であり、すべてを見回《みまわ》るのではない。そこでの施政を任せている郡司からの報告を、現地の状況と照らし合わせてうける。郡司と同列の仕事をするわけではないから、現地踏査に力点はなく、報告をうけることに主眼《しゅがん》がある。したがって、目的地となる郡家と郡家とを最短距離で結ぶべく動いている。そのさい今日でもそうであるように、公用・社用を問わず、出張費は最短距離・最安料金の運賃であって、かかったからといって実費を支給してくれるもの

大伴家持の能登四郡巡行推定ルート
（中葉博文氏『越中富山地名伝承論』クレス出版より。一部改）

伏木の勝興寺境内は越中国庁址と目されている（筆者撮影）

ではない。つまりその趣旨はその用件で必要とされるなかでの最短距離を行け、ということである。

　そこでこの国司巡行ルートであるが、『日本後《にほんこう》紀《き》』（新訂増補国史大系本）大同三年（八〇八）十月丁卯条によれば、

　能登国能登郡越蘇《えそ》（江曽）・穴水、鳳至郡三井・大市・待野・珠洲等の六箇駅を廃す。要《い》らざるを以て也。

とある。

　ということは九世紀冒頭までの駅路《えきろ》は熊木から穴水へと北上し、西北に位置する饒石川（仁岸川）を通ることはない。そのはずである。それなのに、家持はじっさい国司巡行コースを大きく西に外《はず》れ、ことさらに饒石川を渡っている。それはなぜだったのか。

二　資源調査か勧農か

解《と》きがたい疑問とされているなかだが、現在までに示されているおもな解釈は五種六説ある。
中葉《なかば》博文《ひろふみ》氏は「能登の川瀬―家持の饒石川巡行―」(1)で、水と鉄に関わる視察だったとした。
中葉氏によれば、越中地方の諸郡巡行では雄神《おがみ》川・鵜坂《うさか》川・婦負《ねい》川・延槻《はえつき》川などが歌材とされ、川の様子も詠み込まれている。能登の熊木からの外浦《そとうら》地方は比較的大きな川が集まっているところであるから、河川の水量を実検することが一つの目的だったろう。また旧門前町（輪島市）には五十ヶ所以上の製鉄遺跡が散在しており、なかでも仁岸川（饒石川）・八ヶ川《はっかがわ》流域に集中している。そのうちの八ヶ川の支流には鉄《くろがね》川があり、その水源地の大生《おおい》製鉄遺跡群の鉄滓《てっさい》はC14年代測定で奈良・平安時代のものとされている。この産鉄が国家のする調庸《ちょうよう》指定に堪えられるか、またその旨《むね》を都に報告すべきかどうかを、国守として見きわめに赴いた、と理解された。この鉄資源産出地域であるということに関連しては、針原孝之《はりはらたかゆき》氏が(2)製鉄炉視察説を立ててもいる。

これに対して、川崎晃氏は「大伴家持の越中国赴任(3)」で、「饒石川への巡行を金（砂金）の産地探索と関わる行動と考える余地もある」とされた。

すなわち、当時の中央政界の一つの大きな関心事は、東大寺毘盧舎那仏《ビルシャナぶつ》の鍍金《メッキ》用の金の調達にあった。そのために石上乙麻呂《いそのかみのおとまろ》を大使とする遣唐使派遣が計画され、天平十八年には大規模な人事異動も断行されて「鍍金のための金の産地の発見が」国司の「重要使命とされた」とされる。そこで各国国司は、地域内の鉱物資源を綿密に探査させていた。その成果として天平十九年に下野《しもつけ》、同二十年に陸奥《むつ》、天平勝宝元年（七四九）に駿河《するが》でと、相次いで金が発見されていった。家持の一見不可解な巡行は、そうした探査作業の一環であろう、と解釈された。

ついで森田喜久男氏は『食国之《おすくにの》政《まつりごと》』に包摂《ほうせつ》された『山海之政』(4)で、いわば国事行為の代行と解釈された。

すなわち従来能登国《のとのくにの》造《みやっこ》が支配してきた海域を、天皇が支配する「食国」のなかに包摂する作業が必要であった。それを、家持が天皇の代理人として執行するために赴いたもの、とみなされた。

さらに近時、藤田富士夫氏は「多忙な中にも息抜きのための『寄り道』が配慮されて」(5)いて、家持は「饒石川を渡河したのは、そこに吉野川を重ね合わせる確認のためでもあった」とする。饒石川の佇《たたず》まいが大和の仙境・吉野に似ており、そこにある妹山《いもやま》などの遊覧に赴いた、という解釈である。

まず川崎氏説だが、国守の行動としてはたしてこれが妥当なのか。

いかに国家の関心事であろうと国家的な使命とされていようとも、国司があてどなく部内《ぶない》をさまよい、あちこちの川を視察して砂金を自分で見つけに行ったりするだろうか。とりわけて、家持は国守である。いまでいえば県知事である。貴族社会のなかでは中級ていどの役職であるが、その地方においてはただ一人の最高執政官である。東証一部上場の大会社の社長が、当座《とうざ》の資金繰《しきんぐ》りがいかにそのときの会社の一大関心事だったとしても、だからといってあてどなく街《まち》に出て金融業者のもとに借金の申し込みにいくだろうか。よほど指導力のない、孤立しきった経営者である。部下に下相談をさせて、正式な契約のときに顔を出す。それがふつうではないか。

ここでいうなら、鳳至郡司がかりに砂金が採《と》れたといって貢上《こうじょう》してきたとしても、まずは本物の

越中国分寺跡候補地（筆者撮影）

砂金かどうかを専門家に確かめさせる。さらに国司の下僚《かりょう》を遣して饒石川のものか検分《けんぶん》させ、確実だとなってはじめて家持の現地視察となるはずである。その場合は、もちろん国守として宮廷に報告してよいかどうか、最終的に見きわめることが目的となる。

おそらく下野《しもつけ》・陸奥・駿河の各国でも、そうした手続きの上に砂金発見の報告をしているのであって、名乗《なの》りを上げた国守自身が、ほんとうに歩き回って見つけたわけではあるまい。指示された下役のうちの誰かが発見し、里長《さとおさ》の検分、郡司の検分をへて、国司の最終検分となるであろう。

具体的なケースでは、陸奥国で砂金を産出したとき、陸奥の国司以下に褒賞《ほうしょう》がなされている。

これは褒賞された国司自身が見つけたからではなく、たまたまそこの国司だったにすぎない。この褒賞者以外に現実の砂金探査・産出担当者として丈部大麻呂《はせつかいべのおおまろ》、朱牟須売、私度沙弥《しどのしゃみ》・小田郡人の丸子連宮麻呂《まるこのむらじみやまろ》、金を治《おさ》める人として戸浄山（のち松井連浄山）の名前が知られている。丈部大麻呂は上総《かずさ》国の人で、百済敬福《くだらのきょうふく》が上総守であったときの知り合いだろうか。白丁《はくてい》から一気に従五位下を授けられているから、産金場の発見についてよほど重要な役割を果たした、と推定される。産金場のおおかたの見当《けんとう》をつけたというような功績が考えられる。朱牟須売と戸浄山はともに左京の人であるが、朱牟須売は无位《むい》から外《げ》従五位下、戸浄山も无位から大初位《だいそい》上を授けられている。名前からするとともに渡来人のようで、技術者おそらくは砂金に関する技術者と見られる。二人の間の褒賞にはかなり差があり、「金を治める」の意味は不明だが、おそらくは朱牟須売が砂金の採り方を指導し、戸浄山が金かどうかの見きわめに当たったのではないか。それぞれの褒賞にあたる業務内容はいささか不安で確定しないが、いずれにせよ砂金の発見にはこうした白丁・无位の者が業務にあたり、「これは砂金で、採集場として適正だ」となったところで国司が検分にいく。そうした情報をもとに、国司がはじめて出向くものだ。ただみずから先頭にたって、何のあてもなく「川だから、どこかにあるかもしれない」とばかりにうろうろするような事態は考えがたい。そんな官僚機構は、世界中どの国にもあるまい。

　歌の題詞《だいし》という制約があるにしても、産金情報に接して動いているようなわくわくした期待感が題詞の文言《もんごん》には見受けられない。宮廷に報告してよいかどうかの見きわめ、最終検分のための巡行という段階だったと推定するには、なによりも結果として砂金が出ていない。だから、こうした段階の検分とする臆測は、否定されざるをえない。つまり、そもそも特段《とくだん》の産金情報など何もなかったわけであり、何の手がかりも情報もないなかでも金を探しに行くという段階の仕事は、もっと下役《したやく》いや右記のとおりさらに下位の白丁・无位の技術者ていどの携《たずさ》わる業務である。中央政界の期待・動向と結びつけた視点は新鮮であるが、この推測に関して何かほかに傍証を出していけるという期待が持てない。

中葉氏説は、調庸課税の判定や勧農《かんのう》（農業経営指導）という観点での視察だから、国司の業務としてふさわしい。視察される対象には、具体性もある。しかし、二つの点で問題がある。

第一は、国内の川の水量を実検していたとする点だ。とうじの農業技術水準では、川の水をじかに農業用水として活用できなかった。川の強い水勢を桝《ます》や堰《せき》などで調整する能力がなかったからだ。涸《か》れているか細々《ほそぼそ》とした流れのときはよいが、もしも川が増水して田圃《たんぼ》に流れ込んだら、そこに植え付けた作物全体が流されてしまう。壊滅的損害を被《こうむ》る危険性があるので、どんなに手近《てじか》にあったとしても、人為的に制禦《せいぎょ》しがたい川の水の利用は敬遠されていた。(6)山腹の溜池や小さな流れまたは伏流水《ふくりゅうすい》が山の麓《ふもと》で湧き出した清水などが農業用水の供給源だったろう。したがって、水利・潅漑という勧農の観点、つまり洪水対策ではなく使うという観点から川の水量を確認に行くことはない。

第二に、国司巡行は多種類あり、公出挙のための巡行のついでに製鉄・水量の視察をするとは考えがたい。

「天平十年周防《すおう》国正税《しょうぜい》帳」（『大日本古文書（編年文書）』二巻一三〇頁～一四六頁）にある具体例によれば、国司巡行は、

①検産業国司一度

②依恩勅賑給穀《しんごうこく》国司一度
③従造神宮駅使《ぞうじんぐうえきし》国司一度
④春夏二時借貸《しゃくたい》并出挙雑官稲二度
⑤責手実《しゅじゅつ》国司一度
⑥賑給義倉《ぎそう》国司一度
⑦検田得不《とくふ》国司一度
⑧検牧馬牛国司一度
⑨検駅伝馬《えきてんま》等国司一度
⑩斂調庸国司一度
⑪推問消息《すいもんしょうそこ》国司一度
⑫従巡察駅使《じゅんさつえきし》国司一度
⑬収納官稲国司一度

の十三種・十四回行われている。

ここにある項目とはかならずしも一致していないけれども、調庸課税の適否を判定するという趣旨ならば、⑩斂調庸（調庸の徴収業務）のさいの国司巡行の調査対象にあたる。勧農（農業指導）での視察というのならば、①検産業（人民の労働状況の調査）か、⑦検田得不（田圃の利用状況および収穫状況の調査）の国司巡行のさいに視察するのが穏当だろう。少なくとも、春時出挙のついでにするような業務とはみなしがたい。

そういう意味でいえば、川崎氏案の砂金調査なら①検産業の国司巡行で赴くべきだし、森田氏説の理念ならば①検産業か⑪推問消息（人民の生活状況の調査）あたりでの出張が該当しそうだ。

針原氏の製鉄炉視察説も同様で、この解釈でゆくなら①検産業か⑩斂調庸が妥当だ。春時出挙の国司巡行のついでにやるべきことでない。しかも藤田氏は、(7)製鉄炉とされる箱形製鉄炉の出現時期が家持の越中守在任時であるかどうか疑問とされ、ついで、かりにあったとしてもその製鉄炉が稼働《かどう》しているところを視察したいのならば降雨が少なくて乾燥している秋季でなければならない。春時出挙の時期に視察しても稼働していないし、かつ箱形炉は製鉄するごとに壊《こわ》されているから跡形《あとかた》もなかったはずだ、とされた。その通りであろう。

もっとも、右に掲げられた国司巡行項目と各氏が推測されている仕事内容は、完全には一致しない。だから、この巡行目的のなかから選ぶ必要はなく、臨時の巡行目的を適宜設定することがあった、とされるかもしれない。しかし、それはどうだろうか。それに当たる項目がどこにも見あたらないということは、最終的にはそのときの国司の裁量《さいりょう》で採否《さいひ》が決められるとしても、その項目自体が国司の視察を必要とするような業務内容でなかった、と中央政府が判断していると見てよかろう。その意味で、森田氏は天皇の代行者として食国包摂の儀式を執行したとされるが、そうしたものは国司に期待されたものでなかった、と思う。

最後に藤田氏の「息抜き」での饒石川遊覧説がある。

国司の任務遂行と関係なく行動の目的を解ける魅力的な解釈だが、疑問点も多い。何よりも吉野川の景《けい》と饒石川の景が類似しているといえるかどうか。吉野は、その一帯が仙境として著名なのである。鐃石川ぞいの城山を見てかりに吉野の神奈備・妹山を思い浮かべたとしても、吉野全体を偲《しの》んだことにならない。現地を実見しての考察であることに説得力は感じるが、このていどの類似を見せる景はほかにもありそうだ。もちろん越中国府の近くに二上山《ふたがみやま》という名の山があれば大和の二上山を思い出し、「香島より　熊来をさして　漕ぐ舟の　梶取る間なく　都し思《おも》ほゆ」（『万葉集』巻十七・四〇二七）とあって、家持は鐃石川渡河の直前にも都を懐《なつ》かしんでいた。そういう心境のところで同じような景色に接したら惹《ひ》かれるだろうが、劔《つるぎ》地より奥は当時ほんとうに吉野と同じように仙境と思われていたのか。あるいは仙境と思えるものなのか。類似性があるとかないとかは、神奈備《かんなび》・妹山のあるなしでなく、鐃石川ぞいを仙境とみなす認識があったかどうかで判断すべきではなかろうか。

また大伴池主《いけぬし》がかつて鐃石川に行っていたか。そこで類似性を認識していたのか。その話を家持に伝えていたか。家持はその話に惹かれたか。すべてに確証がない。

ついで、家持が息抜きのために池主からかねて話に聞いていた鐃石川に遊覧しようとしたとして、それに下僚たちまで随行《ずいこう》させる必要性や権限があるのか。国司巡行のさなかであるから、下僚たちはとうぜん随行させられている。しかしこうした職務外の息抜きならば、国司職分田《しきぶでん》からの収入をもとに、休養の日に、わずかな伴《とも》でも連れて、自費で行くべきものでないのか。

三　寄り道の理由

筆者は、公出挙稲の貸し付けのための国司巡行中に赴いたのであるから、出挙に関係した業務のなかで、視察を必要とする仕事内容が何であったのかと考えていくべきだ、と思う。

といっても、出挙稲を農民たちに貸し付ける業務自体は、国庁や郡家の下僚たとえば郡稲長《ぐんとうちょう》・田《た》令《づかい》などが携わるものである。そうしたこまかい行政内容にせいぜい十人ていどしかいない国司が携《たずさ》わっていたのでは、事務が滞《とどこお》ってしまう。実務は、あくまでも郡司に任せるものだ。ではそうした実務以外で、国司自身が実地検分すべきものとは何が考えられるか。

それは、倉屋《そうおく》の設置状況の確認でなかったか。

国庁が管理・監督する出挙稲は、官稲混合令《かんとうこんごうれい》によって天平六年から同十一年までの間に、おおむね一本化された。天平二十年時点の出挙稲は、従来の正税稲と天平十七年に新設された公廨稲《くがいとう》である。これの原資《げんし》となる穎稲《えいとう》の倉庫が、屋である。倉は脱穀した籾殻《もみがら》つきの米を入れる高床《たかゆか》倉庫であり、穎稲は屋に束のまま積み重ねる。あるいは、高床倉庫の下があくので、倉下《くらじ》と称してここに穎稲を収納する場合もあった。

「天平九年和泉監《いずみげん》正税帳」によれば、倉屋への収納責任者は、国司（正）と郡司であった。「東第壱屋」（『同上書』二、九六頁〜九七頁）の収納について、正・黄文伊加麻呂《きぶみのいかまろ》と郡司擬主帳《ぎしゅちょう》・日根五百足《ひねのいおたり》が責任者として署名しており、倉屋の管理には国司がじかに立ち会っている。もちろん秋の収納業務のときの監督や出納《すいとう》作業の確認については、⑬収納官稲の国司巡行があるから、そのとき行なうことである。しかし収めるべき倉屋自体が整っているかどうか。その実地検分は、出挙稲収納に先立って、春のうちに行なっておかなければなるまい。秋の収納段階ではじめて騒いでみても、もはや築造など間に合わないからだ。

『令義解《りょうのぎげ》』（新訂増補国史大系本）倉庫令倉於高燥《こうそう》処置条によれば、「倉は、高く乾いた場所に設置

唐招提寺に遺る古代の正倉（筆者撮影）

せよ。そばに池や渠《みぞ》を作っておけ。倉から五十丈（約一五〇メートル）の範囲内に、館舎を建ててはいけない」とある。

こうした正倉《しょうそう》とよばれる公的な倉庫施設は、国庁や郡家《ぐうけ》から遠からぬところで発見されることが多い。しかし地域に散在する農民・漁民などを相手に出挙稲を貸し付けるのであるから、貸す対象となる農民・漁民などの居宅にほど近いところに倉屋を設ける必要がある。とくに房総半島や能登半島のように地形・地勢が険《けわ》しくて居住できる土地が離れておのおの孤立していれば、郡家の出張所もあちこちに置かれてしかるべきだ。あるいは官稲混合令施行以前にあちこちで独自に経営されていたときの官稲の倉屋も、引き継がれて各地にあったろう。そうした経営施設のそばにあった倉屋群、とみなしてもよい。新規に設置したり建て直したりするような場合には、立地条件や倉屋の造りの適合性について、国司の臨検《りんけん》・確認が求められたのではなかろうか。

もとより饒石川ぞいに古代の倉屋群跡が見つかっているわけでもなく、具体的根拠は示せない。ただこれからあとどのような説を立てるにしても、公出挙に関する国司巡行中の行為であるという観点をふくんだ解釈をすべきだと思う。

なお、饒石川ぞいには田圃が少なく、農耕に向いていないという。しかしその事実は、そこの住民が少ないとか出挙稲の必要性がないことを意味しない。いやむしろ、だからこそ出挙稲が必要なのである。田圃が少なければ、彼ら住民の生業《せいぎょう》は、おのずから眼前に広がる日本海に拠《よ》らざるをえない。漁業専従者が生活の糧《かて》を揃えるには、収獲した魚介類《ぎょかいるい》と他者の持っている穀物を物々交換するなど、魚介類を売って稲穀を買うという方法をとる。『日本霊異記《にほんりょういき》』にも、漁民の姿が描かれ（上巻十一縁）、魚を買う僧侶の話（下巻六縁）もある。周辺の農耕民も、魚介類は漁民から得るほかなかった。農業専従者だけでなく、こうした漁業専従者や半農半漁の人たちもかなり多かったはずである。班田《はんでん》収授《しゅうじゅ》制度の存在や「農民・田圃」社会という律令規定の建前に、あまりに重心をかけすぎてはいけない。

さてその漁民たちには、魚介類を売らなくとも、あるいは売れないような時期でも、無担保で稲穀を手に入れる方法があった。それが春・夏の出挙稲を受けることである。出挙稲は種子を提供するだけでなく、端境期《はざかいき》を凌《しの》ぐための食糧を貸し付けるという側面もあった。だから種蒔《たねま》きどきでない時期の、夏時の出挙というものも成り立っているのである。したがって、この地域に、いやこの地域だからこそ、出挙稲を貸し付けるための大きな拠点が必要なのである。

【注】

（1）高岡市万葉歴史館編『水辺の万葉集』所収、笠間書院刊、一九九八年。のち『越中富山地名伝承論』所収、クレス出版刊、二〇〇九年。

（2）「大伴家持と越中巡行―光と影―」（「高岡市万葉歴史館叢書」二十号、二〇〇八年三月）。同氏著『日本の作家一〇〇人　大伴家持―人と文学―』（勉誠出版刊、二〇一一年）一二七頁〜一二九頁。

（3）木本秀樹氏編『古代の越中』所収、高志書院刊、二〇〇九年。

（4）森田喜久男氏著『日本古代の王権と山野河海』所収、吉川弘文館刊、二〇〇九年。

（5）「大伴家持が見た饒石川の景」（「敬和学園大学研究紀要」二十一号、二〇一二年二月）

（6）拙稿「文献史料に見る古代の稲作」（『白鳳天平時代の研究』所収、笠間書院刊、二〇〇四年）

（7）藤田富士夫氏、注(5)論文。

（「歴史研究」五九一号、二〇一一年五月。二〇一二年五月補訂）

5　普照——鑑真を招いた僧

一　出身氏族と出家

まずは、普照《ふしょう》の出身母家《ぼけ》と父についてみてみよう。

彼の母については『続日本紀《しょくにほんぎ》』（新訂増補国史大系本）天平神護《てんぴょうじんご》二年（七六六）二月甲午条の叙位《じょい》記事に、

　正六位上白猪与呂志女《しらいのよろしめ》に、従五位下を授く。入唐学問僧《にっとうがくもんそう》普照の母なり。

とあり、あえて推算すれば八世紀初めごろに白猪与呂志女は普照を産んだものと思われる。

母家の白猪氏というのは百済《くだら》系の渡来氏族で、のちに葛井連《ふじいのむらじ》氏と改氏姓している。近鉄・藤井寺駅の近くの葛井寺（藤井寺市藤井寺）がその氏寺《うじでら》であり、仲哀《ちゅうあい》天皇陵・応神《おうじん》天皇陵・仲津媛《なかつひめ》皇后陵のあるあたりに一族が盤踞《ばんきょ》していた。

葛井氏となると連姓にあらたまるが、もともとの白猪氏のときは史《ふひと》姓であった。史とはふみひと（文人）のことで、文字を操《あやつ》り計算を得意とした。渡来系氏族はおしなべてそうだが、朝廷内では記録したり積算することが必要となる場合、その高度な事務能力を発揮していた。

葛井寺（筆者撮影）

『日本書紀』（日本古典文学大系本）欽明《きんめい》天皇三十年（五六九）四月条には、祖先の活躍ぶりとその氏姓を賜った経緯《いきさつ》が記されている。要約すると、王辰爾《おうじんに》の甥・胆津《いつ》が吉備《きび》に置かれた白猪屯倉《みやけ》に遣わされ、その地を耕作している民をいちいち点検して田部《たべ》という屯倉専属の耕作者として編成し、最終的に戸籍の形に纏《まと》め上げた。大化《たいか》の改新で行われたという公地公民制、戸籍・計帳《けいちょう》制度を、一〇〇年前に先取《さきど》りして実施したものといえる。専業の田部を確保したことで屯倉の生産性は飛躍的に向上し、経営を安定させた功績により白猪史を賜った、ということのようだ。

ただ事務能力をかわれたといっても、役所の運営に不可欠で政権を下支《したざさ》えする技術者として重《ちょう》用《よう》されはしたが、あくまでも下働きであった。出世とか権力とかには無縁なよそ者的な存在で、門《もん》閥《ばつ》貴族たちの意向に従ってその実現の方策を考え出す実務担当者という地位に甘んじた。彼らは使用者である大和政権の所在地の近くに、その意向をうけて集住させられた。そして生活・居住環境や職務上の技術相承などのつごうもあって、多くの氏族が渡来系同士で婚姻関係を結んだ。与呂志女の夫つまり普照の父の名は不明であるが、おそらくは船《ふね》氏・高志《こし》氏など近傍にいた渡来系氏族の出身者であったろう。

さて、普照が出家したのはなぜで、またいつごろだったろうか。

もとより確証などないが、十七歳くらいであろう。そのころには、家職《かしょく》を継《つ》いで役人を志すか、出家するか、家を守って一般納税者となるかを選ぶことになる。氏族の世職を継ぐのは兄で、役人となれば支配者側に立つので非課税となる。家としては中男《ちゅうなん》（少丁）として課税されたくないので、役人を志さないのなら、出家させるのがよい。といっても、あまり若すぎては入山《にゅうざん》してからの勉学がおぼつかない。二十歳前くらいが、出家を決断させるのに適した時期だろう。それにもともと彼らの故《こ》国《こく》だった百済には三八四年にもう仏教が伝わっていたから、渡来系氏族のなかに仏教は普及しており、出家することにこれといった抵抗感などなかった。それに、僧侶はこの時代唯一の権力へのバイパスで、これなら出世できるかもしれなかったのである。

「そんな不純な動機で出家するのか」と、指弾《しだん》される向きもあろうか。現代人の出家といえば、個人的な悩みなどがあり、世をはかなんでの行為と思うだろう。しかし古代社会では、こちらの方がふつうの感覚だった。世をはかなみ、仏教の教理に共感して帰依《きえ》する人などあまりいない。

権力へのバイパスというのは、こういうことだ。

政界の閣僚ポストは、旧氏族としての人的組織と物的財産を基盤とする門閥貴族がまだまだ大きな政治力を持っていて、律令体制下でも蔭位《おんい》などでその力は制度的に巧みに温存されていた。したがって、渡来系の弱小氏族が割り込んでいける余地などなかった。だがこの時代の仏教界には、そうした俗界での力量の有無・大小はあまり影響しなかった。出身氏族・階層に関わりなく、仏教教学の勉学に努め、それなりの才覚を発揮できれば出世できる。教理理解についての自分の能力しだいだが、もしも高僧となれれば、貴族と対等に酒食《しゅしょく》をともにしながら膝を交《まじ》えて歓談《かんだん》することも、ときには希望を伝えて政界を操ることすらも望みえた。

道昭・義淵《ぎえん》・玄昉《げんぼう》・慈訓《じきん》・行基《ぎょうき》・道鏡など国政に影響力を行使して名を残した僧侶たちは、おのおの船・市往《いちき》・阿刀《あと》・船・高志・弓削《ゆげ》の人で、いずれも渡来系氏族の出身である。政界中枢では一顧だにされない下級氏族の出身者でも、仏教界には先見的な差別がなく、自力で出世できる夢と自由さがあったのである。

二　普照の受戒

普照の出家が権力志向によるものだったかどうかはもちろん不明で、その初志は分からない。ともあれ僧侶として基礎となる書算《しょさん》の技術は、家業として弁《わきま》えていた。仏教教学が理解できさえすれば、出世は思いのままという世界に、古代社会にはめずらしいバリアのない自由を感じはしたろう。彼はとりあえず十戒をうけて沙弥《しゃみ》となり、二十歳をすぎたころには在家信者もする十重四十八軽戒《きょうかい》の菩薩戒《ぼさつかい》を受けたかもしれない。

ここで彼らが受ける戒律について、かんたんに説明しておこう。(1)

仏教界では、在家の信者ならば、五戒を守った。五戒とは、『十誦律《じゅうじゅりつ》』によれば不殺生《ふせっしょう》・不偸盗《ふちゅうとう》・不邪淫・不妄語《ふもうご》・不飲酒《ふおんじゅ》の五つである。生き物を殺さないこと、他人の所有物を盗み取らないこと、異性・同性を問わず淫行しないこと、酒を飲まないことの四つはわかりやすいが、不妄語は妄《みだ》りに語らないという文字面《もじづら》だけの意味でない。これは大言壮語しないことで、具体的には悟《さと》りを得たとかいわないことである。この五戒を守る人が、男性なら優婆塞《ウパーサカ》・近住《ゴンジュウ》、女性なら優婆夷《ウパーシカ》・鄔婆婆沙《ウパバサ》と呼ばれる。

これに対して十戒は沙弥戒ともよばれ、不殺生・不偸盗・不婬・不妄語・不飲酒の五戒のほかに、不歌舞観聴・不塗飾《ふずしょく》香鬘《こうまん》・不坐高広大牀・不食非時食《ひじじょく》・不蓄金銀宝の五戒が加わる。

最初の五戒は項目こそ在家信者と同じだが、重みが異なる。不殺生・不偸盗・不婬・不妄語の四戒を破ることは、波羅夷罪《はらいざい》とされた。つまり不飲酒以下の戒律をかりに破っても、懺悔《ざんげ》しさえすれば最終的には許された。しかしこの四つの戒の破戒だけは許されることがなく、ただちに僧団追放となった。ほかの教団でも受け入れないので、僧侶を辞《や》めて、還俗《げんぞく》せざるを得なくなる。

不歌舞観聴は、歌や舞を観賞したり聴いたりしない。不塗飾《ふずしょく》香鬘《こうまん》は香薬を身体に塗ったり頭髪に飾りをつけたりしない。不坐高広大牀は、高く広い大きな寝台つまり寝心地のよいベッドを用いない。不食非時食は、非時の食事を摂《と》らないという意味で、具体的には正午以降に食事をとらない。不蓄金銀宝は、いわゆる金銀財宝を蓄えない。これが十戒である。

もっとも女子の場合はいささか複雑で、十八歳以上になると、六法戒《ろくほうかい》を二年間課せられる。六つの戒律とは、『四分律《しぶんりつ》』第二十七によれば、染心《せんしん》相触・盗人四銭・断畜生命・小妄語・非時食・飲酒で、『十誦律』第四十五によると婬欲《いんよく》・偸奪《ちゅうだつ》・殺生・妄語・男子裸摩触・抉男子手衣而共語だという。『四分律』の染心相触・盗人四銭は、好きな人に心を奪われ、その肉体的に触れること、四銭以上の盗みをすること、である。『十誦律』の男子裸摩触・抉男子手衣而共語は、男子の裸身を撫《な》で触れること、男子の手や衣服を探《さぐ》りともに語らうこと、である。これを修了すれば、式叉摩那《しきしゃまな》と呼ばれる。この六法戒は、妊娠していないことを確認するための期間をとったものかと推測されているが、定かでない。このあとに、男子も受けた、十戒をうける。

この十戒を守れば、沙弥《しゃみ》・沙弥尼《しゃみに》と呼ばれる。いちおう僧侶の見習いとなり、僧侶世界の門口《かどぐち》に立ったことになる。

これに対して、菩薩戒は大乗戒・円頓《えんどん》戒ともいわれるが、在家信者のうちで篤信《とくしん》者が受ける戒律である。僧侶としては必須の戒律でないが、正式な僧侶（比丘《びく》）となる前やその後に受ける者が多かった。これを受ければ、菩薩僧とか呼ばれた。『梵網経《ぼんもうきょう》』下巻によれば、内容は十重四十八軽戒の合わせて五十八戒で、重い十の戒律と附属する軽い四十八の戒律である。その詳細は省略するが、内容的には十戒に尽き、それを補完するていどの説明的な戒律が附属したものである。

普照はこれら沙弥戒・菩薩戒を受けて、いよいよ正式な僧侶となるべく、具足戒《ぐそくかい》の受戒に臨《のぞ》んだものと思われる。その受戒の儀式では、仏像に囲まれ、仏像群を証人としながら、師僧に導かれて『四分律』にいう具足戒（声聞戒）二五〇戒（女子は三四八戒）を自誓受戒の形で通ったであろう。ただし、『四分律』では二五〇戒だが、『十誦律』では二五七戒、『五分律』では二五一戒、『善見律《ぜんげんりつ》毘婆《びば》沙《さ》』では二二五戒、『巴梨戒本《ぱりかいほん》』では二二七戒であり、諸説入り乱れている。また女性は尼たちの前で三四八戒を受戒したあと、さらに僧の前で二五〇戒をうけて比丘尼となるのだそうだ。

こうして比丘として一人前の僧侶となり、やがて藤原氏の氏寺である興福寺《こうふくじ》に配属となった。

三　国家からの渡唐要請

配属となった寺院での日常的な学業は、まずは経典やその論（注釈）を数多く読んで覚《おぼ》えることである。漢文で書かれている経文《きょうもん》を、一昔前の中国語の発音である呉音《ごおん》で読み通す。当時の一般的な中国語の発音は唐音《とうおん》であったから、呉音は意識しなければ覚えられない。たとえば車・日・石・壱・行などの唐音はシャ・ジツ・セキ・イツ・コウであるが、呉音ではそれぞれギョ・ニチ・シャク・イチ・ギョ・ウだった。これを覚えておくために、当該字の横にキなどというカタカナを記し、濁音の場合には「・」印をカタカナの肩につけておいた。これが、今日の濁点《だくてん》のもとである。それはともかく、白文の素読《そどく》だけでなく、他方では意味を取りながら、日本語として読み下《くだ》すことも教わっていった。師僧に付き従って、学ぶことの多い毎日を過ごしていたであろう。

そうした天平四年（七三二）ごろのある日、元興寺《がんごうじ》の僧・隆尊《りゅうそん》に呼ばれた。出頭してみると、その場には三十歳前後でほぼ同《おな》い年の僧・栄叡《ようえい》もいた。

そこで隆尊が語ったであろう話の趣旨は、たぶんこういうことだ。

仏教は五三八年か五五二年に百済の聖明王《せいめいおう》から欽明《きんめい》天皇の朝廷にもたらされ、国内に流布《るふ》してからすでに一〇〇年にもなろうとしている。しかし教えは、それにふさわしいような姿で広まっているだろうか。とてもそうはいえない。たとえば『日本書紀』推古《すいこ》天皇三十二年（六二四）四月条には、僧侶が祖父を斧で殴り殺すという痛ましい事件が起きたという。殺人は俗界でも重罪だが、仏教の戒律のなかでも要《かなめ》である五戒のうちの不殺生戒にもとる悪《あ》しき所業《しょぎょう》である。

しかも近ごろは、国家が保護している仏教の趣旨を理解せず、行基《ぎょうき》とその追随者たちは寺院から出て自分勝手な動きをしはじめている。すなわち都の近傍を徘徊《はいかい》して、「みだりに罪業や福徳のことを説き……指に灯をともして焼いてみたり、臂《ひじ》の皮を剝《は》いで経文を写したり」「食物以外の物を乞うたり」(『続日本紀』養老元年［七一七］四月壬辰条)、「邪説を唱えて村里に身を潜《ひそ》め、あやしげなことをいいふらし」(同上養老六年七月己卯条)すという始末だ。さらに安芸《あき》・周防《すおう》でもこれに類似した者が出て、「みだりに禍福《かふく》の因果《いんが》を説《と》き、死者の霊魂を祀《まつ》って祈禱《きとう》する者があらわれた」(同上天平二年［七三〇］九月庚辰条)という報告がある。

たしかに『懐風藻《かいふうそう》』(日本古典文学大系本)でも、僧・道慈《どうじ》は長屋王《ながやおう》主催の酒席に列している。「香《こう》盞酒盃《さんしゅはい》また同じからず」といいながらも、飲酒を拒《こば》んでいるようにみえない。これらは在家信者(優婆塞)でも求められる不飲酒戒に反する行為で、守ると誓ったにも拘《かか》わらず、守れていない。戒律の具体的内容や定められた趣旨が、ほとんど理解されていない。

こうした脱法行為・破戒行為については、ほんらいそれぞれの寺院内で布薩《ふさつ》という半月ごとの集会が開かれ、そこで戒律をしっかり守れたかどうかの自己反省を厳しく行いあうなかで戒められるものだ。しかしいま教団の上部にある者でさえ、戒律の趣旨を説いて反省させるだけの深い学識がない。

隆尊の話は、こういうような日本仏教界のありようの説明でなかったろうか。

つまり日本には、たしかな戒律の条項とそれを定めることの趣旨が深く知られていない。だから、戒律研究や授戒制度から建て直していく必要があり、普照らには戒律の根本を講説できる律学専門の僧侶を招聘《しょうへい》してきてほしい。これは知太政官事《ちだいじょうかんじ》・舎人《とねり》親王からのすなわち国家の特命である、という海外出張命令だった。

普照たちからすれば、毎年一定数の僧侶が得度する年分度者《ねんぶんどしゃ》という制度があって、僧侶は着実に増えている。戒律も整っている。度牒《どちょう》という政府の出家認可証明書の交付・公認制度もきちんと機能し、私度僧《しどそう》とは峻別《しゅんべつ》されている。いまの日本仏教界に欠けているものなどない。そう思っていた。それなのに、こんな若僧にそこまで打ち明けるとは。否《いや》も応《おう》もないことであり、普照と栄叡はただちに大使・丹治比広成《たじひのひろなり》の率いる第十一次遣唐使《けんとうし》に随行する入唐学問僧（留学僧）の一員となって、天平五年四月に中国へと旅立っていった。

四　中国での招聘工作と鑑真

入唐した後は、配属先の寺院を決められ、毎年絹二十五匹《ひき》と各季に時服《じふく》（その時節に合った服）を給与される待遇を受けた。留学僧・留学生の滞在にかかる経費は基本的に唐からの国庫支給であり、彼らは生活費の心配もなく仏教研究に勤《いそ》しめた。普照がどのような関心を持って勉学に励んだかはわからないが、日本にはなく滞在先の寺院にはあるという経論を勉学し、その写本を造るというような生活に明け暮れたのではなかろうか。

だが片方では、舎人親王・隆尊いや日本政府から託された任務が重くのしかかっていた。

短時日の見聞でも、隆尊から聞いた以上に日本仏教界の現状には多くの問題があることが分かっ

東大寺戒壇院（筆者撮影）

た。そのなかでも自分の身分にかかわる問題が生じ、身をもってその問題点を知ることとなった。

というのは、『唐大《とうだい》和上《わじょう》東征伝《とうせいでん》』（寧楽遺文本）によれば、普照・栄叡は日本で行われた具足戒の授戒を認められず、再度受戒させられたのである。

もちろん普照たちは、日本で公式・正式な具足戒をうけ、比丘つまり正式な僧侶となっている。彼が授けられた自誓受戒《じせいじゅかい》の具足戒とは、こんなものだ。時期的には適切な資料でないが、雰囲気を理解するために、円珍《えんちん》の戒験《かいげん》つまり受戒証明書を挙《あ》げてみる。これは東大寺戒壇《かいだん》での具足戒をうけていない場合で、奈良時代の僧綱《そうごう》が承認しない方法での受戒の姿である。

　近江国《おうみ》比叡山《ひえいざん》延暦寺菩薩戒壇所
　　請《しょう》じ奉《たてまつ》る霊山浄土より

釈迦如来《しゃかにょらい》応正等覚、菩薩戒和上《かいわじょう》となりたまへ〈以下、不現前五師という〉
請じ奉る金色世界《こんじき》土より
文殊師利《もんじゅ》菩薩摩訶薩、菩薩戒羯磨阿闍梨《こんまあじゃり》となりたまへ
請じ奉る覩史多天《としたてん》より
弥勒《みろく》菩薩摩訶薩、菩薩戒教授阿闍梨となりたまへ
請じ奉る十方一切世界より
一切如来応正等覚、菩薩戒尊証師となりたまへ
請じ奉る十方一切世界より
一切菩薩摩訶薩、菩薩戒同学等侶〈立会人〉となりたまへ
受菩薩戒沙弥円珍、稽首和南《けいしゅわなん》〈手を合わせて拝む〉す、衆聖足下、窃《ひそか》におもへらく、（中略）、但し、円珍、（中略）、今、天長十年四月十五日を契りて、比叡峰延暦寺一乗戒壇院において、菩薩大戒を受く、伏して願はくは、衆聖、慈悲抜済せよ。謹みて和南疏。

天長十年（八三三）四月十五日

受菩薩戒沙弥円珍謹疏

受菩薩戒比丘円珍、今悲済を蒙《こうむ》り、浄戒を乗《と》り授く。納法は心にあり、福河は流れ注《そそ》ぐ。伏して乞ふ、現在の伝戒和上、幸ひにして名を垂れ示さむことを。永く戒験となさむ。
「夫《そ》れ、出離の道は、木叉《もくしゃ》を本資とす。紹隆の要功は尸羅《しいら》にあり。是の故に、菩薩羯磨により、金剛宝戒を授く。（中略）四月十五日、現在伝戒師前入唐受法比叡山延暦寺天台法華宗付法沙門伝燈大法師位義真〈戒師〉示す」

別当〈俗人の別当〉

従二位行大納言兼皇太子傅《こうたいしふ》藤原朝臣「三守」

正三位行権中納言藤原朝臣

諸陵頭従五位上和《やまと》朝臣「家主」

従六位下行治部《じぶ》少録高向《たかむこ》朝臣「高主《たかぬし》」

※表に「太政官印」の押印あり

とある。受戒の場に釈迦・文殊・弥勒と一切の如来・一切の菩薩を呼んでいるが、つまりは仏像を立て並べ、その前でみずから口に戒を唱えて誓っている。そして、そのことを戒師と別当以下の俗人が承認した、という授戒証明書である。

だが中国では、こうした日本の具足戒受戒のありようでは、その資格をえられないものだと聞かされたのである。右記の戒験と比較するため、ここに空海の戒牒（戒壇に登って受戒したことの証明書）を掲げてみよう。

元興寺《がんごうじ》

大徳《だいとこ》泰信律師《りつし》、和上《わじょう》として請じたてまつる

西大《さいだい》寺

大徳勝伝律師、羯磨《こんま》として請じたてまつる

東大寺

大徳安禎《あんてい》律師、尊証《そんしょう》として請じたてまつる

東大寺

大徳真良律師、教授として請じたてまつる

東大寺
大徳安暋《あんき》律師、尊証として請じたてまつる
興福寺
大徳信命《しんみょう》律師、尊証として請じたてまつる
東大寺
大徳薬上律師、尊証として請じたてまつる
招提《しょうだい》寺
大徳豊安律師、尊証として請じたてまつる
招提寺
大徳安琳律師、尊証として請じたてまつる
興福寺
大徳霊忠律師、尊証として請じたてまつる
西大寺
大徳平福律師、尊証として請じたてまつる
沙弥空海、稽首和南す、大徳足下、窃におもへらく、（中略）、但し、空海、因を宿し、幸多く、法門に遇《あ》うを得、（中略）、今、延暦十四年四月九日を契りて、東大寺戒壇院において、具足戒を受く。伏して願はくは、大徳、慈悲勘済せよ。少識和南疏。

沙弥空海疏

延暦十四年（七九五）四月九日

というもので、これが東大寺で執行されている正式な具足戒の受戒様式である。

ここに見られるように、具足戒の授戒にさいしては戒和上（戒を授ける役）・羯磨師（表白文・羯磨文を読む役）・教授師（威儀・作法を教授する役）を務《つと》める三師とそれを見守る七人の証明師（尊証・証人）が呼ばれて臨席していた。これを三師七証という。そして受戒候補者は戒壇に登り、生きている十人の僧侶の前で具足戒を授けられる。ところが普照が受戒したのは、円珍戒験にみられるように、三師七証の代わりとなる仏像群の前で、みずから「戒律を守る」と誓っただけであった。それは具足戒では公認されない授戒・受戒の様式であって、東アジアの仏教世界では無効とされたのである。

日本では比丘と遇《ぐう》されたとしても、中国では通用しない。あなたは沙弥に過ぎない。そういわれて、普照らは洛陽《らくよう》・大福先寺《だいふくせんじ》で三人の戒師と七人の証人となる十人の僧を得て、あらためて具足戒を授けられた。隆尊が語ったであろう日本の戒律に関する制度的な不備・不全を、普照らは身をもって知ったわけである。

こうした日本仏教界の不備を早く補ないたいと、普照らは大福先寺の道璿《どうせん》を説得し、印度僧の菩提《ぼだい》僊那《せんな》、林邑《りんゆう》（ベトナム）僧の仏哲《ぶってつ》らとともに、開元《かいげん》二十四年（中国暦、七三六）の遣唐副使・中臣名代《なかとみのなしろ》が帰国する船に便乗《びんじょう》させ、日本への伝戒を託した。もっとも、仏哲は林邑楽の専門家として招聘されたらしいが。

しかしこれ以降の渡日への説得は、思うに任せなかった。

さらに七年ほど伝戒の師を探したものの、留学僧としての目的はすでに果たし、唐に残る理由がなくなっていた。託された人探しも、もはやこれまで。そう諦《あきら》めて、天宝《てんぽう》元年（中国暦、七四二）、安国《あんこく》寺《じ》の道抗《どうこう》・澄観《ちょうかん》、東都《とうと》の徳請《とくしょう》、新羅《しらぎ》の如海《にょかい》、日本の玄朗《げんろう》・玄法らを伴って帰国しようと、出港地の揚州《ようしゅう》へとやってきた。授戒制度の確立には、最低十名が必要だが、まだ十分でない。そこで最後の最後に、一縷《いちる》の望みに縋《すが》った。道抗のコネクションを伝《つた》って、この揚州にいる律学の大家・大明寺《たいめいじ》の鑑真《がんじん》のもとを訪ねた。そして「数多い弟子のなかから、伝法のために数人を日本に赴《おもむ》かせてくれるよう説得してほしい」と頼んだのである。

日本の実情を黙って聞いた鑑真は、弟子たちに「この遠くからの要請に応《こた》える者はいないか」と問うたが、沈黙が広がるだけだった。弟子たちの間からは「万に一つも着かないような遠いところにいくのは……」と、消極的な発言しか聞こえてこなかった。これに対して鑑真は「それならば、私が行こう」と、みずからの渡日《とにち》を決意した。著名なそして感動的な場面である。

鑑真からすれば、たとえていえば中国から持っていった最新の厨房《ちゅうぼう》設備や調理器具（つまり寺院や経典）はすべて揃っているというのに、料理人（戒師）がいなくて調理（授戒制度）を知らないために生煮《なまに》えまたは刺身《さしみ》ばかり食べている（無戒の僧侶たちの）世界があると聞いたようなものだ。行ってやりたい。そういう気持ちになったのだろう。これを聞いた普照・栄叡の喜びは、筆舌《ひつぜつ》に尽くしがたかったろう。律学研究の第一人者の鑑真と弟子が大挙《たいきょ》して渡日してくれれば、日本では間違いなく戒律の不全が解消し、正式な授戒制度が一気に整う、と。

しかし周知のように、鑑真の渡日までの経緯はたいへん困難な行程を辿《たど》った。

天宝二年には道抗と如海の争いに巻き込まれて海賊として誣告《ぶこく》され、五ヶ月も拘禁された（第一回）。その年末にも、祥彦《しょうげん》ら一八五人を伴って出発したが、長江南岸の狼溝浦《ろうこうほ》で遭難した（第二回）。

翌年浙江省《せっこうしょう》の越州・杭州・湖州や安徽省《あんきしょう》の宣州を巡りつつ渡航の機を窺っていたが、越州の僧が鑑真の密航計画に気づいて、栄叡らが逮捕されたりしたので頓挫《とんざ》してしまった（第三回）。その冬にも天台山巡礼と称して出たが、高弟・霊祐《りょうゆう》が密告したため、黄巌県禅林寺で渡航を阻《はば》まれた（第四回）。それでも天宝七年春、普照らは揚州崇福寺《すうふくじ》に鑑真を訪ねて、さらに日本行きを求めた。そして十月に出帆したが、季節風に翻弄《ほんろう》されて海南島《かいなんとう》に漂着した（第五回）。そこから中国本土に戻るさい、長年労苦をともにしてきた僚友・栄叡を喪《うしな》った。そして翌年には加齢と疲労による老人性白内障であろうが、鑑真本人が失明してしまった。

こうして七年間で五度にわたる鑑真渡日計画は失敗した。だが、日本への伝戒達成の必要性を理解し、その可能性を夢見てしまった普照には、もはや諦《あきら》めきれなかった。日本でもそうなのだが、鑑真などの僧侶はそもそも国家公務員であり、しかも律学の大家となれば高級官僚にあたる。大家として今日あるのも、国庫給付を受け、日々保護されてきたからだ。そうした国家公務員としては、自分の自由意思でそこを退職したり勝手に離脱したりなどできない。国家公務員からの退職を申し出れば、僧侶の身分を剝奪《はくだつ》され、一庶民とされてしまうのだ。だから僧侶身分のままで日本に赴こうとすれば、中国沿岸からほかの港に行こうとしたところ、たまたま事故にあって漂流した。そう偽装しなければならなかった。正式な出国手続きなど踏んでも許可されるはずがないと思っていたから、まさに紛《まぎ》れもない密航者・密出国者であった。だからそうと見抜かれて、密告もされ拘禁もされたわけである。

このままでは、せっかく本人の諒解が取れているのに、鑑真を招くことができない。そこで普照は意を決して、鑑真の渡日を唐の玄宗《げんそう》皇帝に正式に認めてもらう方針に転換した。国家公務員のままで、日本に割愛《かつあい》させてほしいと申請するのだ。おりしも天宝十一年、藤原清河《きよかわ》の率いる遣唐使が明州に着いていた。そこで大使の清河に事情を説明して懇請《こんせい》したのである。清河は玄宗皇帝に掛《か》け合い、鑑真の渡日交渉に成功した。渡日の許可が下りた。だがこのとき、玄宗は道教の宣教師（道士《どうし》）の同道を附帯《ふたい》条件にした。この附帯条件を忌避《きひ》した清河は、紛争を生じるからとして鑑真を下船《げせん》させてしまった。ところが遣唐副使・大伴古麻呂《おおとものこまろ》は剛胆にもそれらの経緯・懸念を承知の上で鑑真をあえて乗船させ、日本に連れ帰ることに成功した。彼がいなかったら、鑑真が渡日することはなかったろう。天平勝宝五年（七五三）末、普照も副使吉備真備《きびのまきび》の船に乗って越州《えっしゅう》から帰国し、こうして二十年にわたる普照の苦闘の日々は終わった。

五　鑑真渡日のあと

鑑真一行が日本に着くと、さっそく歓待《かんたい》を受けた。天平勝宝六年四月、聖武《しょうむ》上皇・光明《こうみょう》皇太后・孝謙《こうけん》天皇は唐の高僧の来日を喜び、東大寺大仏殿の前で、鑑真からの授戒（菩薩戒）をすすんでうけた。そのとき築かれた戒壇の土が、いまの東大寺戒壇院のなかの戒壇に用いられている、という。天平勝宝六年三月には「授戒伝律のことは鑑真に一任する」との口勅が出され、日本仏教界の頂点に位置する東大寺の唐禅院《とうぜんいん》に起居《ききょ》を定めさせ、鑑真に授戒の全権が委《ゆだ》ねられた。

普照からすれば、これでこそ文字通りの艱難辛苦《かんなんしんく》に堪えた甲斐《かい》があったというもの。日本もやっと国際的に通用する仏教国となれた。聖武上皇だけでなく、みんなが鑑真を尊敬の眼差《まなざ》しをもって温かく迎え、この壮挙《そうきょ》をだれもが喜んでくれている、と思った。いや、思いたかった。

だが、ドラマならばともかく、現実はそう甘くなかった。この日から、鑑真と日本の旧教団との間に、深刻な諍《いさか》いがはじまった。

さきに記したが、普照が沙弥と遇《ぐう》されて、大福先寺で受戒し直したことを思い出していただこう。中国仏教界では、具足戒での自誓受戒を認めていない。ということは、中国の高僧である鑑真も、もちろん自誓受戒の日本僧を具足戒の受戒者と認めない。日本の僧侶たちは、鑑真一行の目からみれば沙弥としか見なせないのである。

それでは、どうしたら日本僧が正式な比丘《びく》になれるか。それを比丘にできるのは、鑑真と弟子たちしかいない。彼らしか国際的に通用する授戒の資格を持っていないからだ。それに上皇・天皇らが「授戒伝律《じゅかいでんりつ》」の業務を鑑真にいっさい委《ゆだ》ねてしまっている。そうであれば、普照がかつてそうしたように、日本の僧侶はみな鑑真らからの授戒を受けねばならない。

それは鑑真を師と仰ぎ、その弟子になるのも同然である。日本で長いこと修行し、また高僧とよばれてきた僧侶たちにとって、それは認めがたい屈辱であったろう。いや、それが精神的な屈辱にすぎないのなら、形式的な問題と達観《たっかん》して我慢すればいいいかもしれない。だが、それだけではなく、実害があった。

僧侶たちにも、僧侶界としての序列がおのずから定まっている。いまの国会議員が「当選回数」で区分され、よほどの才能や引き手がないかぎりは、国務大臣になるのはその当選回数の順である。僧侶界でいえば、国家的儀式・斎会への参加者などは、この序列をもとに選ばれる。その序列は、戒を受けてからの歳月《さいげつ》（戒臘《かいろう》）の長さで決まるものだった。奈良時代にそうであったという確証はないが、何の序列もなかったはずがない。戒臘を基準としていたとすれば、ここで授戒に応ずれば、それがスタートとされるわけだから、つまり戒臘の一年生に戻ることになる。いままでみんなが踏んで築き上げられてきた序列は、後輩が先輩を凌《しの》ぎ、壊滅してしまう。昨日までの高僧は、また一介《いっかい》の従《じゅう》僧《そう》からはじめなくてはならない。

序列の低下・秩序の混乱を不快に思う旧教団の僧侶たちは、鑑真からの受戒を激しく拒《こば》んだ。しかし鑑真らは、妥協の方策を講じなかった。そこで起こる混乱は、妥協しなかった鑑真のせいともいえまい。それを予想していなかった、あるいはそれへの対処を考えなかった、ときの政府の無策のせいともいえる。鑑真はおのが宗教者としての信念に基づき、あらたに授戒しない者を正式な僧侶と過さなかった。そうなれば、衝突は時間の問題である。東大寺大仏殿の前で、聖武上皇の十八種の物を羯磨《かつま》（祈禱）する儀式が催された。上皇の病気平癒《へいゆ》を祈る儀式で、ほんらいは上皇自身を呼んで祈禱《きとう》すべきだが、そういうわけにもいかない。そこで上皇の身体の代わりに、その着衣を身代《みが》わりとして祈禱する。そのさいに、鑑真からの授戒をうけていない僧侶の座席を、遠くに指定した。従来彼らが占めていた儀式上の枢要な位置から遠ざけ、高僧と過さなかったのである。これがきっかけとなり、興福寺を中心とする僧侶らとついに紛争を生じた(2)。

そして日をあらためて、興福寺で教学論争が行われた。

旧教団の僧侶たちは『占察経《せんさつきょう》』をもとにして、自誓受戒を合法と主張した。我々にもよりどころとなる経典がある、という主張を繰り広げた。しかし鑑真らも、屈しなかった。『瑜伽論《ゆがろん》』をもとに具足戒の自誓受戒は原則として認められないものとした。『占察経』が認める自誓受戒とは、沙漠《さばく》のまんなかとか、僻地《へきち》であるとか、三師七証になる僧侶がどうしても得られないところで、仕方なく認めるという特殊なケースを想定したものである。日本のような、得ようとすれば得られるところでは認められない。制度として許容・確立してよいものではない。そういう批判を展開した。たしかに経典のいう趣旨は、鑑真らのいう通りであった。こうして、鑑真らは興福寺での教学論争に勝ったが、なお服さない僧侶も少なくない。国内は騒然とし、歓迎ムード一色という状況とはほど遠かった。

さて普照も、東大寺に入った。

天平宝字三年（七五九）六月には「全国の駅路《えきろ》付近の両側に木《こ》の実のなる樹木を植えて、課役《かえき》の民が木陰《こかげ》で憩《いこ》いまた樹菓を食べて飢えを凌《しの》げるように」（『類聚三代格』）と献策しており、それが採用され、全国に実施されている。

東大寺に移って、鑑真とともに働ける場には入れた。だが、鑑真はその八月に任務を解《と》かれて東大寺を出て、平城京西郊の唐招提寺《とうしょうだいじ》に去ってしまった。東大寺には弟子の法進《ほうしん》らを残しており、旧教団勢力の反発を抑えて授戒制度は堅持できている。そういう安心感もあって隠居したのか。そう思いたくはあるが、鑑真の唐招提寺へのとうとつな退去をどう評価したらよいのだろう。

鑑真も七十二歳という高齢でかつ盲目の身であったから、東大寺にいて旧教団の僧侶と争うより、はやく政務から離れたい。そして残る人生を律学の講義にあてて後進の者を育てたい。戒律研究に勤しむ学僧をみずからの分身として残しておきたい。そういう前向きな気持ちをもって唐招提寺に自分

鑑真住坊跡（筆者撮影）

の意思で積極的に赴いた、とする見解がある。

しかし、その見方はどうだろうか。

教学論争にはたしかに勝った。だがただしければ政争にも勝てる、政治的圧力もなくなる、というわけではない。鑑真は旧教団との政争にけっきょく負け、外来僧侶集団の象徴としての意味合いを持たされ、日本仏教界から弾《はじ》き飛ばされたのではなかったか。

鑑真が最初に唐招提寺に赴いたとき、その境内には新田部親王邸《にいたべしんのうてい》のときからある校倉《あぜくら》倉庫（宝蔵・経蔵）と、いまはないが講堂の西隣、鐘楼《しょうろう》の西北側に住坊とした小屋が一軒。それしかなかったようだ。もしも鑑真がみずから決意して律学の後進を育てたいと願ったのならば、もうすこしましな施設を整えて、それができてから移動し

旧平城宮東朝集殿で現在の唐招提寺講堂（筆者撮影）

てもらうことにしたろう。平城宮東朝集殿《ひがしちょうしゅうでん》が講堂として、藤原仲麻呂《なかまろ》邸の家屋が食堂《じきどう》として施入されたことはよく知られている(3)が、どうしてそれすら待てなかったのか。

『唐大和上東征伝』には、

仍《よ》りて、宝字元年丁酉十一月廿三日を以て、勅して備前国水田一百町を施す。大和《だいわ》上《じょう》、此の田を以て、伽藍《がらん》を立てむと欲す。時に勅旨有りて、大和上に園地一区を施す。是れ、故一品新田部親王之旧宅なり。

（九〇六頁）

とあり、かつてここは新田部親王の宅地であったとする。それはたしかである。新田部親王死没のあと、それを引き継いで道祖王《ふなどおう》・塩焼王《しおやきおう》が起居《ききょ》した邸宅が万全な状態で残されていたならばよい。だが、右の史料にも「園地一区」としかない。かつて新田部親王の宅地ではあったが、鑑真に授けられたときの現状は園地一区と

鑑真火葬墓（筆者撮影）

しか表現できないものだったようだ。新田部親王は天平七年（七三五）に死没しており、天平宝字三年（七五九）はそれから二十四年も経ている。掘立柱《ほったてばしら》建物だったとすれば、親王が起居していたはずの期間も考え合わせれば、とうに三十年内外という耐久期間を過ぎている。邸宅は、もはや取り壊《こわ》されていたろう。また伽藍や寺域についての記録にも、そうしたかつての親王らの居宅が遺《のこ》っていたとする記事はない。つまりはほとんど舎屋《しゃおく》のない劣悪な居住環境と予想される唐招提寺内に、それでもあえて移らされたのであるから、それは追いやられたと表現するほかあるまい。

普照なくして日本の鑑真はない。普照と鑑真の親交は生涯のものだったろうが、命を賭《と》して招聘《しょうへい》した人にさせたつらい思いやその人の意向《いこう》を、どんな気持ちで聞いたことか。唐招提寺の寺地をともに吟味《ぎんみ》しにいったというが、そのときに二人の間にはどんな会話がなされたのか。深々と頭を下げてのお詫《わ》びだったのか。残念ながら、おたがいのそのときの思いをいまに伝える記録はない。

〈付録〉大乗《だいじょう》戒壇の成立

さてここまで記してきて、鑑真が遺してくれた日本仏教界での足跡とその今日的な価値をあらためて確認しておきたいところだが、じつはいまにほとんど繋《つな》がっていない。

というのは、天平勝宝六年（七五四）四月、鑑真は日本で授戒をはじめた。

『唐大和上東征伝』によると、その日は、日本の最高権力者である聖武上皇や光明皇太后・孝謙天皇に菩薩戒を授ける儀式的なものにはじまり、

尋《つ》いで、沙弥澄修《ちょうしゅう》等四百四十余人が為に戒を授く。又、旧大僧霊福《りょうふく》・賢璟《けんけい》・志忠・善頂・道

縁・平徳・忍基《にんき》・善謝・行潜・行忍等八十余僧、旧戒を捨て、重ねて和上《わじょう》授くる所の戒を受く。
とあって、沙弥四四〇余人、自誓受戒で比丘になっている僧八十余人にも具足戒を授けている。これが日本における正式な具足戒授与の最初である。輝かしい記念すべき日であった。

鑑真とその一行の来日により、そして彼らによる具足戒の授与作業により、日本仏教界は国際的に通用する、どこに出しても恥ずかしくない正式な僧侶を作り出すことができるようになった。まさに鑑真のおかげである。もともとこうした日を迎えるために、戒律学の専門家を招聘しようとしていたのであったし、この結果は日本政府として長く希望してきたことである。これによって、中国に留学僧・請益僧《しょうやくそう》として渡っても、普照のようにいちいち具足戒を中国で受け直さなくても済む。資格がないのではと疑われずに済む。日本政府にとっても、じっさいに日本から中国に渡る僧侶にとっても、まことに望ましい状態になった。

そこまでよい状態になれたのなら、好ましい状態にしてもらったのなら、この体制を変えたくないはずである。もちろん東大寺・大宰府観世音寺《だざいふかんぜおんじ》・下野薬師寺《しもつけやくしじ》に置かれた戒壇では、鑑真の指導で定められた具足戒の作法で授戒しはじめた。そして、ほんらいならば今も……のはずなのだが。

ところが弘仁十三年（八二二）六月十一日、平安宮廷は、弘仁十年四月の「請立大乗戒表」の上申以来最澄《さいちょう》から要望のあった大乗戒壇の設立を認可した。最澄が生きている間は許可せず、没後七日経って嵯峨天皇が勅許を出した。最澄に対してはずいぶん嫌味《いやみ》な動きであるが、その手続きはともかくとして、なにしろ宮廷はこれを許諾したのである。

最澄が申請して設立されることになった大乗戒壇とは、右に述べてきた十重四十八軽戒の菩薩戒を授ける所であり、菩薩戒壇である。つまり天台宗徒《てんだいしゅうと》は、『梵網経《ぼんもうきょう》』の説《と》く戒のみ受けて、具足戒を免除する。そのままで正式な僧侶と認める、という意味であった。

最澄がいおうとしていることの趣旨は、分からなくもない。

鑑真の確立したつまり東アジア世界で承認されている具足戒は、この戒律を厳守し修行に努めた僧侶のみが輪廻《りんね》する世界から解脱《げだつ》して救済され、涅槃《ねはん》の境地に到達するという趣旨である。これが上座部《じょうざぶ》（小乗）仏教の教えであり、こうした戒律を小乗戒・声聞《しょうもん》戒とかいう。僧侶にならない在家信者（優婆塞《うばそく》・優婆夷《うばい》）は、出家者に布施《ふせ》・喜捨《きしゃ》などをして功徳《くどく》を積み、出家者から生活の指針を得る、というていどの話となる。これに対して大乗仏教では、修行した僧侶だけでなく、一定の戒律を守り布施などの功徳を積めば、在家信者でもみな救われると説いている。このさいの出家者の戒律は、大乗戒・一乗戒・円頓戒・菩薩戒などという。

大乗仏教の趣旨を敷衍《ふえん》すれば、具足戒をもとに修行した僧はもちろん、菩薩戒を守っただけの者もともに救われる。それなら、具足戒など必要ないことになる。自家製・手作りの小舟に乗った僧侶しか救われないのなら船大工《ふなだいく》の技術を持たないつまり修行していない人は救われようがないが、会社が操業している大船に乗っていても全員が救われるのならば、僧侶も在家信者ももともと大きな船にみんなが一緒に乗り込めばいい。小舟を探す必要はないし、小舟をべつに自力で仕立てる必要もない。小舟を仕立てるための技術免許（戒律）など、修得《しゅうとく》する（守る）必要もない。

大乗仏教の趣旨からいえば、たしかにそうである。だから最澄は、具足戒を受けない大乗戒壇を独自に開設したいと申し出た。自分も具足戒を受けたわけだが、弘仁九年三月にはその具足戒つまり小乗戒をみずから棄捨《きしゃ》してしまった。そして、ひたすら菩薩戒だけの大乗戒壇の設立を求めたのである。天台宗だけのことといえばそうであり、東大寺では平安末期から鎌倉初期にかけて一時的に途絶《とだ》えたものの、基本的に具足戒を守りつづけている。しかしいわゆる鎌倉新仏教の多くは、天台宗から出ている。また東大寺など旧仏教界の力は、天皇・宮廷の力とともに衰退していった。そのなかで日本における天台宗系統の僧侶の存在には、とりわけて重みがある。

ともあれこのために、普照のように中国や東アジア世界では比丘と認められない、沙弥待遇にしかならない僧侶が、ふたたび輩出《はいしゅつ》されることとなったのである。

ところがこののち、中国に渡った僧侶たちは、具足戒をあらためて受け直したりしなかった。

それは道元《どうげん》の記録で判明する。貞応二年（一二二三）二月のことだ。道元の師・明全《みょうぜん》が中国に赴いた。そのとき道元は、

> 先師、諱《いみな》は明全、貞応癸未二月廿二日、建仁寺《けんにんじ》を出でて大宋国に赴く。見年《げんねん》四十歳。本《もと》、是れ比叡山首楞厳院《しゅりょうごんいん》の僧なり。（中略）全公、本より天台山延暦寺の菩薩戒を授（受）く。然《しか》れども宋朝、比丘戒を用ゆ。故に、入宋の時に臨《のぞ》み、此の具足戒牒《ぐそくかいちょう》を書き持てるなり。宋朝の風、大乗の教へを習学するに難《かた》く、僧、皆、先《ま》づ大僧戒《だいそうかい》を受く。只《ただ》菩薩戒を受くるの僧は、未《いま》だ嘗《かつ》て聞かざる者なり。先づ比丘戒を受け、後《のち》に菩薩戒を受くるなり。菩薩戒を受けて夏臈《かろう》と為《な》すとは、未だ嘗て聞かざるなり。
> （『大日本史料』五編之一、八五六頁）

と記している。すなわち、

道元の先師で諱を明全という僧が、貞応二年二月二十二日に建仁寺を出て大宋国に赴いた。そのと

き、年齢は四十歳だった。もともとこの人は比叡山首楞厳院の僧である。明全公は、もとより天台山延暦寺菩薩戒を受けていた。しかし、宋朝では比丘戒を用いるので、入宋の時に臨んで、この（東大寺の）具足戒牒を書いて持参したのである。宋朝のやり方は大乗の教えを習い学ぶに困難で、まず僧はみな大僧戒（具足戒・比丘戒）を受ける。菩薩戒だけを受けたという僧は、いまだかつて聞かない。まず比丘戒を受けた後に菩薩戒を受けている。菩薩戒を受けて戒臈とすることは、いまだかつて聞いたことがない、という。

明全は、正治元年（一一九九）十一月八日に東大寺で受戒したとする偽《にせ》の具足戒牒を造って持参した。その戒牒は、右掲の道元の追記の前にある。こうして、日本化した菩薩戒の仏教と具足戒の授戒制度を守っている中国・宋《そう》との隙間は、論争も挑《いど》まれず後悔もされず、ただ虚偽・詐称《さしょう》によって何もないかのように埋められたのである。(4)

大乗戒壇を認可すれば、こうした事態になることは予想できた。いやこうなってしまうという自覚があったから、戒律の重み・必要性が説かれてきた。仏教公伝以来二〇〇年経って、鑑真の手によってやっと国際基準となれた。それなのに鑑真の最初の具足戒授戒からわずか六十八年で、またぞろこうした隙間を生じるような、困惑する事態を造ってよいものか。鑑真の死没から五十九年しか経っていない。その趣旨や苦難の日々が忘れ去られるほどの時間も経っていないのに、生命を懸けて伝戒した鑑真の努力や功績をまったく無にするような決定を、平安宮廷はなぜあえてしたのか。筆者には、理解できない。

田村晃祐《こうゆう》氏は、(5)その事情についてこう述べられている。

桓武天皇は、光仁天皇の仏教に対する方針を継承し、僧尼に仏教の本質にかなった厳格さを求めていった。堕落した者を取締ることに努力し、限度をこえた仏教の膨張を防ぎながら、他方通常行われてきた仏事はそのまま引続いて行い、さらに清浄な仏教を樹立し、学問・修行にすぐれた僧尼を顕彰していく方針をとった。

（六十二頁）

とし、桓武《かんむ》天皇は仏教界の再建を目指していた、とする。延暦四年五月二十五日の勅と延暦十四年四月二十三日の勅とで、堕落した僧侶の取り締まりを命じた。延暦十七年四月十五日の勅では戒律の護持を求め、延暦四年七月二十日の勅では徳行《とくぎょう》の僧尼を褒賞《ほうしょう》している、という。従前の仏教界のあり方には、かなりの不満と不信があったことが読み取れる。不満・不信を懐《いだ》いている桓武天皇が最澄の主張を受け入れたのは、

奈良時代の仏教は社会的には国を護《まも》ることが期待された。その典型的なものが国分寺《こくぶんじ》の造立《ぞうりゅう》である。聖武天皇の国分寺造立の詔によれば、風雨が順調で五穀《ごこく》が豊かに稔《みの》り、あらゆる災を消し憂愁を除き疾疫を治し、願う所を心に遂げてつねに歓喜を生ぜしめるために国分寺が造られた。……しかし、国分寺が造られても実際に災害はなくならない。その理由を最澄は、これ迄《まで》の奈良の僧は、小乗の戒律を受けて僧の資格が得られるのであるから小乗の僧であるに過ぎず、小乗の僧には護国の実《じつ》を挙げることは出来ない、という点に求めた。そこで純粋な大乗の僧を養成すれば護国が実現することが出来ると考え、小乗戒を用いることなく、始めから大乗の梵網経の戒律だけを用いることによって、純粋の大乗の菩薩僧を養成しようと図《はか》ったのである。

（二四〇頁～二四一頁）

と推測される。

ただの部外者としての臆測にすぎないが、政府として大乗戒壇の設立を許可するに至った理由は史書のどこにも示されていない。たしかにこのていどの理由だったのかもしれない。

しかし甲がだめならば、乙がただしいといえるのか。甲がだめなとき、乙ならかならずただしいとはいえない。甲も乙もただしくないかもしれない。上座部（小乗）仏教がだめだったら、大乗仏教にすればよいのか。大乗仏教ならば本当に達成できるという保証を、どこに見つけたのか。上座部仏教でだめなのならば、仏教ではだめなのかもしれないではないか。修行を厳しくさせてより戒律を厳密にする方向をとるならばともかく、大乗戒の受戒だけにしたのではまともな僧侶の資格もなくなる。僧侶としての資格を指定している意味もあるはずなのに、それをことさらに外《はず》して、本来的に資格を持っていない人たちにしてしまう。その人たちが祈ることで所期の目的が達成できる、となぜ考えるのか。南都《なんと》仏教界というか僧綱《そうごう》全体が、仏教界の意思として大乗戒壇を承認していない。賛成していない。承認できない旨を報告し、明瞭に反対している。大乗戒壇を設けるのがいいかどうかではなく、上座部仏教では護国《ごこく》できず、大乗仏教ならば護国が可能だというのならば、経典上の理論的可否と実績の有無をめぐって議論すべきだ。そしてそれがそうだと是認《ぜにん》されて大乗戒壇の設立となったのだったら、逆に上座部仏教はすべて駆逐《くちく》され廃絶さるべきものである。しかしそうしたことが試行されたことも、論議された形跡すらもない。それはなぜなのだ。

この説明として、日本では厳しい戒律が嫌われるので、大乗戒だけで済むという点が好まれた、とかいう。日本史を通覧すれば、そういう精神的な風土や歴史の趨勢《すうせい》が見えるのかもしれない。しかし少なくともこのときの仏教界・僧綱は授戒制度の変更に反対しており、最澄もふくめた当事者《とうじしゃ》たちでさえも「厳しすぎるから変更してくれ」との希望など出していない。僧綱の納得も承認もないのに大乗戒壇の設立を認めたのは、宮廷人である。宮廷人は、戒律の厳しさに怯《おび》えたことも、修行を求められたこともなく、したがって改善したいと思ったこともないはずだ。その宮廷人が、専門家である仏教界の理論的反論・不同意に耳も貸さず、なぜこの方向での変更を認めてしまったのか。宮廷人たちの動機がいったい何だったのか、それがわからない。天皇や宮廷人はなぜせっかく国際的に正当な形で確立した戒壇を破壊したのか、合理的に説明できていない。

やがては修行することよりも、戒律を守ることよりも、なによりも信心が大切である。そして阿弥《あみ》陀《だ》仏《ぶつ》の慈悲に縋《すが》りきるという信心さえ確乎《かっこ》としてあれば、妻帯《さいたい》も飲酒もとくに問題としないことへとさらに日本的「発展」を遂げる。在家信者でも守らなければいけない最小であるがしかし核心である優婆塞・優婆夷の五戒のうちの不邪淫・不飲酒が守られなくても、一向《いっこう》に構わない。さらに戒律など何も守らなくてよい。そこまで進んでしまった日本の仏教を見ると、鑑真に戒律の伝道《でんどう》を求めていた時代の理念とかけ離れてしまって、仏教の一種といえるものかさえ定かでない。

日本仏教の今日のような姿が、これが日本化なのだろうか。日本化というのは日本的「発展」でもあろうが、発展していると思うのは自分たちのなかの話で、一方では国際基準から離れていくことでもある。これは是認されるべきことか、ただありのままを受け入れればよいのか。

一般論として、人は易《やす》きに就《つ》く。だが度を超して日本人は激しい修練や厳しい戒律を嫌い、自己本位に自分に都合《つごう》の好《よ》いところだけ採《と》り入れ、あとは大きな誤解をして本来の趣旨は受け入れない。なし崩し的に自分の好みに合わせた安易な方向に変えてしまった。そういう精神的な風土・気質《きしつ》を基盤に、なんらかの理屈をつけながら、結果として自分に厳しくすることは望まない。それなのに、自分に厳しくすることで高く大きな恩恵を呼び込もうとしないのに、自分に甘いままで大きな利益《りやく》だけを求めようとする。ハイリスク・ハイリターン（投資先の危険度が高いほど、成功すれば高い収益が得られるという考え）ではなく、実現性の低いローリスク・ハイリターンを希求《ききゅう》する。

そうした日本人気質の一つの往古《おうこ》の姿が、ここにも現れているということだろうか。残念ながらいまの筆者には、この変転を事実に即して合理的に説明しきることができない。

【注】

（1）戒律の理解については、松尾剛次氏著『破戒と男色の仏教史』（平凡社刊、二〇〇八年）によるところが大きい。

（2）東野治之氏著『鑑真』（岩波書店刊、二〇〇九年）では、羯磨の内容は「調えた十八種類の僧具を（聖武太上天皇に所持させてよいかどうかを諮り、それを認めるもの」（九十頁）で、僧侶間の紛争は「我々にはなぜ（鑑真からの）受戒の機会が与えられないか、という不満」（九十二頁）だったと解釈されている。

（3）安藤更生氏著『鑑真』（人物叢書、吉川弘文館刊。一九六七年）、「第三、来日以降」の「四、唐招提寺創建」および「五、示寂」参照。ただし、鑑真入山時点に唐招提寺境内にあったと思われる建物の状況については、やや見解を異にしている。

（4）中国の戒律制度や日本からの渡海僧の度縁・戒牒のあり方などについては、早稲田大学商学部非常勤講師の米谷均氏より種々ご教示をいただいた。

（5）田村晃祐氏著『最澄』（人物叢書、吉川弘文館刊。一九八八年）、「高雄山寺での講経　三、桓武天皇と仏教」

および「第九、天台僧養成制度設立の運動　七、天台僧養成制度の意図」。

（原題は「普照」。「歴史読本」五十五巻二号、二〇一〇年二月。二〇一二年三月補訂）

6　平城京廃都はいつのことだったか——四年の空白が意味するもの

一　食い違う長岡京遷都の日

『続日本紀《しょくにほんぎ》』（新訂増補国史大系本。以下、特記しない記事は本書による）和銅三年（七一〇）三月辛酉条には、

始めて都を平城に遷す。左大臣正二位石上朝臣麿《いそのかみのあそみまろ》を以て、留守《るす》と為《な》す。

とあり、藤原京から平城京への遷都は和銅三年三月十日に行われている。

それならば、平城京が廃都となり、長岡京に遷都されたのはいつのことだろうか。通説では、それは延暦三年（七八四）十一月十一日の出来事とされている。

というのは延暦三年十一月戊申条に、

天皇、長岡の宮に移幸《うつりいでま》す。

とある。これが、その史料的根拠である。

たんなる移幸ではなくて、遷都だったと思わせる動きは、べつの複数の条文からもたしかに十分窺える。

すなわち延暦三年五月丙戌条に、

勅して、中納言《ちゅうなごん》正三位藤原朝臣小黒麻呂《おぐろまろ》・従三位藤原朝臣種継《たねつぐ》・左大弁《さだいべん》従三位佐伯宿禰《さえきのすくね》今毛人《いまえみし》……等を、山背国《やましろ》に遣して、乙訓郡《おとくにぐん》長岡村之地を相《み》せしむ。都を遷さむが為なり。

とある。視察させたのは遷都のためだ、とここに明記されている。

ついで同年六月己酉条では、中納言藤原種継・参議紀船守《さんぎきのふなもり》以下十人を造長岡宮使に任じて、

是に於て、都城を経始《けいし》し、宮殿を営作《えいさく》せしむ。

とあり、宮殿の営造に着手している。六月壬子条には、

参議近衛中将正四位上紀朝臣船守を賀茂《かも》大神の社《やしろ》に遣して、幣《ぬさ》を奉らしむ。以て遷都之由《よし》を告ぐ。

とあり、これから遷都をする予告なのか遷都したという報告なのか定かではないが、ともかく山背国の地主神《ちしゅしん》を代表する賀茂大神に遷都を告知している。

そして十一月丁巳条にも、

近衛中将正四位上紀朝臣船守を遣して、賀茂の上下の二社を従二位に叙《じょ》す。又、兵部《ひょうぶ》大輔《たいゆう》従五位上大中臣朝臣《おおなかとみのあそみ》諸魚《もろうお》を遣して、松尾《まつのお》・乙訓の二神を従五位下に叙す。遷都するを以てなり。

とあり、これは遷都したあとの褒賞のようである。

このように見ていくと、宮地の候補を長岡村に内定し、地理・地勢の確認のために現地踏査させ、決定してからさっそく宮殿を造りはじめている。その上での遷都ならば手順通りで、神階《しんかい》授与などの理由にも遷都とあって、この延暦三年に遷都したことについては、どこにも問題がないように思え

る。

しかし『日本三代実録《にほんさんだいじつろく》』の記載は、やや異なる。

『日本三代実録』（新訂増補国史大系本）貞観六年（八六四）十一月庚寅条には、都遷りしたあとの平城京の故地《こち》がすっかり荒廃していたというさまを描《えが》いて著名な記事がある。すなわち、

是より先、大和国言《もう》す、平城旧京は、其《そ》れ東は添上郡《そうのかみぐん》、西は添下郡なり。和銅三年古京より遷りて、平城に都す。是に於て両郡、自《おのずか》ら都邑《とゆう》を為《な》す。延暦七年都を長岡に遷し、其の後七十七年。都城・道路、変じて田畝と為《な》れり。内蔵寮《くらのつかさ》の田百六十町、其の外私《ほか》に窃《ひそ》かに墾開《こんかい》せるもの、往往《おうおう》数有り。望み請ふ、公に収《おさ》めて其の租を輸《いだ》さしめむ、と。之《これ》を許す。

とあるが、ここでは「都を長岡に遷し」たのは延暦三年でなく、「延暦七年」だとされている。貞観六年は延暦七年から数えてたしかに「其の後七十七年」にあたり、書写のさいに偶発的に起きた誤りとするには、字画の違いがありすぎるし、また連続的な誤写とみなす蓋然性《がいぜんせい》は低い。

これは、どうしたことか。

平城京廃都は、通説では延暦三年だが、貞観年間の宮廷びとは延暦七年の出来事と認識していた。この四年の空白に、どんな意味があるのか。

ささいな問題ではあるが、それが大きな問題を引き出す糸口となることもある。そこに問題があると認識することをまず第一の目標とし、ついでに筆者の解釈を試みに示すこととしよう。

二　延暦七年を遷都の年としたわけ

『日本三代実録』には延暦七年をもって、平城京から長岡京に遷都されたとあった。では、貞観《じょうがん》年間の宮廷びとが延暦七年とみなした史料的な根拠は何だったのか。

そこで『続日本紀』の延暦七年にかかる記事を眺めていくと、都に関係しそうな記事はただ一つ、九月庚午条しか見あたらない。そこには、

詔して曰く、朕、眇身《びょうしん》を以て忝《かたじけな》くも鴻業《こうぎょう》を承《う》く。水陸便《たより》有りて、都を長岡に建つ。而《しか》れども宮室未《いま》だ就《な》らず。興作稍《こうさくやや》多くして、徴発之苦しみ、頗《すこぶ》る百姓に在り。是を以て其の功貨《こうか》を優《めぐ》みて、労煩《ろうはん》を無からしめむことを欲す。

とし、役夫《えきふ》を出している国の出挙稲《すいことう》の息利《そくり》を四割減額する、とある。だがはたしてこのような出挙利息云々の記事が、貞観年間の宮廷びとが長岡京遷都の年とみなす根拠となりうるだろうか。

『日本三代実録』の編者が長岡京遷都の年とみなしていたのはたしかに延暦七年であるが、同じ六《りっ》国史《こくし》の『続日本紀』にあるその年内の関係しそうな記事はどうふるってみてもこの一条しかない。

そこで、『日本三代実録』がこうしたなかでもなお平城京廃都・長岡京遷都を延暦七年と見なしている理由を、以下三点にわたって推測し、それぞれ検討を加えてみよう。

まず、第一の案を出してみる。

延暦三年の記事には「移幸」としかないから、これは遷都《せんと》の記事とは見なせない。延暦七年内のほかの日に遷都の詔が出されていたのだが、いまは見当たらない。もちろん遷都の詔が出ないはずはな

く、その当時の官人たちの目には周知のものとして触れられていたであろう。だから貞観年間の大和守や貴族たちはそのことを伝え聞きながら記憶していて、延暦七年を起点とした平城京廃都からの年数を記載した。しかし遷都の詔文は、『続日本紀』の編纂までのあいだに失われたか、編纂過程で削除されてしまった。そう、考えてみてはどうか。

だが、この案はどうだろうか。

『続日本紀』全四十巻が成立するまでの過程はとても複雑だったようだが、延暦七年分の記事が入っている巻三十九は延暦十五年の編纂である。というのは後半部の二十巻分は、光仁朝《こうにん》に一度纏《まと》められたが、延暦十三年に巻二十一から巻三十四の十四巻分に圧縮される。延暦十五年になって、これに巻三十五から巻四十までを新規に編集して合本《がっぽん》したものだからである。となれば、長岡京遷都は、延暦十五年の編纂時点のわずか八年前、あるいは十二年前の出来事である。詔文が失われるほどの大事変も、それがいつ出されたのかを忘れてしまうほどの歳月《さいげつ》も、ともに経《へ》ていない。もちろん巻三十九については、『続日本紀』の前半部のように天平宝字元年の巻を紛失したり、脱漏《だつろう》などの不備が指摘されるようなこともなかった(1)。

それならば、記事としてはあったのだけれども、記述するほどのことでないとして編纂段階で削除されたのだろうか。だが『続日本紀』は律令《りつりょう》国家の正史であり、すでに大がかりな国家事業となっている遷都について、天皇による正式な発令記事を簡単に削り落としてしまえるものだろうか。また仮に詔文が紛失されていたとしても、「移幸」などという国史上で王宮の遷都を意味したことがない不自然な表現を使うだろうか。官人あるいは編纂官が詔の出ていたことを記憶していたのなら、「移幸」ではなく、この部分を「始めて都を長岡に遷す」と書き直せば済むことだ。ともあれ画期《かっき》となる重要記事のはずで、削除の指示をうけてしまうような些末《さまつ》な小事とは思えない。

そうなると、第二案だろうか。

長岡京遷都の詔は、じつは発布されなかった。延暦三年十一月の「移幸」では、桓武天皇とごく一部の官人が長岡宮に移った。その後、長岡宮から天皇が動かなくなり、延暦七年になって造営工事が本格化した。この本格化したことの記事を根拠として、貞観年間の宮廷びとはこの工事の開始指令を遷都とみなした、と。

しかし、この解釈は事実が否定している。延暦三年に長岡宮へ移幸したあと、桓武天皇は長岡宮から動かなかったわけではない。延暦四年八月丙戌条には、「天皇、平城宮に行幸す」とあり、潔斎期《けっさいき》間をおえた朝原《あさはら》内親王が斎宮《さいぐう》として伊勢神宮に下向《げこう》するのを、平城京まできて見送っている。そのまま三十日ほど平城宮に停留していたが、藤原種継暗殺事件を聞いて「車駕《ぎょが》、平城より至れり」(同年九月丙辰条)と記されている。天皇は長岡宮でも平城宮でもどちらにも滞在し、長岡宮・平城宮を自在に往来していたのである。

それに、延暦七年の記事を事実上の遷都と見なすことも認めがたい。「水陸便有りて、都を長岡に建つ」とはあるが、「而れども宮室未だ就らず。興作稍多くして、徴発之苦しみ、頗る百姓に在」るから役夫を徴発した国の出挙稲の息利を四割減額するとしているにすぎない。いまこそ正式に遷都するぞという宣言ではなく、すでにはじめている工事の途中で、その負担を軽減しようとした暫定措置《ざんていそち》である。この記事を貞観年間の宮廷びとが読み誤まるとは、とても考えられない。

とはいえ、『続日本紀』延暦四年八月丙戌条には、

天皇、平城の宮に行幸す。是より先、朝原内親王、平城に斎《いつ》き居《お》る。是に至りて、斎期既に竟《おわ》りて、将《まさ》に伊勢神宮に向かはむとす。故に、車駕、親《したし》く臨みて発ち入れり。

とある。平城京に都が置かれていると認識していたら、「平城京に行幸する」とはいわない。還幸すると表現するはずだ。平城行幸という表現は、延暦四年時点では長岡宮が天皇の正式な宮居と意識されていたことを意味している。しかしだれもがそう認識していたとするなら、「貞観年間の宮廷びとは、なぜ延暦七年に平城京が廃都となったと思ったのか」が理解できなくなる。

そこで、第三案である。

延暦三年、桓武天皇らは移幸して事実上遷都した。だが事実として移幸してしまったもので、遷都の詔はついに出されなかった。明治二年（一八六九）に明治天皇は東京に移幸したが、遷都の詔はいまにいたるまで出されていない。遷都ではなく、東京へは奠都《てんと》つまり「天子の都を定め」（『字源』）ただけなのである。奠都ならば、首都があっても、さらにいくつでも設定できることである。都遷《うつ》りが命じられていないので、京都はいまでも首都だとする根拠となっている。これと同じ次第《しだい》である。

その詳細な事情はこまかく記されていないが、延暦七年までは貴族・官人を中心に遷都反対の動きがつよく、平城宮の主要施設は並置したまま撤去されなかった。桓武天皇が移ってから四年が経《た》ち、延暦七年になって宮廷内にやっと妥協が成立した。そこで平城宮から官庁・官人が移動しはじめた。つまり延暦七年になって、はじめて遷都の実体が生じたから、と解釈してはどうか。

右の解釈を採《と》れば、桓武天皇が「長岡宮に移幸」したのが延暦三年であって、「平城京が廃都」さ

れたのは延暦七年。それで、両方が矛盾しないで済《す》む。長岡宮への遷都を平城京の廃都と同年と考えるから矛盾してしまうが、そのように考えなければ両立できる。またそう解釈しないと、記事が両立できない。

長岡宮への「移幸」に反対する雰囲気は、皇室の内外に強くあった。(2)

延暦四年九月に起きた大伴継人《おおとものつぐひと》・竹良《たけら》らによる造長岡宮使・藤原種継暗殺事件は、その反対活動の最《さい》たるものだった。また「移幸」直前の延暦三年十月癸巳条には、平城の左右両京に鎮京使を置いたものの(3)「京中盗賊稍《やや》多くして、物を街路に掠《かす》め、火を人家に放つ」(十月丁酉条)という騒然たるありさまであった、とある。いや、それだけではない。臣下や京戸だけでなく、皇室内にもつよい反撥があった。延暦三年十一月の「移幸」のさいには、皇后・中宮とも桓武天皇に随行していない。延暦三年十一月甲寅条には「是より先、皇后、母の氏の憂《うれ》ひに遭《あ》ひて、車駕《ぎょが》に従はず。中宮も復《ま》た平城に在り」とあり、皇后・藤原乙牟漏《おとむろ》は実母・阿倍古美奈《こみな》が前月に死没したから止《や》むをえなかったとも釈明できる。しかし、だからといって桓武天皇の生母で中宮である高野新笠《たかののにいがさ》までが国家事業である遷都に随行しない理由はなかろう。

それでも争いは四年で決着がつき、平城京は廃都となった。そして、その三年後には越前以下八ヶ国に命じて「平城宮の諸門を壊《こぼ》ち運びて長岡宮に移し作らる」(延暦十年九月甲戌条)せることになっている。桓武天皇の独《ひと》りよがりな行動に、親族も部下も、みな従わずに無視してみせた、というところのようだ。

この推論の当否がどうであれ、長岡京への遷都の詔は見当たらず、正式に出された形跡はない。やや飛躍するが、それが大同四年（八〇九）に平城上皇が平城還都を言い出す素地《そじ》ではなかったろうか。平城上皇の平城還都宣言を個人レベルの郷愁《きょうしゅう》として従来みなしてきたが、「詔なき遷都」問題での対立が燻《くすぶ》っていて、平城派の宮廷びとの思いが平城上皇の口を通じて噴出《ふんしゅつ》したのかもしれない。

【注】

（1）現在見られる『続日本紀』巻三十八は、後人の手が若干入っている。というのは、『続日本紀』の記事を抄略しただけのはずの『日本紀略』の記事が、現行の『続日本紀』よりも詳細になっている部分があるからだ。たとえば『続日本紀』延暦四年九月乙卯条には「藤原朝臣種継、賊に射られて薨ず」としかないが、これを抄略したはずの『日本紀略』には「藤原種継、賊に襲ひ射られ、両箭身を貫きて薨ず」とあって、文章がむしろ増えている。そうした出入がありうるのならば、長岡京遷都の詔文が現行『続日本紀』では省略されたとも考えられる。しかし『日本紀略』延暦三年の「天皇、長岡宮に移幸す」はそのままとられているが、延暦七年では詔文はおろか関係記事が一条も見当たらなくなっている。やはり、長岡京遷都の詔文は『続日本紀』の延暦三年条にも延暦七年条にも、もともとなかったと考えてよかろう。

（2）長岡京遷都に対する反撥は、福山敏男氏・中山修一氏・高橋徹氏著『新版長岡京発掘』（日本放送出版協会刊、一九八四年十月）「第三章　長岡遷都」などでも推測され、詳述されている。

（3）岸俊男氏「長岡遷都と鎮京使—遷都における留守官の意義に及ぶ—」（中山修一先生古稀記念事業会編『長岡京古文化論叢』同朋舎出版刊、一九八六年六月）によれば、十月癸巳条の鎮京使は平城京に置かれたもので、十月丁酉条は平城京内の状況を伝えるもの、という。

（「歴史研究」五八三号、二〇一〇年八月）

7 藤原政権樹立への階梯

一 幻の氏祖・鎌足

藤原氏の氏祖といえば、だれしも中臣鎌足《なかとみのかまたり》を思い起こすことだろう。鎌足は、蘇我蝦夷《えみし》・入鹿《いるか》の専横とそれへの批判を窃《ひそ》かにまたは声高《こわだか》に口にする人たちを横目に、遠い先のことを考えていた。それは、朝鮮半島情勢の先行きで、すでに六四四年に、唐・太宗《たいそう》は第一次高句麗《こうくり》遠征軍を送り込み、朝鮮半島の制圧に着手している。この結果として長年の同盟国である百済《くだら》が滅亡すれば、百済を援助することになるであろう日本にもやがて戦禍《せんか》が及ぶ。それまでの日本史上、中国を敵に回したことなどない。その日本が、一五七三県・八四一万二八七一戸・四八一四万三六九〇人(開元二十八年〈七四〇〉時点)を擁《よう》する唐と戦うことなどできるのか。すくなくとも眼前の国内体制では、唐軍にまともに太刀打ちできない。日本の未曾有《みぞう》の国難に的確に対処し、それに向けた国政改革のできる人物がいるのか。いるとすれば、それは誰なのか。それを探し求めて、はじめは軽《かる》皇子(孝徳《こうとく》天皇)に近づき、やがて中大兄《なかのおおえ》皇子(天智《てんじ》天皇)に望みを託した。そして、皇極《こうぎょく》天皇四年(六四五)六月の乙巳《いっし》の変で大臣《おおおみ》・蘇我入鹿を暗殺し、その父・蝦夷を自邸で自殺させた。これにより、中大兄皇子をまずは政権の座につけた。

鎌足は、賢明かつ謙虚であった。自分の功績をもとに高位高官を要求したり、栄達を鼻にかけたりしなかった。自分の処遇云々《うんぬん》よりももっと上に、達成したい目標があったからであろうか。

改新政府では内臣《ないしん》の職に就《つ》き、ずっと国政の中枢部にはいたものの、政治の表舞台で発言したり、行動したりすることを避けた。ただひたすら、中大兄皇子の懐《ふところがたな》刀・知恵袋であり続けた。

例えば皇極天皇の後継大王の指名のさい、二十歳だったが功績の大きな中大兄皇子にまずは就任要請があり、本人もその意欲を見せた。しかし鎌足は長幼の序を説《と》いて出過《です》ぎとなることを窘《たしな》め、軽皇子（孝徳天皇）を擁立させた。そのように、大化改新の前後から白村江《はくすきのえ》の戦いにいたる政治過程のすべてで中大兄皇子の後盾《うしろだて》となったり制禦《せいぎょ》したりしながら、国内的には天皇制的中央集権国家の確立に尽力し、対外的には唐・新羅《しらぎ》からの国土防衛に奔走《ほんそう》した。

六六八年九月に高句麗が滅亡し、唐・新羅連合軍の勝利で戦いが終わった。そのあと唐・新羅が内紛を起こしたため、とりあえず日本をめぐる国際的な軍事緊張は緩《ゆる》んだ。

そのなかで鎌足は国内支配体制の整備に努め、それまでの改革内容をもとに「近江令《おうみりょう》」二十二巻の編修にあたった。改新政治の内容を体系化し、決して後戻《あともど》りしないように成文化させたのである。

この間に彼自身の冠位は大錦冠・紫冠・大紫冠と進み、天智天皇八年（六六九）十月には臨終の床《とこ》で藤原の氏名《うじな》と冠位二十六階制の最高位にあたる大織冠《たいしょくかん》を贈られた。『万葉集』には、天皇にのみ奉仕するはずの釆女《うねめ》・安見児《やすみこ》との結婚を特別に許された、という挿話《そうわ》も記されている。

天智天皇に影のようによりそっていたとは、つまり大王と並んで、大王と同じことを考えていたことなる。大王の挙《あ》げた実績はすなわち鎌足のものでもあり、とりわけて偉大な功労者であったと受け取れる。そうであるならば、彼に対する恩賞・顕彰はいうまでもないが、その後続の者に与える影響は大きいはずで、子孫が格別に優遇されるのも頷《うなず》ける。まさに藤原氏の栄達の道を一代の才覚で拓《ひら》いた傑物。この人あってこその、藤原氏の繁栄と納得できよう。

以上の話が巷間《こうかん》に流布《るふ》している鎌足の生涯の概略で、この理解は通説といってよい。

しかし筆者は、これを事実だと思っていない。始祖伝承とは、いつでもこんなものだからだ。

おそらくは持統天皇五年（六九一）八月の命をうけて子・不比等《ふひと》が奏上した、「藤原氏の祖等《おやども》の墓記《おくつきのふみ》」のなかにあった虚偽の記事が採《と》り入れられたものであろう。鎌足は、ほんらい孝徳天皇の側近だった。大化改新前後の動乱の時代に、鎌足の功績といえるようなものはなにもなかった。そこで、大きな事件で入り込める隙間を探し、他人様《ひとさま》の影として割《わ》り込ませ、捏造《ねつぞう》した人物像とその事績を挿入《そうにゅう》していった、と考えている(1)。

百歩譲ってかりに輝かしい通説のままの姿が鎌足の実像だったとすれば、天武天皇元年（六七二）六月からの壬申の乱において、紀大人《きのうし》を除く近江朝の重臣たちは滅亡または失脚している。不比等にとって、父・鎌足が近江朝の政策決定の中枢にいたことは、マイナス要因としても、評価されるもとみなされるはずがない。まして親のしたことが七光《ななひか》りとして子に届くとは、全く考えられない。

二　基盤を作った不比等

藤原氏繁栄のはじまりは、おそらく不比等の活躍にある。

不比等は、持統《じとう》天皇十年（六九六）三十九歳までの間に、持統女帝に見い出された。持統女帝の引き立てなしに、有力氏族の出身でもない彼が活躍の場を与えられるはずがない。

目に留まったのは、判事《はんじ》（持統天皇三年時）という職務上の能力のせいではなく、持統女帝がたび重ねた吉野行幸中の会話などを通じてのことだったろう。(2)当時の持統女帝の最大の関心事は、亡《な》くなった子・草壁《くさかべ》皇子が遺《のこ》した、孫・珂瑠《かる》皇子（文武天皇）の将来のことだった。珂瑠皇子を無事に即位させたい。しかし二つも上の世代である持統女帝では、孫の即位を確実に見守ることは保証できない。また天皇家として珂瑠皇子を推《お》すとしても、臣下側でも若い天皇を後押《あとお》しし補弼《ほひつ》してくれる支持勢力が必要である。いくら権限のある天皇でも、多くの廷臣の反対を受けながら、孤立したままでは執政できない。そうした珂瑠皇子の守護神として尽力してくれる有能で忠実な臣下を探しており、持統女帝は行幸のなかで不比等に目を付けた。そして不比等はその求めに応じた。

そもそも天武天皇の嫡長子《ちゃくちょうし》は、持統女帝との間の子・草壁皇子であった。血統としても、年齢的にも、草壁皇子は後継者の最右翼にいた。しかしその彼が夭折《ようせつ》してしまうと、後継候補は、その子・珂瑠皇子と目されなかった。嫡流を、草壁系にせず、草壁皇子世代の弟・長《なが》皇子や穂積《ほつみ》皇子などに移そうとする動きが生じた。こうした動きに抗して、持統女帝は何としても草壁直系の珂瑠皇子に継がせたいという、当時としては常識はずれな思いに固執《こしゅう》した。

律令国家の将来を考えて、兄弟相承は世代交代のさいに臣下を巻き込んだ権力争いを誘発するのでよくないと考えたのか、またはそういう建前《たてまえ》で自分の血を承《う》けた孫への皇位継承にこだわったのか。筆者は前者と考えるが、明瞭ではない。ともあれ、天武天皇の異腹の皇子やその周辺の廷臣の諒解や

藤原氏の氏神・春日大社（筆者撮影）

協力が得られなかったので、敵（天武系皇子）の敵（天智系廷臣）を味方とした。不比等は中流氏族の出身であり、生涯をせいぜい中堅の法務官僚で過ごすはずだった。その不比等に、持統女帝は政治家としての才能と忠誠心を認めた。そして、彼を政界三位の大納言《だいなごん》（のち右大臣）へと押し上げたのである。

不比等の第一の任務は、珂瑠皇子（文武天皇《もんむ》）即位までの障害を排除することだった。だが、そこまでなら持統上皇も生きていた。持統女帝は、一時は高市皇子《たけち》の大王位の中継ぎも考えたようだ。しかし高市皇子は持統天皇十年七月に死没した。その間に、珂瑠皇子は十四歳に成長していた。それでも珂瑠皇子の継承にさいして、長皇子の弟・弓削《ゆげ》皇子は「弓削皇子座《ざ》に在り、言ふこと有らまく欲《ほ》りす。王子叱《いさ》び、乃《すなわ》ち止みぬ。皇太后、其の一言の国を定めしことを嘉《よ》みしたまふ」（『懐風藻』〈日本古典文学大系本〉葛野王伝記）とあり、どうやら「草壁皇子亡き後、嫡子は兄・長皇子であり、兄の皇位継承が妥当だ」とでもいおうとしたのを、葛野王に叱責《しっせき》されて封じられたらしい。ともあれ結果として、持統上皇のつよい政治指導力で、珂瑠皇子への継承が可能になった。

しかし、次のあらたな問題が生じた。

文武天皇はきわめて虚弱な体質であり、彼が子をなしても、その子が成人して天皇となれるかどうか、まことに心もとない状態だった(3)。そこで、不比等に期待された当初の役割はやや変化した。不比等には、持統女帝の孫から、さらに曾孫への皇位継承を見守ることが託されたのである。持統・草壁系の皇子による皇位相承のために、その守護神となる。それが不比等の仕事となった。大宝二年（七〇二）十二月に持統上皇は死没し、ついに持統上皇の支えなしに、託された仕事を果たさねばならなくなった。

当面する彼の仕事は、文武天皇没後、天武系の皇子をはじめそれを取り巻く諸氏族たちなどの多くの反対と非難を退《しりぞ》けて、文武天皇の遺児・首《おびと》皇子（聖武《しょうむ》天皇）を即位させることであった。

当初は文武天皇の後継天皇として氷高《ひだか》皇女（元正《げんしょう》天皇）を即《つ》け、首皇子の成長を待つつもりだった。しかし氷高皇女の履歴では即位する資格がないとする長皇子らの批判に遭《あ》い、やむをえず妥協案として草壁皇子の妃で、文武天皇の国母《こくも》である元明《げんめい》天皇が即位することとなった。これらの女帝を利用しつつ、天武系諸皇子の即位への策動を封じて、神亀元年（七二三）二月、首皇子を聖武天皇として即位させた。

これが不比等の援助によるものであることは、東大寺正倉院蔵・黒作懸佩刀《くろつくりかけはきのたち》の授受に象徴されている、という。すなわちこの刀は、草壁皇子→不比等→文武天皇→不比等→聖武天皇の順で渡っている。つまり、不比等を介して草壁直系の男子の天皇のみに継がれている。不比等は、この刀を「天皇となった皇子」に渡すことを最大の責務とし、それが達成された証《あかし》としてこの刀を当該の皇子に奉呈したのである。

こうした裏工作の過程で、彼は娘・宮子《みやこ》を文武天皇の夫人《ぶにん》に、同じく娘・安宿媛《あすかべひめ》（光明皇后）を首皇子（聖武天皇）の妃にし、あとに続く子たち（藤原四子）の出世の足がかりとなる外戚体制も作り上げた。

不比等は、持統女帝以降代々の天皇の第一の側近として、国家の重要な政務に携《たずさ》わってきた。

大宝元年（七〇一）に頒布《はんぷ》した大宝律令《たいほうりつりょう》は律令国家のバックボーンをなすものだが、法務官僚の経験も生かしてこの編纂に深く関わり、その実施をきびしく励行《れいこう》させた。たとえば国郡の分割を徹底させ、なるべくこまかく分割させた。大きな国は分割する。分割すれば、国司は二名になる。大郡は中郡・小郡などに分割させれば、郡司の数が増える。支配にあたっては、そうやってともかくどんどん分割することだ。分割すればするほど支配は緻密《ちみつ》になり、反抗しようという芽の生長は抑えられる。政治支配の鉄則を熟知している官僚だった。こうした律令の施行によって、あたらしい原理の律令制官僚機構ができた。これにより、大伴氏のように「氏と名に負《お》へる」という自負心を懐《いだ》く職能《しょくのう》氏族の時代は去った。名負《なおい》の氏《うじ》などという自負心にこだわりを持っていては、律令制度に対応できない。これからは律令機構を熟知し、その機構のなかで仕組みに即《そく》した実績を積み上げ、権力の源泉である天皇の外戚《がいせき》を占める。そういうことをためらわずにできる藤原氏に、栄達の道が開かれるのである。

和銅三年（七一〇）三月の平城京《へいじょうきょう》遷都も、不比等の希望が実現されたものだ。藤原京は日本最初の宮都だったが、旧氏族の本拠が密集する飛鳥《あすか》に近接しており、氏族としては地盤の虚弱な藤原氏に不利だった。なにかといえば蜂起・決起すると脅《おど》され、暗殺者の影に怯《おび》えなければかねないからだ。そこで藤原京が北低南高の地形だという地相《ちそう》の不適合を説き、長安城に模した平城京を、旧氏族の掣肘《せいちゅう》をうけない場所に造営させたのだった。

不比等は、藤原氏興隆のための下工作なら何でもした。

左大臣が空席であったにもかかわらず、自分は右大臣に留まった。これによって公卿《くぎょう》（閣僚）を増やさせなかったのだ。親が出世しなければ、子への蔭位《おんい》も低くなる。それが狙いだった。また他氏が大納言に昇るのを少しでも遅らすため、定員を減らして中納言《ちゅうなごん》を設置している。さらに和銅六年（七一三）十一月には紀竃門娘《きのかまどのいらつめ》や石川刀子娘《いしかわのとねのいらつめ》の嬪《ひん》号を剝奪しており、宮子の地位を相対的に向上させた、というようなこまかい作為もしている。

なかでも不比等が力づくで成し遂げた藤原政権樹立の緒としては、藤原氏出身の公卿《くぎょう》をはじめて複数にさせたことが大きい。養老元年（七一七）十月に子・房前《ふささき》を参議《さんぎ》とし、公卿の一員に加えたのである。

律令制下では、太政官《だいじょうかん》の公卿が国政の重要事項を審議した。この制度の前身は、氏族制度下の大夫《まえつぎみ》制にあった。国政審議官である大夫が大王の前で審議し、その場で合意した。だから和訓をマヘツギミといい、大王の前にいるという意味が入っていた。その大夫制下では、大夫は一氏族で一人である。一人がその氏族を代表する者としての意見を述べるわけで、一氏一代表は大前提であった。一氏族の総意を述べるのに、二人も要《い》るはずがない。しかし不比等からすれば、あたらしい国政審議機関である太政官は、氏族の代表者が氏族としての見解を述べる場ではない。律令制度を運営する官僚がその技倆《ぎりょう》・能力によって任用され、国政に必要な措置を検討する場である。氏族の個別の利害やそれについての見解など、聞く必要すらない。そうした律令制度を建前とする論理が、不比等の力で押し通された。律令制度を運用するに優《すぐ》れた官僚がいれば、それが公卿となって国政を審議する。氏族の代表者の会議じゃないんだ。そういう論理と不比等の力で、藤原氏から二人目となる公卿が誕生したのである。そしてこれ以降、この論理がまかり通り、藤原氏は公卿を輩出《はいしゅつ》しつづけた。奈良末期の宝亀六年（七七五）には、十四人のなかの十一人が藤原氏の出身者となっている。

三　画策に明け暮れた藤原四子・光明皇后

不比等の子たちは、南家（武智麻呂《むちまろ》）・北家（房前）・式家《しきけ》（宇合《うまかい》）・京家《きょうけ》（麻呂）の四家に分かれ、それぞれに活躍していく。

もちろん分家させれば盛んになるのなら、どの氏族でもそうしたろう。藤原氏には律令政治に習熟し、運営能力のある人が多かった。それゆえの隆盛だった。母体となる出身氏族の政治力も軍事力もないなかで、律令制度という大樹に依存し、「藤」蔓《づる》を絡《から》めることで陽《ひ》を浴び葉を広げて育っていく。つまり律令制度に依存する官僚として生きる。それが藤を名乗る氏族が生きる道であり、それしか生きる道がない。族員全体が、そう自覚できていることが、藤原氏のつよさの基であった。なまじ有力氏族の出身であることを自覚すれば、それを誇りとし鼻にかけ、律令を軽んじてしまう。これからは出身氏族単位で、またその立場でものを考えてはいけない。ほかの氏族がそう気づいたときには、すでに藤原氏の卓越した行政能力に圧倒されていた。

律令制度に通暁《つうぎょう》していれば、蔭位《おんい》制度などの有効利用が出世と安定政権の土台となる、と気づけたろう。亡父への贈位の請求も、つまらない顕彰に見えるが、じつは高い蔭位を獲得するための一つの手段であった。周知のように、蔭位は親の位階に応じて子・孫の出仕《しゅっし》時の位階を優遇する制度で、これが適用されれば五位（貴族）の線を超えることが若くして容易になる。さらに天皇の外戚《がいせき》になれれば、一族を繁栄させるのに効果的だ。というのは、五位以上の一六〇人ほどの貴族の叙位《じょい》つまり位階を上げたり留めたりするのには、自動的な出世・昇進の規定などなかった。すべて天皇の自由裁量であった。だから藤原氏は、その権限を握っている天皇を外側から操作し、政界上層部に一族や自派の貴族を多く昇進させられたのである。

しかし天平九年（七三七）四月から八月にかけて、不比等の四子《よんし》は流行していた天然痘に罹《かか》り、揃って病死してしまった。政権は、聖武天皇の差配《さはい》によって、橘　諸兄《たちばなのもろえ》へと渡された。

諸兄は、不比等の採《と》った律令制度の厳密な施行という施政方針をものの見ごとに覆《くつがえ》していった。緻《ち》密《みつ》な支配を目指して進めていた国郡の分割は中止され、里をさらに二〜三分割する郷里制《ごうりせい》も廃止された。国郡は合併され、郷里制は郷制（内容的には里制と同じ）に戻されたのである。天平十五年五月に施行された墾田永年私財法では、私的土地所有が容認され、大化改新以来の悲願とされ大原則だった公地《こうち》原則も放棄された。

藤原氏は、こうした反律令・反不比等的な施策《せさく》をもちろん嫌った。蔭位の制の適用で次世代が政界に顔を揃えたところで、藤原氏出身の光明皇太后（安宿媛）と結んで、諸兄を追い詰めた。

天平勝宝元年（七四九）九月以降、光明皇太后は紫微中台《しびちゅうだい》を置いて天皇権限を代行し、紫微中台の長官（令《れい》・内相）に甥・藤原仲麻呂《なかまろ》（南家）を任用して国政の全権を掌握させた。左大臣諸兄は引退し、強引な藤原一族のやり方に不満を懐《いだ》いた子・橘奈良麻呂《ならまろ》のクーデタ計画も未然に潰《つぶ》された。あわせて事件に関与した嫌疑《けんぎ》で、大伴・佐伯などの名門氏族の勢力を殺《そ》ぐことにも成功した。

さてこの神亀元年（七二四）の聖武天皇即位以降、神護景雲三年（七六九）の称徳《しょうとく》天皇死没まで、この約半世紀間の政界最大の関心事・課題は、聖武天皇の後継者の選出だった。

聖武天皇には光明子（当時は夫人）との間に阿倍《あべ》内親王がおり、さらに神亀四年（七二七）基王《もといおう》が生まれた。異例中の異例の措置だったが、基王は生後わずか一ヶ月余りで立太子した。しかし満一歳にもならないうちに、死没してしまった。その年のうちに夫人・県犬養広刀自《あがたいぬかいのひろとじ》に、安積《あさか》親王が生まれた。持統天皇の悲願とした草壁直系の皇位継承を守るのでよいのならば、安積親王は適任な後継者といえた。聖武天皇の皇子であり、持統女帝・草壁皇子の血を承《う》け継いでいる。だがこの時期の藤原一族のなかでは、すでに藤原氏腹《ばら》の皇子に継承させることしか眼中《がんちゅう》になくなっていた。これに関わる王族や氏族間の暗闘が底流にあり、数々の陰謀・事件となって天平政界にしばしば表面化した。

藤原氏としては、光明子が第二皇子を出産することにすべてを賭《か》けた。

第二皇子が生まれるとして、その皇子の母の格付《かくづ》けが安積親王の母と同じ夫人では、出生予定の皇子がかならず年少となる。すでに生まれている安積親王を抜けるはずはなく、年長の皇子が後継の第一候補と見なされる。それを覆す方策が必要となった。そこで母となる光明子を夫人から格上げして、皇后にしようとする策動がはじまった。天平元年二月、藤原武智麻呂《むちまろ》(南家)が中心となって、(4)この案に反対しそうな論客《ろんきゃく》である左大臣・長屋王《ながやおう》を誣告《ぶこく》させて葬った(長屋王の変)。

しかしそうまでしたのに、なお何も解決しなかった。それは、第二皇子がじっさいに生まれないからである。

とりあえず安積親王の立太子を防ぐため、光明皇后の娘・阿倍内親王を皇太子に立てた。

それまでの女帝は政治的に緊張した事態を収拾するための、とっさの即位だった。だから、立太子などしたことがない。早くから女帝が必要な事態など、想定するのはおかしいし、想定すべきでないからである。しかし、ここでは女帝の即位は既定の方針とされた。文武天皇没後に元正女帝を立てようとしたとき、即位の資格がないと非難されて引き下がったことが嘘のようである。もちろん天皇となることにも、立太子することにも、反発はあったろう。しかし律令官制の主要部分を押さえている藤原氏に対して、対抗しうる勢力が結集できなかった。それにたしかに女性皇太子は藤原氏の横暴であって承認しがたいが、これには見通しがない。どのみち非藤原系の安積親王しか皇子がいないのだから、いつかは安積親王が即位する。そう期待して、反藤原勢力の期待は安積親王に集まっていた。

ところがその安積親王が、天平十六年閏《うるう》正月にとつぜん死没してしまった。

死んでしまったものは、いくら嘆き悲しんでみても、だからといって生き返るわけでない。それぞれの貴族・氏族は、じっさいに生きている皇子に目を移し、非草壁系皇子に広く期待するようになった。各氏族のそれぞれの思惑が絡《から》んで、政界は肚《はら》の探り合いのなかでまさに混沌としていた。

このなかでも藤原氏は、第二皇子の誕生をひたすら待つだけだった。阿倍内親王を孝謙《こうけん》天皇として即位させたものの、解決策にはなっていない。天平十九年（七四七）三月には聖武天皇の病気平癒のために新薬師寺《しんやくしじ》が発願《ほつがん》されたというから、聖武天皇はすでに病に臥《ふ》せていたようで、第二皇子の懐胎《かいたい》は難しい状況になっていた。そして天平勝宝八歳（七五六）五月、聖武上皇は死没し、皇子出生の望みは完全に断たれた。

光明皇太后・孝謙天皇はやっとすべての画策を諦《あきら》め、非草壁系の淳仁《じゅんにん》天皇を立てたとするのが通説だが、筆者はそう思っていない。光明皇太后は、孝謙上皇と淳仁天皇を結婚させて藤原氏腹の聖武直系皇子を得《え》、なお女系で繋《つな》いでいこうと画策したと考えている。(5)

その淳仁天皇との蜜月《みつげつ》は短く、孝謙上皇が仕掛けた軍事政変によって淳仁天皇は廃位された。そして称徳天皇（孝謙上皇の重祚《ちょうそ》）の死没をもって、聖武直系の皇位継承策とそれへの反発という鬩《せめ》ぎ合いは終わりを告げた。

四　死闘を制した冬嗣

神護景雲四年（七七〇）八月、称徳天皇は後継者を指名できないまま死没した。藤原百川《ももかわ》（式家）・永手《ながて》（北家）は存在しなかった称徳天皇の遺詔を捏造《ねつぞう》し、大方《おおかた》の予想に反して、意外にも天智天皇の孫・白壁王《しらかべおう》（光仁《こうにん》天皇）を擁立した。藤原氏の興隆が天武系皇子の守護神としてであったことは、もう忘れ去られたのか。あるいはあまりの画策好き・陰謀好きに、あきれ果てたのか。とはいえ彼らの真の狙いは光仁天皇でなく、才智あふれる山部王《やまべおう》（桓武《かんむ》天皇）の即位を期待したものだった。それでも天武系皇子の擁立を模索する動きは相変わらず根強く、その勢力との妥協のために、聖武天皇の娘・井上《いのえ》内親王を光仁天皇の皇后に立てた。しかしそれもその場の一時しのぎで、井上皇后とその子・他戸《おさべ》親王をともども政治的策謀で葬り去った。

桓武天皇は、そうまでして即位に導いてくれた藤原百川にとくに感謝し、その子・緒嗣《おつぐ》を溺愛《できあい》した。

こうしたなか延暦元年（七八二）閏正月、天武系皇子だった氷上川継《ひかみのかわつぐ》（新田部《にいたべ》親王の孫）の謀反事件が発覚し、藤原浜成《はまなり》（京家）は川継の岳父《がくふ》としての責任を問われて参議《さんぎ》を解任された。これで京家は没落したが、残る三家はほぼ同等の勢力を保って鎬《しのぎ》を削りあった。平城《へいぜい》朝冒頭の廟堂《びょうどう》では公卿十一人中の七名が藤原氏で、南家二人・北家三人・式家二人とまだ拮抗《きっこう》していた。

分家してから四世代も経《へ》れば、もはや他人に均《ひと》しい。藤原氏というだけでの結束は難しく、同一氏族内での相克《そうこく》がはじまった。

式家の薬子《くすこ》・仲成《なかなり》は、南家への攻撃をはじめた。

大同二年（八〇七）十月、密告者を仕立てて、故右大臣是公《これきみ》の娘・吉子《きっし》が嫁《か》している伊予《いよ》親王（桓武天皇の子）に謀反の嫌疑をかけさせた。伊予親王は身分を剝奪され、謀反の関係者として大納言雄友《かつとも》（是公の第二子）と中納言乙叡《おとたか》（是公の従兄の子）が解官《げかん》・処罰された。これで南家の勢力は廷内から排除され、没落してしまった。

残るは北家・式家だけとなり、両家の決戦は大同五年九月の薬子の変が主舞台となった。

薬子は後宮の尚侍《ないしのかみ》という職にあったが、じっさいは平城《へいぜい》天皇の皇太子時代からの寵妃《ちょうき》だった。だが平城天皇は体調が優《すぐ》れなくなり、ついに治療に専念することとなって、大同四年四月に弟・嵯峨《さが》天皇に譲位した。静養して治療した甲斐《かい》あって、体調はしだいに回復した。そうなると仲成・薬子兄妹の勧めもあり、自分も重祚《ちょうそ》を望むようになった。

もともと天皇と上皇の関係について、また上皇の権限について、法律的な職務規定などない。上皇は天皇の保護者・庇護者であることが普通で、その意味では天皇より上位者ともいえた。しかし辞任した元天皇なら、主権者たる天皇の下にほんらいいるべきである。ともあれこの両者が相対立するなどという事態は、はじめてのことだった。

平城上皇は嵯峨天皇の意思を無視し、たがいに連絡を取り合うこともせずに、上位権利者として命令を出しはじめた。ここに天皇権力が二分された、二重権力体制が出現したのである。これに応じ

藤原氏系図

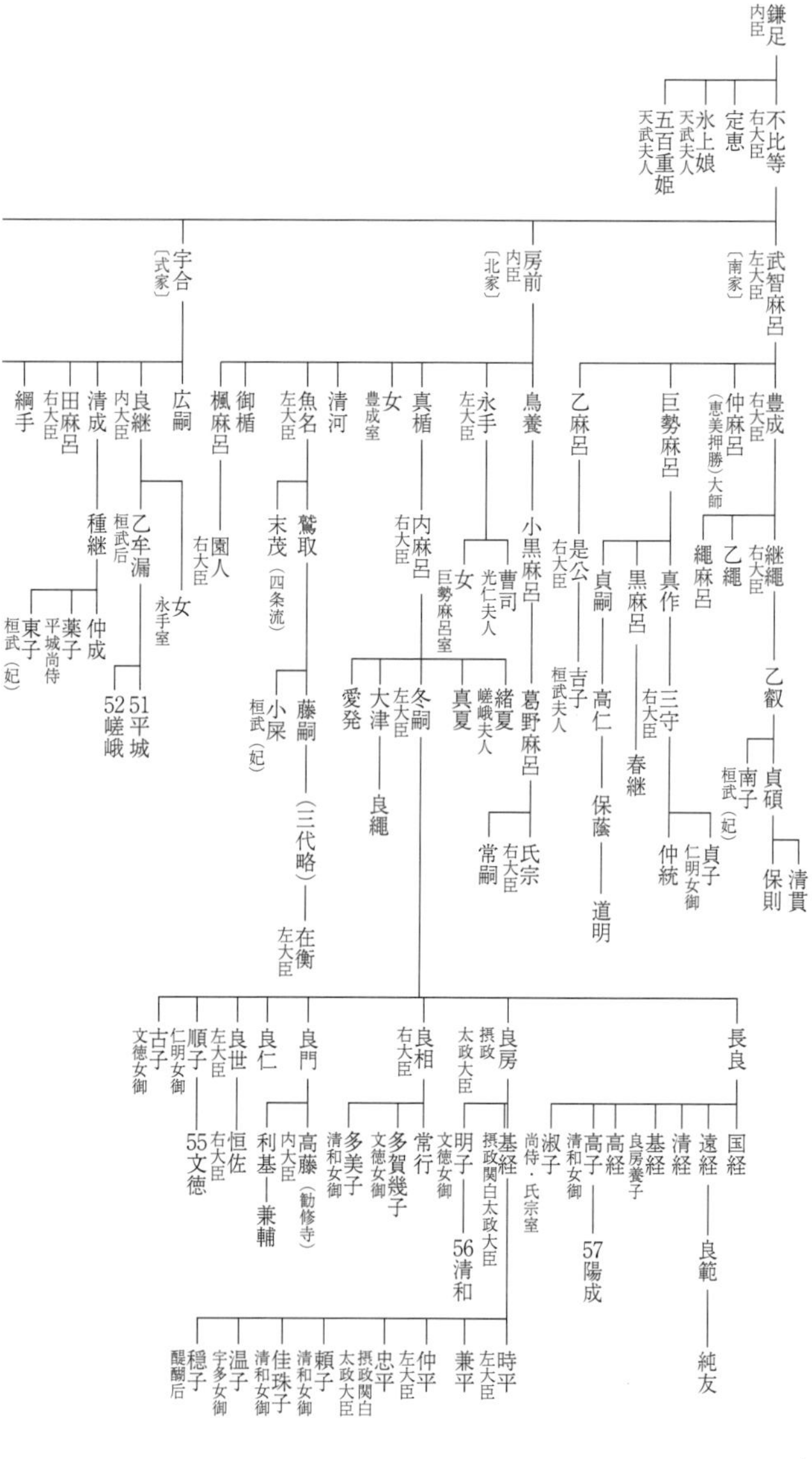
鎌足 内臣
不比等 右大臣
定恵
氷上娘 天武夫人
五百重姫 天武夫人
武智麻呂 左大臣〔南家〕
房前 内臣〔北家〕
宇合〔式家〕
豊成 右大臣
仲麻呂（恵美押勝）大師
巨勢麻呂
乙麻呂
継縄 右大臣
乙縄
縄麻呂
乙叡
貞碩
南子 桓武（妃）
清貫
保則
真作
黒麻呂
貞嗣
三守 右大臣
春継
高仁
保蔭
道明
貞子 仁明女御
仲統
是公 右大臣
吉子 桓武夫人
鳥養
永手 左大臣
真楯
女 豊成室
清河
魚名 左大臣
御楯
楓麻呂
小黒麻呂
葛野麻呂
氏宗 右大臣
常嗣
曹司 光仁夫人
女 巨勢麻呂室
内麻呂 右大臣
緒夏 嵯峨夫人
真夏
冬嗣
大津 左大臣
愛発
良縄
鷲取
末茂（四条流）
藤嗣
小屎 桓武（妃）
（三代略）
在衡 左大臣
園人 右大臣
広嗣
良継 内大臣
清成
田麻呂 右大臣
綱手
乙牟漏 桓武后
女 永手室
51平城
52嵯峨
種継
仲成
薬子 平城尚侍
東子 桓武（妃）
長良
良房 摂政 太政大臣
良相 右大臣
良門
良仁
良世 左大臣
順子 仁明女御
古子 文徳女御
国経
遠経
清経
基経 良房養子
高経
高子 清和女御
淑子 尚侍・氏宗室
良範
純友
57陽成
基経 摂政関白太政大臣
明子 文徳女御
56清和
常行
多賀幾子 文徳女御
多美子 清和女御
高藤 内大臣（勧修寺）
利基
兼輔
恒佐 右大臣
55文徳
時平 左大臣
兼平
仲平 左大臣
忠平 摂政関白太政大臣
頼子 清和女御
佳珠子 清和女御
温子 宇多女御
穏子 醍醐后

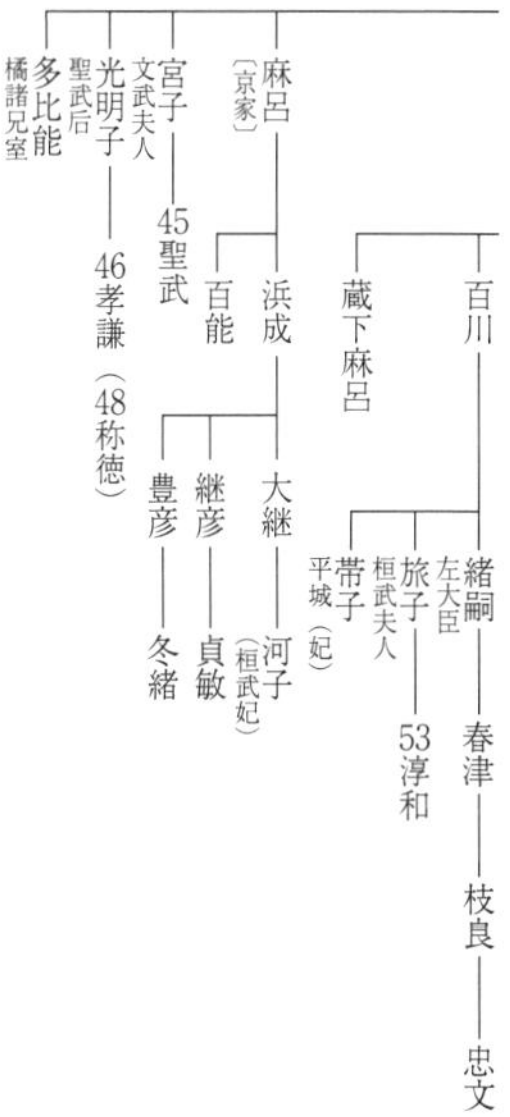

て、廷臣《ていしん》たちも分裂した。式家対北家という截然《せつぜん》とした家単位の抗争の構図が描かれたわけではなく、北家嫡流の真夏《まなつ》は上皇・薬子側についていた。嵯峨天皇は、上皇の「謀反」という未曾有《みぞう》の事態に困惑した。天皇のもとに並んでいる廷臣たちの思惑・去就が読めず、どれが真の味方が区別できなかった。あるいは、明らかな上皇派の面前で物事を決裁しなければならず、打とうとする対策の情報はすべて上皇派に筒抜《つつぬ》けになっていた。

そうした窮地《きゅうち》のなかで、かつて皇太子時代に春宮亮《とうぐうのすけ》を務めていた北家庶流の冬嗣《ふゆつぐ》に、嵯峨天皇は自分の命を託した。人生を選んだというか、運命を彼に委《ゆだ》ねたのである。新設した蔵人頭《くろうどのとう》に冬嗣を任命し、情報をきびしく管理させた。そしてその蔵人所を司令塔にして、秘密裡《ひみつり》に事態の収拾に当たらせた。翌年九月に平城上皇が平城還都の命令を出すと、それをきっかけに造平城宮使を派遣すると称して奈良に冬嗣を送り込んだ。そして上皇・薬子を捕捉《ほそく》し、仲成を射殺した。廟堂《びょうどう》からは、真夏

摂関就任者がかならず詣でたという冬嗣建立の興福寺南円堂（筆者撮影）

をふくめて上皇派をすべて排除した。これにより平城上皇に身を委ねた式家は力を失い、以降は北家・冬嗣の血脈だけに権力が継承されていくことになった。経緯《いきさつ》がこのようであったから、冬嗣への信頼は群を抜いたものとなり、彼の出世は約束されていた。

しかしだからといって、冬嗣の血脈の繁栄が約束されたわけではない。冬嗣の特別な作為なしに、冬嗣・良房《よしふさ》・基経《もとつね》と以降連綿《れんめん》と続く北家一門の隆盛はなかった。冬嗣の嗣子《しし》・良房は、冬嗣没時ですら二十三歳で、公卿にもなっていない。冬嗣は良房の栄達を助けることも、出世を見守ってやることもできなかった。ふつうなら、だれかがその地位を奪って埋めてしまっていただろう。

冬嗣のした特別の作為とは、おそらくそのままでは終生《しゅうせい》陽の当たらない人を登庸《とうよう》して恩に着せ、その恩返しを我が子・良房に向けさせたことだ。

冬嗣が公卿として入閣してから死没するまでの間に、十六人が公卿になっている。その公卿たちの顔ぶれの特色は、良岑《よしみね》・多治比《たじひ》・安倍・春原《はるはら》・小野・大伴・清原・南淵《みなみぶち》など非藤原氏出身者が多い。藤原氏は南家二人・北家三人・式家一人だが、それらはすべてその家のなかの傍流家から引き立てている。つまり公卿にほんらい自力でなれるような名門からは一切登庸せず、採《と》られたらことのほか感謝しそうな人を登庸する。その登庸された本人だけが単発で公卿になるが、そのままその家が名流貴族とはなっていかない。冬嗣に抜擢《ばってき》された公卿の子は、公卿になるどころか、中下流貴族のままで終わっている。

つまり冬嗣は子・良房の引き立てを条件に、普通では公卿になれない境遇にいた彼らを登庸したのである。そして登庸された彼らは感謝し、交《か》わした約束通り、子・良房のために尽くしてくれた。親

ありえなかった。冬嗣のこの策謀なしに、良房への贔屓《ひいき》と類《たぐい》まれな栄達はの策謀が、七光りとなって子に降《ふ》り注《そそ》いだ。(6)

五　専横する良房・基経

良房の栄進は、承和九年（八四二）七月の承和《じょうわ》の変がきっかけとなった。阿保《あぼ》親王が、嵯峨《さが》上皇の皇太后・橘嘉智子《たちばなのかちこ》に、伴健岑《とものこわみね》・橘逸勢《はやなり》らのクーデタ計画を密告してきた。阿保親王は平城上皇の子である。反乱を起こした上皇の子とあっては、出世など望めない。しかもここでもそうであるように、「いまの境遇・待遇に不満があるだろうから」と見られて、「謀反の策謀に荷担《かたん》しないか」と誘われる。そうかと話に載《の》ってみた途端に逮捕されるような罠《わな》であることも考えられ、いかなるなかでも身を潜《ひそ》めあたりを窺っていなければならぬ存在だった。反乱を唆《そそのか》されて黙っていれば、荷担と目される危険性がある。聞いたらすぐに密告するのは、処世術として非難できまい。

それはともあれ、嘉智子皇太后はただちに中納言藤原良房を呼び、事実関係の調査と謀反計画の全容解明に当たらせた。その結果、淳和《じゅんな》上皇の子で皇太子・恒貞《つねさだ》親王の関与が疑われることとなった。皇太子側近の起こした事件だったからだ。恒貞親王は廃太子《はいたいし》となり、伴《とも》氏とともに、皇太后の一族である橘氏の多数の族員が関係者として捕縛《ほばく》・処分された。

この事件処理のあと、良房は自分の娘婿・道康《みちやす》親王（文徳《もんとく》天皇）を立太子させた。そして文徳天皇の没後、孫・清和《せいわ》天皇が即位した。この結果、良房は天皇の外祖父《がいそふ》となった。清和天皇は九歳で即位することになったが、執政できるはずがない。そこで幼帝を補佐するため、天安二年（八五八）十一月、事実上の人臣初の摂政《せっしょう》に就いた（摂政という地位は未成立）。天皇権限を外側から操《あやつ》るのではなく、臣下がじかに天皇権限を代行する道をついに開いた。承和の変は、良房のひとり勝ちを呼び込んだのである。

それにしても嘉智子皇太后は、密告を聞いた直後に、とっさになぜ政界六位の良房に調査を委ねたのだろうか。出身母体である橘氏から大量の逮捕者を出させても、なお良房のいうがままにさせたのか。というのも良房の二つ上席には、彼女としていちばん頼りになるはずの兄・大納言橘氏公《うじぎみ》がいた。氏公を呼んで処理させせれば、橘氏はこれほどまでに大きな打撃をうけなくて済んだろう。しかも氏公は良房より上席にあり、良房や周囲の人たちから身内への依怙贔屓《えこひいき》と反対されたりしない順当な人選であったはずだ。橘氏が絡《から》んでいるから遠慮して藤原氏を起用したというのなら、左大臣藤原緒《お》嗣《つぐ》でも、大納言藤原愛発《あらち》でもよいし、源氏でよければ右大臣源常《ときわ》がいた。それなのにどうして密告をうけるや、何のためらいもなく良房を呼んでいるのか。

おそらく、これこそが冬嗣の画策だった。筆者はそう理解する。

嘉智子も、もともと冬嗣から格別の恩恵を受けたことがあったのだ。

それは皇后にしてもらったことである。橘氏出身の嘉智子なら、ほんらい夫人《ぶにん》どまりである。皇后位はたしかに空《あ》いていたが、皇族や藤原氏に妥当な人物がいなければ空いたままにしてもよかった。なにも、橘氏出身者を皇后にまでしてやらなくてよい。しかも嘉智子は、謀反人・橘奈良麻呂の孫である。また嵯峨天皇のいちばんの寵姫だったとかりにしても、天皇からすれば側《そば》にいさせればいいことで、皇后にしなくとも困らない。冬嗣が「藤原氏でないから」「奈良麻呂の孫だから」と立后《りっこう》に反対すれば、夫人どまりであったろう。そこを反対せずにあえて黙っていてくれたか、または積極的に口添《くちぞ》えしてくれたか、ともあれ立后させてくれた。嘉智子は、そのことに感謝したのだ。その恩返しが、子・良房の引き立てだった。これといった場面で、良房に活躍の場を与える。そう約束していたのだろう。この義理堅さ・実直さが、橘氏の凋落《ちょうらく》をもたらすのではあるが、それでも、もともと橘氏出身で皇后になれたのは冬嗣のおかげ。皇后にもなれず栄耀栄華もなかったはずだったと思えば、橘氏として政権の座を手放すことにさしたる痛痒《つうよう》を感じなかったかもしれない(7)。しかし律儀《りちぎ》な恩返しのために刑死し処分されることになった族員が、みなそう思ってくれたかどうか。それはわかるまい。

ついで良房の養子・基経《もとつね》が継《つ》いだ。

基経は有能だったようだが、天皇を脅《おど》し、天皇からかなり強引に統治権力を奪った。それが個性だったのかもしれないが、彼の言動は藤原北家政権の樹立にとって大いに貢献した。その荒々《あらあら》しい足跡はこうだった。

光孝《こうこう》天皇は基経を実質上の初の関白《かんぱく》に任じ、成人している天皇の政務を代行させた。関白とは天皇の政務に「関《あずか》り白《もう》す」もので、公卿から天皇への上申にさいして、あるいは天皇から臣下への下達《かたつ》にさいして、そのことに関わって内容を「内（々に閲）覧」し、最終的にはその内容を独断で修正する権限を持たされた。

というのも、光孝天皇は式部卿《しきぶきょう》などの官僚を経験してから即位した人であり、ほんらい臣下のままで暮らすはずだった。皇位に即《つ》けるとは思っていなかったので、あえて推挙《すいきょ》してくれた基経に感謝した。そこで、関白の職務を設けたのである。

ところがそのあとに、藤原氏の外祖父《がいそふ》に後見されていない宇多《うだ》天皇が即位すると、基経は露骨な藤原権力の誇示の動きに出た。仁和《にんな》四年（八八八）六月、宇多天皇は廷内最高の重臣である基経に敬意を払い、また関白にあらためて就任させるというつもりで、「阿衡《あこう》に任ず」という語の入った勅を出した。すると基経は、阿衡とは名のみで職掌がないものであり、自分の職務を停止させるものだと抗議した。そして職務を放擲《ほうてき》し、基経派の公卿に圧力をかけて欠席させ、公卿会議を開会不能に追い込んだ。綸言汗《りんげんあせ》のごとし（戻せない）といわれた天皇の勅命は撤回され、起草《きそう》責任者の橘広相《ひろみ》を処罰することで混乱が収拾された。臣下である藤原氏の権勢の前には、天皇ですらもはや逆《さか》らえなくなったことを満天下《まんてんか》に示した象徴的事件であった。

このの ち摂政・関白の地位は血の粛清・強迫や恩情を交えながら、基経嫡系の子孫にほぼ絶えることなく継がれていった。ここに藤原政権・藤原王朝ともいいうる、藤原氏本位の政治体制が出現したのである。

【注】

（1）拙稿「我はもや安見児得たり——鎌足の実像」（『古代史の異説と懐疑』所収。笠間書院刊、一九九九年）「藤原鎌足像はどのようにして作られたのか」（『万葉集とその時代』所収。笠間書院刊、二〇〇九年）

（2）拙稿「持統女帝の吉野行幸の狙い」（『万葉集とその時代』所収。笠間書院刊、二〇〇九年）

（3）拙稿「元正女帝の即位をめぐって」（『白鳳天平時代の研究』所収。笠間書院刊、二〇〇四年）

（4）拙稿「長屋王の無実はいつわかったのか」（『万葉集とその時代』所収。笠間書院刊、二〇〇九年）
（5）拙稿「淳仁天皇の后をめぐって」（『白鳳天平時代の研究』所収。笠間書院刊、二〇〇四年）
（6）拙稿「策士・藤原冬嗣の風貌」（『古代史の異説と懐疑』所収。笠間書院刊、一九九九年）
（7）拙稿「檀林皇后・橘嘉智子の決断――承和の変異聞」（「翔」五十二号、二〇一一年八月。本書所収）

（原題は「藤原王朝成立の基礎知識」。「歴史研究」五九〇号、二〇一一年四月）

8　檀林皇后・橘嘉智子の決断——承和の変の疑惑

一　栄光の日々から奈落の底へ

橘氏《たちばな》の祖は、左大臣・橘諸兄《もろえ》である。敏達《びだつ》天皇の孫か曽孫かに栗隈《くりくま》王がいて、その子が美努《みぬ》王。諸兄は、美努王と県犬養三千代《あがたいぬかいのみちよ》との間の王族・葛城《かづらき》王として生まれた。しかし文武《もんむ》天皇四年（七〇〇）以前に母は離婚し、藤原不比等《ふひと》の後妻《ごさい》となった。三千代は、後宮《こうきゅう》勤めのなかで不比等と知り合ったのだろう。

和銅元年（七〇八）元明《げんめい》天皇即位の大嘗会《だいじょうえ》が催され、そのおりに三千代は天武《てんむ》朝以来歴代の後宮への奉仕を表彰され、橘を浮かべた酒杯を天皇から授けられた。これにちなんで、彼女は県犬養「橘」三千代と称した。これが橘氏の名の起こりである。

三千代は、神亀元年（七二四）に即位した聖武天皇の後宮も取り仕切り、光明子《こうみょうし》を聖武《しょうむ》天皇の夫人《ぶにん》（のち皇后）、県犬養広刀自《ひろとじ》も夫人とし、藤原・県犬養両家の繁栄を策《さく》した。天平五年（七三三）に三千代が没すると、葛城王と佐為《さい》王は母が授かった橘の名を継ぎたいと申し出た。そして、橘諸兄・佐為と名乗って臣籍《しんせき》へと降《くだ》るとともに、三千代の莫大な財産を引き継いだのである。

諸兄は、父親の極位《ごくい》・極官《ごくかん》が従四位下・治部卿《じぶきょう》だったから、ほんらい出世は望めない。しかし母方を辿《たど》れば皇后の光明子とは異父兄妹であり、諸兄の妹・牟《む》漏《ろ》女王は藤原房前《ふささき》(不比等の次男)の妻。実母・三千代の後押《あとお》しもうけて、天平三年に四十八歳で議政官である参議《さんぎ》の地位に昇った。

とはいえ上席には不比等の子である武智麻呂《むちまろ》・房前・宇合《うまかい》・麻呂が並び、諸兄が脚光を浴びる日など夢想もできなかった。ところが天平九年、前年に九州に上陸した赤裳瘡《あかもがさ》(天然痘)が平城京を直撃した。房前からはじまって藤原兄弟がつぎつぎに感染。台閣の上位者が相次いで世を去るなか、諸兄は中納言をへないで大納言、翌年には右大臣になった。そして天平十五年五月から天平宝字元年(七五七)一月に致仕《ちし》(退職)するまで、左大臣として天平政界の首班の地位を占めたのである。

その執政期の前半こそは諸兄の相楽別業《さがらのべつごう》(別荘)の近くに恭仁《くに》宮を招致するなど、聖武天皇の引立てをうけた。しかし聖武天皇の体調が優《すぐ》れなくなる後半には、光明皇太后と藤原仲麻呂《なかまろ》に白眼視《はくがんし》された。

天平勝宝元年(七四九)光明皇太后は家政機関にすぎない皇后宮職を紫微中台《しびちゅうだい》と改組《かいそ》し、長官に仲麻呂を任命。紫微中台は「(宮)中《うち》に居て(光明子の)勅を奉《うけたまわ》り、諸の司に頒《わか》ち行」(『続日本紀』〈新訂増補国史大系本〉天平宝字二年〈七五八〉八月甲子条)なう官庁とされ、光明皇太后はここからじかに各官庁を動かした。ほんらい太政官《だいじょうかん》で審議・可決されたものを奏上し、天皇の裁可《さいか》を得る。手続きが終わったら太政官所轄の各省庁に流され、省庁は具体化して施行する。この手続きが曲げられた。仲麻呂が実質上の最高執政官となり、諸兄以下の公卿たちは無視された。その屈辱を堪え忍んで六年。天平勝宝七歳(七五五)、橘諸兄は祇承人《ぎしょうにん》(近侍者)の佐味宮守《さみのみやもり》に宴席での発言を密告され、謀反《むほん》の嫌疑《けんぎ》をうけて引退。失意のままに世を去った。

諸兄の子・奈良麻呂《ならまろ》は、父を追い詰めた光明皇太后や仲麻呂に敵意を懐《いだ》いた。

光明皇太后は第二皇子を身籠《みご》もることを願い、聖武天皇の後継者を決めようとせず、安積《あさか》親王という有力な候補者がいるのにあえて女帝をつけもした。自分の都合を押し通し、国家の安泰を図《はか》ろうとしない。紫微中台もそうだが、国政を私物化している。そうした「光明皇太后のグループを排すべし」という潜在的な憤懣《ふんまん》は広くあるのに、誰も声をあげない。奈良麻呂は、それならば自分が立ち上がろうと決意した。早くは天平十七年（七四五）聖武天皇が病を得たとき、佐伯全成《さえきのまたなり》に軍事行動を提起した。ついで聖武天皇が孝謙女帝に譲位した天平勝宝元年（七四九）、佐伯全成に「先年話したことを、いま起こそう」と誘いをかけている。それから七年して聖武上皇が没し、翌天平宝字元年（七五七）ついに軍事政変を実行する段取りに入った。黄文王《きぶみおう》（長屋王の子）、大伴古麻呂《こまろ》・古慈斐《こじひ》・池主《いけぬし》・兄人《えひと》、佐伯大成《ひろなり》、多治比犢養《たじひのこうしかい》・鷹主《たかぬし》・国人、小野東人《あずまひと》などを勧誘し、春日《かすが》氏の一族も組み込んだ。計画では、紫微内相の藤原仲麻呂を殺し、孝謙天皇と皇太子（大炊王《おおいおう》）を廃立。光明皇太后の宮を襲って、天皇の内印《ないいん》・駅鈴《えきれい》などを奪う、と決めた。しかし計画は事前に洩《も》れ、決起寸前に関係者は捕縛《ほばく》された。中心者の奈良麻呂はおそらく杖で打たれるなかで絶命した。『続日本紀《しょくにほんぎ》』に奈良麻呂の死没記載はないが、これは『続日本紀』編纂時に橘氏の有力者がいたため、その記事を削ったものと推測されている。

天平政界に一瞬の火花が散り、橘氏はこれで滅亡した。そう考えられるところだが、この橘氏は、もう一度よみがえった。それが、橘嘉智子《たちばなのかちこ》の登場である。

二　父・清友の死

『日本文徳《もんとく》天皇実録』（新訂増補国史大系本）嘉祥三年（八五〇）五月壬午条にある橘嘉智子の崩伝《ほうでん》によれば、

> 太皇大后《たいこうたいこう》、姓は橘氏。諱《いみな》は嘉智子。父は清友《きよとも》。少くして沈厚《ちんこう》なり。書記を渉猟《しょうりょう》す。身長六尺二寸にして、眉目《びもく》画の如《ごと》し。挙止《きょし》甚《はなは》だ都《みや》びかなり。宝亀八年、高麗国《こまのくに》、使を遣はして修聘《しゅうへい》す。清友、年弱冠《じゃっかん》に在り。良家の子、姿儀《しぎ》魁偉《かいい》を以て、遺客を接対す。高麗大使の献可大夫《けんかたいふ》・史都蒙《しつもう》、見て之を器《うつわ》とす。通事舎人《つうじのとねり》・山於野上《やまのうえのがみ》に問ひて云はく、彼の一少年、何人《なんびと》為《た》る乎《か》。野上対《こた》ふ、是れ京洛の一白面《いちはくめん》たる耳《のみ》。都蒙、相法《そうほう》に明なり。野上に語りて云はく、此の人の毛骨、常に非らず。子孫、大いに貴からむ。野上云はく、請ひて命之長短を問ふ。都蒙云はく、卅二に厄《やく》有り。此を過ぐれば恙無《つつがな》からむ。其の後、清友、田口氏の女《め》を娶りて、后《きさき》を生む。延暦五年、内舎人《うどねり》と為る。八年、病みて家に終《つい》ゆ。時に年卅二。験之《しるしの》果《はて》、都蒙之言《げん》の如し。

とあり、父は清友で、母は田口氏出身の女子であった。

この清友は奈良麻呂の子で、従四位下に昇った嶋田麻呂の弟である。

父・奈良麻呂は犯罪者として獄死《ごくし》したわけで、その子としては生きていられただけでも幸いであろう。もちろん仲麻呂が失脚したあとならば、復位・復権もありえよう。しかし長屋王の変では、妻・吉備《きび》内親王だけでなく、子の王たちも連座《れんざ》となって道連《みちづ》れにされている。その政変が収束《しゅうそく》されるまでの間に、族滅《ぞくめつ》させられてしまう危機に立たされたはずである。

そのときに命を救われた理由はもとより不明だが、藤原氏から手がさしのべられた可能性がある。諸兄の妹で、奈良麻呂の叔母にあたる人に、牟漏女王がいる。彼女は内臣《ないしん》・藤原房前の室《しつ》となり、永《なが》手《て》・真楯《またて》（八束《やつか》）を産んでいる。

『公卿補任《くぎょうぶにん》』（新訂増補国史大系本）の天平勝宝九年（七五七）条のうち、奈良麻呂政変後にも公卿として止まっていたのは、

紫微内相　正二位　藤原朝臣仲麿　五十二　五月十九日任。……元大納言。
中納言　従三位　多治比真人広足　七十七　八月三日依老耄《ろうもう》罷中納言。……坐子姪《してつ》党逆而免。
紀朝臣麻路《まろ》　月日卒《しゅつ》。
藤原朝臣永手　四十四　五月十九日任。式部卿。
石川朝臣年足　七十　六月八日兼神祇伯《じんぎはく》・兵部卿。八月四日任中納言。左大弁。月日兼之。
参　議　従三位　大伴宿禰兄麿《えまろ》
従三位　文室真人知努《ふんやのまひとちぬ》　六十五　六月八日任。即兼治部卿。
従三位　巨勢《こせ》朝臣堺麿《さかいまろ》　八月四日任。左大弁如元。兼紫微大弼《だいひつ》・兵部卿・下総守。
従四位上　藤原朝臣八束　八月三日正四位下。
正四位下　阿倍朝臣沙弥麿《しゃみまろ》　八月三日任。正四位下（叙日可尋）。兼右大弁・紫微大弼。
正四位下　紀朝臣飯麿《いいまろ》　八月四日任。右大弁

である。紫微中台の職を兼ねているのは仲麻呂の腹心の部下であろう。それ以外で奈良麻呂の子の助命に関係しそうなのは、中納言藤原永手・参議藤原八束の兄弟しかいない。もともと永手らの父・房前は、武智麻呂・宇合・麻呂の三兄弟と違和感があったのか、一線を画して行動していた(1)。こうした背景もあり、南家の仲麻呂とは異なる動きをしておかしくない。そこに母・牟漏女王との縁故関係もあって、助命・救済に奔走《ほんそう》してくれたのであろうか。首謀者の子でもあり、牟漏女王の産んだ子でもない。にも拘《かか》わらず、それだけの努力を払ってもらえるものか。その事情・経緯《いきさつ》を明らかにできないが、罪人として死没した者の子である清友が出世以前に、仲麻呂政権下にも命長《いのちなが》らえていること。それは、決して偶然でないし、まして当然のことでもなかった。

それでもともかく、清友は生きて成人できた。

右掲の挿話《そうわ》によれば、清友は若くして沈着冷静で温厚、かつ書籍をよく読む勉強家だった。身長は六尺二寸というから、一八八センチメートルほどの立派な体格で眉目秀麗《びもくしゅうれい》。身のこなしが優美・典雅で都びとらしいと評判になっていた。宝亀八年（七七七）に、高麗国（渤海国《ぼっかい》）が使者を遣わしてきたとき、清友はまだ弱冠つまり二十歳でしかなかったが、良家の子であって風采《ふうさい》も立派だという理由で、渤海使接待の一員に加えられた。そのとき渤海使の献可大夫・史都蒙は、清友を物の役に立つ才能・徳量《とくりょう》があると見抜き、通事舎人（通訳）の山於野上に「彼の一少年は、いったいどういう人なのか」と質問した。野上は「これは京洛に住んでいる、経験の浅い若者にすぎない」と答えた。都蒙は人相見《にんそうみ》に通じていたので、野上に「この人の毛骨はふつうでない。子孫は、大いに貴くなるだろう」と語った。そこで野上は「寿命は長短はどうか」と質問すると、都蒙は「三十二歳のときに厄がある。これを過ぎれば、恙《つつが》なく過ごせるだろう」と答えた。延暦五年（七八六）清友は内舎人となったが、延暦八年、三十二歳のときに病んで家で亡くなった。まさに都蒙がいった通りになった、という。

この手の話は、三十二歳で亡くなったり子孫に貴人が出た事実をもとにして、厄年や貴人だとかの話を遡《さかのぼ》らせて捏造《ねつぞう》したもの。めずらしくもない作り話の常套《じょうとう》手段であって、信《しん》をおくに足りない。そうではあるが、延暦五年に内舎人で、延暦八年に三十二歳のまま死没した、という経歴は事実だろう。内舎人が最終官職となると、その子たちの位階は知れたものだ。父は夭折《ようせつ》しても、なお祖父の蔭位《おんい》が期待できるところだが、その祖父は罪人として死んでいった。清友の没時、嘉智子は四歳だった。清友の遺児たちの行《ゆ》く末《すえ》は、どうみても暗い。そのはずだった。

三　立后までの日々

ところが、嘉智子は嵯峨《さが》天皇（神野《かみの》親王）の後宮《こうきゅう》に入内《じゅだい》する。十六〜八歳ごろが適齢期であるから、入内は延暦二十一年（八〇二）前後であろう。

橘氏が推《お》すといっても、四歳のときに父・清友は死没しているし、伯父・嶋田麻呂《しまだまろ》がそのときどのような地位にいたか、後宮に推挙できるほどの力量を持ち合わせていたか、明らかでない。藤原房前に嫁していた牟漏女王が有力者だが、天平十八年（七四六）正月に死没している。子の永手は宝亀二年二月、真楯は天平神護二年（七六六）三月に亡くなっている。そうなると、女王の孫・内麻呂ならば四十八歳になっていて、延暦十七年八月から中納言職にあった。議政官の一員として、祖母にかわり身寄りのない嘉智子の後見人となって推薦したとも考えられる。

前掲の皇后崩伝の続きには、

后、人と為り寛和にして、風容絶《はなは》だ異る。手は膝に過ぎ、髪は地に委《ゆだ》ぬ。観る者、皆驚けり。嵯峨太上天皇、初め親王と為りて后を納《い》る。寵遇日に隆し。天皇祚《そ》に登り、弘仁之始、拝して夫人《ぶにん》と為る。是より先、数日、后、針の孔より出で、左の市の中に立つるを夢みる。六年秋七月七日、后亦《ま》た夢に仏の瓔珞《ようらく》を着く。居ること五六日、立ちて皇后と為る。十四年、天皇、位を淳和皇帝に禅《ゆず》れり。天皇を尊びて太上天皇と為し、皇后を皇大后《こうたいごう》と為す。仁明《にんみょう》天皇、禅を受け、皇大后を尊びて太皇大后と為し、后の父に太政大臣・正一位、母に正一位を追贈す。

とあり、嘉智子は嵯峨天皇が即位する前、神野親王のときの妃の一員として入内した。人となりが寛大で温和で、風貌・容姿がほかの人とはとても異なっていた。手が長くて膝より下に届き、長い髪は地面に届いた。それで会う人たちはみな驚いた、というのだ。当時の女性の特別な賞《ほ》め方なのだろうが、内容の真偽はともかく、出色《しゅっしょく》の美形で、おかげで寵愛は日々高まった。大同四年（八〇八）に神野親王が嵯峨天皇として即位すると、翌弘仁元年（八〇九）に夫人となった。夫人となる数日前に、彼女は夢を見た。その夢では、針の穴から出て、左京の市（東市）に立っていた。また弘仁六年には、仏の瓔珞を身につけている夢を見た。それから数日で、皇后に立てられた、という。弘仁十四年に嵯峨天皇が淳和天皇に譲位すると、彼女は皇太后となり、さらに仁明天皇が即位すると、太皇太后となり、父・清友には正一位・太政大臣、母・田口氏にも正一位が追贈された、という。官人見習いの内舎人でしかなかった清友に太政大臣が贈られることになろうとは。子として、この時代これほどの親孝行はないかもしれない。

もちろん妬《ねた》みも買ったようで、『後撰《ごせん》和歌集』（新日本古典文学大系本）巻十五・雑一には、

まだ后になりたまはざりける時、かたはらの女御《にょうご》たちそねみたまふ気色《けしき》なりける時、みかど御曹司《おんそうじ》にしのびて立ち寄りたまへりけるに、御対面はなくて、奉《たてまつ》れたまひける　嵯峨后

事しげししばしは立れて宵の間に置けらん露は出でて払はん　（一〇八〇）

とある。忍んできた嵯峨天皇に対して、「曹司に入らないで、外に立ったままでいて下さい。噂が立って大変だから」と詠みかけたという話である。その題詞《だいし》に「かたはらの女御たちそねみたまふ気色なりける」とあり、寵愛をうければとうぜんにも周囲からは嫉妬の目で見られた。

しかしいくら寵愛をうけたとしても、零落《れいらく》している橘氏出身の彼女が、最初から皇后待遇をうけるはずはない。皇后は、まずは皇族から、ついで藤原氏から選ばれるはずだ。

『続日本後紀《しょくにほんこうき》』（新訂増補国史大系本）承和八年（八四一）四月丁巳条の高津内親王《たかつないしんのう》薨伝によると、

三品《さんぽん》高津内親王薨《こう》ず。従五位下美志真《みしま》王・従四位下坂上大宿禰《さかのうえのおおすくね》清野《きよの》・従五位下藤原朝臣氏宗《うじむね》・従五位下林朝臣常継《つねつぐ》等を遣し、喪事《そうじ》を監護せしむ。内親王は、桓武天皇の第十二皇女なり。従三位坂上大宿祢刈田麻呂《かりたまろ》の女・従五位下全子《またこ》を納《い》れ、誕《う》む所也。嵯峨太上天皇の践祚《せんそ》之初め、大同四年六月に親王の三品を授く。即ち立ちて妃と為る。未だ幾ばくならずして廃す。良《まこと》に以有る也。

とある。高津内親王（桓武天皇の娘。母は坂上全子）は嵯峨天皇が即位した大同四年に三品となり、嵯峨天皇の妃となっている。ところが、しばらくして廃されたといい、それにはもっともな理由がある

と記されている。

その理由とは、子・業良《なりよし》親王のことだったらしい。

『日本三代実録《さんだいじつろく》』（新訂増補国史大系本）貞観十年（八六八）正月丙午条に、
無品《むほん》業良親王薨ず。帝、事を視《みそなわ》さざること三日。親王は、嵯峨太上天皇の第二之子なり。母・三品高津内親王は、桓武天皇、従三位坂上大宿禰苅田麻呂の女・従五位下全子《またこ》を納れ、誕み育《はぐく》む所也。太上天皇、内親王を納れて妃と為し、親王を生む。親王、精爽《せいそう》変り易《やす》く、清狂《せいきょう》慧《さと》らざる心、能《よ》く得失《とくしつ》之地《ところ》を審《つまびらか》にせず。飲食常の如《ごと》く、病無くして終《つい》ゆ焉。

とあって、業良親王は高津内親王の子であった。ところが親王は「精爽変り易く、清狂慧らざる心、能く得失之地を審にせず」で、気分が変わりやすく、発言に一貫性がない。精神的な障碍《しょうがい》があったとみられる。このために、母・高津内親王は皇后になれず、妃を退《ひ》かされたのであろう。

それでも、藤原氏の子女がだれか入内《じゅだい》しているはずで、その人が皇后の第二候補だろう。

たしかに、『日本文徳天皇実録』斉衡二年（八五五）十月丙戌条には、
夫人《ぶにん》・従三位藤原朝臣緒夏《おなつ》薨ず。夫人は、贈左大臣・従一位内麻呂之女也。弘仁元年十一月、従五位上に叙す。三年正月、従四位下に叙す。六年七月、立ちて夫人と為れり。従三位に叙す。薨ぜし後、正二位を贈る。

とあって、右大臣・藤原内麻呂の娘である緒夏（母は未詳）が入内していた。申し分のない名家の出身者であり、皇后に皇族出身の適格者がいないのであれば、緒夏がそれに次ぐ資格を持つのは明らかである。しかし彼女は、夫人止まりとされた。理由は明瞭でないが、子ができなかったからだろう

か。

こうして夫人・橘嘉智子が順送りで格上げされて、嵯峨天皇の皇后に立てられた。弘仁六年、嘉智子三十歳のときのことである。

四　承和の変起きる

嘉智子に異常な決断を迫ることになった承和《じょうわ》の変は、『続日本後紀』承和九年（八四二）七月丁未条に、

太上天皇、嵯峨院に崩ず。春秋五十七。

とある、嵯峨上皇の死没からはじまった。この二日後の七月十七日に、

固関使《こげんし》等を解く。是の日、春宮坊帯刀《とうぐうぼうのたちはき》伴健岑《とものこわみね》・但馬権守《ごんのかみ》従五位下橘朝臣逸勢《はやなり》等の謀反《むほん》の事《こと》、発覚《かっかく》す。六衛府《りくえふ》をして宮門并《なら》びに内裏《だいり》を固守せしむ。右近衛《このえ》少将従五位上藤原朝臣富士麻呂・右馬助従五位下佐伯宿禰宮成を遣し、勇敢なる近衛等を率ゐ、各、健岑・逸勢の私廬《しろ》を囲み其の身を捕獲す。時に伊勢斎宮主馬長伴水上《とものみなかみ》、来《きた》りて健岑の廬《いおり》に在り。嫌疑有りて同じく捕へらる。又、右近衛将曹《しょうそう》伴武守《たけもり》・春宮坊帯刀伴甲雄《きのえお》等を召し、兵仗を解かしめ、并びに五箇人を左近衛・左衛門・左兵衛等の三府に分け付《さず》けて、並びに杻禁《ちゅうきん》せしむ。左右京職に仰せて街巷《がいこう》を警固せしむ。亦た山城国五道を固めしめ、神祇大副従五位下藤原朝臣大津守《おおつもり》を遣して宇治橋を守らしめ、弾正少弼《だんじょうのしょうひつ》従五位上丹墀《たじひ》真人門成《かどなり》をして大原道を守らしむ。侍従従五位下清原真人秋雄をして大枝《おおえ》道を守らしめ、散位従五位上朝野《あさの》宿禰貞吉をして山埼《やまざき》橋を守らしむ。大蔵少輔従五位下

藤原朝臣勢多雄《せたお》をして淀の渡しを守らしむ。（同上書・承和九年七月己酉条）

とあって、とつぜん伴健岑・橘逸勢ら五人が謀反の容疑で逮捕・拘禁され、六衛府の兵士と左右京職で内裏など京内が、京に通じる山城の五つの主要道やその途次の架橋《かきょう》・津済《しんさい》すなわち宇治橋・大原道・大枝道・山崎橋・淀の渡しが軍事力で封鎖された。「謀反の事、発覚す」とあるから、健岑と逸勢は尋問のための連行ではなく、すでに犯罪者と確定している。伴水上は健岑の廬にいたのを疑われただけだが、同じ嫌疑で取り調べに連行された。伴武守と伴甲雄は、健岑の近縁関係者であることと右近衛将曹・春宮坊帯刀という武官であったことで、謀反の中心者と類推《るいすい》されたものかもしれない。交通路の遮断は、外部からの侵入に備えるというより、京内からの関係者の逃亡を防遏《ぼうあつ》しようとするものだったろう。

どうしてこんなことが発覚したのかといえば、それは密告によるものだった。

是より先、弾正尹《いん》三品阿保《あぼ》親王、書を緘《かん》して嵯峨太皇太后に上呈す。太后、中納言正三位藤原朝臣良房《よしふさ》を御前に喚《よ》び、密かに緘書を賜ひ、以て之を伝奏す。其の詞《ことば》に曰く、今月十日伴健岑来りて語りて云《いわ》く、嵯峨太上皇今将《まさ》に登遐《とうか》せむとす。国家之乱、待つべく在る也。皇子を請け奉りて東国に入らむと者《いえ》り。書中に詞多く、具《つぶさ》に載《の》すべからず。（同右）

とあり、密告者は阿保親王だった。阿保親王は、嵯峨天皇を排除しようとした平城《へいぜい》天皇の第一皇子で、薬子《くすこ》の変にさいしては大宰権帥《だざいのごんのそち》として流された。現況の待遇に特段の不満がないなら、知った以上は密告して生きながらえるほかなかったろう。伴健岑本人がじかに阿保親王のもとを訪れ、「嵯峨上皇がいままさに死没されようとしている。そうなれば、国家の大乱がすぐにも起こるだろう。皇子（恒貞《つねさだ》親王）を奉じて東国に入ろう」などと反乱計画を打ち明けた。その場のようすを書き記し、封緘《ふうかん》をして嵯峨上皇の皇太后つまり橘嘉智子に奉ったのである。事態の解明と対処については、嘉智子の命令をうけた藤原良房があたることとなり、嘉智子の委嘱《いしょく》をうけた事件処理・逮捕劇がはじまった。

七月十八日には、

参議《さんぎ》従四位上左大弁正躬《まさみ》王・参議従四位上右大弁和気《わけ》朝臣真綱《まつな》を左衛門府に遣し、橘逸勢・伴健岑等謀反之由を推勘《すいかん》す。日暮れて、問窮《もんきゅう》するを得ず。（同上書・承和九年七月庚戌条）

七月二十日には、

左大弁正躬王・右大弁和気朝臣真綱を左衛門府に遣し、逸勢・健岑等を拷問《ごうもん》す。右兵衛督橘朝臣永名《ながな》・右衛門少尉《しょうじょう》橘朝臣時枝《ときえだ》・右馬大允橘朝臣三冬《みふゆ》等、帯びる所の兵仗を解きて自ら進《たてまつ》る。逸勢の近親なるを以て也。（同上書・承和九年七月壬子条）

とあり、首謀者と目された健岑・逸勢の二人には拷問が加えられた。近親者にも自首・投降に近い動きがはじまっている。

七月二十三日には、

勅使左近衛少将藤原朝臣良相《よしみ》、近衛四十人を率ゐて。皇太子の直曹《ちょくそう》を囲み守る。〈時に天皇、権《かり》に冷然院《れいぜんいん》に御《ぎょ》し、皇太子、之に従ふ〉帯刀等を喚び集め、兵仗を脱がしめ、勅使の前に積み置けり。又直曹の前、右兵衛陣の下に、幄《とばり》一宇を張る。坊司及び侍者の帯刀等を其の中に散禁《さんきん》す。自余の雑色《ぞうしき》の諸人は、左右衛門陣に散禁す。又、左衛門権佐従五位下藤原朝臣岳雄《たけお》・右馬助従五位下佐伯宿禰宮成等を遣し、近衛を率ゐ、大納言正三位藤原朝臣愛発《あらち》・中納言正三位藤原朝臣吉野・参議正四位下文室《ふんや》朝臣秋津《あきつ》を喚絆び、院中に幽《かく》して、各、其の処《ところ》を異《こと》にせしむ。

（同上書・承和九年七月乙卯条）

と、皇太子の恒貞親王をはじめ、大納言の藤原愛発、中納言の藤原吉野、参議の文室秋津など閣僚級までが拘束された。拷問によって得た「自白」の情報なのか、それとも健岑が春宮坊帯刀であったことからの類推なのか。密告のなかに皇子と出てくるからといって、皇太子とは限らないし、もし皇太子としても本人が承諾していたとはかぎらない。それをあえて拘禁《こうきん》したのだから、いずれにせよ激しい拷問の結果がこれだったのだろう。どのみち密室のなかで行なわれる取り調べと自白の記録など、真偽を確かめようもないものだ。

ともあれ、六日間にわたる調査の結果をうけて、仁明《にんみょう》天皇から宣命《せんみょう》が発された。

詔曰。現神《あきつかみ》と大八洲国《おおやしまぐに》所知《しら》す倭根子《やまとねこ》天皇が詔らまと宣御命《のるみこと》を、親王・諸王・諸臣・百官人等・天下公民衆聞食《きこしめ》せと宣《のる》。不慮外に太上天皇崩《かく》るに依て、昼夜と無《な》く哀迷ひ焦れ御坐に、春宮坊の帯刀舎人《たちはきのとねり》伴健岑い、隙に乗て橘逸勢と与《とも》に合力て逆謀を構成て、国家《みかど》を傾亡《かたむけ》むとす。其事をば皇太子は不知も在《あら》めと。不善人に依て相累事は、自古り言来る物なり。又先々にも令法師等《ほうしらをし》て呪咀《じゅそ》せしむと云人多《さわ》あり。而ども隠疵を擬求めむ事を不欲してなも抑忍たる。又近日も或人の云、属坊人等も有謀と云。若其事を推究は、恐は不善事の多有む事を。加以《しかのみならず》後太上天皇の厚御恩を顧てなも究求めむ事を不知ぬ。今思ほさくは、直に皇太子の位を停て、彼此無事は善く有べしと思ほしめす。又太皇大后の御言にも、如此《かくのごと》くなも思ほせる。故是以皇太子の位を停退け賜ふ。又可知事人《ことをしるべき》と為てなも、大納言藤原朝臣愛発をば廃職て京外に、中納言藤原朝臣吉野をば大宰員外帥《いんがいのそち》に、春宮坊大夫文室朝臣秋津をば出雲国員外の守に、任賜ひ宥賜ふと宣《のる》天皇が御命を衆聞食《もろもろきこしめ》せと宣《のる》。

（同上書・承和九年七月乙卯条）

恒貞親王を皇太子から退け、大納言藤原愛発を解任して京外に拘禁し、中納言藤原朝臣吉野を大宰員外帥、参議で春宮坊大夫の文室朝臣秋津を出雲国員外守としてその地に配流するという処分が、天皇の命令として確定した。これが、承和の変である。

この処分により、公卿つまり閣僚の顔ぶれは変わった。

『公卿補任』承和九年条によると、

承和九年壬戌（七月丙辰廃皇太子。八月乙丑道康親王、皇太子と為れり）

左大臣　正二位　藤　緒嗣　六十九

右大臣　従二位〇源　常《ときわ》　三十一　七月丙辰停傅、依廃太子。…八月四日又兼傅。

大納言　正三位×藤　愛発　五十六　七月日坐事免官。依伴健岑謀反。

〇橘　氏公　六十　三月四日己亥任。

〇藤　良房　三十九　七月廿五日任大納言。

中納言　正三位×藤　吉野　五十七　七月日坐伴健岑謀反事、左降大宰員外帥。

〇源　信《まこと》　三十三　七月廿五日丁巳任。

参　議　従三位　朝野鹿取《あさののかとり》　六十九

正四位下　三原春上《みはるのはるかみ》　六十九
　　　　源　　弘　三十一
従四位下×文室秋津　五十六　七月日坐伴健岑謀反事、左降出雲権守。
従四位上〇和気真綱　六十
　　　　正　躬　王　四十四
従四位上△滋野貞主《しげののさだぬし》　五十八　七月二十五日任。
従四位下　安倍安仁　五十

となっている。×が承和の変で失脚した人で、〇は変事の処理に当たった人である。
この政変では、橘氏でも帰趨が分かれた。政変後も残留したのは、嘉智子の兄・氏公が大納言の座を確保した。ついでその子峯嗣《みねつぐ》が『公卿補任』承和十一年条に、

参議　従四位下　橘　峯継　四十一
　右大臣氏公の一男。母は正六位上行備後椽《あん》田口継麿が女《むすめ》なり。従五位下真中。

とあり、彼の前歴記載の承和九年項には「九年正月蔵人頭《くろうどのとう》。右中将兼兵部大輔如元《もとのごとし》（卅九）」とあって、鎮圧側の軍事力の中心に立っていたようである。
清友の弟の入居《いりい》の子・永名が『公卿補任』貞観三年条に、

非参議　従三位　橘　永名　八十二今年叙之。
　贈太政大臣奈良麿の孫、左中弁入居の二男なり。

とある。永名は逸勢の兄弟であったが、閣僚級に昇っていることからすれば、謀反に与《くみ》せずに帰趨を

異《こと》にしたらしい。

政変の鎮圧側で橘氏の名がみえるのは、『続日本後紀』承和九年七月丁巳条に、

詔して授く、正四位下朝野宿祢鹿取に従三位。……従五位下橘朝臣海雄《うみお》を刑部少輔と為《な》す。

『続日本後紀』承和九年八月壬申条に、

従五位下朝野宿祢貞吉を以て中務少輔と為す。従五位下橘朝臣宗雄・従五位下藤原朝臣平雄を並に侍従と為す。……従五位下橘朝臣海雄を兵部少輔と為す。従四位上橘朝臣氏人を刑部卿と為す。尾張守は故《もと》の如《ごと》し。……従五位下橘朝臣数道を右衛門権佐と為す。

である。

逆に処分されたのは、前掲の条々にある逮捕された橘氏の氏人たちのほかに、

廃坊の諸人等を右衛門陣庭に集む。詔して曰く、今詔く、不慮外に太上天皇崩賜ひぬ。此隙に乗て、春宮坊の帯刀舎人伴健岑い、与橘逸勢合力て、国家を傾亡むと謀れり。捜求事理に、於皇太子て無所避《さくるところな》し。因茲《ここにより》皇太子をば其位廃退給ふこと畢《おわり》ぬ。相随人等其罪不軽。……少進正六位上橘朝臣末茂を飛驒権守と為す。……主殿《とのも》助正六位上橘朝臣清蔭《きよかげ》を加賀権掾と為す。……肥後介従五位下橘朝臣真直《まなお》を筑後権介と為す。……殿上の雑色及び帯刀の品官六位已下相連なりて配流さる者、惣て六十余人。同じく防援に附して、諸道に発遣す焉。

（『続日本後紀』承和九年七月戊午条）

とあり、橘末茂・清蔭・真直などがあげられる。

滅びてしまった氏の系図を繫ぎ合わせるのは難しいが、『尊卑分脈《そんぴぶんみゃく》』（新訂増補国史大系本）の橘氏

橘氏系図

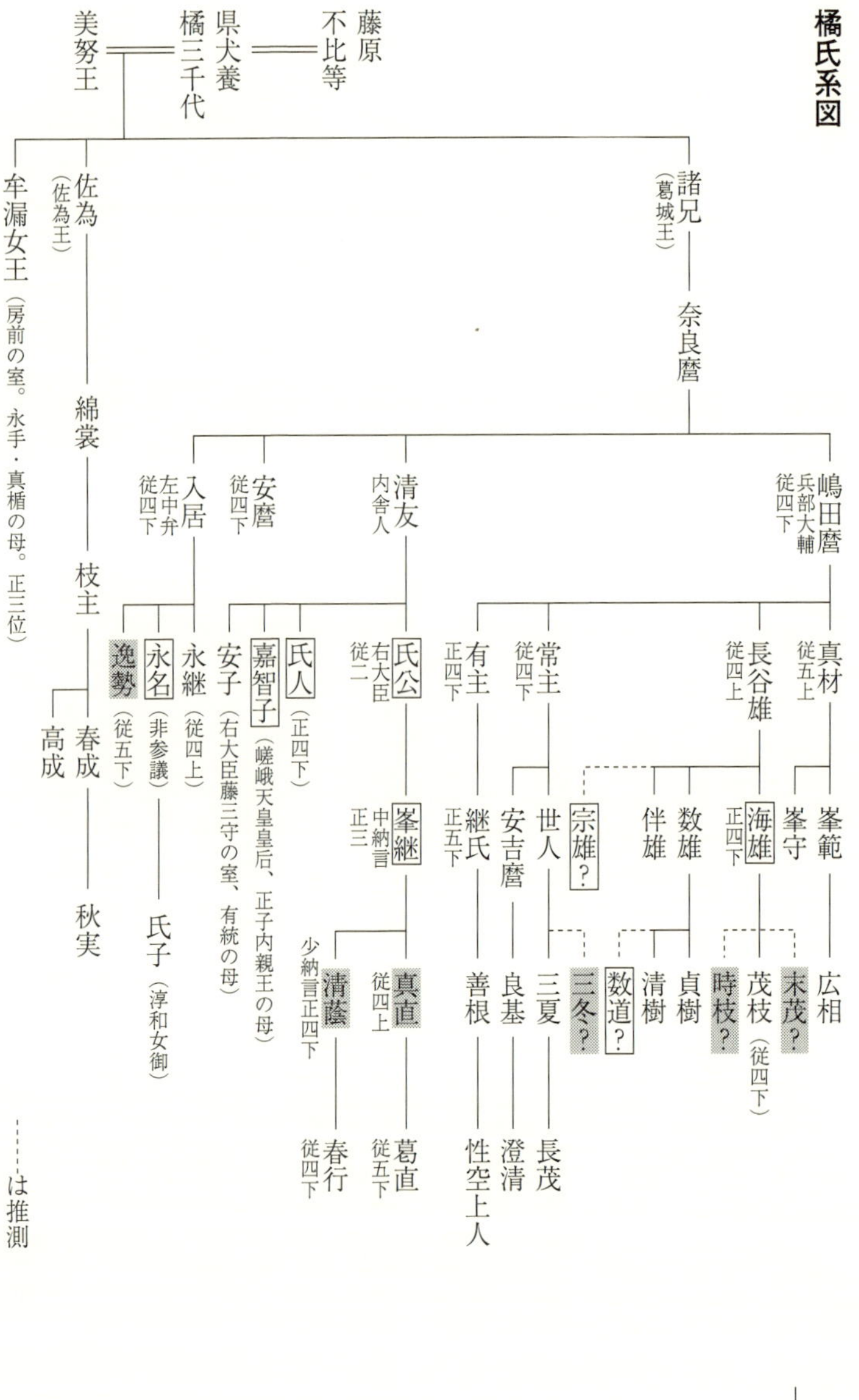

藤原不比等
県犬養橘三千代
美努王
諸兄（葛城王）
佐為（佐為王）
牟漏女王（房前の室。永手・真楯の母。正三位）
奈良麿
綿裳
枝主
春成
高成
秋実
嶋田麿 兵部大輔 従四下
清友 内舎人
安麿 従四下
入居 左中弁 従四下
真材 従五上
長谷雄 従四上
常主 従四下
有主 正四下
氏公 右大臣 従二
氏人（正四下）
嘉智子（嵯峨天皇皇后、正子内親王の母）
安子（右大臣藤三守の室、有統の母）
永継（従四上）
永名（非参議）
逸勢（従五下）
峯範
峯守
海雄 正四下
数雄
伴雄
宗雄？
世人
安吉麿
継氏 正五下
峯継 中納言 正三
氏子（淳和女御）
広相
末茂？
茂枝（従四下）
時枝？
貞樹
清樹
数道？
三冬？
三夏
良基
善根
真直 従四上
清蔭 少納言正四下
長茂
澄清
性空上人
葛直 従五下
春行 従四下
------は推測

系図を基礎にして、あえて父子・兄弟の名の共通点などを手がかりに大胆に推測してみると、右図のようになる（破線は推測）。線で囲んだのが鎮圧側、網目がかかっているのが健岑・逸勢側である。

嘉智子の兄弟と甥だけはなんとか台閣《たいかく》に止まっているものの、氏公・峯継とつづくはずだった本流も清蔭・真直の世代は失脚して花芽《はなめ》を摘《つ》まれた。通覧すれば一族の人材の半分、皇太子に期待していた勢力だからとうぜんなのだが、とくに次世代を担うはずだった氏人《うじびと》に逮捕者が多く出た。かれらは揃って失脚し、罪人として都を逐《お》われた。藤原氏以外ではじめて、いや前近代で空前絶後となる皇后の座を射止めた橘氏だった。皇后の後見と強力な援護射撃をうけながら、宮廷社会に勢力を伸ばして繁栄の土台を築いているさなかだった。氏として輝く一歩手前で、とんでもない網にかかってしまった。これでほぼ掌中《しょうちゅう》にし、夢でなかったはずの一族の栄光の日々は、永遠に失われることになったのである。(2)

五　承和の変の背景

この事件は善意から起きた、といえば嫌味《いやみ》に聞こえるだろうか。

嵯峨天皇は、もともと平城天皇が健康であれば即位できなかったかもしれない。平城天皇は病気のため、わずか三年でとつぜん退位した。大同四年（八〇九）四月に即位した嵯峨天皇は、弟・大伴親王（淳和天皇《じゅんな》）を皇太子とした。二十四歳の嵯峨天皇には、皇太子に立てられるような皇子がまだいなかったからである。そして退位後の後継には淳和天皇が皇太子から昇ったわけだが、淳和天皇は即位にあたって、嵯峨上皇の子で十四歳の正良《まさよし》親王（仁明《にんみょう》天皇）を皇太子とし、皇位を回してくれた恩義に報いた。こうしたやりとりの経緯があったので、天長十年（八三三）仁明天皇も淳和上皇の子で九歳になる恒貞《つねさだ》親王を皇太子に立てたのである。

嵯峨天皇は、たしかに即位時点では皇子がいなかった。しかし翌年には正良親王が生まれており、嵯峨天皇が退位した弘仁十四年（八二三）には正良親王も二十四歳になっていた。律令の規定では皇太子を決めておく必要があったとしても、律令はそもそも天皇の行動を束縛するものでないから、皇太子を置かないこともありえた。またどこかの時点で大伴親王を廃太子して、葬り去ることもできた。父・桓武天皇もそうしてきたことであり、嵯峨天皇自身も怯《おび》えてきた記憶があったはずだ。とうじの皇太子の地位はかくも不安定なものだったのだ。

淳和天皇からすれば、正良親王の成長とともに「いつか廃太子になるのでは」という不安を日々懐《いだ》いて暮らしてきた。だが、予想された悲劇の日を迎えないで済んだ。兄・嵯峨上皇への感謝の気持ちをこめて、嵯峨上皇の皇統に皇位を返還したのである。嵯峨上皇からすれば、淳和天皇に皇位を継がせた以上は、現役の天皇の子がいちばん有力な皇位継承候補である。自分のあとを実子につがせたいと願うのは、親のいつわらざる気持ちだろう。だから淳和天皇のあとは恒貞親王が継いでいくものと覚悟した。しかしその不安を断ち切るべく、淳和天皇は、嵯峨上皇の子で自分の甥にあたる正良親王を皇太子にすえたのである。その返礼として、仁明天皇は、こんどは淳和上皇の子つまり自分の甥にあたる恒貞親王を皇太子に立てて見せたのである。

兄弟・甥の間で皇位を譲り合った、まことに善意に満ちた美しい話である。そうではあるが、史上例をみないような美談も、立場をかえて聞けば人々を苦しめるもとになる。

皇統のなかでは譲り合いであり、恩義の返し合いである。しかし結局のところ、南北朝時代ではないが、両統迭立《りょうとうてつりつ》となってしまった。迭立とはたがい違いに立つことだ。鎌倉後期からの大覚寺《だいかくじ》統と持明院《じみょういん》統の間の両統迭立は院政権力の所在をめぐる対立抗争で、偶然の事情を鎌倉幕府が皇室の力を殺《そ》ぐために利用した策謀であった。ことは成立の事情がちがう。しかし結果として、二朝並立・二朝対立となった。臣下としては、嵯峨天皇系・淳和天皇系のいずれにつくかを選択しなければならない。嵯峨天皇・仁明天皇についた人は、淳和天皇・恒貞親王の時代には出世できまい。仁明天皇の治世下で栄耀栄華《えいようえいが》に浸《ひた》っている人は恒貞親王のもとでは冷《ひ》や飯食《めしぐ》いになるが、かといって恒貞親王の方をみてばかりでは目先の仁明天皇の信頼を失う。上層部の美談は、下の者にとっては大きな迷惑となる。こうした話は、よくあることだ。

しかも話が美しすぎて、嵯峨上皇以外は、それがそもそも天皇の本心でしたことかどうかわからない。美談が成り立っているのは、当時の政界の中枢にいて絶大な権力をじっさいに握っていた嵯峨上皇が生きているからだ。もちろん嵯峨上皇は迭立の守護神となろうとしたわけでも、そうなりたかったわけでもない。しかしじっさいに嵯峨上皇の眼前で「迭立を止《や》めよう」などとは、どの天皇も恐ろしくていえない。だから、この体制を見守り支えてきた嵯峨上皇が死没したら、情勢は変わるかもしれない。上皇や天皇が、本心を剝《む》き出しにして、「やはりわが子を天皇に」といい出すかもしれない。いや大いに蓋然性《がいぜんせい》がある。嵯峨上皇没後をめぐる動きを、おたがいの陣営が息を殺して見守っていたのだ。

政変の張本人といわれる健岑は、春宮坊帯刀《とうぐうぼうたちはき》であった。春宮坊帯刀というのは、春宮（東宮）つまり皇太子の家政機関に太刀を帯びて勤める武官である。この当時の春宮は恒貞親王であるから、お仕《つか》えする主人の行く末を案じるのはとうぜんであり、また恒貞親王の即位後には、帯刀として側近に仕えたことで個人的な信頼をうけて出世していく可能性を秘めてもいる。

その健岑からすれば、嵯峨上皇が死没すれば、仁明天皇は自分の実子を皇太子にしようと考え、恒貞親王を廃するかもしれない。嵯峨上皇がいなくなったなかで、天皇が決めたなら誰も覆《くつがえ》せまい。また仁明天皇が考えなくとも、側近の臣下たちが天皇の意中を忖度《そんたく》して、恒貞親王の周辺に罠を仕掛《しか》けることもある。時を待って情勢を冷静に分析するのもよいが、下手《へた》をすれば、それは坐して死を待つことである。それならば、動いて一気に白黒の決着をつけるか。そう発想してもおかしくなかった。嵯峨上皇が死没し、その翌日に政変が起きた。これは決して偶然でない。阿保親王が密告した内容が、ほんとうに健岑のいったとおりだったかどうか知りようがないが、「嵯峨太上天皇、今将《まさ》に登遐《とうか》せむとす。国家之乱、待つべく在る也」というのは、彼が口にしておかしくない文言である。ただし「皇子を請け奉りて東国に入らむ」という作戦はやや消極策で、軍乱を起こすためというより、兵乱・追っ手から逃れるような意味合いを感じるが、どうだろうか。

具体的で詳細な反乱計画などあったかどうかすら分からないが、どのみちこれは仁明天皇派官人と恒貞親王派官人との間の、次世代の台閣を巡る政権争いである。これに勝った者たちが、天皇を推戴《すいたい》して政権の座につく。そういう鬩《せめ》ぎ合いだった。平和裡《へいわり》に天皇派から皇太子派に政権が移行するかどうか。それはそのときまで分からない。あえて未然に安定した答えがほしいのなら、天皇が譲位するか、皇太子が廃太子となるか、どちらかで決着させるしかない。嵯峨天皇・淳和天皇の譲り合いは、そういう曖昧《あいまい》で不安定な政治情勢を宮廷内に醸成してしまったのである。そしてこの決着は、先手を取ろうとした健岑が天皇派の情報網にかかってしまった。阿保親王の密告という動かしがたい確証を握られ、皇太子派はつぎつぎ逮捕された。そして天皇の名のもとに処断があって、仁明天皇派だけが残った。皇太子は仁明天皇の子があらたに据えられ、両統迭立という異常事態は完全に一元化されて、やっと解消されたのである。

そのなかで、漁父《ぎょふ》の利を独《ひと》り占めしたのは、中納言・藤原良房だった。

健岑が皇子を奉じて東国に入る計画だったといったため、恒貞親王は事前にこの計画を承認していたと疑われた。そして皇太子を廃された。七月二十四日のことである。

廃皇太子、剣四口を袋に納め、勅使右近衛少将藤原朝臣富士麻呂に付《さず》け、蔵人所に進る《たてまつ》〈二口は珠縄袋に納め、二口は帛《の》袋に納む〉。勅して、参議正四位下勲六等朝野宿祢鹿取等を嵯峨山陵に遣し、廃皇太子の状を告りて曰く、天皇が御命に坐、挂畏山陵に申賜へと奏く。比者、東宮帯刀舎人伴健岑、橘朝臣逸勢と与に悪心を挟懐て、国家を傾けむと謀けり。挂畏山陵の厚顧に依て其事発覚れぬ。事の迹を捜求むるに、事皇太子に縁れり。茲に因り食国法《おすくにのほう》の随に、皇太子の位を停め退る状を、恐み恐も申賜くと申す。

（『続日本後紀』承和九年七月丙辰条）

とあって、廃太子のことは嵯峨天皇陵に報告された。

さて、そうなるとあらたな皇太子が必要だが、仁明天皇は、「待ってました」とばかりに交替させることは肯《がえ》んじない。だが廷臣たちの懇請《こんせい》、臣下の上表という形で、立太子が促された。廃太子から七日もたたない八月一日、左大臣正二位藤原朝臣緒嗣《おつぐ》・右大臣従二位源朝臣常《ときわ》已下十二人、上表して言く、……其れ皇太子は、国之元基。暫《しばし》も曠《むなし》くす可からず。監推するに惟《これ》重く、審に帰する所を諭す。伏し望むらくは、具《つぶさ》に彝章《いしょう》を挙げ、早く明両を立てむことを。臣等、区々之至に勝《た》へず。謹て上表し、以て聞す。

(同上書・承和九年八月壬戌条)

と上表した。仁明天皇はこれを拒んだが、八月四日には、

公卿、重ねて上表し、応に天下之望に任せて、早く儲弐《ちょじ》を立つるべきの状を言《もう》す。故事に因循するに、軽用の上聞、陛下遠く謙光を布く。未だ請ふ所を定めず。特に明詔を降して、更に疇咨せ使む。臣等、道は博聞を謝し、職は端揆を忝くす。何ぞ能く帝系を対揚し、皇図を匡賛せむ。但周家の季歴、漢室の臨江、事は権時に據る。必ず典に通ずるには非ず。其れ嫡を樹つるに長を以てするは、曠古之徽猷なり。子を立つるに尊を以てするは、先王之茂実也。今者、皇子道康親王、系は正統に当り、性は温恭に在り。率土、心を宅《やすん》じ、群后、美に帰す。豈宸方之元長を棄て、蕃屏之諸王を択ばむや。伏して願はくは、旧儀に准的して、立てて太子と為さば、丹欵之至に勝へず。謹みて重ねて上表し、以て聞す。

(同上書・承和九年八月乙丑条)

という上表がふたたびあり、同日、これをうけた仁明天皇は、

是の日、皇太子を立つ。詔して曰く、天皇の詔旨勅命を、親王・諸王・諸臣・百官人等・天下公民、衆聞《きこ》し食《めさえ》と宣《の》る。随法に可有き政として、道康親王を立而《たてて》、皇太子と定賜ふ。故此之状を悟て、百官人等仕奉れと詔天皇勅旨を衆聞食と宣る。

(同右)

と詔して、実子・道康親王(文徳天皇《もんとく》)を皇太子に定めた。

この道康親王は仁明天皇と藤原順子《じゅんし》の間の子であるが、順子は良房の姉妹にあたる。道康親王には、良房の娘・明子《あきらけいこ》がすでに嫁いでいる。これはのちのことになるが、嘉祥三年（八五〇）文徳天皇と明子の間に第四皇子・惟仁《これひと》親王が生まれると、まだ八ヶ月だというのに、第一皇子の惟喬《これたか》親王を排して、皇太子につけてしまった。その皇太子（清和《せいわ》天皇）が天安二年（八五八）九歳で即位すると、良房は外祖父《がいそふ》として後見に立ち、人臣初の摂政《せっしょう》の地位につくのである。

承和の変関係系図

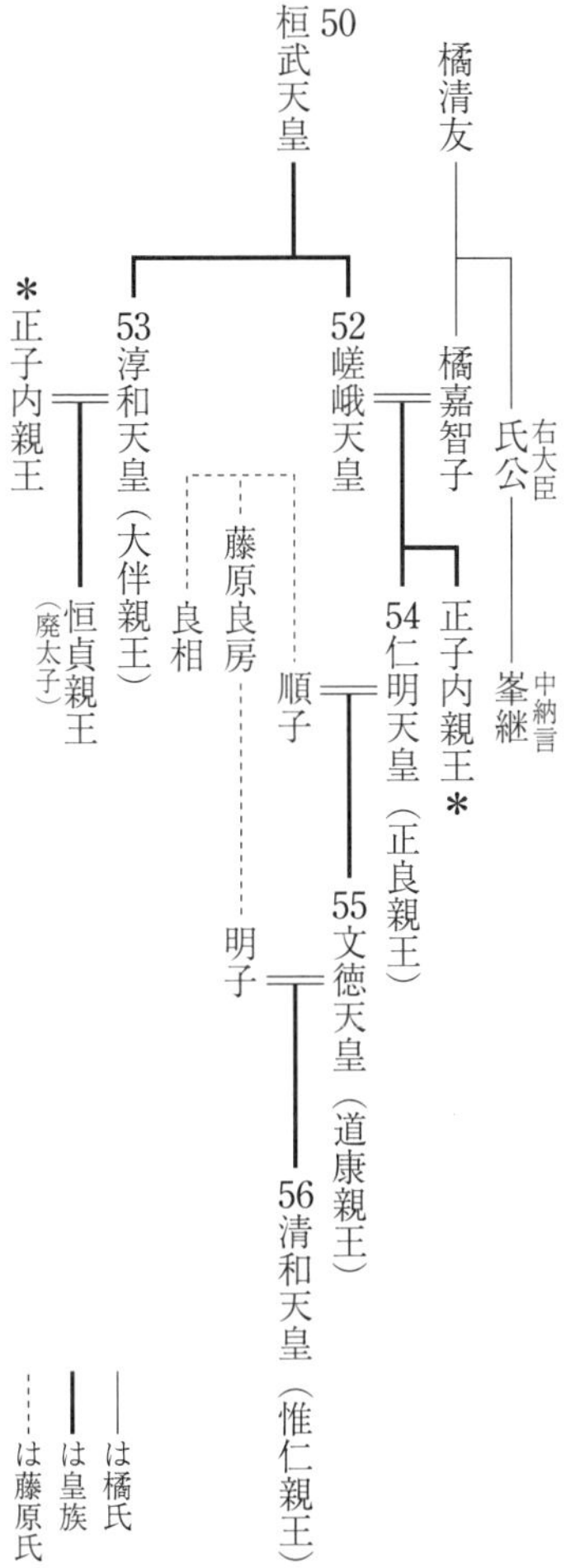

この承和の変は、良房にとって将来の障害物を一掃し、自分にはまことに都合《つごう》のよい結果をもたら

した。まさに天から授かった、千載一遇《せんざいいちぐう》の好機となった。
これに反して、皇太子の地位を逐われた恒貞親王は、八月十三日、

参議正躬《まさみ》王を遣し、廃太子を淳和院に送らしむ。備前守従四位上紀朝臣長江《ながえ》、院より逢迎す。其の儀、小車に駕して禁中を出《い》で、神泉の艮《うしとら》の角に到りて牛車《ぎっしゃ》に駕す。是より先、童謡《わざうた》に曰く、天には琵琶をぞ打なる。玉児牽裾の坊に、牛車は善《よ》けむや、辛苣の小苣之華。有識咸《みな》言《い》ふ、童謡、虚ならず。今の験《しるし》之なり。（同上書・承和九年八月甲戌条）

とあり、淳和院に幽閉された。元慶八年（八八四）九月二十日に、

恒貞親王薨ず。……親王者、淳和太上天皇之第二子也。母は太皇太后、諱は正子、嵯峨太上天皇之女《むすめ》なり焉。親王、性寛雅にして、風姿を美しくす。……天顔咫尺《しせき》、礼容厳《おごそか》に備わる。殿を降りて拝舞するに、挙止閑麗なり。九年七月十五日、嵯峨太上天皇崩ず。十七日、弾正尹阿保親王、書を嵯峨太后に奉り、封緘して曰はく、春宮坊帯刀舎人伴健岑謀叛の事有り。同廿三日、皇太子を淳和院に廃す。嘉祥二年正月、三品を授く。頃之《このころ》、出家して沙門《しゃもん》と為り、名づけて恒寂《こうじゃく》と曰ふ。仏道を崇信し、精進して持戒す。歳時を経歴するも、絶て虧《か》くること无《な》し。沐浴《もくよく》静坐し、病无くして薨ず。年六十。（『日本三代実録』〈朝日新聞社本〉元慶八年九月丁丑条）

という薨伝がある。天子となる素質を持っていたのに、あたら仏道に入って残りの人生を虚しく送ることとなった。それを惜しまれていたことが、いまも伝わる文である。

それにしても、振り返ってみて、良房だけにことのほか都合がよい結果となった。そのことから、すべては良房の捏造からはじまった策略との臆測もなしうる。だが机上でいくら計画してみたとして

も、ここまでうまく人を動かすことなど予定できまい。(3)

六　嘉智子の非情な選択とその理由

さてこの承和の変で、嘉智子は娘からすごく恨まれた。

そのことは、冒頭に掲げた嘉智子崩伝に、

太皇太后を深谷山に葬る。薄葬を遺令するにより、山陵を営《いとな》まず。是より先、民間の訛《ねなしごと》言に云はく、今茲《こ》の三日、餻《こなもち》を造るべからず、と。母子《ははこ》無きを以て也。識者、聞きて之を悪《にく》む。三月に至り、宮車晏駕す。是の月、亦大后の山陵之事有り。其れ母子無く、遂に訛言の如《ごと》し。此の間、田野に草有り。俗に母子（波々古）草と名づく。二月に始めて生ひ、茎葉白く脆《もろ》し。三月三日に属ふ毎に、婦女之を採る。蒸擣《むしつ》きて以て餻と為し、伝へて歳事と為す。今年、此の草、繁らざるに非らず。生民之訛言は、天、其の口を仮れり。　（『日本文徳天皇実録』嘉祥三年五月壬午条）

とある。三月三日に母子草という野草を摘んで草餅を作ることは、民間で長く歳時とされてきた習俗だった。しかし嘉智子が亡くなった嘉祥三年（八五〇）にはそのもととなる母子草が野に生えず、草餅を作ることができなかった。母子草が生えなかったのは、母（嘉智子）と子（正子内親王）との関係が切れて、母子でなくなってしまったから、というのだ。

このことは、『日本三代実録』元慶三年（八七九）三月癸丑条の淳和太皇太后の崩伝にも、

淳和太皇太后崩ず。遺令有りて、縁御葬諸司を任ぜず。天皇、朝《みかど》を輟《や》むこと五日。太后の諱《いみな》は正子。嵯峨太上天皇之長女にして、仁明天皇と同じく産れましぬ。母は太皇太后橘氏。后、姿顔を

美しくして、貞婉礼度《ていわんれいたく》有り。母儀之徳を存ひ、中表之に則る。太上天皇・太皇太后、甚だ之を鍾《しょう》愛《あい》す。淳和天皇、礼を備へて之を娉ふ。掖庭《えきてい》に納《い》れ、寵敬すること人を兼ぬ。天長四年二月、立ちて皇后と為る。八年、亢旱災を為し、帝深く之を憂う。幣を群神に走はし、祈請すること百端。后、帝に勧め、囚徒を録して作役を廃す。未だ終朝に及ばざるに、澍《じゅう》雨晦合す。帝、逾《いよいよ》愛を加ふ焉。十年二月廿八日乙酉、天皇、淳和院に遷御し、皇太子に譲位す。天皇勅して太上天皇及び皇后之号を停め、即ち后宮の官属を停廃せ使む。仁明天皇の受譲之後、三月二日己丑、淳和天皇を尊びて太上天皇と為し、皇后を皇太后と為す。後、后所生の恒貞親王を立てて皇太子と為す。天皇、確《しか》と前勅を守り、固辞して太上天皇・皇太后之号を受けず。承和七年五月、淳和太上天皇崩ず。皇太后、髪を落として尼と為りて、毀容《きよう》骨立せり。九年七月、嵯峨太上天皇崩ず。皇太子、欻《にわか》に讒搆《ざんこう》に遭ひて廃せ見《ら》る。太后、震怒し、悲号して母太后を怨む。皇太子、退きて淳和院に居す。仁明天皇、諱親王を立てて、皇太子と為す。文徳天皇の斉衡元年四月、皇太后を尊びて太皇太后と為すも、后遂に当《あたる》を肯ぜず。

とある。すなわち、嵯峨天皇と嘉智子との長女である正子内親王は、仁明天皇と同日に二卵性双生児として生まれた。正子内親王は嵯峨上皇と嘉智子に鍾愛されて育ち、やがて淳和天皇の皇后となって恒貞親王を産んだ。そして淳和天皇が退位して仁明天皇が立つと、正子内親王の産んだ恒貞親王が皇太子に立てられた。頼りとした夫の淳和上皇が亡くなり、彼女は出家して尼となった。そして嵯峨上皇が亡くなると、承和の変で皇太子は廃された。ここでは「讒搆に遭ひて」とあるから、無実なのに讒訴されたという立場のようだ。正子内親王は「震怒し、悲号して母太后を怨む」とあり、怒りに体を震わせて母・嘉智子を恨んだ。そして斉衡元年（八五四）四月に、皇太后の正子内親王を尊んで太皇太后としたけれども、彼女はおそらく怒りのあまりに受けなかったらしい。

何にせよ、嘉智子は娘・正子内親王から義絶されるほどに恨まれた。それは事実である。では正子内親王は、なぜ実の母を体が震えるほどに怨み、なぜ母子草が生えないというほどの激しい義憤を感じたのだろう。それは恒貞親王の無実を信じていたから。それだけだったのだろうか。嘉智子は、娘からこれほどの怨みを買っているのに、なぜ止めようとしなかったのだろう。

この承和の変の処理には、よくよく考えてみるとおかしな点がある。

伴健岑・橘逸勢についての密告は、阿保親王からじかに藤原良房に渡ったわけでない。届けられたのは皇太后・嘉智子のもとにであって、「弾正尹三品阿保親王、書を緘して嵯峨太皇太后に上呈す」とある。そこで嘉智子は「中納言正三位藤原朝臣良房を御前に喚」んで、事の処理を委ねたのである。嘉智子は、この密告をどのようにでも処理できた。かつての光明皇太后と孝謙天皇のように、群臣に公然と告諭《こくゆ》して止《や》めるように求め、それで一人の捕縛者も出さぬようにすることもできた。いや、あるいは当事者を諭して事件を揉《も》み消すことさえもできた。なぜ、そうしなかったのか。

しかも、このときになぜ中納言・藤原良房を喚《よ》んだのだろう。良房が政界の首座を占めていたのならば、その人選も理解できる。しかし事件勃発のとき、良房は藤原吉野の下で、まだ政界第六位である。そして良房より上席の第四位に、大納言・橘氏公がいた。氏公は嘉智子より三歳年長の兄であり、藤原氏・源氏などが割拠《かっきょ》する政界のなかで、もっとも心を許して話ができ、また信がおけるはずであろう。のち承和十一年には右大臣になり、同十四年に没するまで、終生橘氏の中心にいた人である。密《ひそ》かに調査させるのなら、兄妹の関係はなおさら信頼感がある。しかも良房より二つ上席なのであるから、序列としても氏公を呼んだ方がむしろ外部からみて妥当である。それなのに、なぜより下位の良房に任せて、氏公にすべての処理を委ねなかったのだろう。

というのもすでに見たように、橘氏はこの承和の変で宮廷に出仕していた氏人の半数を罪人にされた。氏を割って、橘氏のこれからを背負うべき人材をあらかた失脚させた。もしも嘉智子が氏公に事件の処理を委ねたら、橘氏の損害はこれほど大きくならなかったのでないか。張本人の一人とされた橘逸勢はともかく、それ以外の関係者を狭くとって事件を穏便《おんびん》に終らせることもできたろう。嵯峨上皇亡きあと、政界の最大の権力者は橘嘉智子であったはずだ。だからこそ、阿保親王も彼女に対して密告しているのである(3)。さらに、嘉智子の娘である正子内親王が産んだ子・恒貞親王を失脚させてその洋々たる前途を奪い、娘が母を義絶するというような悲惨な愛憎劇《あいぞうげき》を演じさせることもなかったのでは。

もとより、過ぎてしまった歴史にいまさら「もしも」という選択肢はない。しかし嘉智子が良房に事件処理を任せたのは、穏当を欠く人選であって、どうにも納得できない。あるいはいうかもしれない、橘氏が関係する事件だから、氏公では隠蔽《いんぺい》のおそれがあると疑われる、と。それはそうだが、政治の世界ではそれほどきれいごとが通用しやしない。隠蔽できるものは、あたうかぎり隠蔽するものだ。それに橘氏が関係するからといっても、藤原氏だとて多数関係している。それならば良房も取り調べにかかわるべきでなかったことになる。

では、嘉智子は兄の氏公でなく、なぜ良房を指名して事件処理を委ねたのか。

良房はもともと優《すぐ》れた政治家で、のちに人臣として初の摂政になるような器《うつわ》であった。それが誰にもそれと知られるような優秀な人材だったから、だから委ねた。そういうあとさきの逆転した理解はやめよう。良房に委ねられたから、彼の破格の出世がはじまったのである。出世したという結果から、もともと委ねられるべき人物だったとしたのでは、話は循環してしまう。理由の説明になっていない。それにそんなに優れた人材と衆目が一致していたのならば、中納言に留められているはずがない。とすれば、中納言ていどの公卿に、ほんらいこれだけの重要事を任せないのが普通だ。この人選は、当時の常識に外《はず》れている。それをあえてことさらに良房に任せた理由はなにか。嘉智子は、いったい何を考えていたのか。

筆者が思い当たるのは、良房の父・藤原冬嗣の策略である。

かつて拙稿「策士・藤原冬嗣の風貌」(4)で、筆者は冬嗣の深謀遠慮《しんぼうえんりょ》の策を明らかにした。詳述は避けるが、その概略を説明する。

平安時代に栄えた北家は、その祖・冬嗣が隆盛の基《もとい》を作ったという。しかし冬嗣は、とくに他氏排斥や自分の子を権力づくで依怙贔屓《えこひいき》したわけではない。いや、跡継《あとつ》ぎとなった良房は、冬嗣が左大臣で死没するさい、まだ二十三歳にすぎなかった。朝鮮人民民主主義共和国元首の金正日《キム・ジョンイル》から子・金正恩《ジョンウン》(正雲)への権力継承のように、二十歳代の年若《としわか》の子を次席(右大臣)に据えて跡をすぐ継げるように工作してやったわけでもない。それなのに、どうして彼が北家隆盛の祖といわれ、良房を繁栄に導くことに成功したのか。

それは二つの方策を採《と》っていたからだ。一つは、公卿《くぎょう》(閣僚)ポストの絶対数を少なくしたこと。

公卿を多くすれば、それだけこのさき良房に敵対しそうな家系・氏族から次期公卿候補者がたくさんできるから、良房はやがてそうした公卿の子たちとポスト争いをしなければならない。そこで、あたう限りライバルが出現する可能性を低くしておいた。

第二は、冬嗣は、公卿ポストにふつうなら公卿となれないような人をつけた。藤原氏ならば南家・式家の庶流出身者をつけて、嫡流家から採らない。またふつうなら公卿に名を列《つら》ねることのない非藤原氏の、良岑《よしみね》・多治比《たじひ》・安倍・春原《はるはら》・小野・橘・大伴・清原・南淵《みなみぶち》などの二流・三流氏族の出身者を公卿に抜擢した。彼らが有力者でないのは、ここで採用された公卿の子たちがそろって次の公卿になれなかったことで明らかである。冬嗣の引きがあったから、公卿に列なれたのである。

冬嗣の引き立てをうけた者たちは、どういう返礼をしたのか。それは冬嗣からうけた恩義を、若い良房に対して返したのだ。冬嗣の策とは、自分のかけた特別な引き立ての恩義を、子・良房に返させることだったのである。恩義を温存して、それを次世代の子に伝えることだった。

筆者は、冬嗣の策謀をかつてこのように推測・復原してみた。そしてそうであればこそ、承和の変で見せた嘉智子の異常な判断と非情な行動も理解できる。

嘉智子は、なぜ皇后になれたのか。さきには、高津内親王は病気の皇子を産んだために皇后になれず、藤原緒夏《おなつ》は子ができなかったので立后《りっこう》しなかった。そこで順送りで嘉智子が立后することになった、と説明した。しかし嘉智子は、夫人《ぶにん》のままでいてはいけなかったのか。嵯峨天皇の寵愛がいかにあろうと、どんなに容姿端麗の美形の女子であろうと、夫人のまま据え置いてどこに問題があったのか。「夫人のままでは後宮から追い出される」わけでもない。夫人だろうと皇后だろうと、身分と部屋が違うだけで、後宮にはいられる。嵯峨天皇本人には、それで何も不都合でない。では皇后が空位では、問題があるのか。藤原宮子も夫人から大夫人になったが、皇后になどなっていない。律令でも、皇后がいなければいけないとは規定していない。藤原氏出身者なら皇后になれるという特権は、藤原の祖先たちが陰謀を巡らしてやっと手にしたものだ。策を弄《ろう》さず何の努力もしていない橘氏に、ただ認めてやる必要などない。「他氏出身者だから夫人どまりだ」でいいではないか。

考えてみれば、嘉智子が皇后に立ったのは、弘仁六年（八一五）のことだ。冬嗣は四十一歳で参議にすぎない。そうではあるが、この時期の冬嗣は特別だ。五年前の薬子の変のさい、嵯峨天皇を命をかけて助け、平城上皇側の動きをたくみに制した。その功績は海よりも広く、天皇の信頼はどんな山より大きかったろう。まだ地位も低く若かったが、彼の発言しだいでは、嘉智子は立后を断念させられたであろう。いや、もともと彼女の方から立后を望むことなどとうてい考えられない。立后など思いもよらぬことで、橘氏出身者が懐いてはいけない野望だった。この時期に、それを考えてお膳立てし、勧め、実行してやれるのは冬嗣しかいない。そうでなければ、零落《れいらく》していた橘氏出身の嘉智子ていどが皇后になどなれたはずがない。

冬嗣が嘉智子の立后に反対せず、むしろ立后を勧めてくれたからこそ、嘉智子は冬嗣に恩義を感じた。だから冬嗣からうけた恩義を、子の良房に返した。南淵など他氏族出身の公卿のように、恩義を良房に返した。すなわち公卿の席を子に継がせようとせず、後任の人事権を良房に渡した。それと同じように、嘉智子は信任しているという証《あかし》に承和の変の処理を良房に任せ、彼の望むように処理させることにした。それが冬嗣からうけた恩義に報いる道だと思えた。こうした理由で、兄の氏公ではなく、その下僚であった良房をことさらに呼び寄せたのだろう。

嘉智子の義理堅さは、橘氏の多くの氏人には不幸をもたらした。嘉智子には、それでもともと自分が皇后になれたからいまの橘氏の繁栄がある。皇后になれたのは冬嗣のおかげなのだから、失ったところでそれでもともとだと達観《たっかん》できたかもしれない。ただそれでいいのか。不幸になった氏人の姿は、彼女の心を傷つけなかったか。子を罪人にされた正子内親王の怨みを買って、義絶されても動じないでいられるほどの確信だったのか。いまやその胸のうちはわからない。

ただ、義理・恩義を相手に感じさせられる政治家は大物《おおもの》政治家となれるが、義理・恩義を感じる政治家は大物になれないのは確かだ。大物政治家になりたければ、相手に恩義を感じさせても、自分は恩義をうけたことを早く忘れることだ。もちろんそれでは自分に都合が悪いときを除いて。


【注】

(1) 木本好信氏「木簡に関して二題―『石上氏の創氏』と『藤原武智麻呂・麻呂兄弟』について―」(『平城京左京三条五坊から』つばら文庫、二〇〇九年)、拙稿「長屋王の無実はいつわかったのか」(『万葉集とその時代』所収。笠間書院刊、二〇〇九年)参照。

(2) 中川収氏「檀林皇后 橘嘉智子」(「別冊歴史読本/歴代皇后人物系譜総覧」二十七巻二十九号、二〇〇二年十月)は、「嘉智子の立后は橘氏の隆盛を約束するに充分な出来事になった」と評価している。

(3) 井上満郎氏「淳和天皇皇后 正子内親王」(「歴史と旅」二十四巻五号、一九九七年三月)は「檀林皇后はどうも藤原氏側に味方した」とするが、理由は記されていない。木本好信氏「皇后 橘嘉智子」(「歴史読本」五十巻十二号、二〇〇五年十二月)は、「この(承和の変の)陰謀の主は良房であり、彼が恒貞皇太子を廃し、代わって甥の道康親王を皇太子に立て、これに娘の明子を入れ皇太子妃として外戚の権を得て、かつ恒貞親王派の藤原愛発・藤原吉野らの上席議政官を追放、政敵を一掃せんと企んだものであることは明らかである。この陰謀事件に橘嘉智子がどのように関わっていたのか明確ではないが、阿保親王の封書を左右大臣に預けずして、ひとり中納言に過ぎない良房を召して託した。その良房が結果的に陰謀の中心人物であったことは、とりもなおさず嘉智子自身も何らかの形でこの陰謀に関与していたことは疑いない」とする。しかしこの良房陰謀説は、その結果から導かれた推論にすぎない。最初から良房の陰謀だったとすれば、嘉智子が良房に託したときに荷担していたことになる。それなら結果として、嘉智子にとって良房と結ぶことで何の得があったというのか。それが説明できない。

（4）『古代史の異説と懐疑』所収。笠間書院刊、一九九九年。

※本稿は、二〇一〇年六月十四日に聖徳学園大学十号館で開催された聖徳学園大学創立二十周年記念・聖徳学園大学言語文化研究所主催「古代氏族の栄光と挫折」の第五講「橘氏の可能性」のうち、後半の橘嘉智子にかかわる部分を採録したものである。

（「翔」五十二号、二〇一〇年九月）

9 平泉と中尊寺金色堂について

一 「平泉《ひらいずみ》という場」が語るもの——東北支配の決意

古代の東北地方には、律令国家から蝦夷《えみし》と呼ばれた人々が住んでいた。

そのずっと前の大和政権時代から、蝦夷との間には繰り返し戦闘が繰り広げられてきた。支配地の防衛・拡大をめぐる争いである。大和政権の命令によって阿倍氏・大伴《おおとも》氏・丸子《まるこ》氏や地元の下毛野《しもつけの》氏・上毛野《かみつけの》氏がたびたび蝦夷との戦闘に投入され、[1] 五世紀初頭には下野国（栃木県）と陸奥南部（福島県）との間に白河関《しらかわのせき》が建てられたらしい。このころには、すでに福島県境が攻守の境界線になっていたわけである。[2] 六世紀から八世紀初頭までは大和側からの遠征軍が断続的に投入されつづけたが、奈良時代になると軍事占領ではなく、植民政策へと路線転換した。柵戸《きのへ》といわれる屯田兵《とんでんへい》のような形で家族単位で入植《にゅうしょく》させて村を作らせ、結果として律令国家の支配下の土地を拡げていった。

しかし戦闘を伴わない形であっても、こうした入植者の増大はやがて地元からの大がかりな組織的反発をうける。狩猟ポイント・水田開発予定地を奪われた蝦夷の民には、いつか我慢の限界がくる。

それが、宝亀十一年（七八〇）三月の伊治呰麻呂《これはるのあざまろ》の反乱だった。この反乱をきっかけとして、それから延暦二十一年（八〇二）四月の太墓阿弖流為《たいぼのあてるい》の投降をふくんで、約三十年にわたる長期で大規模な戦争になった。そしてさらに元慶《げんきょう》二年（八七八）三月には秋田城司《あきたじょうし》の苛政《かせい》や凶作をきっかけとして元慶の乱が起こされ、蝦夷たちはことあれば律令政府の支配に抵抗しようという独立自尊《どくりつじそん》の姿勢を保ちつづけた。

律令政府も、無策ではなかった。

強大な武力で抵抗を押しつぶして恐怖心を植え付けるだけではなく、現地指導者としての地位を保証し、たとえば一郷の広さしかなくとも一郡にして郡司という高い政治的地位を与え、律令制度下に取り込もうとした。あるいは食糧・生活援助などについての多種多様な撫育策《ぶいくさく》を施して、彼らの心を懐柔《かいじゅう》しようとしたりした。しかしそれは飴《あめ》で、その一方では鞭《むち》つまり強硬策も用いた。容易に溶け込みそうもない気概《きがい》を持った蝦夷の一部は、その拠《よ》って立つ居住地から切り離し、律令国家の諸国内に強制移住させた。それはつまり島流し・配流《はいる》である。

だが懐柔策をとって優遇してもいるとはいえ、優遇はしょせん方便《ほうべん》で、本心は違った。律令国家支配下に入った蝦夷たちを夷俘《いふ》・俘囚《ふしゅう》と呼び、蔑《さげす》んだのである。

もともと蝦夷とは蝦《えび》（海老）のようにまたは蜘蛛《くも》のように偏屈《へんくつ》に身体を丸めて地中の窖《あなぐら》に住む東方の未開な種族という意味で、俘囚は俘虜《ふりょ》・捕囚《ほしゅう》つまり捕虜の意味である。現地支配者として郡司に登《と》庸《よう》して旧来の政治的地位を保持させるといっても、生活を支援するといってみても、ともに上位者から慈悲を施してやるという姿勢であって、憐れみ蔑む気持ちが透《す》けて見える施策だった。

こうした容易には譲り合えない軋轢《あつれき》と溶け込みがたい雰囲気だったが、平安宮廷も無用な紛争によって戦争となる事態をなるべく避けたかった。一つには戦地に赴くことになる人民の負担が大きいからである。また二つめは、いつの世でもそうだが、戦争にはなにしろ莫大な費用がかかる。できるならば大規模な出費を避けたいという国庫からの現実的な要請もあった。

そこで平安後期に入ると、「夷俘を以て夷俘を制する」つまり蝦夷出身者に蝦夷人を統禦《とうぎょ》させることを考えはじめた。律令国家成立期のように華夷《かい》思想を振り回して、東夷《とうい》をねじ伏せることに優越感を持とうとする。そういう気持ちは、すでに薄らいでいた。そこで、実益を取ることに重点を移したのだ。

すなわち東北地方の陸奥中央部の磐井《いわい》郡までは律令国家の直轄支配地とするが、それより北の奥六郡《おくろくぐん》（胆沢《いさわ》・和賀《わが》・江刺・稗貫《ひえぬき》・紫波《しば》・岩手）は別枠《べつわく》にしようと考えた。陸奥国蝦夷の代表である陸奥国俘囚長を郡司に指定して、彼にその地の徴税業務をはじめとする政務一切を委《ゆだ》ねることとし、支配内容に干渉しない。律令国家の支配内にいるのだから一定の税物《ぜいもつ》は平安宮廷に貢納させるが、その外《ほか》のことは俘囚長にすべてを委ねることとした。分領《ぶんりょう》・棲《す》み分けによって、平和的に解決を図《はか》ろうというのである。従来の紛争は、蔑視《べっし》する中央官人と反抗心を懐《いだ》く現地の蝦夷の間に起こっているから、接触しないで彼らに統治を委任してしまえば、たしかに大半の問題がなくなりそうでもある。

この平安宮廷の期待を担《にな》い、陸奥国俘囚長として奥六郡の郡司を兼任したのが、安倍頼良《よりよし》（のち頼時と改名）であった。安倍氏は統治権を委譲され、律令国家内ではあるが「蝦夷人による蝦夷地の自治権」を確立した。その軍事の中心は勢力圏のいちばん北奥に置かれた厨川《くりやがわ》柵（盛岡市天昌寺町）で、本拠地の安倍館もそこにあった。そしてそこに至るまでの道を衣川《ころもがわ》・河崎・石坂・鳥海《ちょうかい》・大麻・瀬原・黒沢尻《くろさわじり》・鶴脛《つるはぎ》・比与鳥《ひよどり》・嫗戸《うばこ》などの諸柵が防禦《ぼうぎょ》する、完全武装・半独立の蝦夷世界が成立した。

これでだれもがよいと思ってくれたら、蝦夷地の平和は長く続いたことだったろう。

ところが、出先の鎮守府《ちんじゅふ》将軍兼陸奥守《むつのかみ》の源頼義は、こうした支配のあり方を快《こころよ》く思わなかった。それに自分の思惑《おもわく》もあったようで、安倍氏が奥六郡から南下して支配地を拡大しようとしていると非難し、じつはこのさい東北地方の武力をみずからの私的主従関係下に組み込もうと画策した。

天喜四年（一〇五六）に安倍氏・源氏との間に戦端が開かれ、前九年《ぜんくねん》の役《えき》がはじまる。

安倍頼時ははやくに戦死してしまったが、嫡男貞任《さだとう》を中心にした安倍一族の抵抗は意想外《いそうがい》に強かった。自分で点《つ》けた火であったのに、当初の思惑と異なって、源頼義にはもはや収拾できなくなった。仕方なく膝を屈《くっ》して、出羽《でわ》国俘囚長の清原武則《たけのり》と子・武貞の援助を要請した。この清原氏の出陣でなんとか安倍氏を滅ぼせたものの、源氏の力を扶植《ふしょく》することも、私的主従関係を樹立することもできなかった。そして奥六郡の支配権は、安倍氏にかわって清原氏が陸奥・出羽俘囚長の職務とともに手に入れてしまった。

それから、一世代が経過した。応徳三年（一〇八六）、今度は清原氏が内紛を起こした。後三年《ごさんねん》の役のはじまりである。

源頼義の子である源義家が、ちょうど陸奥守として下向《げこう》していた。彼は清原氏の家督相続に介入し、ことさらに揉《も》め事になるように仕向《しむ》けた。ほんらい族長を継いだ人に一まとまりで相続されるべき奥六郡を職権で北南に分割し、武貞の嫡子の家衡《いえひら》、それと連《つ》れ子で清原氏にもともと血縁関係がない清衡（母は安倍頼時の娘で、清衡を連れて清原武貞に再嫁）とに相続させた。本当の身内でない清衡が相続することに不満を懐くのはとうぜんで、家衡は清衡を襲撃した。襲撃された清衡は義家に助けを求め、結局、金沢柵の包囲戦で義家・清衡側が勝って決着がついた。勝ち残った清原清衡は実父・藤原経清《つねきよ》の氏名《うじな》によって藤原清衡と改名し、安倍頼時の実孫として奥六郡の主《あるじ》に返り咲いた。一まわりして、ふたたび安倍氏の血筋が奥六郡の主になったわけである。

さて清衡は、みずからの軍事・政治拠点を、律令国家からの防衛に安全な奥六郡の北辺でなく、平泉に定めた。

平泉は、蝦夷世界が軍事的にも精神的にも拠《よ》り所とする奥六郡のうちにない。奥六郡の南端は衣川関だが、平泉はその南に出た所である。清衡は恃《たの》みとしもっとも安心できる拠点をわざわざ一歩出て、平泉を軍事・政治の本拠と定めた。それは清衡が奥六郡に籠もって、そこの支配者に終わろうと思っていない。そういう意思を表明したものである。この平泉をわが拠点と定め、奥六郡の南に広がる東北社会すべてを蝦夷が住む世界とし、その全体を治《おさ》めていく決意と展望を明示したものとみてよかろう。

二　中尊寺の創建と都市計画——中尊寺のもつ意味

平泉には、壮麗《そうれい》な寺院と清原氏の居館がひしめくことになる。

まず清衡は、衣ケ関の中央に鎮まる衣　関山《ころもがせきやま》を霊山《れいざん》として、寺塔《じとう》四十余宇・禅坊《ぜんぼう》三百余宇の中　尊寺《ちゅうそんじ》を創建した。

『吾妻鏡《あづまかがみ》』（岩波文庫本）文治《ぶんじ》五年（一一八九）九月十七日条所載の平泉「衆徒等注《しゅとらちゅうしん》進寺塔已下《いか》注文」によると、「衆徒之《これ》を注《しる》し申す」として、

一、開山《かいざん》中尊寺の事

寺塔四十余宇・禅坊三百余宇なり。

清衡、六郡を管領《かんりょう》するの最初に、之を草創《そうそう》す。

と記されている。これは現地の人からの聞き書きであり、筆記者の想像ではない。

これによれば清衡は、政治上の居館・宿館の建設よりも、まずは宗教施策を優先した。そこには、清衡の支配構想のただならぬ思い、すなわち大規模な国造《くにづく》りの構想の一端が垣間《かいま》見られる。

天治三年（一一二六）三月二十四日付の「中尊寺供養願文《がんもん》」（中尊寺大長寿院蔵）によれば、

二階鐘楼《しょうろう》一宇、

懸廿釣洪鐘《こうしょう》一口、

右、一音《いちいん》の覃《およ》ぶところ、千界を限らず。苦を抜き、楽を興すこと、普《あまね》く皆平等なり。官軍・夷虜《いりょ》の死せる事、古来幾多《いくた》なり。毛羽《もうう》・鱗介《りんかい》の受くる屠《と》、過現無量《むりょう》なり。精魂皆他方の界に去り、朽骨は猶《なお》此の土の塵と為《な》るがごとし。鐘声の地を動かす毎《ごと》に、冤霊《えんれい》をして浄刹に導かしめん。

とあり、鐘楼の洪鐘の音によって、官軍か夷俘軍での死かを問わず、冤罪《えんざい》を被《こうむ》って罪なく命を落とした霊魂が浄土に導かれる、としている。

ここでは、賊軍として死んでいった蝦夷の同胞たちの魂を救うという趣旨が肝腎《かんじん》である。前九年・後三年の両役などで、蝦夷の人たちは賊軍として死なされた。賊軍として討伐された人たちが供養を

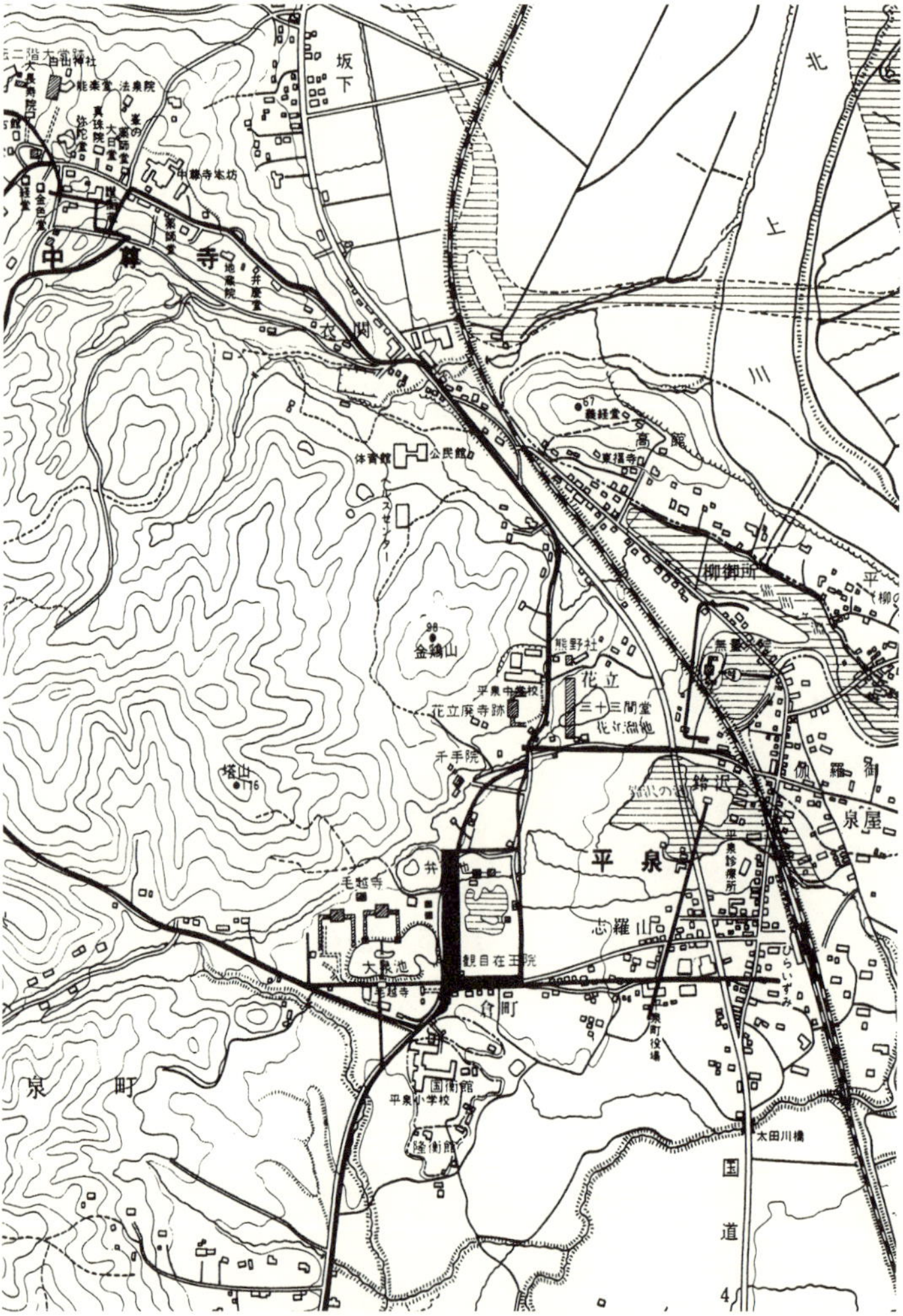

平泉地図（藤島亥治郎氏監修「平泉」より）

受けないことは、東京招魂社《しょうこんしゃ》（靖国神社の前身）がそうだからわかるだろう。この社は、戊辰《ぼしん》戦争において明治政府に協力して官軍側で死んでいった人たちの霊魂しか奉祀《ほうし》せず、会津《あいづ》など賊軍とみなされた人の霊魂を祀《まつ》らない。それに通じる考えである。戦争で死んだ人はどちらにせよ均《ひと》しく祀るという度量の広さは、近現代の人たちでも持っていない。

そうした風潮があるはずなのに、賊軍として死んだ多くの蝦夷人たちをあえて祀るのは、もともとが「冤霊」だから。彼ら「冤」霊の冤なる罪を晴らし、蝦夷人の霊魂を救済したいからだ。そしてこの供養によって、救済された蝦夷の霊魂に支えられ、その霊魂に加護された蝦夷王国を建設しようとしているのである。

官軍・賊軍の別を平安宮廷の立場から見るのではなく、蝦夷人による蝦夷人のための実質的な独立国を作ろうとの気概がその底に見られる。清衡はこの中尊寺内におそらく住み、金色堂を基準としてその正方《せいほう》（正面）に政庁の柳御所《やなぎのごしょ》を置いたらしい。中尊寺建立は、それだけの厚い思い入れがあってのことだったのである。

二代目・基衡《もとひら》も、柳御所を政庁とした。

しばらくしてから、平泉西南部の四神相応《ししんそうおう》の適地に毛越寺《もうつうじ》金堂円隆寺《こんどう》を創建し、それを寝殿造《しんでんづくり》風に仕立てようとした。それはつまり寺院とするだけでなく、基衡の日常的な生活をする居館《きょかん》にしようとしたのである。宗教儀礼のときだけでなく、寺院のなかで行住坐臥《ぎょうじゅうざが》過ごす。宗教世界と日常生活あるいは政治世界を一体化させるという考えは、奥州藤原氏に色濃く見られる特色といってよい。

この建築は基衡の存命中に完成しなかったが、三代目の秀衡《ひでひら》に受け継がれた。

秀衡は、基衡が構想した金堂円隆寺をもっと大規模な施設にしようと考えたらしい。そして工事中の金堂円隆寺を嘉勝寺《かしょうじ》（嘉祥寺）と改名し、それはそれで竣工《しゅんこう》させた。その一方で、基衡の構想をはるかに上回る規模の金堂円隆寺をあらたに創建した。(3) 基衡の企画した嘉勝寺は本堂左右に翼廊《よくろう》をつけただけの造りだが、秀衡の円隆寺は翼廊の先に鐘楼・鼓楼《ころう》を設け、その南に竜頭鷁首《りゅうとうげきしゅ》の船を浮かべる池泉《ちせん》を配した庭園を営んだ。寝殿造の貴族庭園を、寺院建築に融合させたのである。今日の毛越寺は一〇〇メートルほど離れて二つの金堂址が並んでいるが、この不可思議な伽藍の重複は親子競演のなせるわざである。

ついでながら基衡の妻も、毛越寺別院として観自在王院《かんじざいおういん》という大小二つの阿弥陀堂《あみだどう》を、毛越寺の東隣に建立している。

大きな阿弥陀堂は五間四方の宝形《ほうぎょう》造りで、四壁には京都の霊山《れいざん》・名所が描かれていたそうだ。仏壇は銀、高欄《こうらん》は磨《みが》き金で荘厳《しょうごん》されていたという。小さな阿弥陀堂は襖障子《ふすましょうじ》を使った住宅風の建築物で、基衡の妻がときに応じて住まいした。ここでも寺院内を居住地とするのは、清衡以来の政治構想の一部である。

この基衡の妻は、清衡の伯父・安倍宗任《むねとう》の娘である。奥六郡の主・安倍氏の血脈は、このように繰り返し奥州藤原氏に取り込まれた。藤原・安倍両氏の一族をあげての寺院造営が、平泉の都市計画構想には欠かせなかったのである。

そして三代目・秀衡は、あらたに常住の居所として伽羅御所《きゃらのごしょ》を構え、西隣に無量光院《むりょうこういん》を創建した。無量光院は新御堂《しんみどう》と号し、京都の宇治平等院鳳凰堂《びょうどういんほうおうどう》を模《も》した建物であった。また中尊寺のなかに金《こん》輪閣《りんかく》を建立し、一字金輪仏を安置した。宋から開元寺《かいげんじ》版の一切経《いっさいきょう》（大蔵経）を輸入して、それを手本にした紺紙《こんし》金字《きんじ》一切経を写して基衡の供養に供《きょう》した、という。都の平安貴族たちを意識し、それに勝《まさ》ろうという自負心が読み取れる。

さらに平泉のなかには観自在王院の南に国衡館・隆衡館、泉屋の東に忠衡館を作らせるなど、一門の軍事力をこの地に集中させている。

つまり仏教に覆われた政治と軍事が渾然《こんぜん》一体となった計画都市として、奥州藤原政権の首府がここに営まれたのである。

それだけではない。先述したように、首府・平泉を中心とした広大な「蝦夷王国」造りの構想が目に見えるものとして実現されていた。前掲「衆徒等注進寺塔已下注文」のつづきには、

先づ白河関より、外浜《そとがはま》に至るまで、廿余ケ日の行程なり。其の路《みち》一町別に、笠率都婆《かさそとば》を立て、其の面に金色の阿弥陀像を図絵し、当国の中心を計りて、山の頂上に一基の塔を立つ。

とある。

すなわち下野国（栃木県）との境にあって東北地方への出入口となるのが白河関である。そこから陸奥北端の外ケ浜（青森県東津軽郡外ヶ浜町）までは、徒歩で二十日の行程であった。これが蝦夷世界の南北の中央縦貫道で、最重要の幹線道路である。その南北大道の一町（一〇九メートル）ごとに笠率都婆（笠塔婆）を建てたというのだ。

笠塔婆《かさとうば》とは、背の高い四角柱の上に、蓋《ふた》となる笠石《かさいし》を置いたものだ。下の四角柱には梵字《ぼんじ》が刻まれる。上の笠石は四角錐《しかくすい》で、その頂上に宝珠《ほうじゅ》と宝珠を受ける請花《うけばな》がついたセットが載《の》せられる。これが

ふつうだが、この地の塔婆は一基ごとに阿弥陀像が刻み出されていて、その阿弥陀像は金箔によってであろうが金色に輝いていた、という。

笠塔婆の用途は死者の供養だから、この道筋にある笠塔婆はおそらくすべて中尊寺建立の趣旨に対応して、戦死した数多くの蝦夷人の冤霊などを供養するものだったろう。供養された魂が蝦夷の大道に並び、その道で結びつけられる蝦夷の国土を守ってくれる。そう期待したのだろう。

中尊寺が蝦夷王国の中心にあり、笠塔婆の道が南北を貫き、さらに村々には国分寺《こくぶんじ》ならぬ村分寺に相当する寺院が建立されていたらしい。清衡は蝦夷王国が広大な仏国土となるよう構想し、その志を承《う》けた基衡・秀衡までの三代をかけて、東北地方についにそれが現出したのである。

三　金色堂のミイラの分析――アイヌ人か日本人か

清衡の「中尊寺供養願文」に見られる中尊寺の主要施設は、こうなっていた。

金色の丈六釈迦三尊像を安置した三間四面の檜皮葺堂《ひわだぶき》が一宇《う》、毘盧遮那如来《ビルシャナにょらい》三尊像を安置した三重塔が三基、金銀泥《きんぎんでい》一切経を納めた二階建瓦葺の経蔵が一宇、二階建て鐘楼が一宇、大門三宇、築垣《ついがき》が三面、二十一間の反橋《そりばし》が一道、十間の斜橋が一道、竜頭鷁首画船が二隻などがある、という。

築垣に囲まれた内側には「徼外《きょうがい》（辺境）の蛮陬《ばんすう》（蕃民の居住地）たりと雖も、界内の仏土と謂《い》ふべし」といわれた庭園があった。その庭園には、築山が作られ、穿《うが》たれた池には竜頭鷁首の船が浮かび、大きな太鼓橋などが架《か》けられ、間を草木・樹林が埋め尽くしていた。

また前掲『吾妻鏡』には、寺院中央に釈迦・多宝《たほう》像を左右に安置した多宝寺、百余体の金色釈迦像を安置した大長寿院、金色の木像を安置した両界堂、金色の三丈阿弥陀仏と九体の脇士《わきじ》を納めた五丈の二階大堂、そして金色堂《こんじきどう》・日吉社《ひえ》・白山社《はくさん》がみられる。しかしそのほかの一々の所蔵品や荘厳《しょうごん》の状況、数字の楼閣についてはとても報告しきれない、と記されている。およそ筆舌に尽くしがたい、という書きぶりだ。

だがそれら堂塔伽藍・園池も、いまは廃墟と化した。経蔵は下半分が焼け残っているものの、往時の盛況ぶりを偲ばせるのは金色堂のみといってよい。

金色堂は天仁二年（一一〇九）に起工され、天治元年（一一二四）八月二十日に竣工した。『吾妻鏡』の「次に金色堂」の割注によれば、

上下の四壁、内殿皆金色なり。堂内に三壇を構ふ。悉く《ことごと》螺鈿《らでん》なり。阿弥陀三尊・二天・六地蔵、定朝《じょうちょう》之を造る。

とあり、周知の通り、いまもそのありさまを目にできる豪華絢爛《ごうかけんらん》な建築物である。

三間四方の平屋《ひらや》建物で、一辺五・七九メートルの正方形。柱の高さは三・六メートルという、阿弥陀堂としては小ぶりな造りである。屋根は宝形造の木瓦葺で、建物の内外は押された金箔がまばゆい。堂内は金箔のほか沃懸地《いかけじ》・平塵《へいじん》などの蒔絵《まきえ》手法が用いられ、夜光貝《やこうがい》を嵌《は》め込んだ螺鈿や金銅に魚々子《ななこ》・毛彫《けぼ》りを施した金具、ガラス・水晶・瑪瑙《めのう》などの玉材がこれでもかと使われている。

内部は内陣と外陣《げじん》に分かれており、内陣には『吾妻鏡』に「三壇を構ふ」とあった通り、三つの須弥壇（仏壇）がある。その上には、阿弥陀三尊などおのおの十一体が並んでいる。その荘厳・華麗さには我を忘れるところだが、この金色堂にもいくつかの謎がある。

その一つは、この須弥壇《すみだん》の下に安置されたミイラのことだ。

中央が清衡、向かって左側が基衡、右側が秀衡ので、秀衡の傍《かたわ》らには四代目・泰衡《やすひら》の首が置かれていた。泰衡の頭蓋骨には八寸の鉄釘を打たれて曝《さら》された痕跡が、ありありと残っている。

さて、日本史上のかねてからの関心事として、蝦夷はどの民族に属するのか、アイヌ民族か日本人か双方でないか、という疑問があった。清衡らは俘囚長の安倍氏の裔孫であり、俘囚長は蝦夷出身者の代表的な存在である。そこでこのミイラが、どのような民族的な形質を示すかが、注目されていたのである。昭和二十五年（一九五〇）に遺骸の学術調査が行われ、その結果の発表が待たれた。

調査によれば、身長はいずれも一六〇センチメートル前後で、アイヌ人の平均値である一五六センチメートルよりはやや高く、調査時点の東北地方の住民の平均値に近かった。脳頭骨《のうとうこつ》の形は小さくてアイヌ人に近いが、長幅指数が八十前後（基衡は八十一・三）あって、アイヌ人平均値である七十六・五をかなり上回っている。アイヌ人の顔は鼻根が深くくぼんで、眉間《みけん》がつよく隆起するのが特徴である。しかし、この四体にはそれが見られない。アイヌ人は一般に虫歯がないのだが、四体とも虫歯と歯槽膿漏《しそうのうろう》がみられており、とくに秀衡の歯槽膿漏はかなり進んでいた。また指紋も、アイヌ人の多くは西欧型の乙種蹄状紋《ていじょうもん》（順流れ型）になっているが、秀衡のは東洋型の渦状紋のみで、清衡にも渦状紋が見られる。[4] 以上のような結果だった。

こうしたことから総合的に判断して、四体のミイラはアイヌ民族と人類学的に異なる、とされた。しかし、だからといって律令国家に属する日本人と同種だとまでは断定できなかった。かりにアイヌ人が蝦夷だとするなら、奥州藤原氏は「少なくとも純粋な蝦夷でない」とされるにとどまった。一般の蝦夷はアイヌ人なのか。蝦夷の人々はいわゆる日本人（律令国家の公民）と区別されるべき異種の民族なのか。「蝦夷＝異民族」説は律令国家の懐いた中華思想による差別観でことさらに括《くく》られたものので、どこも変らない同じ民族同士だったのではないのか。いまのところはここまでしかわからなかったが、持ち越された疑問はＤＮＡ鑑定などあたらしい科学的な調査方法で解決される日がくるのであろうか。

四　金色堂の性格――阿弥陀堂か葬堂か

清衡など四体のミイラは、人工的にそう作られたのか、自然になってしまったのか。

じつは、これもいまだに明瞭でない。

脳髄《のうずい》・内臓を残しておけば、遺体は腐敗して損傷してしまう。仰向《あおむ》けになっていたから、腹部が腐敗すれば、背面もかなりやられてしまうはずだ。しかし基衡・秀衡のミイラの腹部はよく保存されていて、基衡の背部などは重ねられた布さえ残っている。すべての皮膚は鞣《なめ》し革《がわ》のように固まっていて、砥粉《とのこ》がかったような色であり、人工的なミイラの特徴が表れている。棺《ひつぎ》の底には溶けた内臓を流出させる穴が設けられているけれども、流出した痕跡がない。だが清衡は大治三年（一一二八）七月十七日つまり夏の盛りに死没したのだから、自然状態であったならば内臓が腐敗して流出することは容易に予想される。これらを勘案すれば内臓を処理した上で葬ったもので、つまり人工的に作られたミイラと推定される。

しかし、反論もある。金箔を貼った漆塗《うるしぬ》りの棺のなかに密閉されていて、床板の上の乾燥した場所に置かれたため、その自然条件が幸いした。自然に生乾《なまかわ》きの状態になってしまい、それを格納《かくのう》しているまでのことだ、という。いまのところどちらとも確定した見解は出せず、疑問を残したままとなっている。

ただ、それよりも大きな疑問点は、金色堂に遺骸を格納していることをどう捉えるかである。

金色堂の各須弥壇には、阿弥陀と観音《かんのん》・勢至《せいし》の三尊像、持国《じこく》・増長《ぞうちょう》の二天、六道の苦難を救う六地蔵の計十一体が安置されている。本尊は阿弥陀仏で、紛《まぎ》れもない阿弥陀堂である。だからこそ東向きに建てられ、拝む人の方が西を向いて、阿弥陀仏とその後ろにあるはずの西方浄土《さいほうじょうど》を望む。遺骸さえなければ、ただの豪奢《ごうしゃ》な阿弥陀堂である。

しかし阿弥陀堂に遺骸を格納するとは、例として聞いたことがない。もともと葬堂《そうどう》として建てたのではないか。そういう意見がある。

たとえば伝嵯峨天皇著「田邑麻呂《たむらまろ》伝記」（群書類従本、第五輯・巻六十四）の弘仁二年（八一一）五月二十七日の記事には、

> 同二十七日、山城国宇治郡栗栖《くるす》村に葬《ほふ》る〈今俗に呼びて馬背坂と為す〉。時に勅有りて、甲冑・兵仗・剣鉾《つるぎほこ》・弓箭《ゆみや》・糒塩《ほしいしお》を調《ととの》へ備へて合葬せしめ、城東に向ひて立て定めしめよ、といへり。即ち勅して行事を監臨《かんりん》せしむ。其の後、若《も》し国家に非常の事有るべくは、則ち件の塚墓、宛《あたか》も鼓を打つが如《ごと》く、或は雷電の如し。爾来《じらい》、将軍の号を蒙《こうむ》り而して凶徒に向かふ時は、先づ此の墓に詣《もう》でて誓祈す。

とある。すなわち坂上田村麻呂を山城国宇治郡栗栖村に葬るとき、嵯峨天皇の勅命で、甲冑を着せた

遺骸に武器・食糧などを添え、城東に向けた立ち姿で埋めさせた、とある。都を守護する神としたという意味である。この話と同じように、清衡・基衡・秀衡の霊魂が衣関山の高みから平泉をいや蝦夷王国を守護する。そういう意図があってのことと考えてもよい。

これに対して「西方弥陀浄土を具現したものであるか、墓所として建てたものであるかといった議論は、あまりにも今日的、二元的な分別でしかない[5]」との見解もある。しかしそうともいえまい。やはり重要な論点だと思う。

というのは、当時の仏教および社会では、遺骸は死穢《しえ》のもとと目されていたからだ。そのことは、松尾剛次《けんじ》氏[6]のつとに指摘されるところである。

『延喜式《えんぎしき》』（新訂増補国史大系本）巻三神祇三・臨時祭／穢忌条には、

凡《およ》そ、悪《あ》しき事に応《まさ》に触穢《しょくえ》して忌《い》むべくは、人の死には卅日、産には七日。六畜の死には五日、産には三日。其の宍《しし》を喫《くら》はば三日を限れ。（六十八頁）

とある。家畜の死やお産にまで触穢が規定されているほどだから、人の死穢・産穢への畏怖《いふ》はひときわ強かった。しかもこの穢《けが》れは、触穢条によると、伝染すると考えられていた。

凡そ、甲処に穢有りて、乙、其の処に入らば、乙及び同処の人、皆穢と為《な》す。丙、乙処に入らば、只《ただ》丙一身を穢と為す。同処の人、穢と為さず。乙、丙処に入らば、人皆穢と為す。丁、丙処に入らば、穢と為さず。其れ死葬に触れたる人は、神事の月に非ざると雖も、諸司幷びに諸衛陣及び侍従所《じじゅうしょ》等に参著《さんちゃく》するを得ざれ。（六十九頁）

とある。開放空間での行き交《か》いは別だから、通行人が触穢になることはない。しかし死体のある所に留まったつまり触穢の人が他所《よそ》に赴くと、「乙、丙処に入らば、人皆穢と為す」とあって、行き先の家屋内で同席した人も同じ死穢に染まったことになる。

時代感覚がそうだったので、政府の保護下にある白衣《びゃくえ》の官僧たちでさえも、死穢・産穢を努めて避けた。『小右記《しょうゆうき》』（大日本古記録本）寛仁四年（一〇二〇）十二月十六日条には、大極殿《だいごくでん》で行われる仁《にん》王会《のうえ》について、触穢の人が供物《くもつ》を捧《ささ》げることを禁じた、とある。『門葉記《もんようき》』（大正新脩大蔵経本、図像第十一巻所収）巻二十二・寛喜三年（一二三一）二月十二日条には、僧侶の異常な行動が記録されている。後堀河天皇の中宮・竴子《そんし》（藻璧門院《そうへきもんいん》）が、一条室町殿《むろまちどの》で秀仁《ひでひと》親王（四条天皇）を出産しようとした。そのとき、安産祈願で招かれていた権少僧都《ごんのしょうそうず》・成真《じょうしん》が「触穢を憚《はばか》る禁忌故《ゆえ》」（二三七頁）に普賢延命法の修法《しゅほう》の結願《けちがん》前にとつぜん逃げ去った、というのだ。生まれた瞬間に産穢を被るのではと危《き》惧《ぐ》したので、その前に座を立ってしまったのである。また『今昔物語集』（新編日本古典文学全集本）巻二十六・第二十「東小女与狗咋合互死語《あづまこおんないぬとくいあいてたがいにしぬること》」には、穢れを嫌われた病人の惨《みじ》めな姿が記されている。すなわち、庶民の家でも死が間近と見られたら、家のなかには置いておかなかった。家のなかで死なれては困るからというので、十二～三歳の女性使用人が家から追い出された。そのために、犬に食われてしまったというのだ。そういう悲惨な時代だからこそ、大宰大弐《だざいのだいに》・小野岑守《みねもり》は、道路などに放置されて今にも凍死・餓死《がし》しそうな病人を収容しようと、続命院《ぞくみょういん》の創設を思い立ったのである（『続日本後紀』〈新訂増補国史大系本〉承和二年〈八三五〉十二月癸酉条・小野岑守卒伝《しゅつでん》）。

こうした社会風潮が当たり前のこととして当時の人々に受け入れられていたのなら、金色堂はどう考えたらよいのか。

金色堂に遺体があるのなら、その堂内に入れば触穢と見なされるだろう。白骨化していれば触穢に当らないのだそうだが、遺体はミイラであるから、触穢の対象から外《はず》されない。そうなると、触穢の場所となるから、阿弥陀堂という聖なる場所とはみなせない。やはり葬堂なのだろうか。

「中尊寺供養願文」のなかに金色堂の記載がないのも、もともと個人的な葬堂であったから帳外《ちょうがい》と扱ったと見ておくのが妥当なようだ。そうではあるが、葬堂としてはいかにも賑《にぎ》やかすぎる。あえて阿弥陀堂と葬堂を分けず、平安宮廷には信じられている触穢の習俗を、われらは克服するぞとの意欲を示したのかもしれない。阿弥陀仏の御《み》もとに救われた状態を残して、目に見える形で浄土を信仰させようという、蝦夷世界の仏教ならではの新境地を想定することもできなくなかろう。しかしそうはいっても、そうした意欲なり、新機軸を打ち出したとみるだけの根拠はない。

これだけではなく、金色堂の謎はまだまだつきない。

天治元年（一一二四）八月の落成のさいの棟札《むなふだ》には、

歳次　甲　長一丈七尺　大行事山口頼近　安部氏
天治元季　八月廿日　建立堂一宇　大工物部《もののべ》清国　小工十五人　大檀散位《さんに》藤原清衡女檀《めだん》　清原氏
甲辰　子　広一丈七尺　鍛冶《かぬち》二人　平　氏

とあって、発願主《ほつがんしゅ》・清衡の下に三人の女性名が並んでいる。

その最下部に見られる女檀の「安部氏・清原氏・平氏」とは誰なのか。いまのところ清衡の母・安倍氏、後三年の役で死没した妻・清原氏、北の方・平氏の三人とされており、彼女たちの供養を兼ねたからだと見なされている。しかし、安倍氏とは母のことか。後三年の役で死亡した妻が清原氏の娘であったかどうかは不明であって、二代目基衡の母となるべつの女性がいたかもしれない。人物比定《ひてい》にはまだ異論の余地がある。

また宝形造の金色堂の屋根は、じつは木製の瓦を敷き詰めたものである。金色堂というからには、きっと瓦も箔押《はくお》しだろうと推定されていた。しかしいまのところ、金箔の痕跡は見つかっていない。外壁が金色なのに、屋根瓦は木肌そのまま。それでは不釣り合いに感じられるし、雨に打たれ、雪に潰《つぶ》されて、傷《いた》みが激しそうだ。この上下の不釣り合いが事実だったのかどうかは、いまだ明らかでない。

なお前掲の『吾妻鏡』の「次に金色堂」の割注にある「上下の四壁、内殿皆金色なり」から、その「上壁」を屋根のこととみなして、屋根瓦も「皆金色」にふくまれると解釈する向きもあるらしい(7)。しかし内陣天井《てんじょう》部や屋根裏ならばともかく、外側の屋根瓦のことを上「壁」というとは考えがたい。

【注】

(1) 大塚徳郎氏著『みちのくの古代史 都人と現地人』(刀水書房刊、一九八四年)「第三章 みちのく古代の民」の「二、部姓民について」参照。

(2) 拙稿「奥州白河の古代」(『歴史研究』五九四号所載の「奥州白河の基礎知識」の古代史部分を改稿)。本書所収。

(3) 高橋富雄氏著『平泉の世紀』日本放送出版協会刊、一九九九年。

(4) 遠山崇氏著『奥州藤原四代 甦る秘宝』(岩手日報社刊、一九九三年)「ミイラ」項、四十七頁〜五十八頁。

(5) 佐々木邦世氏著『平泉中尊寺』(吉川弘文館刊、一九九九年)「『西方』とは」

（6）松尾剛次氏著『葬式仏教の誕生』（平凡社刊、二〇一一年）「風葬・遺棄葬の日本古代」

（7）藤島幸彦氏「〈光堂〉に想う」（『歴史研究』六〇一号、二〇一二年五月）「〔一〕屋根は金色だったのか？」五十六頁。

（原題は「平泉・中尊寺金色堂の基礎知識」。『歴史研究』六〇一号、二〇一二年五月）

10　平清盛をめぐる論争

一　落胤説をめぐる論議

平清盛《たいらのきよもり》は、『公卿補任《くぎょうぶにん》』（新訂増補国史大系本）によれば、永暦《えいりゃく》元年（一一六〇）に四十三歳であった。これを逆算すれば、元永元年（一一一八）の生まれとなる。これでよいと思うが、『中右記《ちゅうゆうき》』（藤原宗忠《むねただ》の日記。史料大成本）の大治《たいじ》四年（一一二九）正月六日条には、「春給爵《はるのきゅうしゃく》　十年」で左兵衛佐《さひょうえのすけ》となったとある。これならば保安元年（一一二〇）生まれとなるから、異見もなくはない。父は平忠盛《ただもり》で、母は未詳。系図上はそうなっているが、ここに大きな秘密があるともいう。

『平家物語』（新編日本古典文学全集本）には、

又ある人の申しけるは、清盛は忠盛が子にはあらず、まことには白河院《しらかわいん》の皇子なり。……その勧賞《けんじょう》に、さしも御最愛ときこえし祇園女御《ぎおんにょうご》を、忠盛にこそたうだりけれ。さてかの女房《にょうぼう》、院の御子《みこ》をはらみ奉《たてまつ》りしかば、「うめらん子、女子《にょし》ならば朕《ちん》が子にせん。男子ならば忠盛が子にして、弓矢とる身にしたてよ」と仰せけるに、すなはち男をうめり。（第六・祇園女御）

とある。すなわち白河院の寵愛した祇園女御が身籠《みごも》ったまま忠盛に下されたものであり、そこに生まれた清盛は、じつは白河院のご落胤《らくいん》である、というわけだ。

もしも白河院から下《さ》げ渡されたのならば、『源氏物語』の女三の宮《おんなさんのみや》のように、嫡妻《ちゃくさい》とせざるをえまい。だが、清盛の母にあたる忠盛の正妻は保安元年にすでに死没しており、祇園女御はまだそのとき生存していた。それに祇園女御は、忠盛より二十歳以上も年上である。だから、祇園女御が清盛の母であるはずはない。それならばというので、祇園女御ではなく、その妹だったとする説も出てくる。

「妹」という字が脱落したとかの当《あ》て推量《すいりょう》ではなく、そう記した文献があるのだ。

「胡宮《このみや》神社文書」にある「仏舎利相承《ぶっしゃりそうしょう》」系図に祇園女御の妹が見え、

　女房　院に召されて懐妊《かいにん》の後《のち》、刑部卿《ぎょうぶきょう》忠盛に之《これ》を賜ひ、忠盛の子息となして清盛と言ふ。仍《より》て宮と号せず。女御殿、清盛を以て猶子《ゆうし》となし、併《あわ》せて此の舎利を渡し奉る。

とある。祇園女御かそうでなければその妹。ともかく、どちらにせよこのいずれかが白河院の子種《こだね》を宿《やど》したまま忠盛に与えられた、という説である。

こうしたご落胤説は世間にありがちな他愛《たあい》もない短絡《たんらく》的理解で、淡海公《たんかいこう》・藤原不比《ふひと》等（または定恵《じょうえ》）は天智《てんじ》天皇の、大徳寺住持《じゅうじ》・一休宗純は後小松天皇の、老中・土井利勝は将軍・徳川家康の、天一《てんいち》坊改行《ぼうかいぎょう》は徳川吉宗のご落胤とする説などが古来ある。最近では、大本教《おおもときょう》の実質的な教祖（聖師）・出《で》口《ぐち》王仁三郎《おにさぶろう》（上田喜三郎）を有栖川宮熾仁《ありすがわのみやたるひと》親王のご落胤とみる説が語られていた。背景には羨望とやっかみの眼差《まなざ》しとともに、自分の出生を省《かえり》みての諦《あきら》めも見え隠れする。

ところが少なくともこの落胤説については、第一線の研究者にも支持者がいる。

『寧楽遺文《ならいぶん》』『平安遺文』『鎌倉遺文』などを編纂して精密・堅実な実証をなにより重んじてきた東

京大学史料編纂所長・九州大学教授の竹内理三《りぞう》氏[1]が支持したことの影響力は大きく、最近でも神戸大学大学院教授の高橋昌明氏[2]などが継承して流布《るふ》している。

落胤説の最大の根拠は、清盛の異例な出世ぶりにある。

前掲の『中右記』では、清盛が十歳（または十二歳）で従五位下・左兵衛佐となったことについて「人の耳目《じもく》を驚かす歟《か》。言ふに足らず」と記している。この年齢では何もできないはずで、つまり何もしていないうちから、世間が呆《あき》れるほどの出世をした。従五位上には十四歳でなっているが、清盛の子・重盛《しげもり》は、清盛の大きな戦功があった保元の乱後に十九歳でやっと従五位上になれた。それなのに、功績もとくに聞かれない忠盛の子がこれほどはやく叙位《じょい》されるのは、いったいなぜなのか。平治二年（一一六〇）には正三位で参議《さんぎ》となり、坂上田村麻呂《さかのうえのたむらまろ》以来となる武士出身の議政官《ぎせいかん》となれた。長寛三年（一一六五）、鳥羽院政下では権勢を誇っていた院の近臣ですら権中納言《ごんちゅうなごん》どまりであったのに、軽々と超して権大納言となっている。翌仁安元年（一一六六）には正二位となり、一世源氏や二世孫王、摂関・大臣の子息や皇后宮の父（天皇の外舅《がいきゅう》）などしかなれないはずの内大臣にも任ぜられた。やがて太政大臣《だいじょうだいじん》にまで上《のぼ》り詰めたのは、周知の通りである。

こうして次々と慣例を破り、前例を覆《くつがえ》している。それは、彼がご落胤であり、事実上の一世王と見られていたからではないか。そうであるならばよく理解できる、という。

しかし、落胤であれば簡単に説明がつくとしても、そうでなければ説明がつかないとまではいえまい。もともと落胤だったらどのように処遇されるべきなのか、だれにも知られたような慣例があるわけではない。その解釈以外でも、本人の資質によるものとも考えられるし、なによりも溺愛《できあい》する側の体質を考慮しなければなるまい。やはりご落胤説は、眉唾《まゆつば》の話と受け取っておいた方がよかろう。

二　平氏政権の内容をめぐる論議

(1) 政権の構築過程をめぐって

清盛の政権は貴族的な感覚にとらわれていて、既存の摂関政治のように血縁・姻戚《いんせき》関係を利用して形成された。そう、見られている。

妻・平時子《ときこ》は、その網の目の中心に立っていた。妹である平滋子《しげこ》(建春門院《けんしゅんもんいん》)が後白河院《ごしらかわいん》に嫁《とつ》ぎ、高倉《たかくら》天皇を産んだ。その高倉天皇には娘の徳子《とくこ》(建礼門院《けんれいもんいん》)が入内《じゅだい》し、中宮となった。高倉天皇と徳子の間に生まれた安徳《あんとく》天皇が即位し、夫・清盛は天皇の外祖父《がいそふ》として摂関家《せっかんけ》にとってかわって権力の座についた、というわけである。

権力の源泉である天皇と新興権力者である院(上皇)との姻戚関係を構築しただけでなく、旧来の権力者である摂関家にもぬかりなく工作している。摂政・関白の藤原忠通《ただみち》の子である基実《もとざね》(近衛《このえ》家の祖)に対して、九歳の娘・盛子《もりこ》(白川殿)を嫁がせた。それによって基実の子である関白・基通《もとみち》(母は藤原忠隆の娘)を後見する地位を手に入れている。さらに基通には娘・寛子《ひろこ》も嫁がせ、姻戚関係を重層的に築いている。またあらたな権勢者を輩出《はいしゅつ》している鳥羽院の近臣に対しても、「院第一ノ寵人」といわれた藤原家成《いえなり》の孫・隆房《たかふさ》を娘婿《むすめむこ》とし、嫡子の重盛は家成の娘と結婚させた。こうした関係を縦横に、執拗《しつよう》に築きながら、政界の頂点を極めていくのである。

一門共に繁昌して、嫡子重盛、内大臣の左大将、次男宗盛、中納言の右大将、三男知盛、三位中

平氏略系図

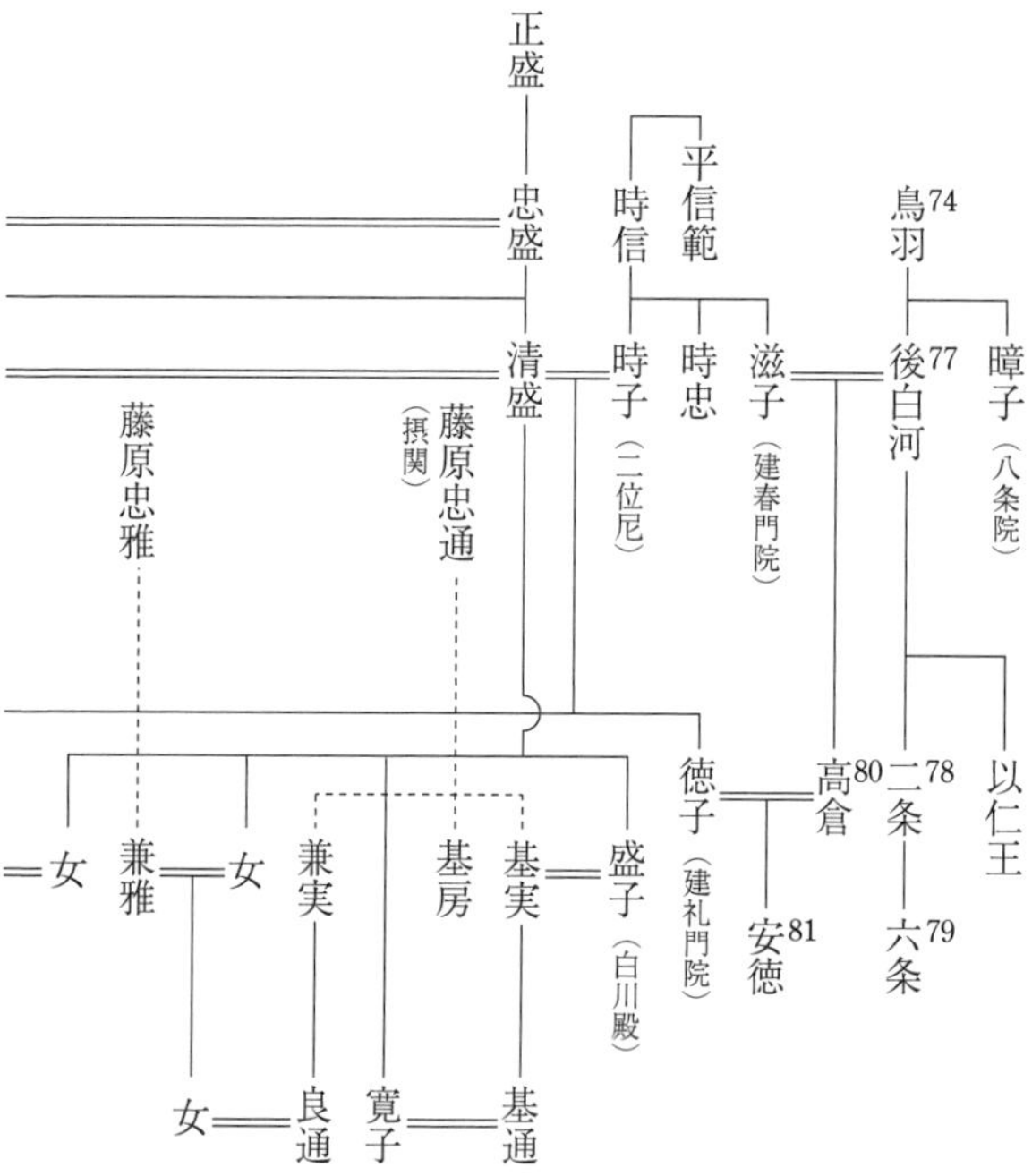

将、嫡孫維盛《これもり》、四位少将、すべて一門の公卿《くぎょう》十六人、殿上人《てんじょうびと》卅余人、諸国の受領《ずりょう》、衛府《えふ》、諸司、都合《つごう》六十余人なり。……日本秋津島《あきつしま》は、纔《わず》かに六十六箇国、平家知《ち》行《ぎょう》の国、卅余箇国、既に半国にこえたり。其外庄園田畠、いくらといふ数を知らず。綺羅《きら》充満して、堂上《とうしょう》花の如《ごと》し。
（『平家物語』巻一・吾身栄花）

といわれ、一族や腹心の部下を公卿とし、半分をこす国々を平氏の知行国《ちぎょうこく》とした。『平家物語』では、まさに栄華の

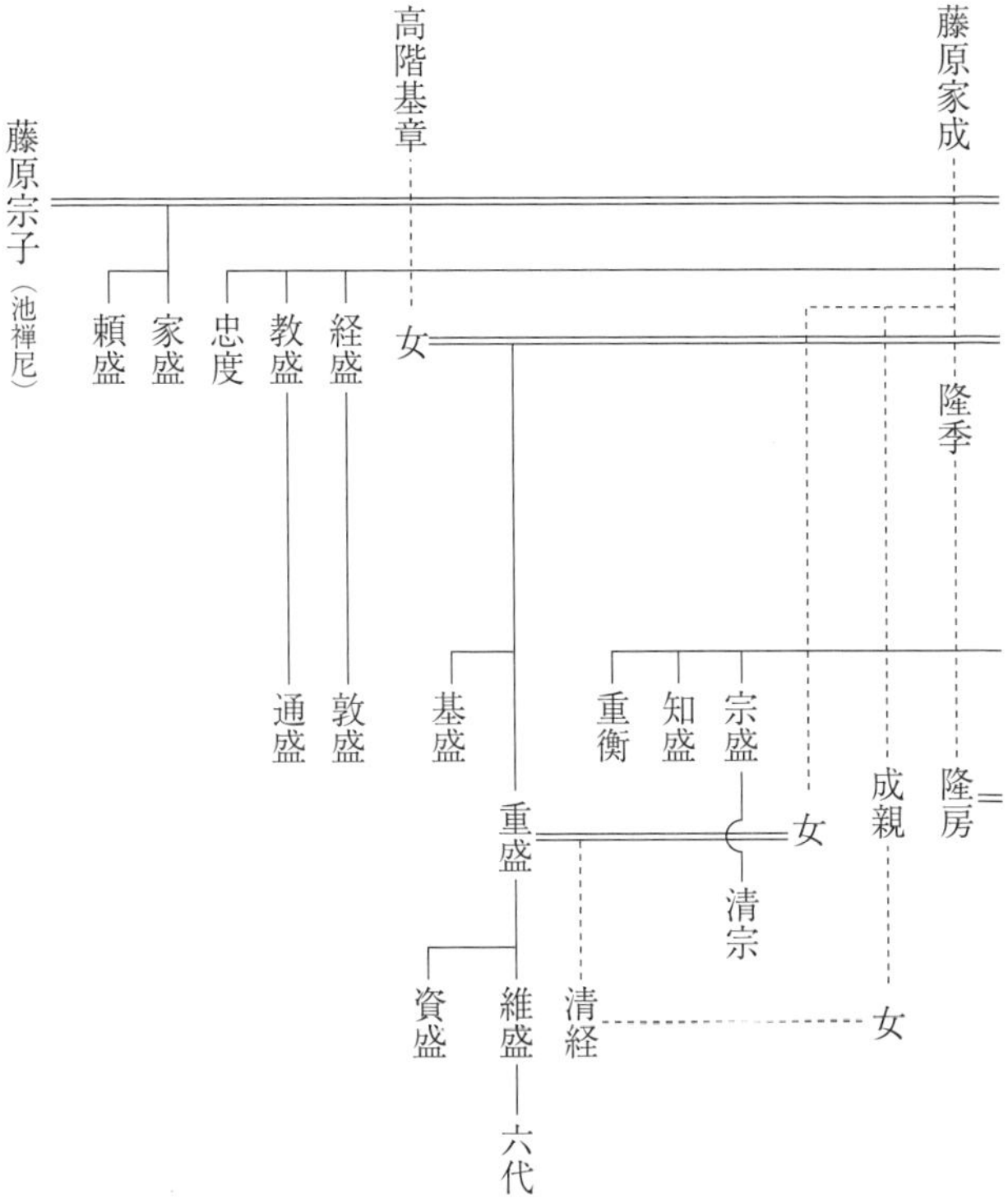

極《きわ》みとして描き出されている。

妻の兄・平時忠《ときただ》が豪語した「此一門《このいちもん》にあらざらむ人は、皆人非人《にんぴにん》なるべし」（同上・禿髪）というイメージが『平家物語』などの描く平氏繁栄の様相だが、系図から辿れる血縁関係よりも、現実の人間関係の築き方はいますこし複雑である。

例えば清盛は、白河院の寵愛する祇園女御の猶子《ゆうし》になっている。

猶子とは養子のことで、江戸時代には大名家の娘が京都の貴族の、町人の娘が武家の養女となり、それぞれ家格《かかく》を上げて輿入《こしい》れや武家屋敷に奉公することがよくあった。それは形だけのものだったが、平安期の猶子には実質が伴《ともな》っていた。親と子、同一の養父母のもとでの義兄弟という擬制的関係が現実のものとして作動し、奉仕し保護すべき間柄とみされていた。清盛の場合でいけば内大臣・源有仁《ありひと》も祇園女御の猶子だったので、十二歳の清盛には実の父からの庇護《ひご》だけでなく、すでに内大臣《ないだいじん》が義兄として保護者となってくれていたのである。

別の例をあげれば、複雑さも分かろう。清盛は娘・徳子が高倉天皇の皇子を産むことをひたすら待ち望んでいた。天皇の外祖父となりたかったからである。だがその兆候がないなかで、対立する勢力は高倉天皇の後継者をべつに模索《もさく》する動きもしはじめていた。

その動きを未然《みぜん》に阻止しようとして、後白河院の第十一皇子・真禎《しんてい》は東寺長者の禎喜《ていき》の弟子とされ、出家させることで皇嗣《こうし》候補から外《はず》された。そして高倉天皇に第二皇子・守貞《もりさだ》親王（後高倉院《ごたかくらいん》）が誕生すると、真禎の同母兄・尊性王（道法法親王《ほっしんのう》）も出家させられている。スペアが確保できたのに俗世間に残したままにしておけば、対立候補として擁立されかねなかったからである。ところが真禎については、後白河院の子というだけでなく、中宮（徳子）とも猶子関係が結ばれていた。つまり期待通り皇子が生まれなかったり、期待した皇子が死没した場合、いざとなれば徳子の猶子として即位させるつもりがあったらしい。守貞親王も知盛《とももり》のもとで養育されていたから、知盛とは事実上養父・猶子の関係にあったであろう。徳子は高倉天皇と小督局との間の子・範子《のりこ》内親王も猶子にしており、院・天皇の後宮は平氏一門と繰り返して猶子関係が結ばれ、がんじがらめの管理下に置かれていた。じっさいの血縁では追えない、擬制《ぎせい》的な政治的な親子関係が網の目のように張り巡らされていたので

厳島神社拝殿（筆者撮影）

ある。

ほかにも、人間関係を現実的に支配・拘束するシステムがあった。

清盛は、久安二年（一一四六）の八十嶋祭《やそしまさい》の勅使に選ばれている。この祭儀は天皇一代に一度行われるもので、天皇の体に地霊《ちれい》をつけて国土支配権を確認する儀式である。その勅使となれたのは栄誉なことだったろうが、この人選は妻・時子が二条天皇の乳母《めのと》となっていたためである。

乳母というのは実母にかわって乳を授ける係のことだが、貴人にほんとうにその仕事をさせるわけにはいかない。じっさいの授乳には、さらに下《した》役《やく》の御乳人《おちのひと》が当たる。時子は、天皇に対する乳母の立場にたってみせただけである。さらに授乳にはまったく関係しないはずの乳母の夫も、乳父《めのと》と呼ばれた。この乳父母の関係からすると、時子の子の宗盛・知盛・重衡らは、二条天皇と乳兄弟《ちきょうだい》となる。そして乳兄弟である以上、宗盛らは二条天皇を守り、天皇は宗盛らを助けなければならない。そのように、世間の目が要求するのである。たかが少納言《しょうなごん》でしかない藤原信西《しんぜい》（通憲《みちのり》）が後白河院政で権力をふるったのは、後白河院の乳父だったことが重要な要素となっていた。また、今井兼平《いまいかねひら》は木曽義仲《きそよしなか》に最後まで寄《よ》り添《そ》い、「木曽殿の御めのと子」（『平家物語』木曽最期）と名乗って討ち死にしている。乳父・乳兄弟と名乗れば、そういう相互扶助の義務が生じるのだ。

さらにここにはじかに関係しないが、男色《だんしょく》などでの繋がりもかなり広まっていた。こうした社会的人間関係も視野に入れておかないと、政治世界の現実の動きは理解できたことにならない、ということである。

(2) 権門体制論をめぐって

清盛が政権を掌握したのは、保元《ほうげん》・平治《へいじ》の乱がきっかけであった。

とはいえ祖父・正盛《まさもり》が瀬戸内海の海賊を討伐に赴き、それに続いて忠盛が大治四年（一一二九）・保延元年（一一三五）に山陽・南海の海賊追捕《ついぶ》を命じられ、派遣されるたびに現地の武士たちを私的な主従制下の家人《けにん》へと組織していた。二代にわたって主従関係の網がかけられ、清盛が成長したころにはすでに西国に強力な武士団が築かれていた。

一方清和源氏は、もちろん伊勢平氏が台頭するはるか前から、東国を中心に優勢な武士団を形成してきていた。だが清和源氏はおもに摂関家の従者として振る舞っていたため、摂関家に対峙《たいじ》しながら勃興してきた院には、意の任《まま》に使える武力が当初なかった。そこで、伊勢平氏をことさらに持ち上げ、西国を基盤とした武士団が形成できるように後押《あとお》ししてくれた。これらの環境・条件があってこそ、清盛の台頭があったのである。

そして保元の乱が起きた。

鳥羽院のもとで、崇徳《すとく》上皇はかねて皇位継承のあり方に不満を懐《いだ》いていた。保元元年（一一五六）、その鳥羽院が死没すると、崇徳上皇は、鳥羽院が擁立していた後白河天皇を排除するために動いた。左大臣・藤原頼長《よりなが》は、関白・藤原忠通と競っていた。忠通は後白河天皇と結びつき、頼長の持つ既得権を侵しつつあった。反後白河天皇という一点で、この両者が手を結んだ。そして後白河天皇側からの武力攻撃を阻止するために、職務権限や人脈などをたぐって、源為義《ためよし》・為朝《ためとも》父子や平忠正《ただまさ》などの武士を招いた。これに対して後白河天皇も源義朝・平清盛を召し、結局は優勢な兵力をもって崇徳上皇側を制圧した。

従来の政権争奪といえば、陰謀が発覚して逮捕されたり、宿敵が罪を着せられて失脚するものだった。罠《わな》を仕掛《しか》けた側・罠を構想した側が権力を駆使《くし》して裁く側に立ち、武力は逮捕のときに使う補助手段にすぎなかった。それがこの保元の乱においては、武力の多寡《たか》や戦闘での勝敗がただちに政権の帰趨《きすう》を決めることになった。どちらが仕掛けた罠かとか裁く側にどちらが立ちうるか、というようなことにはもはや意味がなかった。ただ軍事力を握る武士をどれほど味方につけるか。武士たちの帰趨が、政権保持者を決めた。ここに武士という存在が、政権内で一躍脚光を浴びることとなった。

さらに平治元年（一一五九）、権中納言の藤原信頼は、後白河院の近臣である藤原信西に官位昇進を阻《はば》まれたことを怨《うら》み、後白河院政に批判的だった源義朝とともに反乱を計画した。清盛が熊野詣《くまのもうで》に出た隙《すき》を狙って決起し、後白河院・二条天皇を拘束し、信西を殺害した。やがて二条天皇が女房《にょうぼう》といつわって清盛の六波羅邸《ろくはらてい》に脱出し、後白河院も仁和寺《にんなじ》に逃《のが》れると、清盛軍は義朝軍をただちに制圧した（平治の乱）。義朝は逃亡中に殺害され、信頼も処刑されて、この兵乱は終了した。軍事反乱の前には物理的な力を持たない権力は空疎《くうそ》なものであり、後白河院も摂関家もまったく無力であった。ただただ清盛の武力に救われるのを待つだけ。それが現実だった。そして乱後には、清盛以外に政権を守りとおせる武力はもはや存在しなくなっていた。

後白河院を助けた功績をもとに、清盛は立身出世し、一門は軒並《のきな》み公卿として栄進していった。そして高位高官を独占することで、摂関家にかわって天下に号令することとなった。

ところが後白河院はもともと専制君主であり、清盛に権力を握られつづけることを望まなかった。後白河院と平氏の仲を取り持っていた建春門院滋子が没すると、後白河院はその権限をふるい、人事で清盛関係者を排し、治承《じしょう》元年（一一七七）には近臣たちをして鹿ヶ谷《ししがたに》の別荘で平家打倒の密議をこらさせた。さらに清盛の娘・盛子が没すると、彼女のもとで平氏が管理していた摂関家領荘園を奪うなど、反平氏の動きを強めた。明らかに、清盛への宣戦布告だった。ついに治承三年、清盛は院を鳥羽院に押し込め、後白河院の院政を停止してしまう。ここに摂関政治でも院政でもない、平氏の独裁政権の幕がはじめて開かれた、とされている。

しかし、どうもそういうことではなかったようだ。

清盛は、そもそも二条天皇の親政に肩入れしており、後白河院政を押さえる側にいた。二条天皇の乳母は清盛の妻・時子で、清盛は乳父にあたっていたからである。後白河院は、二条天皇の治世下ではつとに院政を停止されていたのである。ところが永万元年（一一六五）に二条天皇が夭折《ようせつ》してしまい、そのとき六条天皇はまだ三歳で、皇太子の憲仁《のりひと》親王（高倉天皇）も六歳でしかなかった。高倉天皇が即位すればいつかは外戚《がいせき》の立場に立てるだろうと清盛は考えていたから、憲仁親王の立太子に反対しなかった。しかしともあれこのさいは天皇・皇太子ともあまりに年少であり、天皇家の家長である後白河院の執政を認めざるをえなかった。もともと清盛は後白河院の恩寵《おんちょう》で伸びてきたのではなく、後白河院とは相容《あいい》れない関係にあった。後白河院の変節でも、清盛の慢心でもない。清盛は、一貫して後白河院を排する姿勢を取ってきていたのである。だから両者の争いは、その延長線上での必然的な衝突であった。

ところで政治の実態をみると、平氏政権樹立などといわれはしているが、平氏は独裁どころかどの時点でも執政権を握れてなどいない。

というのも当時の国政は、平氏が口や手を出せるようなものではなかった。そもそもの宮廷では儀式の執行が中心議題であり、地方の政務は国々の国例《こくれい》や国司の判断に任されていた。その宮廷のなかで要職にあって儀式の執行を取り仕切りまた論議するには、膨大な年中行事関連の知識が必要であった。またいちばんの課題というか見せ場は、時代・環境にあわせて臨機応変に運営・措置することであるが、それについて何か提案するのには儀式の趣旨や内容についての深い理解が必要である。そんな奥深い知識を、とつぜん出世してきた武士出身の貴族たちが持ち合わせているはずもない。また、就任後にあわてて学んですぐに身につくような教養でもない。彼ら武家貴族ができるのは、下部職員の書いた文書《もんじょ》に署名するとか、取り次ぎていど。そんなものであったろう。そうであれば、大臣・納言《なごん》・参議などの要職になれたとしても、一族で公卿の過半を占めたとしても、かれらに執政などできやしない。彼らは議定《ぎじょう》と呼ばれた公卿たちの国政決定会議に呼ばれることすらなく、かりに出席したとしても一言の発言もできない、名ばかりの政府高官にすぎなかった。

このなかで政務の中心にあったのは、やはり摂関家であった。

彼らには長年の執務経験があり、また祖父・父などが子孫のために書き残してくれた膨大な日記（藤原俊家《としいえ》の『大右記《だいゆうき》』や藤原実資《さねすけ》の『小右記《しょうゆうき》』など）という前例集がある。こうした諸家秘伝の記録を手がかりとして、政務を多年処理してきた。さきほどの議定には、彼らが出席した。議定に出席する公卿を有識《ゆうしき》といっていたが、彼ら摂関家こそが有識である。彼らがいなくては、彼らの協力なしには、当時の政務はまったく執行しえなかったのである。

だから平氏一門は、摂関家を締め出してその地位に取って代わる気など毛頭《もうとう》なかった。摂関家による政務運営は前提であり、それを認めた上で平氏政権は成り立っていたのだ。清盛が前太政大臣《さきのだいじょうだいじん》として口出《くちだ》ししているのは、天皇・皇太子の選出と政府高官の人事ていどだった。そうやって遠隔操作しているのが執政だといえなくもないが、一門あげてこんなていどの執政内容でも、それを平氏政権と名付けてよいものか。政権とはどういうものをいうのか。そういう議論になりかねない。

そこで出されているのが、当時は権門体制《けんもんたいせい》だったのではないかという解釈だ。

権門というのは、豊かな財産をもとに社会的権勢を継続して有する家柄という意味である。摂関家など政務を行うのが公家の権門であり、南都北嶺《なんとほくれい》といわれる延暦寺・興福寺などが宗教的な権門、平氏一門は彼らにない武力を持つ権門と位置づける。これらの上に立って、それを制御《せいぎょ》しているのが天皇・院である。つまり天皇・院のもとに三つの権門があって、それぞれの役割を分担して奉仕する国家体制ができあがっていた、と解釈する国家論である。

たしかに天皇・院には政治を推進するさいの強制力、実施したときの反発を封じる武力がない。それを平氏に担《にな》わせた。平氏は平安末期に武力が必要とされた時代に見合って台頭してきた権門の一つだ、という解釈も頷《うなず》けなくはない。

しかも考えてみると、鎌倉幕府という存在もそうした権門の一つではないか。

そもそも「鎌倉幕府が主権者である鎌倉時代」といってみても、これが日本全国を覆《おお》える時代観でなかったことはよく知られている。東日本はたしかに鎌倉幕府統治下で、武家社会の鎌倉時代を迎えている。だが、西日本は院政支配下の平安時代を続けている。全国政権でなかったのならば、鎌倉時代と名付けるのにも違和感があろう。平安時代がそのまま継続していて、鎌倉幕府も平氏一門の役割をそのまま受け継いだだけ。天皇のもとで武力を担当した権門が一つ増えたに過ぎない、ともいえる。

ただそう解釈し通そうとすると、天皇・院がいつでもすべての統治の中心者ということになる。実態や実質が軽んじられ、天皇から命じられたという形式を物事の本質とみなすことになりかねない。与えられたとかいう形ではなく、何を得たのかを獲得した側から考えるべきだとする本郷和人《ほんごうかずと》氏(3)の反論にも説得力がある。

筆者から見ると、高橋氏説では、平安時代から鎌倉時代への変転にさいして、時代区分が明らかにできない。平氏政権と鎌倉幕府とは同質のものであるのならば、それが交代したところで、時代を画するほどの変化とは見なせないからだ。

しかしこうしたこまかい時代区分は、どのみち一万年後には、意味がなくなる。この二〇〇〇年の間のことは、有象無象《うぞうむぞう》の諍《いさか》いで鬩《せめ》ぎ合った混乱の時代くらいで括《くく》られてしまうことだろう。だが、一万年後の指標はともかく、いまを生きる私たちからみて、どのように把握するのがよいのか。歴史を摑《つか》めるか、という観点から時代を区分しているわけである。藤原氏・北条氏・足利氏・徳川氏などの為政者の変転を時代区分のもとにしていいかどうかも、都がどこに置かれているかで時代区分としていいのかも、そう自明なことではない。かりに人民の摑み方を基準にした場合、為政者《いせいしゃ》の交替や首都の移転にはほとんど意味がないこととも考えうる。

それはともかく、ここに関連させていうならば、権門体制論では天皇・院が統治者となりつづけて時代の変転が区分できなくなるというが、最高統治者の形が変わらなければ、時代は区分できないものか。平安時代と鎌倉時代では、やはり時代の主役が異なっている。それを摑み取ることが、時代区分ではないのか。あまり何かの指標にこだわらず、形式にとらわれず、時代認識を区分することの意味を考えて論議した方がよいと思う。

その意味では本郷和人氏の見方に同意するし魅力を感じるが、自立した新政権・福原幕府を構想できていたとするにはまだ立証不十分であろう。政権構想を樹《た》てたのならばそれを支える膨大な組織づくりを急いでいたはずだが、すくなくとも清盛以外にはそうした構想に荷担《かたん》する動きが片鱗《へんりん》も見られず、このまま力尽くで平安宮廷を引き倒してしまうつもりがあったようには思えない。論議の進展を見守ってゆきたい。

（3）日宋貿易・福原遷都をめぐって

平氏政権は、鎌倉幕府の先駆《さきが》けとなった。多くの人がそう思っているだろう。武士出身で政権の首座《しゅざ》に就《つ》いたのは、なにより画期的だった。また家人《けにん》の一部を荘官の地頭《じとう》に任命し、御恩《ごおん》・奉公《ほうこう》の私的主従関係を築いている。これは、鎌倉幕府の根幹をなす地頭制度の先蹤《せんしょう》である。鎌倉幕府の御家人としての平時《へいじ》の奉公の第一に数えられる京都大番役《きょうとおおばんやく》も、もともと応保二年（一一六二）に清盛が大内裏《だいだいり》の守衛・警固《けいご》のため創設したものだ。しかし平氏政権にはこうした武家政権としての萌芽が見られるものの、しょせんは旧態然とした貴族的存在を脱しえず、院政や摂関家・寺社勢力との駆け引きや争いに巻き込まれて、武士の真の庇護者になりきれなかった。そう、評価されてきたように思う。

そのなかで、武家政権らしい画期的な試みが日宋貿易《にっそうぼうえき》といわれる。宋商人との貿易は、従来大宰府《だざいふ》が取り仕切ってきた。来航を受け入れると、まずは中央宮廷が必要とするものを買い入れ、それが終わると貴族たちが交易《こうえき》するという手順であった。舶載《はくさい》された品は唐物《からもの》といわれて珍重されており、貴族は争って買い込んでいた。清盛は、その宋船を瀬戸内海の奥深くまで招き入れた。宋船の安全航行のために音戸《おんど》ノ瀬戸を切り開き、大型船の寄港のために大輪田泊《おおわだのとまり》（神戸港）を修築させたという。先例のないことで、貴族たちは困惑したし、また都近くまで招き入れることに治安上の不安も感じたろう。もちろん清盛の思惑は宋船の舶載品を独占的に管理することだったろうが、軍事力に自信がなければこうした発想はできなかったろう。

これに連動して、福原遷都が企てられた。清盛は賜与された功田と荘園の土地交換によって摂津《せっつ》の福原（神戸市兵庫区）周辺に広大な土地を確保し、かねて別荘を構えていた。そこに福原京を造営し、治承四年（一一八〇）六月に遷都させたのだ。十一月には平安京に還都するが、この都造りの意図は何だったか。その意味を問う議論が、いま起こされている。

南都北嶺との諍《いさか》いが鬱陶《うっとう》しく、以仁王《もちひとおう》の挙兵《きょへい》ではじまった反平氏の胎動《たいどう》から逃れるためとかされてきたが、すでに治承三年十一月の後白河院政の停止時には表明されていた。遷都の準備は整っていなかったが、構想自体は清盛のなかでかなり前から芽生えていた。清盛の意図については二様の説があり、一つは権門体制からの解釈（高橋昌明氏、注(2)書）で、いま一つは権門体制からの離脱を企図したとする（本郷和人氏、注(3)書）。

既述のように、平氏一門は、天皇・院のもとで公家《くげ》権門・宗教権門とならぶ武家権門と位置づけられてきた。高橋氏は、清盛はその仕組みのなかで実権を握るため、福原にとどまって後白河院と距離をおき、親平家の公卿に自分の意向を代弁させて遠隔操作した。この方式が鎌倉幕府に学ばれ、継承されていった、とする。

これに対して本郷氏は、清盛は自立した平氏系新王朝・福原幕府を樹《た》て、ここから全国に指令しようとした、とみなした。みずからが造営する都に天皇・院を取り込んで推戴《すいたい》・制御し、新京には摂関家内で清盛に協力的な人だけを招く。この体制の実現のためには宗教権門に左右される平安京では都合が悪い。そうした清盛の自立の動きを、この遷都のなかに窺おうとする。

つまりは平氏政権と鎌倉幕府との関係が検討課題であって、前者なら頼朝政権の構想過程が滑《なめ》らかに理解できる。後者であれば、清盛の懐《いだ》いた国家構想が実現できるか軽々《けいけい》に判断できないが、鎌倉幕府の描いた東国政権構想よりも斬新《ざんしん》で進んでいる部分があったことになる。

なお高橋富雄《たかはしとみお》氏(4)によれば、平安宮廷の定めた国司制度のもとで、在地の武士が政務の実権を握っていく構想は、奥州藤原氏の基衡《もとひら》に対する在国司《ざいこくし》の称号において実現されている。『十訓抄《じゅっきんしょう》』(新編日本古典文学全集本)に「国司、大きにいかりをなして、ことの由《よし》を在国司基衡にふれけり」(十ノ七十四)とある。この在国司就任によって、官制国司に対する事実上の国司として、基衡は国務の実権を握っていられた。源頼朝は平安宮廷と現地の武士との折《お》り合い方を注意深く観察しており、この奥州藤原氏の政権運営を模倣して鎌倉幕府を構想した、と見ている。

平氏政権から鎌倉幕府への継起《けいき》関係をどう描いていくか、その論議はまだ進展がありそうだ。鎌倉幕府構想のもとは、平氏政権なのか奥州藤原政権なのか、はたまた頼朝の独創《どくそう》か。この関係が明らかにされていくことは、読者としてこれからの大いなる楽しみである。

(原題は「平清盛新研究の基礎知識」。「歴史研究」五九七号、二〇一一年十二月)

【注】

(1)『日本の歴史⑥　武士の登場』中央公論社刊、一九六五年。

(2)『平清盛　福原の夢』講談社刊、二〇〇七年。

(3)『武力による政治の誕生』講談社刊、二〇一〇年。

(4)『平泉の世紀　古代と中世の間』日本放送出版協会刊、一九九九年。

III

研究活動の軌跡と追憶

1　姫路文学館の文化活動

■姫路文学館の展示・活動

　姫路文学館は、昭和五十八年（一九八三）、姫路市制一〇〇周年記念事業の一環としてはじめて構想された。平成二年（一九九〇）の姫路文学館条例にもとづき、平成三年四月に開館（北館）。平成八年五月にはさらに別館（南館）を新設した。

　建築は国際的に評価の高い建築家・安藤忠雄氏の設計になり、四角と丸の単純な線をベースにした構成美が特色である。玄昌石《げんしょうせき》を敷き詰めた鋪道《ほどう》が屈曲しながらつづいているが、これは長い道を歩くなかでせく心・はやる気持ちを鎮め、文学を楽しめるようなゆとりある落ち着いた心境になる。そのように配慮された、心憎《こころにく》い設計である。

　延《の》べ床面積六八六九平方メートルという広大な館内には、姫路出身または姫路にゆかりのある、おもに近現代の文人たちについての展示コーナーがある。文学者だけでなく、文化人にしたというところも、この文学館の懐《ふところ》の深さを示す特色であろう。

　北館一階から二階にかけては、明治時代から昭和前期にかけて国語国文・歴史学界、哲学・倫理学界などの発展と近代化におおきな足跡を残した三上参次《みかみさんじ》（東京大学文科大学教授・史料編纂掛主任。一八六五年生〜一九三九年没）・辻善之助《つじぜんのすけ》（東京帝国大学史料編纂所長。一八七七年生〜一九五五年没）・和辻《わつじ》哲郎《てつろう》（京都帝国大学教授・東京帝国大学教授。一八八九年生〜一九六〇年没）・井上通泰《みちやす》（御歌所寄人《よりうど》・貴族院議員。一八六六年生〜一九四一年没）。二階には、少年詩で人気を博した詩人・有本芳水《ありもとほうすい》（本名・歓之助。一八八六年生〜一九七六年没）、『邂逅《かいこう》』『自由の彼方《かなた》で』などで人間存在の根源的な意味を問い続けた小説家・椎名麟三《しいなりんぞう》（本名・大坪昇。一九一一年生〜一九七三年没）、主知的文学論を唱え『城』『冬の宿』を著した小説家・阿部知二（一九〇三年生〜一九七三年没）、『冬至梅《とうじばい》』で読売文学賞に輝いた歌人・初井《はつい》しづ枝（本名・しづ江。一九〇〇年生〜一九七六年没）、六〇年安保闘争世代で夭折《ようせつ》した「恋と革命」の歌人・岸上大作（一九三九年生〜一九六〇年没）らについて、その足跡を身近に偲《しの》びつつ、業績を大きく捉《とら》えられるようにしてある。

南館一階は司馬遼太郎《しばりょうたろう》記念室で、「作品と時代背景」をテーマにして草稿《そうこう》・書画や関連の品々が並べられている。司馬遼太郎（本名・福田定一《ていいち》。一九二三年生〜一九九六年没）は父祖ゆかりの地として播磨に強い愛着をいだき、『播磨灘《はりまなだ》物語』などの大作を著《あらわ》している。このコーナーは司馬遼太郎本人の諒解と協力のもとに作られたが、その竣工直前に司馬氏は亡くなられてしまった。

このほか地階には映像展示があり、また歴史小説の五味康祐《こうすけ》（一九二一年生〜一九八〇年没）・児童文学の森はな（一九〇九年生〜一九八九年没）・詩人の坂本遼《りょう》（一九〇四年生〜一九七〇年没）など十人の小さな展示ブースもある。

姫路文学館では、郷土の生んだ偉大な先人たちの業績を保存・顕彰するとともに、その足跡を辿《たど》りながらこの播磨の地に新たな文化活動が胚胎《はいたい》・胎動するよう、文化的土壌の形成とそれらの交流に努

姫路文学館北館（姫路文学館提供）

めている。そのために年三回の特別展だけでなく、たとえば平成十一年度は通年で「原文で読む『和泉式部日記《いずみしきぶにっき》』」「近代日本の詩人たち」「万葉集講座」などの文学講座や「古代史を創《つく》った男と女」「芸術家たちの日本史」「姫路城下町風情《ふぜい》」などの歴史講座を設けて受講者を募っている。また春は播磨地域で活動する文化人たちとともに「播磨文芸祭」という短歌・俳句・川柳《せんりゅう》・詩・小説・児童文学・映画演劇の七分野を総合したイベント、夏には著名文化人を招いて行なうシリーズものの講演会の「姫路文学館夏季大学」や司馬遼太郎の生誕日を記念してその業績を偲《しの》ぶ「司馬遼太郎メモリアル・デー」などを催して、播磨地域全体の文学活動の拠点および発信源たらんとしている。

（「関西文学」二十三巻十二号、二〇〇〇年十二月）

■姫路文学館をめぐる課題

姫路文学館の大きな課題は、利用状況である。

文学館の入館者は、開館当初（平成三年度）こそ四万四五七五人であったが、以後の三年間は三万二二六八人・二万四五七一人・二万三二七六人であった。平成七年度は南館増築のために休館したかのように見られて一万三五二四人へと落ち込んだが、平成八年度には司馬遼太郎コーナーの新設で二万九九六一人に一時的に回復。翌年・翌々年はその反動か一万四〇五〇人・一万六八二四人になり、平成十一年度は二万三四七〇人となった。開館時の入館者数はともかくとして、年々おおむね落ち込む傾向にある。

ちなみに類似の施設を調べてみると、函館市文学館は平成十二年度の入場者が三万人、福山市立ふくやま文学館が二万三〇〇〇人、高知県立文学館が一万七〇〇〇人、芦屋市立谷崎潤一郎《たにざきじゅんいちろう》記念館が一万一六〇〇人となっている。いずれの館も、きびしい数値である。

常設展示部分は、開館時に巨額が投じられて整えられる。しかし一度でき上がったら、こまかくはともかく、展示内容を大きく変えるのは容易でない。そうなると同じ展示のままでは、リピーター（何回も来館し、展示の観覧など館施設を繰り返し利用する人のこと）を安定的にとるのが難しい。

そこで特別展示として年三回の企画展を開催し、地元の人たちを中心に来館を呼びかけている。しかし期待を寄せる企画展の集客状況も、きびしい。国民的作家といわれて人気の高い司馬遼太郎展だけは一万三二七〇人（平成八年度）・三一六一人（平成十一年度）であるが、おおむね入館状況はかんばしくない。播磨ゆかりのとくに常設展示者の人たちを取り上げた和辻哲郎展は、二万二二七四人であった。これは開館当初の企画展だったので、目新《めあたら》しさがあったからだろう。以下開催順にあげると、「播磨から飛翔《ひしょう》した松岡五兄弟」展（井上通泰）六五〇三人、「抒情《じょじょう》と行動―阿部知二」展五八八八人、「虚空《こくう》に遊ぶ俳人永田耕衣《こうい》の世界」展五〇七七人、「椎名麟三の昭和」展三八五〇人、「初井しづ枝」展二八〇六人、「吉川英治と宮本武蔵」展三〇一六人、「六〇年ある青春の軌跡　歌人岸上大作」展二三七六人、「大正少年詩ロマン　有本芳水」展一八一八人、「二人のヨーロッパ」展（辻善之助と和辻哲郎）一四一四人などであった。特別展は、再入館の十分な契機《けいき》となりえてない。

こうした現状はどうして起こり、どう考えるか。適切な答えなどないが、内部にいた者として気づいたいくつかの問題点を並べてみる。

第一に、姫路文学館については、展示施設の問題がある。

この建築は、安藤忠雄氏（安藤忠雄建築設計事務所）の設計になる。外観は斬新で、国内外から芸術的に優《すぐ》れていると称賛されている。開館時間の前に外国人が並んでいることがあり、文学館である前に、著名な建築物であるとあらためて認識する。たしかに外観はよいのだが、博物館施設としては少しく問題がある。窓の取り方や施設の基本的な設計構造から、劣化《れっか》の恐れがあって展示物の安全性が保てない。東京国立博物館の展示室は、展示物ができる限り劣化しないようほかの館よりずっと厳格な規準を適用しているようで、目が馴《な》れるのにかなり時間がかかるほど照度を落としている。東京国立博物館の暗さが劣化防止のためなら、文学館がとても明るいことは展示品にどんな悪影響を与えるか、推測できよう。ほかにも管理運営上の事情もあって、話題を集めそうな国宝・重要文化財など貴重な文化財をふくむ特別展を企画することも、同じく巡回展を招致《しょうち》することもできない。

姫路文学館と銘打《めいう》つものの、最初の設立意図は近代文学館でしかなかった。その端緒《たんちょ》の考えがいまの文学館の活動範囲を狭《せば》め、またこのさきもずっと企画内容を縛《しば》ることになる。

第二には、被展示者の問題がある。

播磨地域出身の文学者の活動を顕彰・保存するというが、彼らの活動は地味で、現在も読み続けられているような作品を持っている人が少ない。ちなみに平成十四年一月現在の文庫本（新潮社・岩波書店・朝日新聞社・筑摩書房・角川書店・文芸春秋・講談社・幻冬舎《げんとうしゃ》・集英社・東京創元社・光文社・徳間書店・中央公論新社）を調べてみても、阿部知二（翻訳をのぞく）は皆無《かいむ》、椎名麟三でも彼にとっては代表作でも何でもない『私の聖書物語』（中公文庫）の一冊しか販売されていない。つまり現在、被展示者の作品は広く読まれていないのが現実である。

第三に、展示の企画については三つの課題がある。

その第一は文学の展示の難しさという、どの文学館も抱える課題である。

文学の展示とは文学作品またはその文学内容の展示なのか、あるいは文学者の展示なのか。文学者が書いた数々の著作物を陳列するのならば、それは容易である。しかし背表紙《せびょうし》を羅列《られつ》しても自筆原稿を数枚広げて読ませても作品の紹介になっていない。それでは作品の趣旨を要約して述べればよいかというと、そうでもない。たとえば『源氏物語』の筋書きを要約したら『源氏物語』という作品の紹介となるのかといえば、そうではなかろう。書きたかった趣旨を正確に要約できたとしても、文学内容は表現できない、その一文一文に味わうものがある。それが作品の価値であるからだ。

そうなると、すべてを読み通してもらうほかない。本人の作品が数行の詩ならば、山口県・湯田中《ゆだなか》温泉のなかにある中原中也《なかはらちゅうや》記念館のように、そのまま展示できる。館内ではじめてその作品に触れて、涙しながら見学する人もいる。その意味では、初井しづ枝ならば短歌作品をそのまま掲げることも可能だ。だが椎名麟三の『懲役《ちょうえき》人の告発』となれば、その全文を展示してその場で読んでいただくわけにもいくまい。「作品は別のところで、事前に読んでおいてくれ」ということになる。

展示は通常、書籍となった作品やその草稿、そして著者の生活や性格を偲《しの》ばせるような書簡や遺品などである。よくあるパターンが、万年筆・茶碗・眼鏡《めがね》などである。だがどうみても、万年筆・茶碗・眼鏡はただの時代物《じだいもの》のそれでしかない。作者の肖像写真や自筆の文書をはじめとする数々の遺品も、彼らの名を高からしめた作品内容に直接関係しない。作品はどうせ字ばかりなので、「絵心《えごころ》があって描《か》いておいてくれたら」とか「書のたしなみでもあれば」とかの嘆きがおこるが、それがあったとしても解決にならない。それらは作者の別の側面や作品の背景にある作者が眼前にしていた現実を知らしめるにすぎず、彼らが命を賭《と》して描いた文学そのものではない。文学・文学性は、それらのものでは展示できない。作品をすでに読んでいる人であれば、その日用品に親しみを覚える。もちろん展示の解説から興味をもち、作品を読んでみようと思う人もいるだろう。しかしどのみち展示会場ではかなめとなる彼らの表現した文学、価値ある作品が、その場で習びとれるようになっていない。

この状況は、美術館などと大きく異なる。たとえば絵画は、その作品自体をそのまま展示できている。もちろん見る人の力量によって、絵から得るもの・感じるものがちがう。何を描《えが》いたものか、描かれたものについての理解力があるかどうか。同じような題材を、ほかの人たちはどう描いたか。表現する力の優劣を何と比較し、どのように計《はか》るものか。そうした知識の有無によって、その絵画の理解が深くできるかどうか異なる。だが、その差はあろうとも、観覧者が「あらむさま」を均《ひと》しく見たことに違いはない。鑑賞して受けた感銘を適切に表現できなくとも、作品自体はだれの目にも映《うつ》り、その迫力はだれもがその場で感じ取れる。いや、美術館に足を運んでその作品のある場に立たなければ、その思いは感じられない。その意味で、美術館に行くことは前提となる。しかし文学館では、企画展への来館前に、前提として作品からの感動が得られていなければならない。しかも幸いにして文学館にきたとしても、感動をあらたにすべき文学そのものは展示されていない。「魅力ある展示を」とよくいわれる。それはだれしもが心がけているが、ここに大きな課題がある。

筆者も、平成十二年十月十三日から十一月二十六日まで「風土記《ふどき》が語る古代播磨」展を企画・実施してみた。従来は書籍や草稿などの文字資料を展示することが多かった。それをあらためて、文字よりは写真で、写真よりは実物展示にとこだわって、さらに内田青虹《せいこう》画伯に懇請して『播磨国風土記』にちなむ歴史画を描いていただいた。文学・歴史・美術の三つの要素をとりいれ、事前にどれほども知らなくとも「館に来て見て、そこで見聞したことから興味を持てるように」と考えた。前記の館施設の制約などから複製品が多いという問題はあったが、銅鐸《どうたく》・銅剣・埴輪《はにわ》・古代装身具など歴史的な出土遺物や復原品などを中心として、「視覚に訴える文学の世界」展を心がけ、思い切った冒険をした。しかし結果は観覧者が二二一六人にすぎず、退勢を追認するものとなった。筆者なりに試みたが、共感を呼べなかった。どうやら、この方向にも正解はないらしい。

ではどうしたらよいか。もとより微力の筆者には答えようがない。従来の展示はこれから作品に触れる人への動機付けと、読んだ人に作品の背景を知らせることが多かったようだ。しかしそれには限界がある、とは思う。それならば、文学作品ごとにその作品が問いかけ突き詰めたかった内容を展示し、それをその作者だけでなく、文学者たちはどのように肉薄してみせたかという視点でまとめていくのはどうか。人間の嫉妬、人間の喜び、人間の苦悩……などなど、いまの時代は「文学の有用性とは」「心の問題を文学から」と訴える基礎的な作業からはじめる。空疎《くうそ》な心をもって軽はずみに犯罪・自己の破滅へと至る若者に欠落するものを文学から問う。生きることに悩む自殺大国の日本に生きることの意味を照らし出す、社会性を持った展示。うわべの魅力や話題づくりのできる派手《はで》なイベントではなく、文学館らしく人の心に深く食い込み、心のなかにある根源的な人間としての課題を文学の視点から考えさせる。こうした観点での展示は、文学館しか企画できないのではないか。しかしそうしたテーマに観覧者が応じるものか、はなはだ心もとない。

奈良県立万葉文化館に奉職することになって思ったが、この文化館の展示は答えの一つの形ではないか。ここでは『万葉集』の文学作品つまり万葉歌に一五四人もの日本画家が触れ、そのおりに思った心象風景が描かれている。歌という第一次的作品から第二次的作品を作り出している。こうして文学を絵画とし、形をかえて展示している。文学作品の内容を、絵画や音楽や書など文字以外の二次的・三次的な形に変えて展示する。歌という形にこだわらず、何でもよい。見学者が参加しやすく受け入れやすい形に加工した文学を提供する。そういう方向である。これも一つの道ではないか。

ともあれ私の浅い思慮・小さな力量ではどれほども解決できなかったが、魅力ある展示・心に残る展示の創造に挑んでいただきたい。

第二の課題。それは、地方税で賄われることからする「地域の文学館であるから、地元にこだわりたい」とする呪縛《じゅばく》。運営主体が自治体であるための縛りである。
姫路文学館には、狭い姫路市というだけでなく、旧播磨地域全体の文学館でありたいという自負《じふ》がある。その度量の広さはよしとしても、地元作家を顕彰していくことの延長線上にさかんな地元の文学活動が生じるものか。地元出身の作家の活動を保存し、顕彰するのはよい。しかしもしも彼らに続く文学者・文化人を地元から輩出《はいしゅつ》させたいのならば、地元出身の作家の顕彰にこだわることに意味がない。時代環境も違うし、いまの人たちが求めていることにもそぐわない。もちろん顕彰された人たちの軌跡を逐《お》い、そこから学んでいける点もある。だがそれよりも、地元にかかわりのない一流の現代作家や数多い古典などから学ぶ方が、よほど機会が多くまた有益に違いない。

　地元であるかどうかにかぎらず、優れたもの、いま必要とされるものは、すべて地元諸子に提供する。なにを提供すれば文学者が育つか、どう企画すれば文学的な風土が培《つちか》えるか。そういう方向で組み立てるべきだ。地域の人たちは、地元出身者の作品だけを読んで育つわけでない。紫式部《むらさきしきぶ》の『源氏物語』や松尾芭蕉《ばしょう》の『奥の細道』などの古典、夏目漱石《そうせき》・芥川《あくたがわ》龍之介など近現代の作品まで広く読んでいる。これらの作品から受ける感動、心の奥に育つ文学的感性は大きい。顕彰とは一線を画し、地元の人たちの文学性を豊かに培うために、地域に縛られない自由な発想に期待したい。

　第三の課題。それは行政の姿勢である。

　どこの自治体もそうだが、昨今は歳入《さいにゅう》があがらずに財政難に陥《おちい》っている。年度当初に立てた予算通りに執行していくと、歳入が不足しているので支払えなくなる。歳入欠陥である。そうした財政状態をうけて、市議会のなかには「文化活動に金をかけるよりも、福祉・生活補助にもっと金をかけよ」という声があがる。家計が苦しいときに、今日の食事代にも事欠《ことか》くときに、はたして絵を何枚も買うだろうか、と。また姫路市からも「自分たちのなかだけで通用する論理を規準にするのではなく、つねに市民の目でみて考えていかなければいけない」「コスト意識をもつこと。公金を投入したことに見合う市民への効果の有無・大小（費用対効果）が問われる」といわれる。

文化活動に税金を使うよりは、福祉・生活保護に金を多く投入すべきだ。税金を使うのならば、市民が評価してくれる事業、つまり市民を多く動員できる活動かどうかを投入の規準とせよ。言い換えれば、多くの住民が見向きしないものはやめさせよ。民間企業のように営業資金を回転させて資金が多く回収できるものを評価する、ということである。

家計レベルの話ならば、今日・明日の食事代に困ったら、たしかに文化事業に金は遣《つか》うまい。そのときには茶碗・箸《はし》すら買うまいが……。しかし自治体が、そういう家計のやりくりのレベルで施策《せさく》を考えていてよいのか。誰もが窮《きゅう》して、生活のゆとりを失っている。そういうときに、自治体も一緒に窮するという発想はただしいのか。みんなが食べていくのがやっとで生活のゆとりを失っているときに、民間に文化活動のゆとりがなくなり、みんなが苦しさのあまりに家から心のなかから捨てていかざるをえないもの。そうしたものを、自治体こそが補《おぎ》ない援《たす》けるようにすべきでないか。だれもが絵画を手放すとしても、自分が絵画を買って楽しむゆとりなどない。そのときに「私どもも絵は買わない」「市民の気持ちを考えて、一緒になって見過ごす」のではなく、これを買い取ってみんなの観覧に供《きょう》し、窮乏するなかで失いがちな心の豊かさを取り戻させるバランス感覚が大切でないか。

自治体の事業は、利潤を追求しえない。だから利益に関心など持たず不経済のままで構わない、などとは思わない。だがその施策は、おしなべてどの分野でも実行できるものでなかろう。よりによって効果の見えにくい文化行政に、「費用対効果」策を適用するのはいかがなものか。あるいは、こういえばよいか。「費用対効果」を効果の深さにおいてでなく、利用人数・回収資金などの量ではかるのがはたして妥当なのか、と。

文学・文学性は、その呼び名はかりに変わろうとも、人が人らしく生きるために誰もが少なからず有する重要な人間的要素である。それぞれが心のなかに持っている要素であり、機械でない人間には必須《ひっす》・不可欠なのものだ。たしかに「いかに食っていくか」という問題は急務で、生き物である以上すべてに優先する。しかし動物から一歩進んだ人間としての第一の悩みは、「いかに生きていくか」「いかに生きていくべきか」であろう。その答えは、文学のなかにちりばめられている。いかに生きていくべきかがわからず自殺を図《はか》ろうという人に、命《いのち》の電話（自殺したくなった人がかけて繋《つな》がる電話相談の窓口）の設置場所を教え、「生命を粗末にしてはいけない」「生活が苦しいのなら生活保護をうけたらどうか」と答えるのでよいか。それで解決になるのか。過去の文学者や輩出された文化人は、人間の究極的なその問いどもにいかに答えてきたか。それがわずかな数の市民の悩みを救い自殺を思いとどまらせるためでも、心の葛藤《かっとう》を考えさせる場としての文学館があってよい。「費用対効果」が非常識に小さくとも、「あそこに行って、本の頁《ページ》をめくりながら生きることを考えた」といえる施設のあることは重要だろう。

ついでながら加藤尚武《ひきたけ》氏（鳥取環境大学長、哲学・倫理学専攻）は、平成十二年二月三日開催の全国美術館会議学芸員研修会（於・東京都美術館）で「美術館の倫理学」という講演をされた。そこでイギリスの美術評論家・ジョン・ラスキン（一八一九年生〜一九〇〇年没）の説を引用し、「消費の究極は美のために使うことであり、それを手段的な価値と取り違えてはならない」と述べた。すなわち生産の目的は絶対的な消費である。美術館はどこかで稼いできた金を使うところで、美術館が稼《かせ》ぐ手段になってはいけない。そういう趣旨の講演であった、という（高岡市美術館・山本成子《せいこ》氏のご教示による）。美術館もまた文学館も、人間としての一つの錬磨《れんま》・達成の場であって、ゆめゆめこれを投資の場・金をとるための場、資金回収の採算性のよい施設としてはなるまい。

（「翔」三十五号、二〇〇二年一月）

2　奈良県立万葉文化館と万葉古代学研究所の文化活動

一　奈良県立万葉文化館の開館

平成十三年（二〇〇一）九月十五日、奈良県高市郡《たかいちぐん》明日香村大字《おおあざ》飛鳥十番地に、奈良県立万葉文化館（中西進館長）がオープンした。

平成三年の末に、万葉《まんよう》学者・比較文学研究者（平成十六年に文化功労者）の中西進氏が「月刊奈良」（社団法人現代奈良協会）の座談会に出席された。そのおり、「国立の万葉研究所の建設を」と提言されたのだそうだ。その発言を承《う》けて「万葉集の最大のふるさと」である奈良県が動き、中西氏や奈良県知事・柿本善也《かきもとよしや》氏（一九九一年〜二〇〇七年在任）のもとで建設計画が練られた。そして九年以上の歳月《さいげつ》をかけた思いが結実《けつじつ》して、ようやく開館の日を迎えたのである。

万葉歌は、ひところ人口に膾炙《かいしゃ》した。

だが今日の中学・高校の教育現場では、積極的に取り上げられていない。古典文法を教える場合、『古今和歌集《こきんわかしゅう》』以後の作品を教材にすると中世作品までその知識が応用できるが、上代作品の文法はやや特殊で汎用性《はんようせい》がない。そこで「『万葉集』は取り上げてもよいが、取り上げなくともよい」となっているそうだ。やや寂《さび》しい話だが、そうした教育現場の都合《つごう》はべつとして、『万葉集』が貴重な古代人の遺産であることはだれしも認める。

『万葉集』四五〇〇首余りには、天皇から庶民まで多くの階層の人たちの歌がふくまれ、人間味が溢《あふ》れまた活力の漲《みなぎ》った歌が多い。その活力は、完成した権力機構や組織体から溢れ出したものでも、研《と》ぎ澄まされた繊細な個人の感性が迸《ほとばし》っているものでもない。それは古代の人々の心のなかにあった混沌《こんとん》とした思いが、そのまま表出しているのである。混沌としたもの。そのなかには、すべてがある。そのなかの何もまだ選ばれておらず、したがって何も捨てられていない。選ぶということは、つまりほかのものを捨てることだからだ。そうなる前の状態で作られているからこそ、『万葉集』は日本人がつねに心を回帰させる原点となり、自分を取り戻す心の拠《よ》り所となってきた。

万葉古代学研究所看板（筆者撮影）

選んだことに違和感を持ってしまっているいま、選んだもののなかでは満たされなくなって閉塞感《へいそくかん》を懐《いだ》く現代人にとって、『万葉集』はエネルギーを充填できる場である。その原初的姿を探り、世界的な視野で「混沌」に迫る。その混沌に立ち返り触れることで、現代世界はふたたびつよい歩みを取り戻せるのではないか。

そうした淵源・原初に迫るためにも、展示は声にこだわっている。当たり前のことだが、万葉の歌は今日のように文字に書かれ、手渡《てわた》しで交換されてきたものでない。音声として、相手の耳に伝えられたものだからである。

古代人の声はもとより残りえないが、万葉ミュージアムの地階の一般展示室では、たとえば市での歌垣《うたがき》や平城京内など歌われた場を復原しており、歌われたその時・その場に思いを馳《は》せつつ歌を味わって貰えるようになっている。一般展示室には万葉集のひととおりの知識のほか、工房・役所の風景、アジア少数民族の間でいまも行われている歌の掛け合いつまり歌垣のビデオ映像コーナー、コンピュータによる古代音の復原や万葉に関する種々のクイズなど、年齢・性別を問わず楽しめる体験型・参加型の趣向《しゅこう》がいっぱいある。

ついで万葉ミュージアム一階の日本画展示室は、万葉歌をテーマとした一五四点の新作絵画を軸とした美術館である。

高山辰雄・奥田元宋《げんそう》・平山郁夫・加山又造《またぞう》・片岡球子《たまこ》など現代を代表する日本画家たちが、万葉歌という第一次的な芸術作品からうけた感銘を、絵画という二次的な芸術作品のなかに描《えが》き込んでいる。

画家としての鋭い感性で受け止めたものはなにか。万葉歌のなかに見たものはなにか。それが美しい滝として、また哀《かな》しい夕景として描かれている。これらの絵は、今度はその絵を見る人たちに新しい感動を与える。そしてそこから、やがて第三次の芸術作品が生まれてくる。歌から絵に形を変えることで、あらたな生命を吹き込まれた万葉歌が、さらに新しい現代的な文化を創造していく。池の水面《みなも》に生じた波紋のように、その連鎖は周囲により大きな輪を拡げていくに違いない。

開館時には三ヶ月にわたって記念特別展が開かれ、ともかくすべての絵画作品が紹介された。日常的には、テーマにもとづいて関連する万葉画を紹介する形になっていくだろう。また今後連続して万葉画の一般公募がなされ、選ばれた作品は奈良県立万葉文化館の収蔵品となっていく。全国で万葉の心を込めた優《すぐ》れた万葉画が描かれ、館蔵作品が増え続けることで、文化館の文化水準がさらに高められて発展していくことを期待しよう。

二　万葉古代学研究所の文化活動

万葉古代学研究所（寺川眞知夫所長）も、奈良県立万葉文化館の開館とともに開所した。

万葉文化館は万葉ミュージアム（展示部門）と万葉古代学研究所に大別され、研究所はさらに万葉図書・情報室（資料情報部門）と研究班（研究部門）に分かれ、全体で三位一体《さんみいったい》をなしている。

研究を機軸に説明すれば、研究所が万葉古代学的研究を推進し、万葉図書・情報室がその研究のために必須《ひっす》となる基礎資料とその研究成果とを集積し、万葉学の幅広い裾野を造り出すために関係図書や展示絵画・講演などを活用する。観覧者を機軸にすれば、絵画展示や図書を見ながら『万葉集』への理解を深め、さらに深く理解するために講演や年報などを通じて研究所の成果を活用する。そう言い換えてもよい。

だが残念ながら万葉文化館の設置にかかわった柿本知事・中西館長が職を去られ、荒井正吾《しょうご》知事の決裁によって、平成二十四年三月に研究所は閉鎖となった。したがって三位一体としていた初期の構想は異なってくると思われるが、詳細は今後の活動内容で明らかにされよう。

ともあれ、当初に万葉古代学研究所がめざしてきた「万葉古代学」とは、万葉集を中心としまたそれに収斂《しゅうれん》される国際的・学際的《がくさい》な総合研究であった。従来のような国文学の一分野・一素材として万葉研究を進めてゆくのではなく、国境という壁はもちろん、学問領域の壁も取り払って、古代史学・考古学・歴史地理学・民俗学・民族学・宗教哲学・環境学などのさまざまな研究成果を相互交流しながら吸収・活用して、そのなかで『万葉集』をありし日の時代社会のすべての構成要素から見直し、また『万葉集』をユーラシア世界全体の営為《えいい》のなかに位置づけようとするものである。

このため、この目的に即したテーマのもとに、幅広い人材を集めて共同研究を行なった。共同研究は研究所が主宰する主宰共同研究と、外部研究者を代表に立ててそのグループに委託する委託共同研究の二種類がある。

研究所主宰共同研究としては左記の四回が行われ、第一回目は相聞歌《そうもんか》、第二回目は挽歌《ばんか》、第三回目は羈旅歌《きりょか》を対象とした共同研究であった。それに下文のような成果発表のシンポジウムを開いた。

①第一回主宰共同研究「ユーラシア大陸と万葉集Ⅰ」（平成十四年四月〜平成十六年三月）
　平成十六年九月十九日／第一回共同研究公開シンポジウム「〈うた〉のはじまりを世界から考える―ユーラシア大陸と万葉集Ⅰ―」

②第二回主宰共同研究「古代儀礼と万葉集」（平成十七年四月〜平成十九年三月）
　平成十九年十月七日／第四回共同研究公開シンポジウム「うたといのり―万葉集と世界の文学―」

③第三回主宰共同研究「旅と万葉集」（平成二十年四月〜平成二十二年三月）

平成二十二年十月十一日／第七回共同研究公開シンポジウム「人はなぜ旅をするのか―万葉集と世界の〈旅〉―」

④第四回主宰共同研究「飛鳥からの発信――万葉古代学の地平」（平成二十三年四月～平成二十五年三月）

また外部研究者による委託共同研究は応募案のなかから左記の六つのテーマが選ばれ、万葉古代学研究所の共同研究室を舞台に実施された。

①第一回委託共同研究「奈良県における万葉古代学関連研究の史的研究」（平成十五年四月～平成十七年三月）

研究代表者：坂本信幸氏（奈良女子大学教授）

平成十七年九月十九日／第二回共同研究公開シンポジウム「万葉の旅ここに始まる」

②第二回委託共同研究「平城万葉の形成とその基盤に関する総合的研究」（平成十六年四月～平成十八年三月）

研究代表者：梶川信行氏（日本大学教授）

平成十八年十月八日／第三回共同研究公開シンポジウム「万葉集と平城京―万葉集を成り立たせたものを探る―」

③第三回委託共同研究「万葉集の成立基盤としてのヤマトの信仰的世界観―二上山《ふたかみやま》地域を視座《しざ》として―」（平成十八年四月～平成二十年三月）

研究代表者：大石泰夫氏（盛岡大学教授）

平成二十年九月二十八日／第五回共同研究公開シンポジウム「人はなぜ二上山にのぼるのか」

④第四回委託共同研究「万葉歌と声の歌との比較研究」（平成十九年四月〜平成二十一年三月）

研究代表者：真下《ましも》厚氏（立命館大学教授）

平成二十一年九月二十七日／第六回共同研究公開シンポジウム「アジアの歌と万葉集」

⑤第五回委託共同研究「万葉の深層を探るエスノアルケオロジー的研究―とくに海洋伝承を中心に―」（平成二十一年四月〜平成二十三年三月）

研究代表者：後藤明氏（南山大学教授）

平成二十三年九月二十五日／第八回共同研究公開シンポジウム「万葉集と民族学」

⑥第六回委託共同研究「『万葉集』と歌木簡《もっかん》―東アジアにおける詩歌の場と記録メディアの展開―」（平成二十二年四月〜平成二十四年三月）

研究代表者：多田伊織《いおり》氏（京都大学教授）

どちらの共同研究も、二年間が共同研究期間で、三年目には研究成果を一般に還元《かんげん》するための公開シンポジウムを開き、同時に「万葉古代学研究所年報」にその研究成果を論文として纏《まと》めて記録・発表した。

主宰共同研究では、最初の二年間で十二回の会合を持った。最初の研究会では研究方針を定め、最後のは纏めの討議に使った。あとの十回が研究発表の会合で、人員は研究所員の五人と外部の共同研究員四〜五人、それとそのときの課題にそって招聘《しょうへい》した専門研究者が約十名である。一回に二本づつだから、延《の》べ二十本の発表が行われた。

期待した通り、専門領域を異《こと》にする専門研究者の発表は精密で新鮮であった。また日ごろ『万葉集』に関係しない研究者が、その専門分野の知識をもとに、万葉歌をどのように受け止めるか。その斬新な読み取り方にも、ずいぶんと驚かされた。

もちろんここで討議され纏められた研究内容が、学際的な万葉研究の第一次的成果に違いない。さらに第二次的にだろうが、こうした研究者間の接触・融合によって、携《たずさ》わったそれぞれの研究者の思考が「共同研究的」になってゆくことも大きな成果である。幅広い異分野を意識して研究するようになり、異分野からの声を聞きながら広い視野を身につける。恒常的な共同研究の積み重ねは、やがて共同研究的な学際的な研究者を育てる。その意味で万葉古代学研究所は『万葉集』についての共同研究を恒常的に行なった希有《けう》な組織で、研究者を育《はぐく》む貴重な養成機関だった。

その実感は、筆者の胸のうちにも刻まれた。

この共同研究のなかで、歌にはまた文学作品には詠《よ》み手と聴《き》き手、あるいは書き手と読み手がいることをつよく意識させられた。どんな文でもそうだが、書いている人は自分自身をふくめてかならず読む人の目を意識している。話す人は聞いている人の耳を意識して話すものだ。当たり前のことだが、初めてそう自覚した。「畝火山《うねびやま》の性別―聞き手の意識の時代性」(『古代の社会と豪族』所収、笠間書院刊、二〇〇五年)は、そういう感覚で執筆した。筆者には、あたらしい発見だった。

ついでながら、感想を一つ。

この研究会合で、当該分野の最前線の研究者に自分の関心事で質問できる機会を、たくさん与えられた。これは貴重な体験だった。同じ専攻のなかであれば、そうした意見の交換はめずらしくもない。しかし異分野では、その道の専門家は遠い存在であり、面識《めんしき》ていどならばともかく、質疑応答などの場や時間など与えられるはずがない。書籍などを読めばたしかに少しはわかる。しかし著作には、著者にとってそのときの関心事でなければ、またテーマにそっていなければ、書かれないものがたくさんある。書かれていなければ、読者としてはそれ以上に知るすべがない。しかし眼前にいるその著者に、かねての疑問をじかに質《ただ》すことができる。自分が発想した疑問がいえ、自分の関心に即《そく》した答えが聞ける。異分野についてたがいにこうした奥深く精確で有用な知識・理解を交換できるのは、共同研究の機会ならではの醍醐味《だいごみ》だ。そう思えた。

筆者の経験や感覚はともあれ、共同研究の内容の詳細は「万葉古代学研究所年報」四号以下の各号に記されているので、参照していただきたい。

ところで奈良県の公金を使うために、思いがけない研究上の支障も生じた。

本来の構想では、委託共同研究には万葉古代学研究所員が全員参加して受託者グループとともに討議・研究し、つねに所員は二本の共同研究に参加しているはずだった。

しかし業務委託した側である研究所が委《ゆだ》ねているはずの業務に関わっては、事務上いわゆる蛸足食《たこあしく》いとなってしまう、というのだ。委託先の共同研究費を委託者側が使用することはできないわけで、委託研究への研究所員の参加は見送られた。やむをえず、担当者が一名陪席《ばいせき》して拝聴する。そういう形にしかならなかった。

またたとえば中国少数民族の歌垣のさまを共同研究者全員で実地踏査したいという希望もあったが、これも阻《はば》まれた。阻まれたといっては悪いかもしれないが、すくなくとも必要性を理解して、活動を支えるというようには動いて貰えなかった。奈良県職員の海外出張などそうそうないことであり、また事務側からすれば会合や現地査察の出張に複数で出かけるという事務処理ができないらしい。出席した者がほかの人にその見聞を報告すればよく、複数で同じことを聞く必要性、同じものを見る必要性が分からない。いや、かりに分かったとしても、奈良県の監査《かんさ》に堪《た》えられるような事務処理ができない、といってもよい。事務側からすればそうしか執行できず、やむを得ない。それに事務連絡や確認のための視察だったのなら、たしかにそうなる。しかし研究者の関心は広くまた多様《たよう》で、それぞれの専門性による感覚も見方も異なる。また事務側からすれば、一回の出張は一回の成果をかならず生むから、見聞についての的確な報告が書ける。しかし研究者が出張しても、そこで得たものは見よう聞きようによって一様《いちよう》でなく、またそこで聞いたことをもとにした成果などいつ形になるかなどわからない。これが現実だ。つまり「研究」を多角的に推進するための常識的な行動と「事務」が許容しうる常識的な公金の執行感覚は、かなり大きく食い違う。平行線では事務が進まないし、どちらかが屈することで済む話でもない。

とはいえ、なにしろもともとが奈良県出資の財団組織であり、研究者個人の都合《つごう》をもとに自由に使ってよい資金でない。それならば、奈良県の予算執行として許容される形のなかに収まるように活動せざるを得ない。共同研究に従事する者としては納得できないという雰囲気も一部にあったが、「研究はほんらい自分の資金でなしとげるものである。しょせんは自分が研究を進めるために全額弁償《べんしょう》すべき費用を、幸いにして一部補助してくれる」と理解して、達観《たっかん》していただくほかなかった。

なお奈良県立万葉文化館は県所有の建築物であるが、開館にあたって奈良県の設立・出資した財団法人奈良県万葉文化振興財団が設立され、奈良県立万葉文化館の管理やそこでの事業運営に当たった。館内で働く職員は奈良県職員と財団雇用の職員の二種類で、奈良県職員は県から財団に出向《しゅっこう》して財団職員となったという形をとっている。万葉古代学研究所は、その財団が設立した附属機関であり、奈良県立の機関でない。奈良県立でなく財団運営の研究所にしてあることには、将来についていくばくかの不安を感じ、短命な予感もした。まさにその通りに平成二十四年四月、万葉文化館内の事業は奈良県の直営となった。したがって万葉文化館内での事業運営に当たってきた財団法人奈良県万葉文化振興財団は解散し、その財団が立てていた万葉古代学研究所もともに消滅することとなった。

研究所が閉鎖されたことは、そこに七年間、勤務した者として寂《さび》しく哀《かな》しい。振り返ったら歩んだ道が消えていた、という気分だ。母校がなくなったと聞いた生徒の心境はこのようなものか。目標としたことは深く大きい。挑《いど》みがいはあるが、その道を辿《たど》るのには長い時間が必要だ。放《ほう》り込まれ融《と》け合った研究が、やがて熟成する。熟成したあたらしい価値を創《つく》り出していくには、それなりの時間がかかる。そのためにも、その核となる研究所に長く続けていって欲しかった。しかし、すでにその望みは断《た》たれている。

奈良県が十年近くかかって検討して作ったはずの研究機関が、わずか十二年半で終わる。知事の不連続、政治の不連続が、研究を不連続にさせる。残念でもあり、不可解な思いもある。壮大な構想に惹《ひ》かれて長い将来に期待し、夢を懐《いだ》いて関わったものとしては、その思いを弄《もてあそ》ばれたとの気持ちも残る。それでもあえていえば、十回の共同研究で一〇〇回以上の研究会が開かれ、万葉歌をめぐって二〇〇本以上の研究発表が集中的に行われた。こんな試みは、これからもそうそうないことと誇らしく思う。

ついでながら、「万葉古代学研究所年報」は十号まで刊行され、万葉古代学研究所講座も五十一回を数えた。筆者は年報に「古代における原と山野」以下八篇の論文を掲載し、「淳仁天皇の后《きさき》をめぐって」以下四講座を受け持たせてもらった。ほかに内部では夏期セミナー（奈良女子大学連携）・代《だい》官山《かんやま》iスタジオ古代学講座・奈良県立万葉文化館友の会講座・友の会ボランティア研修講座、外部では奈良学サロン（奈良交通・近鉄管理グループ主催）・和泉市シティプラザ市民カレッジ／万葉集と遊ぶなどに出講した。

最後に、万葉古代学研究所で催《もよお》された『万葉集』の総合的共同研究に携わった方々や「万葉古代学研究所年報」に載《の》った共同研究報告を読んだ方々、また主催・連携した講座などを受講された方々に、研究所の蒔《ま》いた万葉古代学の種子が承け継がれ、それが芽を発《おこ》し、花を咲かせ、やがて実が結ぶことを期待してやまない。


（原題「より深い感動と研究をめざして――奈良県立万葉文化館がオープン」。「万葉を愛する会だより」三十三号、二〇〇一年十二月。二〇一二年四月改稿）

3　黛弘道先生との思い出

はじめに

以下の恩師・黛《まゆずみ》弘道《ひろみち》先生との思い出は、本書に載《の》せるようなものでなく、天空《てんくう》に向けての個人的な独白《どくはく》に近いものである。しかし史学科に入学すること、指導教授を定めること、研究生活への階梯《かいてい》などをめぐって辿《たど》った思いは、これからこの世界を目指《めざ》す方にとって良くも悪くも参考になるかと思う。あえて収録した理由である。

一　療養生活と訃報

編集部・深澤　学習院大学名誉教授の黛弘道先生が亡《な》くなられて、早いものでちょうど一年が経《た》ち、今日（十二月十七日）は一周忌にあたります。いろいろな思い出があると思います。順次伺《うかが》って参ります。まずは、亡くなられた日のことですが。

松尾　先生が亡くなられたのは平成二十二年（二〇一〇）十二月十七日のことでしたが、その当日はまったく知らず、翌年になって知りました。平成二十三年一月二十日の朝、東京大学名誉教授でのちに学習院大学教授になられた笹山晴生《ささやまはるお》氏から「黛秋津《あきつ》様（弘道先生のご令息）からの書簡に、先生が亡くなられたと書いてあるが、君たちは知っているのか」と電話がありました。この電話で、はじめて先生の訃報《ふほう》に接しました。

編集部　びっくりされたでしょうね。

松尾　はい、たいへんびっくりしました。なによりまず、先生のご冥福《めいふく》を心よりお祈り申し上げます。

先生は昭和五年（一九三〇）四月二十四日に群馬県北甘楽《きたかんら》郡吉田村（一九五五年四月、富岡市に編入）でお生まれになり、群馬県立富岡中学校・東京高等師範学校文科第四部を経て、東京大学・東京大学大学院へと進まれました。修了後に、東京大学教養学部助手を経て、昭和三十六年四月、創設時の学習院大学文学部史学科に助教授として赴任なさいました。北海道大学からも招かれていたのに、そちらを断られて、学習院大学史学科の創立（国文科から独立し、史学科として創設された）に携《たずさ》わって下さったという話です。教授としてご在職で国内留学中であった昭和六十三年一月十八日の朝、五十七歳で脳内出血に襲われ、順天堂病院（東京都文京区本郷）に緊急入院。左半身不随となられましたが、七沢リハビリテーション病院脳血管センター（神奈川県厚木市七沢）や世田谷区内のご自宅などでリハビリを重ねられました。

二年ほど経た春には、車椅子姿ながらも教壇に復帰されました。さらに編著『古代を考える　蘇我氏と古代国家』（吉川弘文館刊、一九九一年）・単著『物部《もののべ》・蘇我《そが》氏と古代王権』（吉川弘文館刊、一九九五年）を刊行されています。ご論考もはやくは「漢字習得と文書《もんじょ》主義の政治運営」（『古文書の語る日本史　巻一飛鳥・奈良』所収。筑摩書房刊、一九九〇年十一月）をご執筆になり、以降も「聖徳太子と大《だい》安寺《あんじ》と日本書紀」（『東アジアの古代文化』一〇二号、二〇〇〇年一月）・「『目色部眞時《まとき》』攷」（『学習院大学文学部研究年報』四十六輯、二〇〇〇年三月）などをつぎつぎ発表され、私ども教え子が企画した古稀記念論文集『古代国家の政治と文化』（吉川弘文館刊、二〇〇一年）の序文では収載論文の一つ一つにコメントをされるなど、健在ぶりを示しておられました。

「左脳がやられなかったから、論理的思考はできるんだよ」と仰《おっしゃ》っていらして、私どもも不幸中の幸いと思ったものでした。右手が使えるので、字も従来通りの端正なしっかりした楷書体《かいしょたい》で書き続けられました。とはいえ、その後も小さな発作《ほっさ》にたびたび襲われ、さらに加齢《かれい》もあって、療養・リハビリは思うように進まなかったそうです。停年《ていねん》の一年前に学習院大学を退職されました。ただこの五年ほどは、私どもは先生のご自宅にも、特別養護老人ホームなどのご入所先にもご挨拶に伺えず、奥様の輝代《てるよ》様からも「私と秋津とがわかるていど」という身体状況と伺っておりましたので、病勢の悪化を心配申し上げていたところでした。

二　お祝いごとの思い出

編集部　お祝いの行事は、たびたび開催されましたか。

松尾　はい、昭和五十八年三月二十三日に出版記念の祝賀会を竹橋会館（現在・KKRホテル東京。東京都千代田区大手町）で行なったのが、はじまりでした。前年十二月に『律令国家成立史の研究』（吉川弘文館刊）を先生が上梓《じょうし》され、研究をひとまず集成されました。教え子十五人が参会して、ご出版をお祝い申し上げました。「指導教授の坂本太郎先生に『序文を書いてください』とお願いしにいったら、『君もこんなに書いていたのかい』と驚かれたよ」と仰っていました。ついで、その研究論文集によって、昭和六十年一月十四日に東京大学から文学博士の学位を授与されましたので、同年六月二日に文学博士号取得をお祝い申し上げる会をホテルはあといん乃木坂《のぎざか》(健保会館。東京都港区南青山)で開催しました。そのおりは、二十六人が参会しました。そして平成二年五月六日に還暦記念の宴会をご自宅近くのこまばエミナース(東京都目黒区大橋。平成二十二年三月に閉館)で開催し、学習院大学大学院交流科目つまり単位互換《ごかん》制度下の早稲田大学・慶應義塾大学の旧大学院生や東京大学・明治大学・法政大学・宇都宮大学・愛媛大学などの出講先の教え子も加わって、八十四人(ほかに記念品参加者六十七人)でお祝い申し上げました。さらに平成十二年三月二十五日に、古稀記念の宴会を同じくこまばエミナースで九十五人(同、一二三人)を集めて開催しました。

宴会のほかに、還暦《かんれき》記念事業としては各大学での教え子などをふくめて『古代王権と祭儀《さいぎ》』(吉川弘文館刊、一九九〇年)・『古代国家の歴史と伝承』(吉川弘文館刊、一九九二年)の二冊を、古稀《こき》記念事業としては学習院大学での教え子によって『古代国家の政治と文化』(前掲)を献呈し、ご学恩への謝意をわずかながらも表わすことができました。

編集部　平成十八年が喜寿《きじゅ》でしたが、その記念会は開催されなかったのですか。

松尾　はい、開催はかないませんでした。

平成十五年四月十五日から還暦・古稀のさいと同じように論文集と記念宴会について企画を練りはじめ、研究論文集に収載する論文を募り、出版社と掛《か》け合いはじめていきました。しかし出版社側も長期で終わりの見えない出版不況のただなかにあり、縁故や義理で物事を処理できない時代です。単著でない論文集の刊行には、厳しい条件がつけられます。たとえば編者となられる黛先生ご自身の論文の執筆とか、各執筆者の専攻に関わらない専門的な統一テーマを掲げてその解明に向けた内容の論文集にするとか、頁数《ページすう》の上限を制限するとか。そこでほかの出版社の知恵を拝借しようとも考えましたが、そうなると刊行物の買い取りが求められ、そのための資金捻出《ねんしゅつ》が問題になります。どういう条件で刊行していこうか模索《もさく》中でしたが、その前に記念宴会の準備に着手しませんと。

その呼びかけのさいに先生のお名前を使わせていただくので、まずは喜寿記念会発足《ほっそく》のご諒解を得て、日程を調整しておこうと、平成十七年九月十五日に私が先生のご自宅を訪ねました。しかし、先生は喜寿記念行事を辞退されるとのつよいご意向で、開催のご諒解が得られませんでした。

編集部　献呈するというのは、研究論文集に限られるのでしょうか。

松尾　たしかに、教え子の多くの方たちは現在研究を続けていないし、研究論文は書かない。だから記念出版のために醵金《きょきん》を求めるのであれば、自分たちの思いやお祝いの言葉を記した随筆集も併《あわ》せて企画したらどうか、という意見はあるでしょうね。

しかし、第一に、先生は古代史研究者でいらっしゃる。その専門分野に関係してお世話になり、私どもはそこでの教え子です。ですから、いただいたその学恩に報《むく》いる形にする、つまりこうした研究論文が書けるようになりましたとご報告するのが、意義あるお祝いの形でしょう。

第二に、もしお祝いの言葉や随筆を募《つの》ってそのまま掲載すれば、おおむね同じ祝辞や同じ場所での思い出話の繰り返しになります。お祝い申し上げる気持ちは同じですし、みな同じ光景をみているのですから思い出も……。そうなると、本としてまとめるには企画が甘すぎる。記される内容があまり重複《ちょうふく》しないように執筆者の間を調整するとなれば、みなさまがたの祝辞や思い出話を伺ってからどちらがどれほど書くのか振り分けることとなります。事務局側としては、その準備作業でそうとうな仕事量を負《お》います。その司令塔《しれいとう》を造り出すくらいなら、各自で小冊子を作って献呈していただいた方が、ご当人も文の長短を気にせずに思い切り書けるわけで、おたがいによいでしょう。数人しかスタッフがいない記念会事務局がその仕事を引き受けるのは、あまり現実的でありません。

三　先生との出会いと専攻の転向

編集部　先生との出会いは、昭和四十一年四月の学習院大学入学時からですか。

松尾　ええ、まあそうですね。私どもの学年は定員三十人のところに五十四人が入学。定員オーバーでしたので、学年ごとにつけられる教授陣の担任も倍にされました。清永昭次《きよながしょうじ》先生（西洋史）と黛先生のお二人です。

学年担任として一年の基礎演習の『日本外史《がいし》』講読を持たれ、そこで日本漢文の読み方を教わりました。たとえば楽はタノシイ・ラクのほかに、動詞としてはネガウと訓《よ》む。縦・横はともにホシイママと訓む。敗北は敗れて北に行くの意でなく、北でニゲルと動詞に訓む、というたぐいです。漢字の訓読みの知識の少なさをたびたび指摘され、勉強不足を痛感し先行きに不安を憶《おぼ》えました。

三年生となった昭和四十三年十一月には学年全体での京都・奈良修学旅行が催され、その引率者が黛先生でした。都会っ子である私には田園風景や田圃《たんぼ》のなかを歩くのがとても珍しくて、写真機で田圃ばかり撮《と》っていました。岩船《がんせん》寺から浄瑠璃《じょうるり》寺への路次《ろし》だったと思いますが「なんでこの田の稲の切り株はここらがまばらで、あちらは密生しているんだろう」と呟《つぶや》いていたら、先生が「それは取水口に近いところは、水が冷たいから稲が生長しないんだよ」と教えてくださった。そんなやりとりを覚えています。ですが、文学部卒業まで私は中世史専攻でしたので、じかに専門分野を教えていただく場面はなかったと思います。

編集部　どうして古代史専攻に転じたのですか。

松尾　私は「日本史を縦横に勉強する」というつもりで入学しましたので、古代史とか中世史とか、そういうのは勉強に入るきっかけに過ぎないと思っていました。そのなかで好きだったのは戦国時代でしたが、それは歴史小説の影響でした。じっさいとなれば戦国時代の史料は焼き尽くされて存在しないわけで、勉強はかなり困難。すでに近世史には四兄・涼《すずし》（のち学習院女子中等科高等科教諭）がいたので、私は古代史と中世史に跨《また》がる平安時代から勉強しはじめようか。そのなかでは、時代をいくつも跨る荘園《しょうえん》がわかるようになれば、日本史を通じて勉強するのにはいいな。崩壊する律令体制の知識も、作り出されていく鎌倉政権の知識も両方を必要とするから、やがてその両方が身について歴史全体を俯瞰《ふかん》できるようになってゆくだろう、とか夢想しました。何とも、恐れを知らない小童《こわっぱ》でした。

そうした理屈から平安時代の荘園史研究を志したのですが、それにともなって専攻区分は中世史ということになりました。卒業論文のテーマは「國衙領《こくがりょう》の『保《ほ》』について」でしたが、三・四年の二カ年の勉強では、保とは何か、荘園制のなかでどのように位置づけられるものか、いや、何がどう変わっていったのかがよくわからなかったのです。貴族・寺社が力尽くで収益を上げてきたわけでも、無法地帯から武家政権が生まれたわけでもない。みんなが理不尽《りふじん》と感じるなかで生きていたわけではあるまい。合法的な環境があったはずで、そのなかで何をどのようにしてこのような社会になったのか。その呆然《ぼうぜん》としたショックから、もう少し溯《さかのぼ》らせて律令《りつりょう》制度・律令国家体制そのものとその成り立ちからの知識を身につけ、基礎から勉強を積み上げていこうと反省したのです。

もともと「そうすべきだ」ということと「そうできる」ということは、言葉こそやや似ていますが、その間にかなりの飛躍があります。論理的に自分に求められているといくら自覚できたとしても、それをこなせる能力がないのでは話になりません。そうと分かれば、自分のいまのじっさいの能力にあわせていく道を探さないと、このさき続けていけませんよね。

大学の卒業式の日で、史学科研究室（とうじは北一号館三階）内では学科主任の児玉幸多《こうた》先生から一人一人に卒業証書が手渡されていました。私は授与式に出るつもりがなく、ライトブルーのセーター姿という式日にはおよそ場違いな軽装だったと思います。

まずは大学院修士課程（前期課程）進学時からの専攻の転向を受け入れていただけるものかどうか黛先生にお尋ねしようと、先生の研究室を訪れました。先生からは、「僕は、中世史の指導はしないよ。荘園でも初期荘園ならいいけど」と念を押されました。指導教授だけ替《か》えて、専攻する内容を変えないというのでは、先生同士で指導の範囲についての諍《いさか》いを招きかねないですから、そのご注意はとうぜんだと思います。「もちろん、先生にご指導を仰ぐ以上は、古代史専攻者になります」と申し上げました。ちょうど昼食どきで、先生が食べるはずだったお寿司を、「食べていきなさい」と譲っていただきました。もっともお寿司をご馳走《ちそう》になった話は、先生はお忘れになっていましたが。

それでも、専攻を変えるからといわれても、指導教授を替えてきた弟子を抱えることとは、先生にとって同僚・先輩教員との間に火種《ひだね》をつねに燻《くすぶ》らせることであり、私をかばう立場に立つことでの危険性も孕《はら》むはずです。それをご承知で、覚悟されて受け止め・受け入れてくださったことには、言いつくせない感謝の念を抱いています。ほんとうに感謝しています。断られていたら、私はそれからさきの勉強の見通しを立てるのにそうとう困ったと思います。

編集部　専攻の転向は、だれかと相談されたのですか。

松尾　史学科に入学した以上、終生、勉強を続けるつもりでいました。長いさきまで展望して、自分の勉強の進め方をどうするかという問題ですから、だれかに相談するものでもないでしょう。

とはいえ、同一大学の史学科のなかで専攻を替えるつまり指導教授を替えるのは空前絶後の事態であり、指導教授を名指《なざ》しで忌避《きひ》したように思われる面もあるでしょうね。中世史専攻に身体を残しながら、古代史の基礎的な勉強もできたはずでしょうから。

その意味では、たしかに、専攻を替える気持ちになるきっかけもありました。

昭和四十三年七月に学習院大学文学部国文学科の大野晋《おおのすすむ》教授（国語学専攻）の入学をめぐる斡旋《あっせん》収賄《しゅうわい》疑惑が有志の学生らによって取り上げられ、「週刊文春」（文藝春秋）にも加藤保栄《やすえ》記者（のち中村彰彦の名で作家活動）の取材された記事が繰り返し載《の》りました。とうじ国文学科で同僚だった父・松尾聰は容疑を確信し、「大野教授とは席を同じくしたくない」といって自宅に引《ひ》き籠《こも》り、真相解明と彼の引責辞職をつよく要求しました。そのときの文学部教授陣は総じて腰が引けていて、父の要望は正面から受け止められず、むしろ父の要望を支えていた収賄疑惑の資料提供者のE氏が「大野教授を誹謗中傷《ひぼうちゅうしょう》している」とする逆提訴にあいました。実直で正義感に燃えて行動を起こした父でしたが、哀《あわ》れにも一転して窮地に立たされ、辞職に追い込まれそうになったのです（松尾八洲子《やすこ》「わが夫《つま》・松尾聰（続）」〈『忘れえぬ女性』所収。豊文堂出版刊、二〇〇一年〉）。その真偽や顚末《てんまつ》はともあれ、私の中世史の指導教授だったY先生は、文学部内での指導力を強めながら、大野教授側からの事態収拾にあたっていたようでした。私の学部三年生のときの出来事です。

そんないきさつのほか、当時さかんだった学生運動についてのY先生の言動には違和感を懐《いだ》きましたし、若すぎたためなのか私には解《げ》せない学生の扱いも見聞きし、心のなかに打ち解けないものを感じていました。こうしたことも、少しは関係があります。父は「指導教授との人間関係は、一生のものだ。一生ついていく気がないのだったら、やめなさい。自分が信頼できると思う人につきなさい」といって、私の背中を押してくれました。黛先生の研究室にいく前夜の、父との会話です。

平成十七年九月十五日に、三十五年前のあの日を振り返られて先生は「でも、結果的に今の君があるのは、Y先生のおかげじゃないか。あの悔《くや》しさがあったからこそ、君は歴史を続けられたんじゃないの」と仰いました。「Y先生から受けたことに対する悔しさがあって、その反発心に支えられたので歴史を続けられたのだろう」という逆説的なご理解です。たしかに時が経って反発心が薄らいだこともあるかもしれません。でもY先生のことはあるにしても、好きな歴史の勉強の上でどうしても必要ならば、中世史でもそれなりに過ごしていたでしょう。やはり「古代史専攻に替えたのは勉強の都合で、基礎が定まらなければ、長い将来まで勉強を続けられないからだ」と、いまも思います。迂回《うかい》してしまいましたが、結果として古代史の世界は私に合ってもいました。また黛先生はかねての風評どおり、お手本となる鋭敏・堅実な学風もそうですが、「一生ついてゆきたい」という気になれる温厚・公正で、仰ぐに理想的なお人柄の指導教授でした。学問研究という物言う唇に寒風が吹きすさぶ世界のなかで、黛先生は太陽の光を発《おこ》して私たちの心をつねに温めて下さいました。

編集部　これから研究を志そうという方々には、生々《なまなま》しすぎるようなお話ですが。

松尾　そうですね。ですが、高校までの「先生と教え子」という思い出だけの関係とは違います。そのことは、先んじて承知しておいていただきたいのです。指導教授と弟子とは、その学界にいるかぎり教授が終生指導にあたり、弟子は終生仰ぎ見る関係です。弟子同士は、いわば兄弟です。前近代的な徒弟《とてい》制度がまだ生きているのかと揶揄《やゆ》されますが、この関係が築けないのなら、離れざるを得ません。つまり指導教授から離れて一匹狼となるか、またはその学界から去るか、です。父も、指導教授の考えと合わないために優秀な後輩が研究を諦めて去っていく後ろ姿をいくつも見送った、と記しています（「中古文学会設立のころ」「中古文学」創立三十周年記念増刊号、一九九七年三月）。昔は「『〇〇』の著者である××先生に師事《しじ》したい」と思ってその先生が所属する大学を受けたものだったとかいわれていますが、おおむねいまは合格した大学にたまたまいらした先生です。そうなれば経験も考えも異なる人間同士の偶然の出会いですから、反《そ》りの合わないことはあるでしょう。それでも所属する大学をかえたり、稀有《けう》な例かもしれませんが私のように専攻がかわって解消することもあります。

編集部　専攻を替えて、どうなったんですか。

松尾　先生の庇護のおかげで、紛争も軋轢《あつれき》もなく、学業に専心できました。

ただ私は、とうとつに古代史専攻の修士課程一年生となりました。ふつうなら、専攻分野について二〜四年生で三カ年ほどの知識の蓄積が生じます。「先輩、教えてください」といわれて、「それは、この部分をあれで調べて、そこから先はこの人の論文を読んでみれば……」とか後輩に教える立場です。しかし私には古代史の基礎的知識がなかったので、困りました。後輩のみなさんとしても、指導する力のない私をどう遇《ぐう》してよいか。また先生も、私を修士課程のまともな大学院生とは扱えないですね。大学院在籍中の四年間（最終年度は神奈川学園教諭として赴任し、実質的に退学していた）は、学部生ていどの知識しかなかったと思います。

もちろん学界に出せる論文など、書けるわけがありません。六十三歳という年齢になればこの期間はどれほどでもありませんが、在学期間中のすべてで学齢《がくれい》並みの学力がなくて肩身《かたみ》の狭い思いをしたのは、自分で選んだ道でしたが、ずいぶん辛《つら》かったですね。

ところでこんな状態でしたので、博士課程に進めるような知力・学力は備わらず、将来性も見せられません。ほかの大学ならば「研究者となるのはむずかしい」と指導教授から引導を渡され、進学前に間引《まび》かれる水準でした。進路の変更が求められてしかるべきところを、黛先生には両目を瞑《つむ》っていただき、ほかの先生方を説得して下さったのでしょう。当時の私は自分のことに手一杯で、そこまで思い至らずにいましたが、黛先生にはどれほど重荷だったろうことかと……。

四　講義・演習・合宿の思い出

編集部　授業中の思い出は、何がありますか。

松尾　いちばんの思い出は、修士課程一年の古代史演習で「正税帳《しょうぜいちょう》」に邂逅《かいこう》したことです。

『寧楽遺文《ならいぶん》』（東京堂出版）上巻を目次順に読んでいる最中で、私が履修した年度はその部分でした。古代史にしては珍しく、数字が多用された史料です。これをもとにすれば何か確実な物言《ものい》いができるような気がして、それまでこだわっていた初期荘園の世界より、この史料の解析に魅《ひ》かれました。この文書はどういう仕組みで書かれているのか。この数値の背景にどんな社会状況が想定できるか。ありし日の地方財政の姿がどれくらい復原でき、そこから地方の人々の生活や歴史をどのくらい窺えるものか。村尾次郎氏（『律令財政史の研究』）・井上辰雄氏（『正税帳の研究』）・薗田香融《こうゆう》氏（『日本古代財政史の研究』）や田名網《たなあみ》宏氏・井上薫氏・早川庄八《しょうはち》氏などの先行研究の成果に導かれて、正税帳の世界にのめり込んで行き、この史料をもとに十年くらい論文を書き続けました。そのなかで山里純一氏（のち琉球大学教授）・榎英一氏（のち愛知文教大学教授）・舟尾好正氏（のち大手前大学教授）・寺内浩氏（のち愛媛大学教授）・小市《こいち》和雄氏（のち早稲田大学講師）などの俊秀な研究者の方々と出会い、自分の専門分野も持てるようになりました。律令国家体制のどこから勉強をはじめていったらよいかと戸惑《とまど》っているとき、その入口を見つけたきっかけが、先生のこの演習でした。

またそれ以降の年度の古代史演習では、『寧楽遺文』中巻の「東大寺献物《の》帳《とうだいじけんもつちょう》」の史料講読もありました。一項目づつ読むのですが、物作りの部品名や部位の名称がたくさん載っています。漢和辞典の語彙《ごい》だけでは、それがどんなものか想像するのは難しい。小林行雄《ゆきお》氏著『古代の技術』（塙書房刊、一九六二年）・『続古代の技術』（塙書房刊、一九六四年）が役に立ちましたが、イメージを持って説明するには現物を見るのがいちばんです。東大寺正倉院《しょうそういん》の宝庫にいま残っていて、その写真がどこかに載っていればいいのですが、献物帳中のそれだとわかる方が少ない。この記載の意味は何か。写真のどの宝物に当たるのか、これではないのか。探しまわるのが大変でしたね。そうまでして調べても、先生の方があたりまえですがよくご存じ。まだ調べが足りなかったんだ、と後悔させられるのです。いまも秋に奈良国立博物館で開催される正倉院展に行くと、「これは、あのときのあの記載の品にあたるのかな」とか思いますよ。でもこの困り果てた経験を繰り返したのに、まだ調査不足だったという悔《くや》しい思いをしたために、簡単にはあきらめず、自分の限界だと思えるところまではともかく調べてみる。解らないことに出会っても、まだほかに調べ方があるんじゃないかと向かっていく強い姿勢が養《やしな》われました。

のちに父・聴の第四遺稿集『忘れえぬ女性　松尾聴遺稿拾遺と追憶』（前掲）を編集中に旧地名や履歴記事が出てきたので調べていると母・八洲子《やすこ》（旧姓・三浦）から、父母の疎開《そかい》中の書簡集『疎開・空襲・愛　母の遺《のこ》した書簡集』（笠間書院刊、二〇〇八年）を編集していたときには妻・洋子《ひろこ》（旧姓・本多）から、「何でそんなに、どうしても調べようとするのよ」といわれ、自分の習《なら》い性《せい》に気づきました。たしかに私には、もう絶対ダメ（ほんとうは、絶対ということはない）という岩盤に突き当たったことが確認できるまで、調べるのを諦《あきら》めない。「しつこすぎる」といわれても、なおトコトンやらないと気が済まない。そういうしつこさが身についてしまったのですが、それは先生のこの演習でのシゴキのおかげです。

編集部　大変そうですね。

松尾　そうですが、のちのちまで活《い》きる大切な経験です。

大学院博士課程（後期課程）二年の終わりに、演習と特殊講義の二つをまとめて、四十枚以上のレポートの提出を求められました。それまでの私は、外見や表向きの建前《たてまえ》はともかく、内心では先見的に考えた理屈をもとに史料を解釈していく方法で書いていましたね。文章の切れのようなもので、展開された理論とその構想を評価していただこうというわけです。しかしひごろ見聞きしている父・聰の学問への向かい方、黛先生の史料演習でのお教え、先生の一番弟子で畏友《いゆう》・前之園亮一《まえのそのりょういち》氏（のち共立女子短期大学教授）が「日本古代の族民《ぞくみん》について」（「学習院史学」七号、一九七〇年十一月）などで示している研究姿勢などを見るにつけ、こんな勉強の仕方ではいけないんじゃないかという疑問が湧《わ》いてきていました。

そして虚心坦懐《きょしんたんかい》に史料に向かい、史料の一字一字にこだわってみようとの気持ちになったのです。「仕丁《してい》の研究」をレポートのテーマにすえて、まずは「なぜ、『使』でも『事』でもなく、『仕』という字にしたのか」から解《と》こうと、『古事記《こじき》』『日本書紀』『万葉集《まんようしゅう》』『日本霊異記《にほんりょういき》』にある使・事・仕の用字例をすべて調べてみようとしました。しかしすべき仕事量が膨大すぎて、「仕丁の用字について」と題した四十八枚のレポートは未完成になりました。ほんらいならば落とされてしかるべきところでしたが、反対に先生は褒《ほ》めてくださったのです。未完成であることを咎《とが》めず、私の変化・転身を寛容に見守ってくださったから、いま私は自信をもって勉強できている。そう感謝しています。それほど私にとってこれは大転換でしたので、その再出発を祝って下さったような心地《ここち》でした。忍耐強く広大なお心で、私たちが転身するのを待ってくださっている。そしてその道が間違っていないことを、優《やさ》しく示してくださる。親に守られて安心できる巣のなかにいる子鳥のような気持ちでいられました。ともあれ、下心なく虚心坦懐に史料から学ぶ。その姿勢で、いまも執筆するよう心がけていま

網地島合宿での集合写真（右端が黛先生。その左が筆者。金澤邦子氏提供）

す。

編集部　合宿とかは。

松尾　修士課程二年でしたが、昭和四十六年八月二日から五日まで、学部三年生以上の方々と十人で宮城県内の見学に連れて行っていただきました。

　まず訪れたのは聖武《しょうむ》上皇を喜ばせた陸奥国小田《おだ》郡《ぐん》（のち遠田《とおだ》郡）の産金遺跡で、黄金山《こがねやま》神社の境内には佐佐木信綱揮毫《きごう》の大伴家持《おおとものやかもち》歌碑がありました。「いまも神社の裏手で少量の砂金がとれます」というお話でした。ついで多賀城址《たがじょうし》・多賀城廃寺址を経て、近くの多賀城跡発掘調査事務所（のち東北歴史資料館、東北歴史博物館）倉庫で多賀城址の出土品を見せていただきました。このときに革甲《かわよろい》の残骸かと説明された薄桃色のコロコロとした遺物は、平川南氏（のち国立歴史民俗博物館長）がのちに「地中から出土した墨書」として解読されたものだったようです。松島に一泊し、翌朝松島湾を巡りつつ、金華山《きんかざん》沖の網地島《あじしま》（宮城県石巻市）に渡って、そこの民宿《みんしゅく》で卒業論文・修士論文の合宿をしました。碇泊《ていはく》した港は透《す》き通った水で、たくさんの色鮮やかな小魚が泳いでいたのが印象的でした。こんなにのどかできれいな風景に接したのは、あとにもさきにもありません。

ところで、網地島には二泊する予定だったのですが、折悪《おりあ》しく台風十九号が九州南部に接近し、東北地方に向かって雨雲の帯をのばしていました。六日に東京での予定があった先生は、この風と波で連絡船が欠航すれば帰京できなくなる、と慌《あわ》てていらっしゃいました。結局予定を変更して一日早く海を渡り、松島で一泊することになりました。この臨時の十一人・一泊分の支払いは、どう工面《くめん》なさったのでしょう。それはともあれ、威風堂々・沈着冷静という言葉にあう何事にも動じない印象の先生ですが、そのときだけは珍しく焦《あせ》っていらしたのを覚えています。陸続きでなく、ほかの代替《だいたい》交通機関がない。動かせない固定された予定がある。そういうときに島に渡ったことを後悔されたのではないか。このさき、合宿などに島を使わないのでは、と思いました（詳細は、拙稿「黛先生、慌てる?」〈「学習院大学史学会会報」第一二四号、二〇〇〇年五月〉）。あとのことはよく存じませんが、私の参加した卒業論文の合宿は、昭和五十四年八月二十八日・二十九日に長野県飯山市の戸狩《とがり》温泉の民宿・りんどう（飯山市豊田）で、翌年八月三十日・三十一日にも戸狩温泉でありました。さらに昭和五十六年八月二十二日・二十三日の卒論合宿も、私の高校での教え子で三年生だった小野（隆杉）泉さんとともに参加していますが、同じく戸狩温泉の民宿・ばんば荘（飯山市堀之内）で開かれています。すくなくとも、このころは島でなかったですね。

五　執筆活動をめぐる思い出

編集部　古代史関係の仕事を一緒にする機会がありましたか。

松尾　はい、『古代人99の謎』（産報ブックス刊、一九七四年）・『読める年表』（自由国民社刊、一九八二年）・『要解日本の歴史』（清水書院刊、一九八六年）・『戦乱の日本史［合戦と人物］』（第一法規刊、一九八八年）・『古文書《こもんじょ》の語る日本史』（筑摩書房刊、一九九〇年）で企画に加えていただき、『古代史の謎知れば知るほど』（実業之日本社刊、一九九七年）では私どもが立てた企画を先生に監修していただきました。

このうちの『古代人99の謎』は最初の仕事だったので、鮮明な記憶があります。関俊彦氏（のち武蔵野美術大学講師）・前之園氏・川崎晃氏（のち高岡市万葉歴史館学芸課長）と五人での分担執筆だったので、扱う史料をみんなで確認したり、話題をそれぞれに割りふったりするため、昭和四十八年五月二日、新宿駅近くの和風旅館・景雲荘《けいうんそう》（渋谷区代々木）に泊まり込みました。しかしそこはいわゆる連れ込みホテルつまりラブホテルで、徹夜明けに廊下に出ると気まずそうにうつむく男女といくつも鉢合《はちあ》わせ。希有《けう》な「潜入」体験をしました。

またこの本は「黛弘道編著」としてスタートしたのですが、出版社の販売戦略上の都合でとつぜん先生の単著に変更されました。そのつもりでなかったので、各担当者の文体は違うし、たとえば「『古事記』仁徳天皇段」となっていたかと思えば『仁徳天皇記』となっている。引用は現代語訳の章もあれば、かならず書き下《くだ》しをあげて現代語訳される章も。一人で書いたとするには、明らかに変です。ところが変更後の最終校正に行かれたのは私一人で、なんとか単著に見えるよう文章表現を統一しようと努力したのですが、なにしろ手数と時間が足りず、ほぼそのままの刊行となりました。こんな裏話《うらばなし》などすべきでないのですが、あまりに不体裁《ふていさい》なので、名誉を挽回《ばんかい》しておきたいのです。

出版後には、印税は担当頁数《ページすう》で分けて下さいました。「『一冊売れると五円入るんだぞ』と教壇から興奮気味に生徒に宣伝していた」と、妻・洋子（神奈川学園高校での教え子）がそのころの私を憶《おぼ》えているそうです。大学院生としても就職したての者としてもこの印税額は大きく、おかげで高価な研究論文集・文献史料まで買えるようになりました。父が「本を出したら儲《もう》かる、と思っちゃいけないよ」と、羨《うらや》ましそうに注意するほどでした。美しい高松塚古墳壁画が発見されてしばらくは、古代史ブームのいい時代でした。

『読める年表』は、「古代に新聞があったらこんな風になる」という企画です。一つ一つの記事が小さくて、パッチワークのような仕事です。でも「いまが古代のその事件の当日だ」と思いながら書く臨場感《りんじょうかん》があって、やっていて楽しい企画でした。それに、勉強にもなりました。書くことがいちばん知識を定着させますし、調べて書いているうちに疑問が増えていきます。仕事をこなすなかで育《はぐく》まれる充実感は、何ともいえないものです。またこの企画の担当者だった自由国民社の村杉勇氏（のち松戸市議会議員）からはのちに『古代史と遺跡の謎・総解説』（一九八四年）の企画をいただいたり、『日本の戦乱・事変・騒動　総解説』（一九八五年）の企画段階に参加しその一部を書かせてもらえました。自分の考えたことを書いていく場に、こわごわでしたが、先生の強大な庇護《ひご》なしに出て行く。そのきっかけが、この『読める年表』という企画での村杉氏との出会いでした。

『要解日本の歴史』でも、教科書づくりの裏舞台を見ました。文部省教科書調査官とのやりとりの経験も貴重で、文章内容の善《よ》し悪《あ》しの吟味《ぎんみ》ももちろん大切ですが、多様《たよう》な読み手のことを考えず、自分の思い込みだけで文章を書いていると反省しました。教科書出版会社に運命づけられた長期出版計画とその苦心。教科書採択がどのように行なわれるものか。教科書本体の何倍の頁数までという制約で作られる指導書……などなど。携わらなければ、知らずにいたことばかりでした。

六　年頭ご挨拶などでの思い出

編集部　大学院修了後、出版の仕事以外では、先生とどういう関係でしたか。

松尾　就職をしてしまうと、そうそう自由にお教えをうけられなくなります。ですから、正月に年頭のご挨拶という名目で、毎年、数人でご自宅に押しかけました。はじめは前之園氏・川崎氏・鈴木（金澤）邦子氏とともにで、のちに佐々木健二氏（埼玉県立和光国際高校教諭）・浦山和博氏（神奈川県立緑ケ丘高校教諭）などが加わりました。日時を替えて、ほかにも押しかける年度別のグループがあり、正月は何回かそうした集まりを受け入れていらしたようです。

編集部　どのような内容の話をされていたのですか。

松尾　先生のお話は、だいたいがそのときご執筆中の論文のことで、その内容のあらましがわかりました。先生の学風は手堅《てがた》く、論拠となる文献上の証拠などで周辺をかためた上で、理詰めで推《お》す実証史学の王道を行くものです。読み手には、反論すべき余地がもう残されていません。もちろん研究はみなそうでなければいけないのですが、ときとしては山勘《やまかん》で出した憶測を結論とする場合もあるでしょう。しかし先生に限っては、そうしたことがない。

学風がよく示されているのは、「犬養氏および犬養部の研究」（「学習院史学」二号、一九六五年十一月。のち前掲『律令国家成立史の研究』所収）でしょう。犬養部の分布先と屯倉《みやけ》の位置を地理的に精査・検討され、偶然を超えた密接な関係を証明されています。現在の地名でこと足りるはずがなく、古地名を大字《おおあざ》・小字《こあざ》のレベルまで探っていくわけです。しかし地名研究の成果は集大成されておらず、関係図書を見付けることすら大変で、それを全国的な範囲で確認するのは容易でありません。「これで証明できるのではないか」と思いつくことも簡単でないですが、思いついたとしても、予想される作業量の多さに諦《あきら》めが先に立つところです。それを短期間に確実にやり遂げてしまうのですから、タフであり、学問的にこの上なく誠実です。お人柄そのものが出ている論文ですね。

あるとき、「和田という地名は海辺・岸辺に多く、水上交通と関係がありそうだ」と仰っていました。こうしたお話も、そうしていちいち検討されて得られた成果の一つでしょう。たまたま私の母方は三浦氏で、三浦氏系の大族として和田氏が著名でしたので、印象に残っています。

また「音太部《おんたべ》って、変な名前だけど、なんだろうね」といわれて、そのあとしばらくしたらもう「『音太部』私考」（黛弘道先生編『古代国家の政治と外交』所収。前掲）として発表されていました。

つまりは先生の論文を題材として、先生からじかに目の付け所・材料の集め方・証明の仕方などを伝授していただいているわけで、こんな手取り足取りの指導はほかで望めないでしょう。研究法の直伝《じきでん》です。ただ私には、そうまでしていただいても、そうした緻密《ちみつ》な論文はとうてい書けませんが。

編集部　先生は謹厳実直そのものという感じの方なのですか。

松尾　そういうふうに思われていますが、笑いのセンスもお持ちですよ。

東アジアの古代文化を考える会が主催した「八世紀の日本と東アジア」というシンポジウムが開かれ、江上波夫氏が「八世紀のユーラシア」、西島定生《さだお》氏が「八世紀の東アジア」というそれぞれ大きな題目で講演され、ついで先生が「八世紀の日本――新羅《しらぎ》と律令《りつりょう》」を講演するために登壇されました。その前の二人の講師は、いずれも小柄な方だったようです。先生は、開口一番「だんだん（講師の）図体《ずうたい》は大きいのが出てまいりますが、話のほうはだんだんスケールが小さくなりますので（笑）、あらかじめご承知おき願いたいと思います」（「八世紀の日本」『八世紀の日本と東アジア①　唐・新羅・日本』所収。平凡社刊、一九八〇年）といって、会場を爆笑させています。リーガロイヤルホテル大阪で開催されたロイヤル日本史講座「エコール・ド・ロイヤル古代日本を考える」の「大伴氏と物部氏」と題した講演でも、司会者が「久米《くめ》の仙人は久米家の没落と関係がありますか」と質問したのに答えて、「（女性の白い脛《はぎ》に見とれて、雲の上から）落っこちてしまったからですか（笑）」（「大伴氏と物部氏」『エコール・ド・ロイヤル古代日本を考える⑨　古代日本の豪族』所収。学生社刊、一九八七年）とすぐにやり返しています。歴史をみんなで楽しもうという、優しいお心をお持ちでした。

ほかにも、ゼミ旅行などでは、声高らかに唄《うた》を歌われ、トレーナーを着て踊ってみせたりと、学者然と構えず、気さくに天賦《てんぷ》の才を披露されていたようです。そういえば、従軍看護婦の歌と題して「火筒《ほづつ》の響き遠ざかる　跡には虫もこゑたてず　吹きたつ風はなまぐさく　くれなゐ染めし草の色」ではじまる「婦人従軍歌」（加藤義清作詞・奥好義《おくよしいさ》作曲、一八九四年）を熱唱してみせた、という話もありますよ。軍歌の時代を生きてこられたわけですね。

編集部　教え子の書いた論文については、批評などなさらなかったのですか。

松尾　昭和五十一年・五十七年に学習院史学会の雑誌「学習院史学」に投稿したさいは、こまかく書き込みをいただき、ご注意などのご指導もいただきました。私は「正税帳」など地方財政関係の帳簿類を題材としていたのですが、先生は「僕は農村で生まれ育ったから、農村関係のことなんかしたくない。歴史研究をするのなら、なんといったって王朝や豪族・貴族のことだよ」とかねて仰っていました。

その後、あちこちに書いたものをお送りしていましたが、とくにお言葉をいただいたのは、平成三年に「推古《すいこ》天皇」（武光誠《たけみつまこと》氏編『古代女帝のすべて』所収。新人物往来社刊、一九九一年）をお送りしたときです。「この間のね、あれで君のいっていることがはじめてわかったよ」と、お褒《ほ》めの言葉なのかいままでの拙劣な稿についての率直なご評言だったたか、すぐには分からないコメントをいただきました。四十三歳になって、はじめて専門家が読んでわかる文章が書けたということですかね。そして平成十五年二月に私が発表した「淳仁《じゅんにん》天皇の后《きさき》をめぐって」（「翔」四十号、二〇〇三年二月）については、同年四月二十九日の年頭ご挨拶（だいぶ遅いですが）に伺ったおり、「あの論文でいっていることは、あたっているかもしれないね」とはじめて妥当性がありそうだとのお墨付《すみつ》きをいただきました。弟子としていちばん嬉《うれ》しい日でした。この日のご挨拶には、たまたま妻・洋子も加えていただいていました。

ただ、いまにして思えば、それが年頭ご挨拶のできた最後の訪問となりましたが。

編集部　そのほかのとっておきの思い出は。

松尾　そうですね、長い間ご指導をいただいたので、思い出はつきませんが……。

昭和六十年七月二十日に上越《じょうえつ》教育大学（新潟県上越市山屋敷町）の日本史教員公募採用に応募するよう電話をいただき、推薦状を書いて下さいました。採否の結果よりも、私が採用されるに値《あたい》すると思ってくださったことを、とても嬉しく思いました。またあとで聞いたことですが、じつは先生は佐《さ》伯有清《えきありきよ》氏（北海道大学名誉教授・成城大学教授）との間でK氏（のち成城大学講師）を共同で推《お》すことに同意していらしたそうです。ところが、とつぜん黛先生は松尾を推すことに翻意《ほんい》されたのでした。K氏には悪いことをしました。ともに落選してしまいましたが、私にはともかく推薦していただけたことが長く心の財産となりました。

昭和五十七年四月には、私が三十四歳になっても結婚しないでいるのを不憫《ふびん》にお思いくださり、お見合い相手をご紹介いただきました。国際的な大会でのメダリストのご親戚で、N様です。残念ながらご縁がなく終わってしまいました。その後、平成十年九月二十日、五十歳のときに本多洋子とともに婚約のご報告に赴き、先生には婚姻届の証人となっていただきました。先生にご出席いただけるようでしたら結婚式や結婚披露宴を催《もよお》したのですが、とてもかなわぬ状態とお見受けしたので、私どもは入籍《にゅうせき》だけの結婚としました。それと、これは……。

編集部　お話はつきませんが、予定した時間を大きくすぎてしまいました。本日は、このあたりで閉じさせていただきます。

※平成二十四年一月七日、学習院創立百周年記念会館・小講堂において「黛先生を偲《しの》ぶ会」が参加者一二〇人を集めて開催された。この稿は、そのさいに伺った話によって一部補なわれたところがある。

（「翔」五十三号、二〇一一年十二月）

古代天皇系図

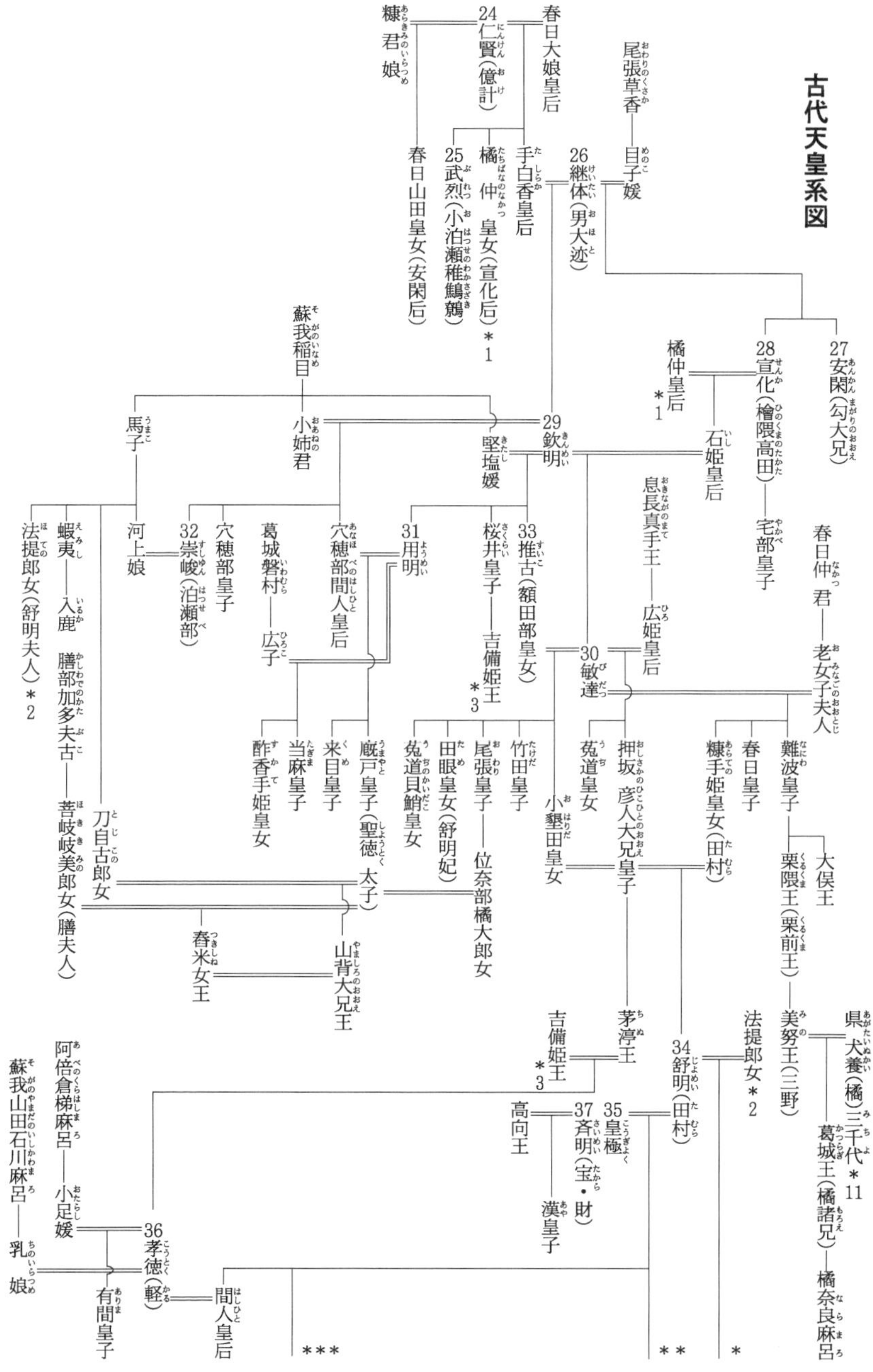

尾張草香《おわりのくさか》
目子媛《めのこ》
26継体《けいたい》(男大迹《おほと》)
春日大娘皇后
24仁賢《にんけん》(億計《おけ》)
糠君娘《あらきみのいらつめ》
手白香《たしらか》皇后
橘仲《たちばなのなかつ》皇女(宣化后)＊1
25武烈《ぶれつ》(小泊瀬稚鷦鷯《おはつせのわかさざき》)
春日山田皇女(安閑后)
27安閑《あんかん》(勾大兄《まがりのおおえ》)
28宣化《せんか》(檜隈高田《ひのくまのたかた》)
橘仲皇后＊1
石《いし》姫皇后
宅部《やかべ》皇子
春日仲《なかつ》君
老女子夫人《おみなごのおおとじ》
息長真手《おきながのまて》王
広《ひろ》姫皇后
蘇我稲目《そがのいなめ》
馬子《うまこ》
小姉君《おあねのきみ》
29欽明《きんめい》
堅塩《きたし》媛
30敏達《びだつ》
31用明《ようめい》
32崇峻《すしゅん》(泊瀬部《はつせべ》)
33推古《すいこ》(額田部皇女)
桜井《さくらい》皇子
吉備姫王＊3
穴穂部間人《あなほべのはしひと》皇后
穴穂部皇子
葛城磐村《いわむら》
広子《ひろこ》
河上娘
法提《ほて》郎女(舒明夫人)＊2
蝦夷《えみし》
入鹿《いるか》
膳部加多夫古《かしわでのかたぶこ》
菩岐岐美《ほききみの》郎女(膳夫人)
刀自古《とじこの》郎女
酢香手《すかて》姫皇女
当麻《たぎま》皇子
来目《くめ》皇子
厩戸《うまやと》皇子(聖徳《しょうとく》太子)
菟道貝鮹《うぢのかいだこ》皇女
田眼《ため》皇女(舒明妃)
尾張《おわり》皇子
位奈部橘大郎女
竹田《たけだ》皇子
小墾田《おはりだ》皇女
菟道《うぢ》皇女
押坂彦人大兄《おしさかのひこひとのおおえ》皇子
糠手《あらての》姫皇女(田村《たむら》)
春日皇子
難波《なにわ》皇子
大俣王
栗隈《くるくま》王(栗前《くるくま》王)
美努《みの》王(三野)
県犬養《あがたいぬかい》(橘)三千代《みちよ》＊11
葛城《かつらぎ》王(橘諸兄《もろえ》)
橘奈良麻呂《ならまろ》
舂米《つきしね》女王
山背大兄《やましろのおおえ》王
茅渟《ちぬ》王
吉備姫王＊3
34舒明《じょめい》(田村《たむら》)
法提郎女＊2
35皇極《こうぎょく》
37斉明《さいめい》(宝《たから》・財)
高向王
漢《あや》皇子
36孝徳《こうとく》(軽《かる》)
間人《はしひと》皇后
阿倍倉梯麻呂《あべのくらはしまろ》
小足《おたらし》媛
蘇我山田石川麻呂《そがのやまだのいしかわまろ》
乳娘《ちのいらつめ》
有間《ありま》皇子
＊＊＊
＊＊
＊

＊ — 古人大兄皇子《ふるひとのおおえ》 — 倭姫皇后《やまとひめ》

＊＊ — 38天智《てんち》（葛城・中大兄《なかのおおえ》）

蘇我山田石川麻呂 — 遠智娘《おちのいらつめ》
蘇我山田石川麻呂 — 姪娘《めいの》

天智 ＝ 遠智娘
建皇子
大田皇女（天武妃）＊4
鸕野讃良《うののさらら》皇女（天武后　41持統）＊5

天智 ＝ 姪娘
御名部《みなべ》内親王（高市妃）
阿陪《あへ》皇女（草壁妃　43元明）＊6

阿倍倉梯麻呂《あべのくらはしまろ》 — 橘娘《たちばなの》
新田部《にいたべ》皇女（天武妃）＊7
明日香皇女（刑部妃）

蘇我赤兄《あかえ》 — 常陸娘《ひたちの》
山辺《やまのべ》皇女（大津妃）

忍海小龍《おしぬみのおたつ》 — 色夫古娘《しこぶこの》
大江皇女（天武妃）＊8
川島皇子
泉内親王

越道君伊羅都売《こしのみちのきみのいらつめ》
施基《しき》親王（芝基・志貴）

紀諸人《もろひと》 — 橡姫《とち》

施基親王 ＝ 橡姫
和乙継《やまとのおとつぐ》 — 高野新笠《にいかさ》
49光仁《こうにん》（白壁） ＝ 高野新笠
50桓武《かんむ》（山部）
早良《さわら》親王
稗田《ひえだ》親王

井上皇后《いのえ》＊10 ＝ 光仁
他戸《おさべ》親王

伊賀采女宅子娘《いがのうねめやかこ》
39弘文《こうぶん》（大友） ＝ 十市《とおち》皇女＊9
葛野王《かどの》 — 池辺王 — 淡海三船《おうみのみふね》

＊＊＊
40天武（大海人）
41持統（鸕野讃良《うののさらら》）＊5
草壁皇子（日並知《ひなみし》）
43元明《げんめい》（阿閇《あへ》・阿陪《あへ》）＊6
44元正（氷高《ひだか》）
吉備内親王（長屋王妃）

大田皇女＊4 ＝ 大来《おおく》皇女（大伯）／大津皇子

大江皇女＊8 ＝ 長《なが》親王 ― 智努《ちぬ》王（文室浄三《ふんやのきよみ》）／大市《おおち》王（文室邑珍《おおち》）／栗栖《くるす》王
　弓削《ゆげ》皇子

新田部皇女＊7 ＝ 舎人《とねり》親王 ― 47淳仁《じゅんにん》（大炊《おおい》王）／三原王 ― 和気《わけ》王／船王／池田王

藤原鎌足 ― 氷上娘《ひかみの》 ＝ 但馬《たじま》内親王
　五百重娘《いおえの》 ＝ 新田部《にいたべ》親王 ― 塩焼《しおやき》王（氷上塩焼） ― 氷上志計志麻呂《しけしまろ》／氷上川継《かわつぐ》
　道祖《ふなど》王

蘇我赤兄 ― 大蕤娘《おおぬの》 ＝ 穂積《ほづみ》親王／紀《き》皇女／田形《たかた》内親王

鏡王 ― 額田姫王《ぬかたのひめみこ》 ＝ 十市《とおち》皇女（弘文妃）＊9

宗形徳善《むなかたのとくぜん》 ― 尼子娘《あまこの》 ＝ 高市《たけち》皇子 ― 長屋《ながや》王 ― 膳夫王／桑田王／葛木王／鉤取王／安宿《あすかべ》王／黄文《きぶみ》王／山背王
　鈴鹿《すずか》王

宍人大麻呂《ししひとのおおまろ》 ― 𣝣媛娘《かじ》 ＝ 忍壁《おさかべ》（刑部《おさかべ》）親王 ― 大野王／山前王／石田王
　磯城《しき》皇子
　泊瀬部《はつせべ》（長谷部）内親王（川島妃か）
　託基《たき》（多紀・当耆）内親王（施基妃）

藤原不比等《ふひと》 ＝ 県犬養《あがたいぬかい》（橘）三千代＊11
藤原不比等 ― 宮子《みやこ》 ＝ 42文武《もんむ》（軽《かる》・珂瑠） ― 45聖武《しょうむ》（首《おびと》）

県犬養唐《もろこし》 ― 県犬養広刀自《ひろとじ》 ＝ 45聖武 ― 井上《いのえ》内親王（光仁后）＊10／安積《あさか》親王／不破《ふわ》内親王（塩焼王妃）

光明《こうみょう》皇后（安宿媛《あすかべひめ》） ＝ 45聖武 ― 基王（某王か）／46孝謙《こうけん》（阿倍《あべ》）／48称徳《しょうとく》

黛弘道先生編集執筆『年表日本歴史1・原始▼飛鳥・奈良』（筑摩書房刊）の巻末資料・天皇系図参照

あとがき

神奈川学園中学・高等学校（学校法人神奈川学園。女子校）に勤務しはじめたのは、昭和四十九年（一九七四）四月で、二十六歳のことだった。その三月には学習院大学大学院博士課程二年に在籍中だったが、すでに必要な単位数は取得しおえており、これからの一年間は古代史の勉強をするだけと考えていた。そこに四兄・涼《すずし》から「教員志望者を探しているが、この学校に行ってみないか」という話があり、「来年三月に博士課程単位修了となっても、就職口があるかどうかさだかでない。それならば、大学院在学のままだけど、いま就職してしまおうか」と思った。

就職一年目は、担任も副担任もなく、日本史を教えることだけに専念できた。それが二年目に、とつぜん高校一年の担任となってしまった。副担任をしながら手順を憶《おぼ》えたりするものとばかり思っていたから、担任業務についてうかつにも何も見聞していなかった。担任がどこまで何をしたらよいものやら、まったく知らなかった。隣の学級を見ながら、どうにかこうにかこなした、という感じだった。このまま高校二年・三年の担任に進むこともありえたが、生徒たちから就職・進学などの相談を受けたとしても、それについて知識を提供したり前途を指導したりする力がまったく備わっていなかった。なにしろ私は、初等科《しょとうか》から大学院博士課程までの二十一年間、学習院内部で進学を繰り返していて、初等科への入学試験以外、受験したことがない。その私には、二年後に、彼女らを学力に見合ってかつ志望する場所に的確に導いてやれるなどという自信がなかった。

そうしたこともあって、昭和五十一年度は副担任となり、彼女らの後ろ姿をただ見送った。

翌昭和五十二年四月、ふたたび高校一年の担任となった。この学級は、私のとてもよい勉強の場となった。クラスを導いているのは、Iという生徒であった。善悪良否の判断が的確で、どの課題でも落としどころを心得ていて、生徒たちの間での人気が高くかつ厚い信頼を受けていた。担任である私は、彼女と少し打ち合わせをするていどで、ことが穏便・適切に進められていく。いや、そんな打ち合わせなどした記憶すらない。学級運営のなかで、担任として生徒の意向や決定に意見し説得するような場面もなく、私はいないも同然。それでも、ほどよく運営されていくという安心感を持てた。とはいえ、Iの学習成績は高くないどころかかなり下位の方で、教科目によっては単位保留が懸念されるほどであった。その彼女の持つ生活感覚・平衡感覚というか不思議な判断能力は、学習能力とまったく関係していない。教科学習の能力と生活する能力は、違うところにある。そう確信できた経験だった。こういう生徒を探し出せれば、あるいはこのように生徒を育てれば、学級経営など簡単にできる。あとは、私が就職・進学指導の能力をつければよい、と思えた。

私は、とくに進学指導の能力をつける時間を確保するために、学年を一つ降りた。そして昭和五十三年四月に、三度目の高校一年の担任についた。ただこのさいは、はじめて高校三年の卒業時まで受け持とうと心に決めて臨《のぞ》んだ学年となった。

ところがこの学年で、私は学級委員をはじめとする生徒の多くから忌避《きひ》された。

ホームルームで懇切丁寧に説明し誠心誠意を尽くして話をしても、いや話せば話すほど、生徒の気持ちは私から離れていく。嫌がられていることが、顔の表情を見れば十分に理解できた。二学期半ばにはすでに意思疎通が絶望的な状態になっていた。私の声は彼女たちに届かなくなっていて、彼女たちはただ私の話が終わるのを待ちわびているだけだった。この学級に対してどれほどの貢献もできず、長期の病気療養で留年を懸念されていた生徒を進級させるべく尽力することしか、私の仕事はもはや残されていなかった。どうして自分の気持ちが伝わらなかったのか。私の何が間違えであったのか。何一つ納得できなかった。それから二年間、私は担任も副担任もせずにいた。もし担任をしても、どうせ同じざまになるだけ。だから、担任になることを拒《こば》んだ。

よくよく考えて見ると、思い当たることが一つあった。

それは風紀違反云々のときの議論で、私が発言したことだ。詳細は忘れたが、たとえば靴下の刺繡はワン・ポイントがいいかツウ・ポイントまでならいいか。サブバックの色や形はどこまで自由にしてよいか。内側に着るセーターの色は何色なら生徒らしいか。スカート丈は膝頭《ひざがしら》の中心から上下何センチメートルまでが穏当か、などというたぐいの論議である。私は、そうした論議を早く切り上げさせたかった。そして「学校生活に必要があるかどうかという観点から定められている条項であれば、それを守っていれば紛争も生じない。論議するほどの必要もない、どうでもいい内容じゃないか。こんなことに関心を逸《そ》らせて、時間を費やさないで、もっとこれから必要になる問題について議論した方がいい。将来を切り拓《ひら》くのはつまるところ勉強だから、勉強に関心を集中させて邁進《まいしん》した方がいい」「風紀細則についての議論など、これから十年も経ってから振り返れば、まったくのお笑いぐさ。

真剣に討議していたのがばからしく思えることだろう。議論はそこそこに受け容《い》れて、こんな問題から卒業してしまいなさい」など、と説得していた。すでに風紀問題など過去の話になっている私からすれば、善意に満ちた真剣な説得であった。

だがこの問題に大きな関心を寄せていた生徒からすれば、まったく違う行為と見聞きされていたことだろう。もしも私の話を受け容れて従うこととなれば、それはすでにあるかこれから作られる風紀細則を無条件にすべて受け容れろということであり、即座に強制的に実行されることを認めさせることになる。だから生徒の目には、非道な提案の受諾を鬼の形相で迫る担任と映ったのだろう。

担任から外《はず》れて四年後の昭和五十七年四月、私はふたたび担任となった。中学三年の担任となり、その後、彼女たちとは高校三年の卒業まで付き合うこととなった。そこで気をつけたのは、「悩むときには、悩ませなければいけない」ということだった。自分の来《こ》し方を振り返ってみて無駄だったと思える経験でも、それを飛び越えさせることはできない。やはり自分がそうしたように、自分の思いが分かるには、その経験をさせるほかない。天然痘も、種痘によって軽く罹《かか》るつまり体験しないことには免疫《めんえき》が得られない。担任である私ができるのは、その迷いや悩みを十分に迷わせ悩ませる機会を作ってやるとともに、そのさいに大きな過《あやま》ちのないよう見守ってやること。そしてそのさいの解決法として、彼女たちの発言を基に整理し、いくつかの選択肢を示す。私の発言の範囲は彼女たちがその場で口にしたことのなかとし、そのなかで悩ませ、彼女らの口にした言葉によって複数の解決法を示し、自分で選ばせる。あるいは彼女たちが選んだものについて、それへの懸念を示しておく。ただし、結論づけない。すでにそれを経験した者としての高みから発言したり、彼女たちの言葉にない私がはじめて発する言葉で問題を整理しない。彼女たちの経験と思考に即《つ》いていこう、と決めた。

結局、私は「人間として経験すべき年齢になったとき、経験すべきことは経験させなければならない。了《お》えてしまった者の高みからすれば必要のない経験でも、無駄と思えるような経験でも、その年齢においては経験すべきことがある。善意でそれを止めようとすれば、却《かえ》って悪意と感じさせて信頼を失う」ということを認めたのである。それが妥当な判断だったのか、よい指導だったか、ほかに考えられないものか。いまだに定かでない。しかしそう決めてからは、担任として大きな挫折感を味わうことなく、大過なく職場を去ることができた。

さてここまでのことは職場でのささいな経験話だが、これを敷衍《ふえん》すれば「人間は、学ばない。あるいは学べない。学べないから、進歩しない」ということである。あることに直面して、それをやり過ごした立場から見れば、全く意味のないことに悩んでいる。あるいは先行きの失敗が経験的に予測でき目に見えるから、善意で止めてやろうとする。しかしその制止を振り切って、失敗することに奔走していく。失敗するとわかっていることなのだから、先人の経験に学んでやめればよいことだ。先人たちの行動の軌跡である歴史から学べばよい。そのように素直に反応できれば、数千年・数万年の先人たちの言葉や書籍となっている蓄積から学び取れれば、今を生きる人間たちは先人の失敗を一つも繰り返すことなく、それを越した高みから出発できる。そうであれば、世代ごとに高みを極めつつ、人間はより進歩しつづけられるだろう。

だが人間は、過去から経験から学ばない。いくつ世代を重ねても、また同じ過ちを繰り返す。

人間の頭脳は継承できない。五十年・六十年とその道一筋に学んだ人の知力・学力はその人の死で消滅し、次世代の人がその域に達するまでにはまた五十年・六十年の歳月がかかる。もしも過去を生きた人たちの頭脳が継承できていたら、良かったことは伸ばしていくとしても、身をもって経験した過ちは繰り返すまい。しかし人間は、自分がじかに経験するまで、それが過ちであること、無駄であることを信じない。

人間の犯す最大の過ちといえば、実害のもっとも大きなものは戦争でなかろうか。戦争でどれほどの害を自分たちが被《こうむ》り、どれほどに相手を傷つけたか。肉体的にも精神的にも、である。かつて日本地名学研究所長・池田末則氏は「どんな腐った平和でも、戦争よりはましだ」と私にいわれたが、たしかに父と母のそれぞれの疎開先を結んだ書簡集(『疎開・空襲・愛』所収、笠間書院刊)では、人としての心が、人に寄せるべき信頼がずたずたに切り裂かれていた。戦争という手段に訴えたことでの悲惨な結末が記憶され、口々に伝えられているうちは戦争を忌避する動きが強かった。しかしいまはどうか。戦争を知らない世代を中心にして、またぞろ国際紛争を解決するのには、戦争という手段をとることもやむなしあるいはとるべきだとまで考えはじめていないか。人は学ばないし、学べない。先人の言葉から学ぶことができず、その記憶を自分がじかに体験して蓄積するまで止められない。人間というものとして学び、人間というものとして後悔できない。戦争についてはその悲哀の事実を何世代にもわたって書き記し蓄積しているのに、人間はそれでも過ちを繰り返す。

「歴史は繰り返す」という循環史観があるが、それはつまり人間というものが進歩しないからである。だから愚かにも繰り返してしまう。「歴史は発展する」という発展史観も誤りで、計量できるものの一部には進歩があるとしても、そこだけである。すべての物事の根源となっている人間自体は、どれほども進歩しない。人間には思い込み・妬《ねた》み・僻《ひが》み・猜疑心《さいぎしん》・誤解があって、他人のいうことに耳を貸さない。人間には物欲・所有欲・出世欲・権力欲があって、他人と競い他人の上に立とうと争う。そして人間には……、いやいくら数え上げても、きりがあるまい。人間が先人たちの歴史を直視し、それから学ばなければ、その気持ちを持てなければ、進歩はしないだろう。人間として同じところを繰り返し辿《たど》るのは、人間として同じ轍《てつ》を何度も踏むのは、人間が歴史から学ばないからだ。「もうすでに過ぎ去ったことじゃないか」といって、良くも悪くも先人の行ないに学ぼうとしない。本当は人間がみずからそう思い込めるほど、悟りきったように大言壮語できるほど、人間は賢くない。賢くなりたいのなら、進歩させようというのなら、まずは過去の歴史を徹底して直視して身に染《し》み込ませることだ。私は、そう思う。

もっともそのためには、歴史が記憶科目とされているようでは話にならない。人名や歴史用語などの記憶は必要最低限にして、歴史の内容を充実させなければならない。そして聞かせるには、まずは私たちがその歴史を語らなければいけない。歴史は憶えるものでなく、語るものである。聞いた者は、言葉を憶えようとなどせず、語られた内容をこそ理解し、みずから語れるようになるべきだ。人間はどういう過去を辿ってきて、いまのそれぞれの社会を世界を生じているのか。それらを語るのが、歴史なのだ。そうも思う。

とはいえ、ここまで偉そうに書いてきたものの、私がそれを語れるのか。あるいは語れたのか。そう問われれば、右に述べきたったように、まことに恥ずかしい記憶しかなく、私のかつての学級指導では歴史を学ばせなかったことになる。それでは、あの日々の学級指導の姿勢は誤りであったのか。

だがそうしていなかったとしたら、私はあの職場ではたして通用していたろうか。

この話は、もとよりあとがきのスペースにちょっと書いて終われるようなことでもないし、このさきに記すべき妥当らしい結論が得られているわけでもない。ただ、歴史はどうして学ばれないか。そして歴史はどう語られたらよいのか。これがいまの私の課題なのである。

さて本書は筆者の単著の十一冊目となり、本の背に筆者の名を入れた書籍としては二十冊目にあたる。笠間書院から刊行する筆者の書では、これが十二冊目である。笠間書院の池田つや子社長・橋本孝編集長より格別のご厚意をいただいていることに、そしていつも編集の実務をとって下さっている大久保康雄氏に、心から感謝申し上げる。

なお、学習院大学入学以来そのご学恩にひたすら縋《すが》りつづけてきた指導教授・黛《まゆずみ》弘道《ひろみち》先生（学習院大学名誉教授）が平成二十二年（二〇一〇）十二月十七日に、また鶴見大学文学部文化財学科への出講に道を開いてくださった池田利夫先生（鶴見大学名誉教授）が平成二十四年三月十三日に、高岡市万葉歴史館に引いてくださった大久間《おおくま》喜一郎館長（前明治大学教授・高岡市万葉歴史館名誉館長）が三月二十四日に、相次いで亡くなられた。ご芳恩にいくばくのご返礼も申し上げられないまま見送ることとなり、まことに申し訳なく、恥ずかしく、情けなく、せつない気持ちでいっぱいである。御霊《みたま》の前に、拙《つたな》い内容ながらこの書を捧げて、ご冥福をお祈り申し上げたいと思う。

平成二十四年十月二十四日　母・八洲子の十三回忌の日に

著者識す

■著者紹介
松　尾　光（まつお　ひかる）
略　歴　1948年、東京生まれ。学習院大学文学部史学科卒業後、学習院大学大学院人文科学研究科史学専攻博士課程満期退学。博士（史学）。神奈川学園中学高等学校教諭・高岡市万葉歴史館主任研究員・姫路文学館学芸課長・奈良県万葉文化振興財団万葉古代学研究所副所長をへて、現在、鶴見大学文学部・早稲田大学商学部非常勤講師。

著　書　単著に『白鳳天平時代の研究』（2004、笠間書院）『古代の神々と王権』『天平の木簡と文化』（1994、笠間書院）『天平の政治と争乱』（1995、笠間書院）『古代の王朝と人物』（1997、笠間書院）『古代史の異説と懐疑』（1999、笠間書院）『古代の豪族と社会』（2005、笠間書院）『万葉集とその時代』（2009、笠間書院）『古代史の謎を攻略する　古代・飛鳥時代篇、奈良時代篇』（2009、笠間書院）。編著に『古代史はこう書き変えられる』（1989、立風書房）『万葉集101の謎』（2000、新人物往来社）『疎開・空襲・愛一母の遺した書簡集』（2008、笠間書院）、共著に『争乱の日本古代史』（1995、廣済堂出版）『古代日本がわかる事典』（1999、日本実業出版社）などがある。

古代の社会と人物

2012年11月21日　初版第1刷発行

著　者　松尾　　光
発行者　池田つや子
発行所　有限会社　笠間書院
東京都千代田区猿楽町 2-2-3［〒101-0064］
☎03-3295-1331㈹　FAX03-3294-0996
振替00110-1-56002
NDC 分類：210.33　　装　幀　廣告探偵社

ISBN978-4-305-70599-0 ㈱シナノ印刷　印刷・製本
落丁・乱丁本はお取りかえいたします。
出版目録は上記住所までご請求下さい。
http://www.kasamashoin.jp